公共管理硕

MPA

公共部门战略管理

（修订版）

陈振明　主编

中国人民大学出版社
· 北京 ·

公共管理硕士（MPA）系列教材
编审委员会

出版说明

公共管理硕士（Master of Public Administration，MPA）专业学位研究生教育是以公共管理学科及其他相关学科为基础的研究生教育项目，其目的是为政府部门及非政府公共机构培养高层次的应用型专门人才。

我国的 MPA 教育始于 1999 年。1999 年 5 月，国务院学位委员会第 17 次会议审议通过了《公共管理硕士（MPA）专业学位设置方案》；2001 年 10 月，我国进行首次 MPA 招生考试；2002 年 3 月，首批 MPA 研究生正式入学。经过十多年的发展，我国的 MPA 培养院校从最初的 24 所发展到 2014 年的 200 余所；截至 2015 年 7 月，全国 MPA 培养院校累计招收 MPA 研究生 15 万余人，授予 MPA 学位 8 万余人，MPA 教育成为我国公共部门人才培养的重要渠道。

为了满足国内 MPA 教育对教材和教学参考资料的需要，不断探索和回应公共管理实践中的各种问题，同时反映国内外公共管理研究的最新成果，自 2001 年起，中国人民大学出版社组织有关专家编写“公共管理硕士（MPA）系列教材”。本套教材涵盖国务院学位办确定的《公共管理硕士专业学位培养方案（试行稿）》（2000 年发布）和《公共管理硕士专业学位研究生指导性培养方案》（2012 年发布）中规定的各门 MPA 核心课程教材，也包括公共管理各领域的专业方向必修课程教材及部分选修课程教材。本套教材不仅适合 MPA 学生使用，同时也可供公共管理学科的研究生及各级行政管理人员作为参考和培训资料使用。

“公共管理硕士（MPA）系列教材”力求体现如下特色：第一，系统完整，基本涵盖公共管理专业教育的主要知识领域；第二，反映国内外公共管理研究领域的最新成果，为公共管理领域的教育者、学生、实际工作者提供该领域的最新信息、资料及多视角思考空间；第三，反映 MPA 专业教育的特点，重视应用性，注重能力的培养，教材中除讲授一般理论知识外，还提供丰富的案例分析素材；第四，将中国传统的行政管理思想、国外先进的公共管理理论与中国政府的管理实践紧密地结合起来，理论联系实际。

在“公共管理硕士（MPA）系列教材”策划出版之初，中国人民大学出版社邀请国内公共管理领域有关专家成立了阵容强大的教材编审委员会。同时，本着将国内公共管理领域有影响的学校和有影响的学者都吸收进来以博采众家之长的原则，我们广邀全国各地公共管理知名学者，使得本套教材的作者突破了一个学校和一个区域的界限。参与本套教材编写工作的有中国人民大学、北京大学、清华大学、复旦大学、中山大学、厦门大学、南开大学、上海交通大学、北京师范大学、华中科技大学、国防科学技术大学、国家行政学院、中国社会科学院等国内知名高校及科研院所的学者，他们都是公共管理教育领域的专家，具有丰富的教学经验，同时又注重公共管理实践，能够较好地将理论和实践结合起来。

自2001年首本教材出版以来，“公共管理硕士（MPA）系列教材”受到了国内公共管理学界的广泛好评，被誉为“与中国MPA共同成长”的一套高质量的MPA教材。国内众多高校将本套教材选为MPA相关课程教材，“十二五”初期，本套教材的累计销量突破百万册，成为广受读者欢迎的MPA教材品牌。

随着公共管理教育和实践的不断发展，公共管理学科的研究和教育也在不断发展与完善，这就要求MPA教材也要不断修订和更新。在国内公共管理学界的热情支持下，我们编写的这套教材取得了一定的成绩。今后，还请广大读者，特别是在教学一线的MPA任课教师继续给我们反馈意见，对这套教材提出批评和建议，以帮助我们不断对相关教材进行修订和完善，实现这套教材“服务中国MPA教育事业，与中国MPA共同成长”的目标。

中国人民大学出版社

前　言

公共部门战略管理是公共管理学科的一个新分支或新的研究途径。它的兴起是全球化、信息化和知识经济时代发展特别是当代政府改革运动的产物，它是由传统的公共行政范式向（新）公共管理（或“管理主义”）范式转变的一个重要组成部分。作为一种新的管理途径或思维方式，战略管理日益受到了公共部门管理者的重视。在当代，任何公共部门都再也不能像过去那样对自身的生存、发展和未来高枕无忧了。考虑组织所面临的环境（优势、劣势、机遇和威胁），考虑组织的长远发展目标和未来，提高自身竞争力，成为公共部门管理者最基本的管理任务和内容。公共部门管理者需要战略思想，这正是公共部门战略管理途径兴起的现实原因。

在公共管理教育领域，战略管理早已成为西方尤其是美国大学 MPA 及 MPP 教育的一个重要课程领域。美国公共管理名校大多开设了这方面的核心课程或必修课程。近几年，我国的不少大学的公共管理教育尤其是 MPA 培养方案也纷纷引入公共部门战略管理课程。笔者所在的厦门大学公共事务学院以及 MPA 中心较早地将“公共部门战略管理”确定为行政管理研究生以及 MPA 专业学位研究生的必修课。2003 年，为了适应教学与学科发展的迫切需要，我们编写出版了《公共部门战略管理》这部教材的第一版。

近期，应中国人民大学出版社的要求，我们对《公共部门战略管理》这部教材进行修订。本版对第 6 章（公共部门战略实施）、第 7 章（公共部门战略评价）和第 9 章（公共管理的战略思维）三章做了大幅度的扩充或修改；导论的第二部分中也增加了“西方政府战略管理实践举要”一目的内容。第二版由陈振明主编，各章的作者是：第 1 章：陈振明、孔凡宏；第 2 章：袁飙、魏丽艳；第 3 章：梁润冰；第 4 章：刘晓红；第 5 章：黄国琴；第 6 章：李洁、王雁红；第 7 章：林渊 ；第 8 章：刘碧强；第 9 章：詹国彬、谭英俊；第 10 章：董洋。

鉴于“公共部门战略管理”是一个正在成长的新领域以及笔者学识和时间所限，修订版仍有诸多问题和不足，诚望读者以及同行专家一如既往地给予批评指正！

陈振明

前言

目　录

第 1 章

导论：公共部门战略管理途径的兴起

本章要点

- 私营部门战略管理途径的发展
- 公共部门战略规划途径的兴起
- 公共部门战略管理实践的构建
- 公共部门战略管理过程及阶段
- 公共部门需要战略管理的理由
- 公共部门战略管理的理论体系

作为一种新的研究途径或新的学科分支，公共部门的战略规划与战略管理兴起于 20 世纪 80 年代。它是作为“新公共管理运动”以及“（新）公共管理”范式的一个重要组成部分而出现的，并受到了私人部门（工商企业）战略管理途径的深刻影响。传统的公共行政学以内部取向，关注行政过程和日常管理，文官（常务文官）被假定为仅仅需要执行政治家（政务官）所制定的政策与法律，他们不必去考虑组织的外部环境、长远目标以及如何通过资源的优化配置去实现目标。因此，在传统的公共行政学中，战略思维是没有地位的，它很少考虑外部环境、长期目标或组织的未来之类的问题。战略管理途径力图克服传统公共行政学的这些局限性，着眼于与外部环境发生相互作用的组织，系统考虑组织的远景、长期目标和近期目标，将关注的焦点由内部转向外部，从注重日常管理转向注重组织未来的发展管理。波齐曼和斯特劳斯曼（Barry Bozeman and Jeffrey D. Straussman）在《公共管理战略》一书中认为，公共战略管理具有如下四个基本特征：(1) 关注长期目标；(2) 将长期目标和近期目标整合成一个连贯的层级；(3) 认识到战略管理和计划并不是自行贯彻的；(4) 采取一种外部观点，强调不是去适应环境，而是期待和塑造组织的变迁（这一点是最重要的）。此外，战略性的公共管理必须充分认识到政治权威的影响。①

① Barry Bozeman，Jeffrey D. Straussman，*Public Management Strategies*，San Francisco：Jossey-Bass Publishers，1990，pp. 29-30.

1.1　私营部门战略管理发展的回顾

公共部门战略管理途径的兴起与私人部门战略管理模式的示范性影响分不开。第二次世界大战后，军事领域的“战略”概念被逐步引入工商管理领域，最终发展成为一种新的管理研究途径或新学科分支。20 世纪 60 年代兴起的战略规划是战略管理的先导。加拿大著名的管理学家亨利·明茨伯格（Herry Mintzberg）在《战略规划的衰落与兴起》一文中说：战略规划兴起于 60 年代中期。到了 80 年代，战略规划衰落，代之兴起的是战略管理。战略规划和战略管理途径的兴起使一般的组织与管理理论的研究焦点转移，即从过去关注内部管理机制和过程转向关注战略和商业政策；它对管理教育尤其是 MBA 教育也产生了重大影响，战略管理（或公司战略）和商业政策一类的课程成为 MBA 的核心课程（这与当时的全美商学院联合会的提倡和引导是分不开的。20 世纪七八十年代许多商学院（school of business administration）纷纷更名为“管理学院”（management school），据说也与战略管理途径的兴起密切相关。

“战略”（strategy）最初是作为一种军事术语出现的，原意是指在战争的某一阶段上对全局的筹划和指导。按照日本学者小山内宏的说法，战略“来自希腊语的指挥官一词，就是指挥军队的意思”，“战略这个词，恐怕可以说是一个支配战争的有分量的词”①。作为军事运筹与谋略的战略，早在我国古代就已经产生。记载我国战国时期思想和活动的《战国策》就是一部战略史书。我国另一部古代军事名著《孙子兵法》也论述了军事战略战术问题。孙子就是从“兵者，诡道也”② 这一句话开始阐述其战略理论的。对于战略的定义，人们的意见趋于一致。德国克劳塞维茨在《战争论》中给战略下了一个经典的定义：“战略是为了达到战争目的而对战斗的运用”，“战略必须为整个军事行动规定一个适合战争的目标”③。小山内宏的定义是：“所谓战略，被认为是为了达到战争和军事作战的目的，高瞻远瞩地执行战争计划，大规模运用军事力量的方针和政策。”④

由此可见，战略起源于军事学，是对战争全局的筹划和指导。到了后来，由于社会、经济、科技的发展，战略的概念才逐渐扩大到其他领域，被广泛应用到政治、经济、社会、科技、文化等各个领域，其含义也扩展为对重大的、带全局性的问题的谋划。无论在私营领域还是在公共领域，战略思想都得到了充分的运用。

战略思维关注长远和周边环境，而不是只顾眼前和内部问题，使得私营部门能获得显著的效益，因而普遍受到青睐。尽管战略思维在私营部门较早受到瞩目，但其真正连贯性地被运用还是在第二次世界大战以后。私营部门战略管理经历了长期的演变，有如下五个阶段：

---

① ［日］小山内宏：《现代战略论》，48 页，长春，吉林人民出版社，1975。

② 转引自鲁玉莹编著：《活学活用孙子兵法》，2 页，沈阳，沈阳出版社，2000。

③ 转引自［英］利德尔·哈特：《战略论》，445 页，北京，战士出版社，1981。

④ ［日］小山内宏：《现代战略论》，49 页。

第一阶段：预算和财务控制阶段。它发生在20世纪40年代，这一阶段的特点是企业依靠编制预算和财务控制系统来组织生产经营活动，参与市场竞争，谋求生存和发展。由于预算按年编制，预见性不强，而且往往根据现状来编制，难以应付主客观情况的变化，因此只能是昙花一现。

第二阶段：长期计划阶段。它发生在20世纪50年代，是对预算和财务控制的改进，更关注长远的销售目标，一般采用滚动计划法来编制。它的存在依赖一定的条件，即战后适宜的环境：高度发展的市场；变化趋势的可预测性；一元化的公司；企业间低层次的竞争局面。到了50年代末，竞争加剧，周边环境变化迅速，使得企业目标的实现发生困难，长期计划就不能再实施下去了。

第三阶段：企业战略计划阶段。它始于20世纪60年代，企业战略计划关注企业任务，明确规定企业前景、产品、市场；注重环境监测，翔实评价企业的机会、威胁、优势、弱点；明确目标，以此衡量改革、授权方面的决策。企业战略计划从短期计划和长期计划发展而来，并且与绩效测评和资源配置结合起来。

第四阶段：公司战略计划阶段。进入20世纪70年代，“国际竞争日益激烈，社会价值观念的变化，政治和军事的日益动荡，公共消费者识别能力的增强，以及国际经济不景气”① 导致了公司战略计划的出现，它比企业战略计划在具体细节安排上更加周详。“公司战略计划比企业战略计划更关心组织的高层，并且更关心企业各部门之间的责任分配。比陈述任务更重要的是首席行政官必须能够提出一个相当持久的公司远景规划。”②

第五阶段：战略管理阶段。进入20世纪80年代，企业战略计划和公司战略计划的局限性被一些学者所发现。战略计划“碰到三个严肃的问题：计划成果微乎其微并造成分析失效；引入战略计划的组织阻力；高层管理人员撤销或放松对计划的支持，将战略计划置之一旁”③，这些局限性激发了战略管理的出现。

进入20世纪80年代，战略管理逐渐取代了战略计划，它更加精确和细致，包含了战略计划的功能，但所包含的内容又要比战略计划深远得多。战略管理包含了战略计划，但它更关注战略的执行，关注整合组织的力量去实现战略目标，而且规划或计划的制定不再是一个特殊部门的活动，而是全部管理者的责任。按照美国学者安索夫（Igor H. Ansoff）在《新公司战略》（1988）一书中的说法，战略计划与战略管理的区别在于，前者的焦点是制定最优战略决策，而后者的焦点是产生新的战略结果——新市场、新产品和新技术。④ 也就是说，战略计划关注的是制定恰当的决策，而战略管理侧重的则是新的战略结果的产生：新市场、新技术、新产品。

战略计划是由一个专门的部门制定的，而战略管理涉及所有组织部门，它更综合，将战略扩展到所有组织单位。战略管理旨在将战略观念贯穿于组织的所有部分，并包含每个

---

① Graham S. Toft, Synoptic Approaches of Strategic Management, in Jack Rabin, Gerald J. Miller and W. Bartley Hildreth (eds), *Handbook of Strategic Management*, New York and Basel: Marcel Dekker, 1989, p. 6.

② Arnoldo C. Hax, Nicholas S. Majluf, *Strategic Management: An Integrative Perspective*, Englewood Cliffs: Prentice-Hall, 1984, pp. 45-46.

③ Igor H. Ansoff, *The New Corporate Strategy*, New York: John Wiley, 1988, p. 166.

④ Ibid., p. 235.

单位体系。它不是机械地运作，而是承认个体与群体所扮演的中心角色及企业文化的影响。这就要求计划管理调节和组织结构之间更好地整合；沟通和信息系统之间也需要更好地整合；同时还要有一套激励与奖惩系统。计划不再被看成只是依靠单独的计划部门的独立活动，而应该看成是管理者的职责、全员的参与，而不是独立于组织之外。而且要塑造一种组织文化，使整个战略思维存在于每个员工的头脑里。

什么是战略管理？小汤普生（Arthur A. Thompson，Jr.）给战略管理下的定义是："战略管理是一个过程，在这个过程中，高层管理者确定组织的长期方向，设定特别绩效目标，根据与组织相关的内外环境，制定出能达成这些目标的战略，并且卓有成效地实施这些被选定的决策方案。"①

战略管理的特征又是什么？纳特和巴可夫（Paull C. Nutt and Robert W. Backoff）在《公共和第三部门组织的战略管理》（1992）一书中说："战略管理处理这样一个关键问题，即为面临着日益增加的不确定性未来的组织定位"②，"战略管理通过产生用以指导战略行动的计划、计谋、模式、立场和观点而为一个组织创造焦点、一致性和目的"③。波齐曼和斯特劳斯曼在《公共管理战略》一书中则认为，战略包含着处理组织的外部环境、使命和目标，战略管理途径有三个主要的特征，即：界定目标和目的，提出一个能协调组织与环境的行动计划，设计有效的执行方法。④

1.2 公共部门战略管理的兴起

在私人部门战略计划和战略模式的示范性影响之下，公共部门战略规划（或战略计划）和战略管理途径也随后兴起。按照休斯（Owen E. Hughes）在《公共管理与行政》一书中的说法，公共部门战略规划途径兴起于 20 世纪 80 年代初，比私人部门战略规划途径的兴起晚了十余年；而公共部门战略管理途径的采用比私人部门仅仅晚了几年。⑤

1. 公共部门战略管理的引入

公共部门中的战略管理的发展历程与私营部门中的战略管理发展的五个阶段相当接近。预算和财务控制在公共部门很早就开始了，它们可以被看做传统的行政模式的组织精髓，计划的主要目的不过是预算分配、支出控制。公共部门的长期计划使用的则是私营部门中的方法，它更加注重公共部门的长期目标，预测的是较为久远的问题。20 世纪 80 年

① Arthur A. Thompson Jr.，A. J. Strickland III，*Strategic Management*：*Concept and Cases*（4th edition），Business Publications，Inc.，1987，p. 4.

② Paull C. Nutt，Robert W. Backoff，*Strategic Management of Public and Third Sector Organizations*：*A Handbook for Leaders*，San Francisco：Jossey-Bass Publishers，1992，p. 58.

③ Ibid.，p. 54.

④ Barry Bozeman，Jeffrey D. Straussman，*Public Management Strategies*，San Francisco：Jossey-Bass Publishers，1990，p. 54.

⑤ Owen E. Hughes，*Public Management and Administration*（2nd ed.），Macmillan Press Ltd.，1998，p. 152.

代初期，战略计划在公共部门中开始出现。① 如前所述，战略计划在私营部门的运用是在20 世纪六七十年代。可见，公共部门在战略计划的运用方面比私营部门落后十来年，受到私营部门的启示。“战略计划是在宪法规定的范围内，为确定政府行为性质和方向的基本决策所进行的专业性努力。”②

美国学者布莱森（John M. Bryson）给我们列出了一个包括八个步骤的战略计划框架：开始制定战略计划并取得一致意见；明确组织权限；阐明组织任务和价值；对外界环境进行评价（机会和威胁）；对企业内部状况进行评价（优势和劣势）；确定组织面对的战略性问题；制定战略——处理问题；制定有效的、未来的组织蓝图。人们一般认为战略计划是附属于政治过程的，受到一定的限制，并且公共部门的这些限制或许比私营部门要多得多，这些限制改变了战略计划制定的一些方法和内容，但这并没有削弱这一过程的重要性。战略计划能“促进沟通与参与，协调利益与价值差异，推动有序决策的制定和展开”③。

2. 公共部门战略管理的出现

在私营部门，战略计划向战略管理转变是因为战略管理更为现实；同样，在公共部门，人们正是由于认识到了战略计划的局限性，才向战略管理方向发展的。在过去的几十年里，新公共管理运动席卷全球，市场化、私有化如火如荼。政府将不断面临重组、合并、民营化、政府直接干预范围缩小等威胁。信息化和经济全球化导致的公共部门外部环境的不确定性加大。20 世纪 80 年代中期以后，战略计划就被一些学者认为出现了失败的倾向，因为“市镇议员和官员缺乏承诺、义务感；认为组织体系产生抵制性文化，而无法采取持久性努力来改变这种文化；对组织管理的需要缺乏灵活性和回应性；（战略计划）发展于相对稳定的年代里，但 80 年代中期以后，环境开始变得更加动荡和不确定”④。终于，20 世纪 80 年代末 90 年代初，战略管理在公共部门出现了。

20 世纪 80 年代末 90 年代初，在公共部门管理领域出现了首批论述公共部门与第三部门（非营利组织）战略管理的著作或教科书。最早较系统讨论公共部门战略管理的著作要算加州旧金山的乔西—巴斯（Jossey-Bass）出版社出版的“公共行政系列丛书”中的两本书，即波齐曼、斯特劳斯曼的《公共管理战略》（1990）和纳特、巴可夫的《公共和第三部门组织的战略管理》（1992）。该丛书还收进了一本后来很有影响的论公共部门战略规划的著作，即布莱森的《公共组织和非营利组织的战略规划》（1988）。⑤

战略管理在公共部门出现，得到了一些学者专家的支持和赞许，是一个更具包容性的概念。它强调组织与环境之间的相互作用，允许对环境进行考察，以选择通过一定的付出

---

① Owen E. Hughes，*Public Management and Administration*（2nd ed.），Macmillan Press Ltd.，1998，p. 153.

② John B. Olsen，Douglas C. Eadie，*The Game Plan：Governance with Foresight*，Washington，D. C.：Council of State Planning Agencies，1982，p. 4.

③ John M. Bryson，*Strategic Planning for Public and Non-profit Organization*，San Francisco：Jossey-Bass Publishers，1988，p. 5.

④ Sylvia Horton，David Farnham，*Public Management in Britain*，London：Macmillan Press Ltd.，1999，p. 65.

⑤ John M. Bryson，*Strategic Planning for Public and Non-profit Organizations*，San Francisco：Jossey-Bass Publishers，1988.

可以获得最大利益的目标。总的来说，从战略计划向战略管理转变更为注重制定计划以及它的内在要求，并对执行问题给予更多的关注。当然，战略管理在公共部门的运用并不都是受到称赞，它也受到了来自各个方面的批评。比如：战略管理是一种理性的科学方法和工具，它在用来产生和评价主要议题与选择方案时会减损政治程序；在政治领域，许多决策建立在政治谈判和各方的讨价还价上。① 还有来自对战略管理目标的批评。政府的政策目标被一些人认为是一般性的和模糊的，即使制定得很明确，也与政府的真正意图不一致，它可以有一个隐秘的议程。② 由于目标不明确，就很难实施管理。认识这些批评并认真对待它们，对于战略管理者是有益的，因为这可以使战略管理的缺陷被克服，弱点被另一种表达方式所替代。所以，战略管理尽管受到了各个方面的批评，但在西方许多国家的公共部门仍保持着旺盛的生命力。

3. 西方政府战略管理实践举要③

公共部门重视战略管理的原因在于其面临的环境更加具有不确定性。为适应市场经济的发展，公共部门角色出现了变化，并且出现了国际化和国际竞争力对公共利益的挑战。以下选取了新西兰、芬兰、爱尔兰及英国这四个国家的战略管理实践作为我们考察的对象。

（1）新西兰。

新西兰政府于20世纪90年代在战略管理领域施行了一系列改革举措。他们认为政府的协调性是有限的，其发展依赖各部门，所以达成政府内部的战略合作对于绩效的改善是至关重要的。为此，他们提出了战略结果区（SRAs）和关键结果区（KRAs）作为其战略实施的精髓。

战略结果区，即SRAs（strategic result areas），是由内阁制定的一系列选择性的、普遍的、跨越任期的政策目标，它能够使战略的焦点长期集中于为数不多的几个极其重要的政策区域。

关键结果区，即KRAs（key result areas），是在SRAs的背景下设立的一系列重要的中期承诺目标。它是由各部门设立的，并与首席执行官的绩效合同紧密联系在一起。

SRAs和KRAs最显著的特征是选择性与灵活性。由于长期集中规划，加上未来的复杂性和不确定性，所以不可能制定出一套完整的、叙述详尽的、层次更高的战略目标。所以，最好的方法便是选取几个显著的且在很大程度上能够对整个运作系统产生有益的杠杆作用的目标加以实施。但达成这些目标的途径并不是事先就能决定的。

SRAs和KRAs在具体操作方面也起到了一定的作用。新西兰政府在《远景2010》（或《路径2010》）中说明了国家长期关注的焦点。SRAs则为各部门机关未来取得成绩所需投入的前期努力提供了一个公开讨论的平台。然而它只有在《远景2010》的具体计划以及新的领导人接管一系列SRAs的时候才显得重要。但领导人也许并没有参与《远景2010》和SRAs的制定与形成。因此，长期目标必须是跨政府的设计，以避免新

① S. Ranson, J. Stewart, *Management in the Public Domain: Enabling the Learning Society*, London: Macmillan, 1994, p. 188.

② R. Baggot, "The NHS Internal Market", *Public Administration*, 1997, 75 (2), p. 284.

③ 本目由李洁根据国外网站的资料编写而成。

一任政府忽视前任设立的长期目标所带来的风险。这对未来政治系统的发展有着深刻的意义。

现在部门间为达成长期目标的合作已通过 SRAs 得以实现，而 SRAs 又通过各部门在相互理解基础上的战略对话得以发展。例如，降低犯罪率对于教育、劳工、健康、司法等许多部门都产生了深远的影响。

总之，新西兰政府的战略管理途径是具有传承意义的，灵活而富于选择性的。它加强了部门间的合作，使各部门更富于挑战性，巩固了政府所有者的利益，促成了统治者和行政者在公共空间的对话，并由此实现了统治的新任务：平衡自治与管理。但是，SRAs 和 KRAs 是一个不完整的战略圈，因为接下来没有评估程序，既没有同绩效指标紧密相接，也没有同预算很好地联系起来。SRAs 和 KRAs 的创意是不错的，但需要完善。新西兰的经验为许多国家在战略管理领域学习最佳的管理方式提供了机会，也拓展了关于公共部门未来改革趋势的思考。

(2) 芬兰。

早在 1987 年，芬兰政府就第一次明确地将公共管理的议题纳入其政府规划中，这就为其实施"芬兰模式"的改革以及制定战略奠定了基石。芬兰联合政府，即从右派到左派的五个政党（也被称为"彩虹政府"）近 10 年来出现了许多极其对立的政治意识形态。他们在诸如制度角色、集权以及公共行政中市场的作用等方面有不同的侧重点。所以，战略管理在芬兰就是不同意识形态的各个政党间的相互作用。它是一个发展的概念，因为战略不是静止的，而是一个连续不断的变革过程。

芬兰政府在实施战略时有一些基本的原则。例如：谋求意见统一；政府管理的连贯性；统治者与行政官员之间的密切互动；公共管理不同领域（如程序、结构、人事政策、技术等）之间的合作与协调；树立一个长期的目标。

在具体的操作中，芬兰政府也有可圈可点之处：第一，政府政治程序机构的建立使部门间改革的准备和实施都趋于统一。除此之外，部长委员会也为政治决策者和行政人员间的相互作用提供了平台。这种行之有效的配置能够在改革任务中形成共识和合作模式。

第二，除了制度设定，领导者个性的重要性也是不能被忽略的，这对战略管理的评估也有重要意义。负责改革的部长们自身也融入了改革程序，他们属于政府中新鲜的改革群体，同时要与来自不同部门的具有不同政治观点的部长们合作。例如：Mr. Juhani Kivela 从 1989 年至 1999 年的十年间一直担任财政部长一职。他的个人参与以及在战略工作中所显示出的卓越才能与芬兰改革的成功是密不可分的。

第三，在行政发展中，战略管理过程的目标在很大程度上来源于经济的要求。主要的目标是提高政府部门保障芬兰经济的有效性的能力，为芬兰人民的成功与福利作出应有的贡献，以及保证经济持续发展的能力。这些改革强调了公共管理的经济和社会效率，提高了政府外部有效性，为所有改革参与者提供了正确的导向。

第四，芬兰相对少的人口也是战略管理过程中一个非常重要的组成部分。市民服务体系交织在一起，不仅能自助，也能相互合作。每一年，财政部下属的公共管理部都会邀请所有部门和机关的领导开会，一方面能够聆听当前的改革话题，另一方面也创造了同事会见的机会，增进了沟通。

在芬兰人的概念中，政府不负责具体的管理细节，也不负责决策（即具体的行政决策），而重视政府的政治治理。因此，芬兰政府的公共管理就被定位于合作治理的框架内。简而言之，芬兰公共管理改革走的是一条从统一治理到政府治理框架内的战略多元化道路。

（3）爱尔兰。

战略管理动议（strategic management initiative，SMI）是 1994 年由总理发起的，最初的目的是指向公共服务——在现实基础上，公共服务应该为国家发展作出更大的贡献。

就 SMI 的目的来说，战略管理被定义为一种过程，即组织以一种谨慎和一致的态度看待其从中期到长期内外环境可能的发展，制定在未来环境中最大限度地发挥其效率和效能的规划并实施这些规划，以及随时关注其发展，作出必要判断的过程。

因此，每个组织都依据其战略目标制定了《战略宣言》（Statement of Strategy）。接下来制定了如何实现、如何配置资源的战略，以及战略分析和规划的标准程序。最后的结果是产生了正式的战略宣言，而不是传统意义上的案例、组织命令、高层次目标或多数情况下低层次的、分散的目标，以及某些情况下引导未来行动和活动的详细战略。

SMI 过程中包括了战略眼光、公共服务的作用和管理、面临的挑战、国内国际变化的过程、功能、过去的绩效以及变革的需要等。战略所采纳的程序能以一种战略的或者前瞻的途径保证随时对环境进行扫描和每个组织实施各项服务的有效性。灵活而具有回应性的结构是关键的战略目标。当然，保持战略途径也是困难的，需要即时观测。

（4）英国。

1974 年，英国地方政府组织便鼓励公共关系和地方政府中从事工业发展人员在营销活动中以一种特殊的、缓和的方式进行合作。从那开始就有了城市市场营销的飞速发展。到 1995 年 6 月，93%的英国地方政府都参与了某种形式的营销活动。

地方政府营销活动推广的重点主要在于吸引当地的内部投资及旅游业收入。许多地方销售部门（最典型的是地方政府经济发展/内部投资部门以及旅游业促销机构）把零售业的促销作为提高效益的一种手段。它们将市镇的零售供应推广计划纳入市镇中心管理计划中，这就使得该零售供应推广计划在地方城市的市场计划中具有重要的引领作用。尽管有类似关注零售内部投资以提高零售询盘和使城市中心现有市场化本质更加有效的活动，但许多市镇中心管理（Town Centre Management）计划仍然更加富于公开的战略性，且有详细的营业计划和对市镇中心长期发展的关注。

在实施市镇中心的销售计划中，经理的支持来自专业机构——市镇中心管理协会（Association of Town Centre Management）。许多出版物也强调了营销和促销的重要性，因为“促销技巧”是市镇中心管理计划中经理一个至关重要的竞争要素，他们需要具备关于销售原则和销售工具的知识，了解媒体的运作，撰写新闻稿和有效的营销材料，接受新闻界、电视和广播的采访。

以上四个国家在战略实践上的成功经验，对各国公共管理改革起到了良好的示范和借鉴作用。其有益的探索可以概括为以下几点：

一是目标清晰而有层次性。制定目标是为了阐明现实对业绩的期望，从而致力于将愿景付诸行动。因此，目标一定要在现实基础上具有长远性。以上四个国家都很重视目标的建立，最突出的是新西兰政府，其战略结果区（SRAs）和关键结果区（KRAs）的区分与联系形成了完整的目标体系。前者注重长期目标的实现，后者关注中期，即过程中关键目标的实现。加上新西兰政府强调目标要具有连贯性，不因为政府的换届而影响其实施，其传承性的战略管理途径对于未来的政治改革具有深远的意义。

二是组织结构的建立与战略相匹配。组织是实施战略的一种工具，一个好的战略要通过相应的组织结构去执行。组织结构应当根据组织战略目标进行调整。如芬兰的政治程序机构和部长委员会，前者能整合部门间改革的措施，后者加强了决策者和行政人员之间的联系。值得注意的是，几个国家都非常重视部门间的合作、沟通和协调，其组织结构的设计也充分体现了这一点。这已经成为公共管理改革实践中重要而基本的原则。另外，在组织结构的划分上，注重职能的配置，如英国从事政府营销的地方销售部门，包括内部投资部门、旅游业促销机构以及市镇中心管理协会等，都是政府形象建立和推广的专业机构。

三是充满魅力的个性领导。执行战略计划需要有人来领导，这是一种重要的管理职能。其向上的作用在于争取资源、维护组织；向下的作用在于向组织灌输某种价值观念，培养组织的独特能力，设置激励机制以及调解冲突。芬兰政府就很重视领导在战略实施中的作用。他们认为，作为改革的“领头羊”，领导者的个性是非常关键的，如前面提到的任职十年的财政部长即是以卓越的个人才能深深影响了芬兰的改革。

四是成功的政府营销。政府代表着一个国家的形象。政府参与营销，在塑造形象方面无疑是最有权威性与说服力的。所有公司的经济行为都必然受制于一系列由政府颁布的法律。英国政府在这一点上进行了成功的探索。他们积极开展了名为城市营销（city marketing）和市镇中心管理（TCM）的活动以促进投资，增加诸如旅游业的收入，并制定详细的实施计划和关注市镇中心的长期战略发展。

五是有效的战略控制保证了战略实施系统的完整性和灵活性。战略控制是战略有效实施和战略目标实现的重要保证。战略控制的过程可以说明计划工作、绩效衡量和纠正行动之间的关系。爱尔兰政府的战略管理动议就相当看重战略控制的作用。这不仅体现在他们从一种动态的角度来定义战略管理，以及在《战略宣言》中对行动计划、资源配置、战略分析和规划都有标准程序可循，更体现在对内外环境的变化、未来的挑战以及绩效衡量有前瞻性的把握，以便随时对系统进行监控，保证计划实施的有效性。

4. 公共部门战略管理实践的构建

（1）公共部门战略管理的特殊性及应对措施。

与私营部门相比，公共部门有其特殊性：

市场因素。在私营部门，人们的购买行为决定了市场，其获得资源的方式源于顾客的购买行为所导致的产品利润。公共组织却缺少一个可以以收入形式向它们提供资源的市场。“在政府机构内部存在批准预算、提供赞助的政治市场，这是管理人员或工作人员不得不应对的政治范围的事情。”“因为决策受到政治因素影响很大，所以战略分析时应更仔细考虑政治因素的影响。”“对政府机构做战略分析和选择时，那些与政治影响有关的因素将变得更重要。”[①] 公共部门或者提供免费服务，从预算拨款或税收中获取资金；或者象

① ［英］格里·约翰逊、凯万·斯科尔斯：《公司战略教程》，16 页，北京，华夏出版社，1998。

征性地收取仅够补偿所提供服务的部分成本。这种对公共补助的依赖要求战略管理者在制定战略和指导战略实施时，必须认清和处理权威网络成员的信仰与要求，与作为权威网络的监督机构通力合作。

目标因素。私营部门有清晰的终极目标，那就是通过获取较高的市场占有率和市场份额，生产适销对路、高质量的产品来赚取利润。虽然现在很多企业也讲求可持续发展，讲求社会效果，关注环保，向外界树立良好形象，但其终极目标并没有变。而公共部门却迥然不同。它们同时有很多目标，这些目标大多数非常模糊且互相冲突。“清楚的短期目标和长期目标很难勾勒出来，因为经常没有明确的目的、手段关系。”① 目标集中性似乎被重要的利益相关者的要求、利益集团的期望、使命的变迁所完全肢解。例如，公平和效率就是一对令人头痛的难题。效率在私营部门占有极高的位置，而在公共部门中公平对待每一个委托人且为其提供服务比效率更重要。公平标准使得部门解决不了目标模糊不清的问题，使得确定现在和将来的方向变得更加困难。目标模糊不清使得制定战略异常困难，且实施管理和监控也失去了依托。对这个问题的解决办法是：寻找目标的替代物，以克服目标的不明确及其潜在的冲突。如纳特和巴可夫用理想或终极目的取代目标。他们认为“通过最终目的所提出的目标可以与具体条件连接，确定与目标类似的指标，并为相互竞争的观点（即对组织的界定）寻求妥协提供方法”②。理想或终极目的，是一个组织可能达到的最好境界，这样可以为组织创造一个远景，它可以用组织领导偏好的术语，如顾客和项目等，清楚地表达出来。

限制因素。私营部门行动较为自由，自主权和灵活性只受到法律与内部多数人意见的限制，政治影响是间接的。根据具体情境，可以主动退出、合并，进行市场渗透、产品开发、市场开发以及多样化经营。为了对付竞争者，公司可以隐蔽地制定计划，并将计划保密；顾客可以自愿消费，根据物品的有效性付费。但对于公共部门来说，法令、章程规定的义务，以及传统的服务项目都会对其构成制约，限制它们的灵活性和自主权，导致它们在增加或减少服务方面的自由度较小。公民经常以所有者的身份向公共部门的活动、执行情况提出期望和要求，要求行政公开。“美国关于行政公开最重要的法律是1966年制定的《情报自由法》和1976年的《阳光下的联邦政府法》。”③ 另外，责任和监督机制也使公共部门的所有行动（包括权变计划和设想计划）必须接受公众检查。所以公共部门一般不能将计划保密或暗地里制定出计划。而且公共部门必须应对利益集团、院外游说、民选官员和签约方的干涉。公共部门所得到的授权限制了它们的自主权，但却能够使它们具有一定的强制力。纳税人不能有选择地来资助某些公共部门，而且可能被迫使用这些部门的服务。

为了回应以上的困境，可以采用以下的措施：在筹划新行动时，将指令和义务放到具体的、了解部门历史传统和发展方向的环境中去理解；由于关键人物会进行干

① D. Mckevitt, “Strategic Management in Public Service”, in L. Wilcocks and J. Harrow, *Rediscovering Public Services Management*, London: Mcgraw Hill, 1992, p. 36.

② Paull C. Nutt, Robert W. Backoff, *Strategic Management of Public and Third Sector Organizations: A Handbook for Leaders*, San Francisco: Jossey-Bass Publishers, 1992, p. 177.

③ 王名扬：《美国行政法》，935页，北京，中国法制出版社，1995。

涉，应建立各种联盟、顾问团体等缓冲器来应付、限制这些干涉，增加讨价还价的机会；在战略制定过程中吸收大众参与，显示出大众参与战略制定过程与制定出好的战略一样重要，这种对外界公开的态度有利于避开批评，并能为今后更加顺畅地执行战略打下基础；公共部门可以把被授权所得到的强制力当成战略的重要成分，利用其中所蕴藏的机会。

动力因素。在私人部门中，雇员对于自己的工作存在一种风险感和紧迫感，工作绩效可以直接用企业的利润来衡量。企业可以用金钱来奖励个人对利润和相关指标的贡献。此外，还可以用提升的办法来创造雇员追求美好发展前景的动力。而在公共部门中，雇员却缺乏应有的紧迫感。公共部门用定期选举、政治任命等方式安排新的领导人，它们不停地打断部门原有的计划和项目并创造惰性。另外，有的证据表明公共部门的雇员没有私人部门的雇员那样看重金钱激励。应对以上的特殊性的方法是：增加工作的不稳定性，把绩效评估运用于公共部门。除了运用金钱刺激外，在制定战略时还要发挥创造力，找出与公共部门特征相符合的激励机制。如用“身份强化策略”可以强化雇员的职业身份认同需要，使他们以高效率的方式工作。给他们知晓并参与战略的规划设计的机会，使他们感到自己参与了战略行动而产生兴奋感，从而获得创造性工作的激励。

(2) 公共部门战略层次的划分。

对于一些大型公司的战略，一些专家们把它们分成三个层次：公司战略、企业战略和职能战略。公共部门可以借鉴这种划分，将其战略划分出三个层次：公司战略对应于内阁和各部，如教育与就业部、社会安全部；企业战略对应于地方各级权力机构；职能战略对应于低层次的、职能较单一的局及更加具体的办事机构等。

对应于内阁或各部级别的公司战略的责任和活动包括：组织面临哪些总体性事务，经营哪些业务，进入哪些领域；组织结构该怎样设计才能更好地完成这些总体性事务；资源该怎样分配给次一级组织才算合理；决定次级组织是合并还是分离，是撤销还是保存原规模，或者是加强该组织。当然，这些都要根据整体性情境而定。

对应于地方各级权力机构级别的企业战略的职责和活动包括：发展出具有竞争性优势的策略，与同级别机构竞争资源；探寻工商业发展主流趋势，辨识发展契机；保证自己的各个次一级的战略的一致性、配套性、连贯性；辨识并回应公众的需求。

对应于低层次的、职能较单一的局及更具体的办事机构级别的职能战略的职责和活动包括：怎样细化企业战略级别的战略，并且对其提供支持。这其中包括与市场、人力资源、产品服务、信息系统及财务有关的各个方面，服务于上层战略。正如司·史坎多尔认为的那样：职能战略的原则焦点是使资源投入产生的生产力最大化。

谈论战略层次的划分基于这样一个假定：组织被一般性地分成分离性的、几乎是独立自主的战略实体单元。每个单元有自己明确的市场、服务的顾客。尽管我们认为在制定战略时划分单元以免混淆是有意义的，但三个层次必须相互联系、相互协调才能实现战略目标。比如，企业战略必须反映公司战略的使命和目标，而职能战略就要支持和巩固企业战略。

(3) 公共部门战略管理过程及阶段。

战略管理需要一个过程，它可以把传统与创新结为一体，同时又考虑制定——创造新的理念，以及实施——把新思维付诸实践。当前最有影响的是纳特和巴可夫提出的包含六个环节的过程：根据环境发展趋势、总体方向及标准概念描述组织的历史关联因素；根据现在的优势与劣势、未来的机遇与威胁来分析判断目前的形势；制定出当前要解决的战略问题议程；设计出战略选择方案以解决需要优先考虑的问题；根据利害关系人和所需要的资源评价战略选择方案；通过资源配置和对人员的管理贯彻需要优先考虑的战略。我们将公共部门战略管理划分为三个阶段：战略规划、战略实施和战略评价。

1）战略规划。公共部门战略规划包括了战略分析和战略选择等功能活动环节。战略分析的主要内容有：

第一，分析部门的历史背景，确定部门的最终目的。在公共部门中，由方案、市场、管理行动和资源四种成分组成一个系统。方案是服务的对象及所提供的服务；市场由利益相关者及公众的期望组成；管理行动是部门实施的战略；资源是部门执行方案时所运用的人力、物力和财力。这四种成分中的任何一种发生变化，部门系统就会发生相应变动，造成公共部门背离原初形成的趋势和方向。通过对公共部门背景的理解，才能明确部门要达到的最终目的。它包括最好和最差两个方面。最好方面是部门的前进目标，最差方面是部门力图避免的最后底线。

第二，PEST 分析，即在宏观上的政治、经济、社会、科技信息的收集和分析。政治分析指对国内国外政治环境的分析：领导人的新的指示；新政策的颁布；新法律法规在立法部门的通过；国家间的战争；首脑的会晤、缔约等。经济分析是对国内国外经济状况发展趋势的分析：国内经济是增长、停滞还是衰退？通货是紧缩还是膨胀？国际经济状况如何？是否存在金融风险（如亚洲金融危机）？社会分析涉及国内风俗、习惯、观念、信仰的现状及转变趋势，国家间的文化交流与合作等。科技分析涉及国内国外的科技开发与利用，以及相互交流，等等。这些都对公共部门有间接影响。

第三，SWOT 分析①，即公共部门优势、劣势、机会和威胁信息的收集与分析，它对公共部门的战略制定有直接的影响（参见下例）。SWOT 分析旨在进行更加结构化的分析，以便找到有助于制定战略的新发现。优势是指能使部门获得战略领先并进行有效竞争，从而实现部门目标的某些强大的因素或特征，通常表现为部门的相对优势。劣势是指给公共部门带来不利，导致部门无法实现其目标的消极因素和内部的不可能性。机会是指那些不断帮助部门实现或超过自身目标的外部因素和状况。威胁是指对部门运行不利，并导致部门无法实现既定目标的外部因素，是影响部门当前地位或其所希望的未来地位的主要障碍。比如一个公共图书馆的优势可能是：年富力强并具有开拓意识的领导班子；下级人员具备竞争力和参与精神；具有创新性和革新性的办公系统；强大的公众支持等。劣势可能是：资金来源不足；服务技术短缺；工作人员的士气不高和沟通状况不良等。机会可能是：优质的查阅服务；与政府官员的密切联系；新的主馆的扩大或革新等。威胁可能有：预算的可能减少；建筑空间不足等。

---

① 关于 SWOT 分析，第 5 章 5.2 部分将作专门介绍，此处不再详细介绍。

[例] 英国伯明翰城市议会的SWOT分析

机会	威胁
欧洲市场的产生将促进该市变成国际化城市；	财政失控；人口流失；
多元文化城市的优势；	经济衰退；环境恶化；
开发政府的首创精神；	社会张力；
重塑市中心形象。	市议会角色的重要性减损。
优势	**劣势**
服务质量的改善；	与市民缺乏沟通、交流；
相邻办公室的广泛连接网络；	缺乏真正的市民对于市议会工作的参与；
该市赢得大多数合同签订；	该市给人的消极形象；
国内和国外对该市的认同；	基础设施的恶化；
制造业中心基地地位的保持。	雇员的技能与所需求的新技能不相称。

资料来源：英国伯明翰市 1992 年的《城市战略与报告》。

战略选择的主要活动环节有：第一，信息输入。把第一阶段所收集、考虑到的宏观的政治、经济、社会、科技信息，以及直接影响战略的部门的优势、劣势、机会、威胁的信息进行归纳、整理、分类。在此基础上建立两个矩阵。一是外部因素评价矩阵。其程序是：列出在分析过程中确认的外部因素，总数以10～20 个为宜。这些因素包括影响部门的各种机会和威胁；赋予每个因素以权重，权重意味着每个因素对达成部门最终目标影响程度的大小；按部门现行战略对各类关键因素有效反应程度对各因素评分；权重乘以评分得到各因素加权分数；加总加权分数得到部门总加权分数，其反映了部门对现有机会、威胁的反应程度。二是内部因素评价矩阵。其程序与第一个矩阵相类似。得出的总加权分数反映了部门的内部优势和劣势状况。

第二，匹配。这一环节依靠在输入阶段得到的信息而将外部机会和威胁与内部优势和劣势进行匹配。将外部与内部的重要因素相匹配是有效建立备选战略的关键。这里我们只介绍两种可以在公共部门中使用的技术。第一种是威胁—机会—劣势—优势矩阵。其程序是：将组织的机会、威胁、优势、劣势列出，将其两两配对，就形成优势—机会战略、劣势—机会战略、优势—威胁战略、劣势—威胁战略。比如说劣势—威胁战略就是一种减少内部劣势，同时回避外部环境威胁的防御性战略。第二种是波士顿咨询集团矩阵。① 为了使其更加适合于公共部门，纳特和巴可夫对其进行了部分修改，用利益相关者的相对支持和可控性分别替代了市场份额和产业销售增长率，对议题的分析取代了对产品和服务的分析。通过组合产生了四类议题，即怒虎类，具有低可控性和较高程度的公众支持；坐鸭类，具有高可控性和高度的公众支持；黑马类，这类议题可以解决，但行动本身却不一定会得到公众支持；睡狗类，这类议题既不在公众的议程内，也不具有可控性。以上每一类议题都隐含着可以对其采取的战略。②

第三，决策。前面刚刚讨论过的匹配技术，确定了备选战略。而分析和直觉则为战略

① 参见［美］弗雷德·R·戴维：《战略管理》，第 6 版，216～218 页，北京，经济科学出版社，1998。

② 参见［美］保罗·C·纳特、罗伯特·W·巴可夫：《公共和第三部门组织的战略管理》，86～87 页，北京，中国人民大学出版社，2001。

决策提供了基础。在这一环节，战略管理小组需要重新审视组织的最终目标，评价组织运行的情境，从而对组织的备选战略作出评估。评估包括以下三种：一是适用性评估，用来评估所提出的战略对在战略分析中所确定的组织情况的适应程度，以及它如何保持或改进组织的竞争地位。它应提出下列问题：该战略充分利用组织的优势或环境提供的机会了吗？该战略对在战略分析中发现的问题解决到什么程度？该战略与组织的目标一致吗？二是可行性评估，就是分析是否能成功地实施该战略。该战略所提出的变化的范围应是组织资源所能够承受的。组织要有能力达到要求的服务水平。三是可接受性评估，即组织的环境要能接受这个战略；所提出的变动要符合组织内的一般期望；对利益相关者进行等级鉴定，分析其对战略的接受程度。

2）战略实施。成功的战略制定并不能保证成功的战略实施。实际做一件事情总是比决定做这件事要困难得多。由于公开性方面的限制、政治影响、权限、监察以及普遍存在的所有权，公共部门战略管理的执行更为困难。战略实施主要是制定出具体措施来实现战略。在公共部门中主要包括以下三类战略实施活动：

利益相关者管理。如何对付敌对利益相关者？纳特和巴可夫认为有这样几种办法：找出与敌对利益相关者有紧密联系的、不重要和未决的利益相关者中的中立者，从中发现潜在的联盟；采取措施，阻止敌对利益相关者与未决利益相关者的联盟；防止敌对利益相关者在暗中削弱拥护者；对敌对利益相关者进行突袭；预期反对性质并挑出部分持反对意见的利益相关者，再采取措施；与挑出的敌对利益相关者讨价还价，获得其至少的中立。[①] 除了敌对的利益相关者外，还有潜在的拥护者，未决利益相关者及不重要的利益相关者，对于他们都需要采取措施应对。

组织职能结构管理。战略的变化往往要求公共组织结构与之发生相应的变化。组织结构的重新设计应能够促进最终目标的达成。组织结构的演变顺序是一个周而复始的过程：制定新战略——新出现的管理问题——组织绩效下降——建立新的组织结构——组织绩效得到改进——制定新战略。明茨伯格设定了六种基本的配置：简单结构、机械官僚化、职业官僚化、分部化、临时委员会和教会型。他的这种设定虽然针对的是私营组织，适应的是私营组织所面临的各种环境，但经过修整以后也会对公共部门有所启发和借鉴。

资源管理。每个公共部门至少都拥有四种可以实现预期目标的资源：人力资源、物力资源、财力资源及技术资源。资源配置是战略实施活动中的一项中心活动。在不进行战略实施的部门中，资源的配置往往取决于个人的随意性，导致资源配置失当。在进行战略实施的部门中，资源配置依赖战略管理小组的决议，依赖所实施的战略。如加强型战略可能就要投入较多的资源，而紧缩型战略耗费的资源就较少。如果某些资源要素匮乏，但对战略实现是关键性的，可以请求那些拥护部门战略的重要利益相关者为部门筹募资金和服务使用费，或从其他项目中再争取一部分资金，从而使部门的战略变得可行。

3）战略评价。战略评价可以界定为：依据一定的标准和程序，对战略实施的效益、

---

① 参见［美］保罗·C·纳特、罗伯特·W·巴可夫：《公共和第三部门组织的战略管理》，163～164页。

效率、效果及价值进行判断的一种行政行为，目的在于取得有关这些方面的信息，作为决定战略变革、进行战略改进和制定新战略的依据。

一个完整的战略实施过程，除了科学合理的制定和有效的执行外，还需要对战略执行以后的效果进行判断，以确定该项战略的价值，这种活动就是战略评价。在传统的战略管理中，公共部门及其领导者习惯将重心放在战略方案的制定和实施上，却疏于对战略实施的效果进行科学的评价，对于战略评价的内涵和价值也较少理会。然而，一个具有明显优势的战略得以实施，并不意味着战略分析过程的结束，甚至一项战略在实施之后，疑问可能依然存在，如问题的确定是否合适、是否忽视了问题的一个重要部分，或者说如果有更好更新的资源可以利用，是否战略选择的结果会不同。这些问题要求我们对战略实施的全过程进行监督和评价。我们要看到实施的是一项正确的战略，要确信它没有被改变形式的危险，还要确定它是否达到了预期效果，是否需要进行重新设计或修改，或者是否需要马上结束。同时，这一评价过程还应该产生可以用于今后战略分析中设计更好选项的信息。

公共部门的战略管理从战略管理小组的成立到战略规划（战略分析和战略选择）、战略实施和战略评价，再到下一轮的战略规划以及战略管理所必需的组织文化的培养过程，都既是科学又是艺术，其细节远未完善。但“借鉴于私营部门的公共部门的战略管理并非是一蹴而就的，它的运用可以使公共组织从上至下共创未来蓝图，但它并不能保证不犯错误。而如果战略计划和战略管理仅仅只为公共组织提供了某些方向和目标，而这或许正是从公共行政向公共管理的转变过程中必不可少的”①。

1.3　为什么公共部门需要战略管理

1. 公共部门需要战略管理的理由

为什么公共部门需要战略管理？战略管理途径在公共部门中为什么如此重要？

哈佛大学肯尼迪政府学院的穆尔（Mark H. Moore）在《创造公共价值：政府中的战略管理》一书的第一章对这个问题作了很好的说明。②

穆尔认为，美国的公共管理者都依赖一个传统的教条，这个教条告诉他们应该如何看待和做好工作。受自我利益驱动的、受到误导的官员可能将社会引入歧途，这一教条就是为了降低这一可能性而设计出来的，其意在将公共部门的管理者置于严密的民主控制之下。根据这一教条，公共事业的目标应该是早已在立法或民选首脑签署的正式政策文件中确定好了的。作为民主讨论的结果，这些正式授权给了公共事业一个合法的身份：它们庄严地宣布某个据此成立的机构符合公共利益，因而有权动用社会资源。同样地，它们还制定了管理者的具体操作规程，指出了特定的公共机构所应追求的特定目标，以及达成这些

---

① Owen E. Hughes, *Public Management and Administration* (2nd ed), Macmillan Press Ltd, 1998, p. 166.

② Mark H. Moore, *Creating Public Value: Strategic Management in Government*, Cambridge: Harvard University Press, 1995, pp. 16-21.

目标应采取的方法。简而言之，授权规定的目标和达成目标的方法就是管理者必须负责任的各种条款。就公共管理者而言，他们应该忠实地执行这些规定，他们的责任就是最快、最好地达成授权规定的目标。他们应是自己工作领域的专家，了解这一领域的基本操作原则，能熟练应用这些原则以产生期望的结果，同时也知道哪些因素构成了衡量操作的实质和有效性的标准。他们还应是行政管理领域的能手，不但善于制定合适的组织结构，以保证组织有效和高效地运作，而且擅长作出恰当的人事安排，以保证社会交由他们管理的财力和人力资源不至于挥霍、浪费或失窃。

这一教条在公共部门管理者头脑中形成了一个思维定式：他们往往从官僚的角度而非企业家、领导者或执行官的角度来思考问题。他们思维的导向既不是向下的，也不是向上或向外的。向下是为了更可靠地控制组织的运作，而向外是为了获得好的结果，向上则是为了重新商讨政治授权。一般而言，公共部门管理者不将发起或促进变革当成他们的任务。相反，在反复无常的政治环境中，他们倾向于将维持组织的稳定性当成自己的任务。他们的首要管理目标是将组织的传统工作做得更好，而不是寻求创新，以改变组织扮演的角色或增加它们对整个社会的价值。

公众对官僚的创新行为一向持怀疑态度，认为他们之所以这样做，只不过是对自己有利，或是追求官僚们所认定的公共利益，而他们心目中的公共利益通常是一些稀奇古怪的东西。此外，公众还厌恶公务员系统，因为它使得官僚们可以在某种程度上不受公众的监管。由于公众可以通过选举箱来监管民选官员和任命的官员，所以在发起革新方面，他们通常给这部分人更大的自主权。尽管如此，公众对这些官员的革新举措也是冷眼相看，因为这些官员的企业家精神通常就像是为了满足小部分人的利益以赢得更多的选票，而不是为了发现和创造对公众有利的东西。

这些看法在某种程度上是正确的，但是，它们低估了一个显而易见却常被忽视的社会事实：社会对公共部门管理者和对私人部门管理者的要求有天壤之别。我们倾向于认为公共部门（非民选）执行官的想象和创新危险且不合公共利益。而对于私人部门的执行官的这种思想，我们却认为是可以接受的，并且认为它将有助于社会福利的发展。毫无疑问，产生这些相互矛盾的要求的原因多种多样。首先，监管公共部门的机制是政治机制，控制私人部门的机制是财经机制，而前者远比后者脆弱和易于受到操纵及假象的迷惑，所以公共部门管理者必须受到更为严格的约束。其次，公共部门管理者的决定对所有的公民都有约束力，而私人部门管理者的决定只对少部分（自愿的）股东有约束力，所以前者的任何创新举动都必须经过更仔细的检讨。最后，与私人部门相比，公共部门的决定所带来的影响需要更长的时间才能表现出来，而且对影响的评价也更为主观，公共部门不太可能像私人部门那样根据管理者的工作结果来评价他们，等等。

但是，这些不同的要求所产生的影响却没有得到广泛的认可和讨论。私人部门要保持反应灵敏、充满活力和能够不断创造价值，需要两个重要的因素，即适应性和高效率，它们来自管理者的想象力、对公众需求的知觉、对资源的利用、对运作能力的控制以及将以上四方面结合起来以创造价值的能力。社会反对类似图书馆管理员所持的想法和可能由此引起的行动，也就堵住了这两个重要因素进入公共部门的门路。

当然，仍有一些公共部门管理者想象丰富且兢兢业业，而我们的社会亦因此受益良多。长期以来，这些公共部门管理者被各种限制缚住了手脚，但他们想尽办法绕过这些束缚，为整个社会谋得了不少利益。这里之所以提到这一点，是要表明这样的观点，即社会不配得到这些利益。社会既不珍惜公共部门管理者创造的这种利益，也不会因此而奖励公共部门管理者，因而它也不配向公共部门管理者提出或期望得到这种利益。因此，即使社会按某种方式组织起来，使它可以向公共部门管理者提出或期望这种要求，或者仅仅是允许公共部门管理者用自己的智慧去创造公共价值时，它能得到的这类贡献也必定少之又少。

对于公共部门管理者扮演的角色，有一种截然不同却更为有用的认识：这个角色更接近于社会对私人部门管理者的期望。依据这一看法，公共部门管理者应当是探索者，他们与其他人一起，致力于寻求、确定和创造公共价值。他们不仅要用种种方法为达成授权的目标而工作，还应成为寻求和确定“怎样做才是有价值的”这一问题的重要机构；他们不仅要保证一致性，还要成为改变公共部门行事内容和行事方式的创新者。

据此看来，公共部门管理者应该是战略家，而不是技工。他们不仅向下看，注意自己行动的有效性和优先顺序，同时也向外看，注意自己正在创造什么。他们不像工程师一样只关心组织的运作，同时还考虑与组织紧密相关的政治环境，以确定什么是公共价值。他们认为，政治斗争变幻无常，技术日新月异，组织需要经常进行变革。他们不憧憬死水一潭的环境和墨守成规。

对这种想法产生忧虑的主要原因，当然是因为众所周知的传统信条要努力避免的一样东西——受自我利益驱动的或误入歧途的官僚支配民主政治程序。但是，传统信条同样存在一个问题，即它不仅压抑了公共部门管理者作出贡献的积极性，而且也不能保护政治程序免受官僚影响。

事实上，从这一传统信条问世的那一刻起，有识之士就开始对它刻意在政治和行政之间画一道清晰界线的做法进行了批判，说它理论上不可行，实践上行不通。从理论上说，传统信条使官僚不敢在政府的目标这一点上发挥想象力，更不敢担负确定政府目标这样的责任。从实践上说，传统信条完全不能阻止非民选公共部门管理者。足智多谋的官员通常能按自己的方式行事，通过各种隐秘的方法来影响政府对公共利益的看法。此外，对公众而言，官员这种施加影响的隐秘方法特别恶毒，因为它不仅破坏了公信力，而且败坏了那些卷入其中的人的道德。

有一种方法可以降低行政操纵政治的可能性，即承认它潜在的作用及其不可避免性，并且提供一个更加正式的渠道，使各种可以创造公共价值的主意能够正当地表达出来。当然，教导公共管理者如何寻求和确定公共价值也是一项非常重要的工作。这种努力能够帮助社会看到，即使事出迫不得已，其中也隐含了一定的好处。从而使社会既享有公共管理者的经验和想象力带来的好处，又不至于一定要屈从于他们对公共利益的稀奇古怪的看法。不幸的是，这项工作并没有完成。虽然我们已经永久地打破了公共管理的传统信条，却没有构造一个公共部门管理者应如何思考和行动的框架。

2. 中国公共管理需要战略思维

源于西方的新公共管理运动现在已席卷全球，质量管理、绩效管理、绩效评估、市场化、合同出租、竞争招投标、政府采购、基准比较、小型化政府、现代化政府、放松管制，所有这些已经成为全球化术语，并且在许多国家这些术语、理论已经变成了实践，取得了引人瞩目的经济效益和社会效益。为什么会出现这种改革趋向？美国教授乔治·洛奇认为主要是由于信息化所导致的全球化。“全球化是一种过程，它促使世界各地的人们在文化、经济、政治、技术、环境等各个方面越来越多地相互连接在一起。”① 但这种政策趋同既是全球化所导致的政策传播，也是特定环境下的必然选择。这场管理运动的浪潮也波及中国。业务合同出租、竞争性招投标、政府采购、绩效评估等在神州大地上也如火如荼。它们在防止腐败、提高行政绩效等许多方面发挥出惊人的威力。既然作为母体的新公共管理运动能在中国生长、发芽，那么作为子体的公共部门的战略管理也能够。

中国从改革开放至现在，公共部门的管理一直停留在长期计划，至多是战略计划式的阶段。这从中国学者的著作中可见一斑。如隋映辉的《大战略》、梁桂全的《发展战略学》等。这种战略计划只适应较稳定的环境。进入21世纪，经济全球化加速发展，竞争加剧。中国于2001年年底加入WTO，这意味着中国公共部门将面临更复杂的国际环境。在国内，随着改革开放的深入、民主政治的建设、公民意识的提高、纳税人观念的增强，对公共部门多多少少有一种信任危机，要求公共部门回应公众服务需求的呼声日渐提高。随着中国的机构改革、市场化改革的深入，公共部门日益面临着重组、合并、民营化、公私竞争、公共部门之间的竞争、政府干预范围的缩小等威胁；随着绩效评估在地方的实行，绩效导向的评估与预算挂起钩来，更让公共部门压力重重。所有这些国内、国际环境就成为中国公共部门实行战略管理的直接驱动力。乔治·洛奇的话对中国公共部门是否应实行战略管理这个问题具有启迪作用：“全球化能保证将生活中的美好事物有效地传播给迫切需要它们的人们，而对落伍的人则构成威胁，把他们排除在受益范围之外。”②

公共部门战略管理途径的兴起是全球化、信息化和知识经济时代发展特别是当代政府改革运动的产物，它构成由传统的公共行政范式向（新）公共管理（或“管理主义”）范式转变的一个重要组成部分。作为一种新的管理途径或思维方式，战略管理日益受到公共部门管理者的重视。在当代西方的政府改革（新公共管理运动、重塑政府运动、管理主义改革等）背景下，公共部门尤其是政府的职能、角色、地位、组织结构及其与社会的关系都发生了深刻的变化，公共机构经常面临重组、合并和私有化的威胁，并被置于与私人部门竞争来提供公共物品及服务的境地。因此，任何公共部门都再也不能像过去那样对自身的生存、发展和未来高枕无忧了。考虑组织所面临的环境（优势、劣势、机遇和威胁），考虑组织的长远发展目标和未来，提高自身竞争力，成为公共部门管理者最基本的管理任务及内容。公共部门管理者需要战略思想，这正是公共部门战略管理途径兴起的现实原因。在我国，随着市场经济的发展和行政体制改革深化以及政府职能的转变，我国的公共管理者与西方的公共管理者面临着某些类似的困境，我国的公共管理迫切需要战略思维。

---

① ［美］乔治·洛奇：《全球化的管理》，7页，上海，上海译文出版社，1998。

② 同上书，1页。

1.4　公共部门战略管理学科的理论体系

在公共管理教育领域，自从 20 世纪 90 年代以来，战略管理成为西方尤其是美国大学 MPA 及 MPP 等研究生教育的一个重要课程领域（核心课程或必修课程）。例如，近几年哈佛大学肯尼迪政府学院的 MPP 项目中，“公共组织的战略管理”和“市场与市场失败”、“公共政策的经济学分析”、“量化分析和经验方法”、“公共行动的责任”、“公共部门组织的财政管理”等课一起，并列为 MPP 的核心课程。而在我国，尽管在工商管理教育尤其是 MBA 教育中，战略管理早已成为一门重要课程（学位课或必修课），但在公共管理教育特别是行政管理研究生以及 MPA 专业学位研究生教育中，战略管理课程的重要性并未被人们所认识。除了极少数学校（如厦门大学）之外，我国大部分院校的公共管理尤其是行政管理研究生及本科生专业都没有设置“公共部门战略管理”一类的课程。中国公共管理研究生教育尤其是 MPA 专业学位教育呼唤着“公共部门战略管理”课程及教材。

那么，公共部门战略管理学科的理论体系或教学体系又如何建立呢？先看看前面引证过的在美国有着广泛影响的两本教科书。

1.《公共和第三部门组织的战略管理》的理论体系

纳特和巴可夫的《公共和第三部门组织的战略管理》① 是在美国较早出版的系统论述公共和第三部门战略管理的著作之一。它自问世以来，在西方公共管理学界被广泛引用，被许多大学的 MPA 及 MPP 等研究生专业用做教材或教学参考书，也被公共部门管理者当做战略管理实践的指南。该书通过对战略管理理论和方法的介绍，为战略管理者提供实施战略管理的有效途径，并为学生们提供公共管理尤其是战略管理方面的知识准备。

《公共和第三部门组织的战略管理》一书较系统、全面地探讨了公共和第三部门组织战略管理概念、理论、方法及技术，既重视内容分析，解决战略管理“是什么”方面的问题，又重视过程分析，解决“如何”进行战略管理的问题。该书建立起一个较为完整的公共部门战略管理的理论体系。全书由五篇（15 章）、一个结论和两个附录所组成。

第一篇可以说是该书的导论，讨论公共和第三部门组织战略管理的重要性以及公共和第三部门组织对战略管理的特殊要求。作者先通过几个公共和第三部门组织被迫进行改革的案例，说明当代公共部门组织所面临的挑战及迫切需要战略思维和战略管理（第一章）；然后，将私人部门与公共和第三部门组织进行比较，指出公共和第三部门组织因其特殊性而需要一种不同于私人部门的战略管理模式（第二章）。

第二篇是战略管理的内容分析，主要讨论战略的起源、性质、用途、种类以及战略行动（第三章）；公共和第三部门组织如何应用战略管理（第四章）；战略管理中的问题议程和问题张力概念以及如何用这一概念框架来准备和发起战略管理（第五章）。

---

① Paul C. Nutt，Robert W. Backoff，*Strategic Management of Public and Third Sector Organizations*：*A Handbook for Leaders*，San Francisco：Jossey-Bass Publishers，1992.

第三篇是战略管理过程分析，涉及战略管理过程的基本理念、战略管理过程中的角色以及如何构造战略问题议程（第六章），战略管理过程的六大环节、阶段或步骤——历史背景、形势评估、问题议程、备选战略、可行性评估和战略实施（第七章），以及如何将战略过程的各环节结合起来，形成战略管理的各种途径与方法（第八章）。

第四篇是"技术篇"，讨论战略管理过程中所需要的各种方法和技术。作者认为，战略管理过程的六个环节或阶段都包含搜寻、综合和选择三个步骤或三种活动——搜寻是为了获取知识和思想，综合用以揭示模式，选择旨在辨识优先行动。因此，本篇分别讨论搜寻的技术（第九章）、综合的技术（第十章）和选择的技术（第十一章）以及如何根据不同的战略类型来选择和组合这些技术（第十二章）。

第五篇是案例分析篇，讨论实践中的战略管理。在第十三、十四、十五章中，作者从其咨询实践中选取了一个精神卫生中心、一个县图书馆和一个州儿童服务机构三个案例进行分析，说明如何将战略管理的概念、程序和技术应用于实际的战略管理过程之中。用作者自己的话来说，"每个案例都详细地介绍组织的历史、促使变革发生的事件及其后果"，"每个案例都具体说明本书所提出的概念和如何应用于战略管理过程，所产生的战略及其对组织所产生的影响"①。

结论（"组织转型的战略"）对战略管理的理论和过程进行归纳，提出了战略管理的一般原则以及展望战略管理的未来。作者认为，这些战略管理原则来自公共和第三部门组织的特定要求，可以有效地用以指导公共部门的战略管理实践。此外，该书还有两个附录，为战略管理者提供进行战略管理所需要的表格、工作清单和其他资料。

该书立足于公共和第三部门组织的背景以及公共管理实践，充分利用了作者帮助美国联邦、州、市、县的政府机构和第三部门组织进行战略管理咨询的实践经验，用大量的实际案例来说明问题，提出了一整套符合公共和第三部门组织特点以及适应公共管理实践需要的战略管理理论。公共部门管理历来有借鉴私人部门管理的理论、方法和模式的传统。但在这一过程中，却往往存在照搬照套的倾向。公共部门的战略管理途径的发展中同样存在这一问题，将一般的组织与管理特别是私人部门管理所发展出来的战略管理模式套用到公共部门的战略管理上。纳特和巴可夫认为，现在公共部门使用的许多战略管理方法——如果不是全部的话——最初都是私人部门发展出来并为私人部门所使用的。这些嫁接的方法，有的成功了，有的则失败了。目前私人部门所发展起来的战略管理方法和模式已经误导了公共部门的战略管理。公共部门有其自身的特征（尤其是具有"公共性"这一本质特征）和需要，正是这些特征使得一些适用于私人部门的战略管理方法不能搬到具有公共背景的组织中去，否则，就可能误导这些组织。公共背景的特殊性可以帮助人们确定那些有用的实践方法，并为整合人们所提出的战略管理新思想和新方法提供了基础。尽管纳特和巴可夫在该书中仍借用或汲取了私人部门所发展起来的许多概念和方法，但它们是与公共部门及第三部门组织的背景有机地结合在一起的。的确，《公共和第三部门组织的战略管理》可以称得上是一本有相当学术水平、名副其实的公共部门战略管理的著作。

---

① Paull C. Nutt, Robert W. Backoff, *Strategic Management of Public and Third Sector Organizations: A Handbook for Leaders*, San Francisco: Jossey-Bass Publishers, 1992, p. 301.

2.《创造公共价值：政府中的战略管理》的理论体系

另一本是哈佛大学肯尼迪政府学院穆尔的《创造公共价值：政府中的战略管理》。穆尔将战略管理看作另一种公共管理途径，他在前言中说：该书只有一个简单明了的目的，即为公共事业的管理者提供一个找出问题症结的框架。该书要回答的问题是：公共部门的管理者应该怎样根据所处的环境来思考和行动，以创造公共价值。为达到此目标，该书提出了几个不同的方法。首先，它提出了一套公共管理的哲学，也就是普通公民对公共部门管理者的期望，公共部门管理者由于所担任职务而承担的道德责任，以及公共部门管理者行使职责时应具有哪些美德。其次，该书制定了几个诊断框架，公共部门管理者可以据此分析他们所处的环境和评估行动的有效性。最后，该书指明了公共部门管理者可以充分利用的几种干预措施，通过对这几种干预措施的利用，他们可以使所处的政治和组织环境更有利于创造公共价值。①

穆尔在第一章中还说，该书的一个基本目的是：创造一个概念框架，帮助公共部门管理者找出各种机遇，并充分利用它们来创造公共价值，为社会作出更大的贡献。他假定，在寻求创造价值方面，社会不仅需要私人部门的管理者具有丰富的想象力（以及相应的技巧），也需要公共部门的管理者具有这种能力。② 该书由三篇七章以及序言和结论所构成，基本理论框架和内容如下：

序言：说明该书的写作意图、资料来源和方法以及该书观点的检验。

第一章“管理联想”。用图书馆管理员如何应对新情势的案例说明公共部门战略管理途径的重要性。

第一篇“公共价值”（由第二章和第三章所构成）。第二章“确定公共价值”。讨论公共部门管理工作的目的。穆尔认为，管理者应该寻求“创造公共价值”。因为“公共价值”是一个抽象的概念，所以随后他说明管理者应如何辨明所领导的机构的公共价值。由于公共部门管理者最终必须在某种公共价值理论的基础上采取行动，所以第三章“公共部门的组织战略”着重论述一种操作性很强的方法，根据此方法可以获得具体环境下的公共价值。这一方法采用了私人部门组织战略概念，并将它应用于公共部门。第三章是本书的重点内容。

第二篇“获得支持和合法性”（由第四章和第五章所构成）。第四章和第五章探讨政治管理的功能和技巧——这一部分着重关注如何将管理朝向上方，即政治。在第四章“动员支持、合法性与合作：政治管理的功能”中，穆尔解释了政治管理为什么是公共部门管理者的一项重要工作，以及怎样才能对政治环境作出正确的评判。为了达成目标，管理者不仅要动员他领导的组织中的各种资源，同时还要动员该组织之外的、可以帮助他达成此目标的资源。在第五章“倡导、谈判和领导：政治管理的技巧”中，穆尔详细说明了五种不同的政治管理方法，即企业家式倡导、政策制定管理、谈判、公议和领导，以及公共部门营销。在公共管理者所有的五种功能中，政治管理功能对民主价值的威胁最大，所以作者

---

① Mark H. Moore，*Creating Public Value*：*Strategic Management in Government*，Cambridge：Harvard University Press，1995，p. 1.

② Ibid.，p. 21.

论述了什么是正当的和什么是有效的这两个问题。

第三篇“创造公共价值”（由第六章和第七章所构成）着重于论述战略管理的另一部分，即将管理朝向下方，朝向组织本身。第六章“公共部门生产再造：运作管理的功能”展示了一个分析框架，穆尔用这个框架来分析公共部门组织生产的“产品”、公共部门所依赖的生产程序以及塑造了生产程序的组织管理系统。因为战略管理认为具体的政治环境是千变万化的，所以作者特别强调了管理者用以创新以及鼓励在其组织中连续创新的技巧。第七章“战略执行：运作管理的技巧”探讨了管理者将具有重要战略意义的创新引入组织的技巧。

最后是结论“为多元、不确定的社会而行动”。作者又回到第一章提出的问题：如果公共部门管理者要民主和有效地管理公共组织，他们需要具备哪些气质？作者认为，公共部门管理者必须在道德上作出表率并身体力行，才能成为真正成功的公共部门管理者。①

1.5 本书的理论框架

本书将借鉴国外公共部门组织的战略管理以及一般战略管理（公司战略管理）的理论框架及主题内容，并主要从公共部门组织的战略管理系统及其运行（战略过程）的角度，来组织本书的理论主题及内容。全书分 10 章。

第 1 章：“导论：公共部门战略管理途径的兴起”。本章涉及私营部门战略管理途径的形成与模式，私营部门战略管理途径在公共部门的引入，公共部门战略管理模式的特征，公共部门战略管理实践的构建，公共部门战略管理过程及阶段，公共部门需要战略管理的理由，公共部门战略管理的理论体系等方面的内容。

第 2 章：“公共部门战略管理的概念基础”。本章解释“战略”、“战略管理”、“公共（的）”与“私人（的）”等概念，探讨公共组织及其与私人组织的区别，环境因素、交易因素和组织内部运作方式对公共部门战略管理的影响等问题。

第 3 章：“公共部门战略管理系统”。本章涉及战略管理主体、客体和环境及其相互作用问题。主要内容有：战略管理主体概念，战略管理主体的构成，战略管理客体，战略管理环境的特征，战略管理的内部和外部环境等。

第 4 章：“公共部门战略管理过程”。本章讨论战略管理过程的不同模式（尤其是评述最有影响的三种战略管理过程模式及其优点和缺陷），公共部门战略管理过程的特殊性以及公共部门战略管理过程的基本环节等问题。

第 5 章：“公共部门战略规划”。本章的重点问题有：战略规划的内涵、性质和意义，战略规划的过程，战略规划的三个模式，SWOT 分析及议题议程，战略选项的制定，战略选择和战略规划方法等。

---

① Mark H. Moore, *Creating Public Value*: *Strategic Management in Government*, Cambridge: Harvard University Press, 1995, pp. 21-23.

第 6 章："公共部门战略实施"。本章主要讨论战略实施的内涵与作用，战略实施过程的基本环节，战略实施的手段，影响战略实施的因素，公共组织结构的类型以及组织结构设计的原则和步骤，资源配置的方法和步骤等问题。

第 7 章："公共部门战略评价"。本章涉及公共部门战略评价的内涵，公共部门战略评价的标准，公共部门战略评价的框架，组织绩效的概念与考核组织绩效的程序，纠正绩效偏差的主要环节及影响因素，公共部门战略评价的主要方法等方面的内容。

第 8 章："公共部门战略变革"。本章讨论的主题有：战略变革的理论基础，战略变革的方式，战略变革的原则，战略变革意愿的确认，战略变革的力场分析，战略变革管理机构的特点，战略变革的方案规划，持续变革的战略管理，组织发展的干预手段等。

第 9 章："公共管理的战略思维"。本章涉及战略思维的特征和要求，公共部门管理者战略思维的培养，战略管理中理性思维的作用及其局限性，创造性思维的概念和作用，战略管理者创造性思维的培养，价值观和其对战略过程的影响以及公共部门管理中的战略分析的问题。

第 10 章"结论：公共部门战略管理的未来"。本章探讨公共部门战略管理理论研究的演进趋势，公共部门战略管理思维及理念的转向，公共部门战略管理运作模式的发展特征等方面的问题。

通过以上各个主题的讨论，力求给读者一个关于公共部门战略管理学科的基本轮廓。

本章小结

1. 公共部门战略管理途径的兴起与私人部门战略管理模式的示范性影响分不开。第二次世界大战后，军事领域的"战略"概念被逐步引入工商管理领域，最终发展成为一种新的管理研究途径或新学科分支。

2. 20 世纪 60 年代兴起的战略计划是战略管理的先导。战略计划与战略管理的区别在于，前者的焦点是制定最优战略决策，而后者的焦点是产生新的战略结果——新市场、新产品和新技术。

3. 战略管理是一个过程，在这个过程中，高层管理者确定组织的长期方向，设定特别绩效目标，根据与组织相关的内外环境，制定出能达成这些目标的战略，并且卓有成效地实施这些被选定的决策方案。战略管理途径有三个主要的特征，即界定目标和目的，提出一个能协调组织与环境的行动计划，设计有效的执行方法。

4. 在私人部门战略计划和战略模式的示范性影响之下，公共部门战略规划（或战略计划）和战略管理途径也随后兴起。20 世纪 80 年代末 90 年代初，在公共部门管理领域出现了首批论述公共部门与第三部门（非营利组织）战略管理的著作或教科书。

5. 与私营部门相比，公共部门有其特殊性。这主要表现在市场因素、目标因素、限制因素和动力因素等方面；公司战略可以分成三个层次：公司战略、企业战略和职能战略。公共部门可以借鉴这种划分，相应地划分出三个层次。

6. 战略管理需要一个过程，它可以把传统与创新结为一体，同时又考虑制定——创造新的理念，以及实施——把新思维付诸实践。可以将公共部门战略管理划分为三个阶段：战略规划、战略实施和战略评价。

7. 公共部门需要战略管理。因为在当代，公共部门尤其是政府的职能、角色、地位、组织结构及其与社会的关系都发生了深刻的变化，公共机构经常面临重组、合并和私有化的威胁，并被置于与私人部门竞争来提供公共物品及服务的境地。考虑组织所面临的环境（优势、劣势、机遇和威胁），考虑组织的长远发展目标和未来，提高自身竞争力，成为公共部门管理者最基本的管理任务及内容。

8. 自从20世纪90年代以来，公共部门战略管理成为西方尤其是美国大学MPA及MPP等研究生教育的一个重要课程领域；而在我国的公共管理教育特别是MPA专业学位研究生教育中，战略管理课程的重要性并未被人们所认识。中国公共管理研究生教育尤其是MPA专业学位教育呼唤“公共部门战略管理”课程及教材。

关键术语

1. 战略和战略管理：战略包含着处理组织的外部环境、使命和目标；战略管理是一个过程，在这个过程中，高层管理者确定组织的长期方向，设定特别绩效目标，根据与组织相关的内外环境，制定出能达成这些目标的战略，并且卓有成效地实施这些被选定的决策方案。

公共部门战略计划：是在宪法规定的范围内，为确定政府行为性质和方向的基本决策所进行的专业性努力。它包括八个步骤：开始制定战略计划并取得一致意见；明确组织权限；阐明组织任务和价值；对外界环境进行评价（机会和威胁）；对企业内部状况进行评价（优势和劣势）；确定组织面对的战略性问题；制定战略——处理问题；制定有效的、未来的组织蓝图。

2. 公共部门战略管理途径：其要点是关注长期目标；将长期目标和近期目标整合成一个连贯的层级；认识到战略管理和计划并不是自行贯彻的；采取一种外部观点，强调不是去适应环境，而是期待和塑造组织的变迁；充分认识到政治权威的影响。

3. SWOT分析：即公共部门优势、劣势、机会和威胁信息的收集与分析，它对公共部门的战略制定有直接的影响，旨在进行更加结构化的分析，以便找到有助于制定战略的新发现。优势是指能使部门获得战略领先并进行有效竞争，从而实现部门目标的某些强大的因素或特征；劣势是给公共部门带来不利，导致部门无法实现其目标的消极因素和内部的不可能性；机会是指那些不断帮助部门实现或超过自身目标的外部因素和状况；威胁是指对部门运行不利，并导致部门无法实现既定目标的外部因素。

案　例

镇图书馆管理员应该怎样应对新情况

镇图书馆管理员最近感到很心烦。每天下午3:30左右，潮水般的孩子涌入图书馆阅览室，而到下午5:00左右，这股“潮水”则开始退落，到了6:00，图书馆重又归于安静。

一个非正式的调查揭示了这一现象的由来：图书馆被当成了双职工家庭孩子的日托所。图书馆管理员应如何应对这一新情况？

她的第一反应是尽量制止这一正在形成的做法，因为这些潮涨潮落扰乱了图书馆的正常运作。在一天中的大多数时间里，阅览室都是安静而宽松的。当这些孩子涌入时，则变得又吵又拥挤。桌子和地面上到处都是孩子们散落的书，平装书则更是遭了殃，因不时从书架上掉下来而损坏了书脊。图书馆的助理平白增加了大量的工作，不得不在下班前将山一样的书重新整理上架。就连清洁工也多了不少事，需要花费额外的精力才能保持厕所的整洁。

另外，无论从什么角度来说，照顾这些双职工家庭孩子都不是镇图书馆管理员的工作，而是家长或日托所的职责。或许她应该给当地报纸写一封信，提醒公民应正确使用图书馆，如果写信仍不奏效的话，她就应该制定一些新的规则，以限制孩子使用图书馆。

但是，该管理员产生了一个更加具有企业家精神的想法：或许她可以利用这些双职工家庭的孩子从镇上不宽裕的预算那儿得到更多的拨款。她可以声称双职工家庭的孩子所产生的新需求使得她必须申请更多的资源。她需要更多的职员才能管理好孩子们，使他们不打搅其他的读者；她还需要更多的加班费，这样才能补贴需要加班加点工作的图书馆助理和清洁工。或许图书馆本身需要重新设计，以增加小学生和初中生的阅览室。事实上，她还认为，重建工程还可以帮她完成一个多年以来的心愿，即将整个图书馆的内部再粉刷一遍。但所有这些都需要资金，而一个州税收返还条例已经使镇上的可用资金十分有限。

从镇预算委员会那儿申请更多的钱似乎不太可能，随着图书馆管理员越来越清楚地认识到这一点，她想到了另一个办法：或许可以向双职工家庭孩子的父母收费，用这些费用来开展一些对孩子有益的项目。当然，有一些实际问题需要解决。例如，她具体应收多少费用？她可以很轻易地记录下开展某个新项目需要的直接费用，并制定一个可以负担这些费用的价目。但是，一些间接的费用，如组织这类活动所产生的管理费、建筑物的折旧费等，却是难以计算的。如果她在定价时少算了这部分费用，会造成所有公众都补贴双职工家庭的局面；如果她多算了这部分费用，则会造成双职工家庭补贴图书馆的局面。

她还考虑到，镇上的居民和他们的代表或许会对使用图书馆的设施开展这样的项目有不同的意见，而且她也不能肯定这些意见到底会偏向哪一方。如果她发起一项收费服务，那么镇上的居民是会敬佩她的企业家精神还是会担心她太过于自以为是呢？同样，他们将把为双职工家庭孩子服务当成一个有价值的事业呢，还是会认为这是一项仅针对少部分不应得到这种待遇的人的服务呢？很显然，她必须在镇务会议上才能得到这些问题的答案。

面临着向使用者收费这一难题，图书馆管理员还想到了另外一个解决办法：或许这项新的服务可以由志愿者来“提供资助”。或许可以将这些孩子的父母组织起来，由他们来承担部分监管和清洁工作。或许甚至可以引导这些孩子的父母帮助管理员改造一下图书馆，以使它既能容纳新的项目，又能维持适当的功能分区；既维持一个安静场所，让老年人有地方阅读和聚会，同时也给好动和嘈杂的孩子们一个适当的场所。一般来说，公众对于将图书馆变成双职工家庭孩子的日托所肯定会有意见，会抱怨公众资源被用于补贴少部分人的利益。但是，以上所述的这类活动中表现出来的社区精神或许可以平息公众心中的这类不满。

动员志愿者的参与是一件非常棘手的事情，因为管理员对这类事务并不在行。事实上，她所考虑的所有事项看起来都是非常困难和陌生的，因为它们都需要她去卷入一些外部的政治活动。向镇预算委员会作一个陈述或就此问题给当地报纸一封信是一回事，而发起一个可以自给自足的项目和发动一群志愿者则完全是另一回事。

接着，她又想到了另一个主意：或许她可以在组织内部找出一个解决问题的方法。对上班时间做一个小小的调整，或许就能腾出足够的人手来看管孩子，甚至可以有足够的人手来提供一些趣味阅读活动。或许只要在图书馆内重新作些安排，就可以挤出一个房间来开展这些项目。作为课余活动的一部分，甚至可以在适当的时候，在这间房里放映电影。

事实上，管理员对这件事想得越多，她就越觉得在图书馆内照顾这些孩子正是她的组织的一部分工作。这或许可以给她和她的助理一次机会，使他们可以鼓励这些孩子读书和爱护书，而这又可能让孩子们受益终生。更为重要的是，她逐渐认为，这些孩子和他们的家长对图书馆提出的要求，正如那些将图书馆用作其他目的的人士提出的要求一样正当：高中生晚上来图书馆做一些课题研究或与人聊天；老年人白天来图书馆阅览报纸杂志，与朋友闲侃；自助主义者来图书馆学习，以帮助他们完成某个思考已久却缺乏清晰计划的工程。

双职工家庭的孩子们对图书馆提出了新的要求，管理员在思考她的组织应如何应对这些要求的过程中，逐渐用一种新的眼光来看待她自己的组织。她自己和她的职员所受到的专业训练使她们认为图书馆是一个存放图书、将图书提供给公众的地方。为了实现这一功能，人们开发了一套完整的系统，以管理库存和记录图书的位置。同时，人们还开发了另一套系统，以记录哪个居民借了哪本书，并向那些逾期不还的借阅者收取罚款。这些是图书馆的核心功能，也是图书馆的职员最强烈认同的一点。

不管怎么说，图书馆的功能都在随着公民的需求及其自身能力的变化而不断增多。一旦图书馆有了一套管理库存的系统，它就自然而然地可以用同一套系统来管理磁带、激光唱片和录像带（当然，音像制品的借阅系统必须稍作修改以避免与商业机构竞争）。人们扩大了保管书籍的地方，将它弄得更加漂亮，以鼓励人们在图书馆阅览。图书馆在冬天提供暖气，夏天则提供冷气，以方便那些希望使用图书馆和在图书馆工作的人。此外，图书馆还为学生们提供了自修室，为儿童提供了设有图书和玩具的特别房间。人们越来越多地将图书馆用作业余音乐会的举办地，手工艺协会的聚会地，以及读书会的碰头地点。

因此，图书馆已不再是一个简单的图书存放地，而日益成为一个众多公民为各种目的而使用的室内公园。如果这个案例中的图书馆管理员可以想出一个办法，以一种经济的、有效的、公平的和不与图书馆的传统功能相冲突的方式来为双职工家庭孩子提供看护，谁又能说这种服务不是正当而有价值的呢？

镇图书馆管理员是一个公共管理者。之所以这么说，是因为人们将一部分公共资产交由她打理，她负责将这些资产用于对该镇及其居民有利的地方。显而易见，作为一个管理者，其中一个责任便是找出这些资源的最有用之处。现在她所面临的一个问题便是：她的组织是否应响应双职工家庭的孩子提出的新要求，为他们提供看护；这样做是否值得，如果值得的话，应该怎样提供。

资料来源：Mark H. Moore，*Creating Public Value*：*Strategic Management in Government*，Cambridge：Harvard University Press，1995，pp. 13-16.

思考题

1. 简述私营部门战略管理途径发展的主要阶段。
2. 公共部门战略管理途径是如何兴起的？
3. 简述公共部门战略管理途径的特征。
4. 简述公共部门战略管理过程及阶段。
5. 为什么公共部门管理需要战略思维？
6. 如何建立中国公共部门战略管理学科的理论体系？
7. 假设你是镇图书馆管理员，你将如何应对案例中的新情况？

阅读书目

1. ［美］保罗·C·纳特，罗伯特·W·巴可夫．公共和第三部门组织的战略管理．北京：中国人民大学出版社，2001（Paul C. Nutt，Robert W. Backoff，*Strategic Management of Public and Third Sector Organizations*：*A Handbook for Leaders*，San Francisco：Jossey-Bass Publishers，1992）

2. ［美］马克·H·穆尔．创造公共价值：政府中的战略管理．北京：商务印书馆，2003（Mark H. Moore，*Creating Public Value*：*Strategic Management in Government*，Cambridge：Harvard University Press，1995）

3. John M. Bryson，*Strategic Planning for Public and Non-profit Organizations*，San Francisco：Jossey-Bass Publishers，1996

4. Jack Koteen，*Strategic Management in Public and Non-profit Organizations*：*Managing Public Concerns in an Era of Limits*，Greenwood Publishing Group，1997

5. ［美］亨利·明茨伯格等．战略历程．北京：机械工业出版社，2006

第2章

公共部门战略管理的概念基础

本章要点

- 战略和战略管理概念
- “公共（的）”与“私人（的）”
- 公共部门组织的范围与类型
- 公共部门组织与私人部门组织的区别
- 环境因素对公共部门组织战略管理的影响
- 交易因素对公共部门组织战略管理的影响
- 组织内部运作方式对公共部门组织战略管理的影响

公共部门战略管理的兴起是全球化、信息化和知识经济时代发展以及当代政府改革的产物，它构成了新公共管理运动的一个重要部分。作为一种新的管理途径或思维方式，战略管理日益受到公共部门组织管理者的重视。那么，公共部门组织的战略管理是否也可以像私营部门组织战略管理一样运作呢？答案当然是否定的。虽然，在概念层面上，公私部门组织的战略及战略管理有着相似性，但由于公共部门组织与私人部门组织本身存在着一定的区别，这就决定了公共部门组织的战略管理与私人部门组织的战略管理不尽相同。本章将首先介绍战略与战略管理的概念，然后分析公共部门组织与私人部门组织的区别，最后说明公共部门组织战略管理和私人部门组织战略管理为什么不一样。

2.1 战略与战略管理的概念

2.1.1 战略的概念

战略一词源于孙子、拿破仑和其他军事领导的军事著作。“strategy”一词源于希腊文

"strategies"，意思是"在战争中实行的一套克敌制胜的策略"。许多著名军事家都对战略一词作过精辟的解释。德国著名的军事战略家冯·克劳塞维茨将军说："战略是为了达到战争目的而对战斗的运用。战略必须为整个军事行动规定一个适应战争目的的目标。"另一位德国著名的军事战略家毛奇也说："战略是一位统帅为达到赋予他的预定目的而对自己手中掌握的工具所进行的实际运用。"

战略的价值同样适用于诸如政治、经济等其他领域。把战争与企业经营活动进行分析比较的方法源于苏格拉底对司令官和商人职责所进行的比较："两者都是通过计划利用资源来达到目的"①。"马基雅维利将战争、敌手进攻和将帅等比喻用于政治舞台。在政治斗争中被击败的敌手会失去人们对他/她的支持。军事上巩固领土的概念被转变成为政纲和政策以获取支持。在政治中，与敌手作战的方法是游说、选举和听证，它们与战争中的战役、冲锋和包围相似。"② 私营部门对战略的运用显然非常充分，它们注重长远发展和组织环境，而不是只顾眼前的内部问题，由此可获得满意的效益。组织管理要随时对组织环境、组织存在的目的、组织向何处发展等问题进行评估，这就需要战略。

战略因其含义丰富而在西方管理文献中没有一个统一的定义。下面是一些有代表性的战略定义。

安德鲁斯（K. Andrews）：确定或反映组织的目标、意图等的决策；规定组织从事的业务或服务范围的决策；确定组织将要或想要成为何种经济或人力组织的决策；关于组织将要为其股东或托管人、雇员、顾客和社会所作的经济或非经济贡献的决策。

奎因（J. B. Quinn）：战略是一种模式或计划，它将一个组织的主要目的、政策与活动按照一定的顺序结合成一个紧密的整体。一个制定完善的战略有助于组织根据自己的优势和劣势、环境中的预期变化，以及竞争对手可能采取的行动合理地配置自己的资源。

安索夫（H. I. Ansoff）：组织在制定战略时，有必要先确定自己的经营性质。企业无论怎样确定自己的经营性质，目前的产品和市场与未来的产品和市场之间都存在着一种内在的联系，安索夫称这种现象为"共同的经营主线"。通过分析企业的"共同的经营主线"可把握企业的方向，同时企业也可以正确地运用这条主线，恰当地指导自己的内部管理。经济发展的现实对管理学家和经理人已提出了客观的要求，即企业的战略必须一方面能够指导企业的生产经营活动，另一方面能够为企业的发展提供空间。

明茨伯格（H. Mintebere）：组织战略是由五种规范的定义阐明的，即计划（plan）、计策（ploy）、模式（pattern）、定位（position）和观念（perspective），构成了所谓的战略 5P：战略是一种计划，战略是一种计策，战略是一种模式，战略是一种定位，战略是一种观念。

战略是一种计划。从本质上讲，战略具有"行动之前"的含义。战略是一种有意识、有预计的行动，一种处理某种局势的方针。对提倡计划与制定计划的人来说，有目的的行动要求在行动推进过程中对某个主意进行有意识的完善。在战略管理中，人们制定计划以

① Montanari, Daneke and Bracker, *Strategic Management for the Public Sector*, New York: St. Martin's Press, 1989, p. 30.

② ［美］保罗·C·纳特、罗伯特·W·巴可夫：《公共和第三部门组织的战略管理》，46 页。

保证组织的目标能够实现。在实践中，战略是公开的、明确的，是作为一种计划写进组织正式文件中的。

战略是一种计策。战略还可以是一种计策。作为计策，战略可以成为智取对手的工具。这种战略观假定竞争是广泛存在的。如果某一企业威胁说要进入一个市场，则它可能会改变竞争者对这一市场的价值的看法，从而打击竞争者进入该市场的信心。而事实上，该企业可能从来就没有实施这类战略的意图。

战略是一种模式。它反映的是组织的一系列行动。这种模式将突然出现的机会与有意识的、计划好的行动联系起来，并在有机会的新的洞察力出现时，抛弃某些计划好的行动。这个模式趋向于根据战略—情景的变化而变化。这样，便可以将战略看成一个逐渐演化的动态的过程，它存在于战略制定者的脑海中。

战略是一种定位。“战略是一种定位，是一个组织在自身环境中所处的位置。”在这里，战略实际上成为组织与环境之间的一种中间力量，使得组织的内部条件与外部环境更加融洽。

战略是一种观念。它体现组织中人们对客观世界应有的认识方式。这种定义强调了战略是一种抽象的概念，只存在于需要战略的人的头脑中。战略是一种观念的实质主要在于，同价值观、文化和理想等精神内容为组织成员所共有一样，战略的观念要通过组织成员的期望和行为而形成共享。

战略探讨这样一个重要问题：组织如何定位以面对越来越不确定的未来。战略为组织提供了一条途径，遵循这一途径，组织不但可以辨明达到最终目的所需实行的变革，还可以将这些变革付诸实践。战略关注组织现时的方向及其包含的意义，关注这一方向所带来的潜在威胁，也关注组织现在的行动所面临的挑战。在这个意义上，战略为组织找出一个新方向，遵循这一方向，组织便有可能实现其理想。战略通过改变组织的方向来改变组织以帮助它实现理想，战略被用于统一行动，创造一致性或连续性，但最重要的是它被用来赋予组织一个新的目标。战略具有如下三个基本特征及作用：

（1）战略对组织具有方向性的指导意义。战略规定了组织在一定时期内基本的发展目标，以及实现这一目标的基本途径，它指导和激励着组织员工朝着同一个目标努力工作。美国学者纳特和巴可夫将战略的这种性质称为“焦点”性。他们认为，组织内的每个人都有一种追求个人目标的冲动，这些个人目标可能是相互竞争的，也可能与组织及其委托人的目标不一致。即使在一个管理得很好的组织中，也会出现派别林立的现象，而且各派别都可能产生一些目标，它们与组织所认定的重要目标可能并不一致。如果这种不一致得不到解决，整个组织就会像一盘散沙，每个人都追求自己的目标，寻找自己感兴趣的事情。战略则可以使组织有一个“焦点”，以此为核心，协调各方行动，使他们统一朝既定目标努力。

（2）战略使组织行动具有一致性。战略为组织提供方向，从而降低它所面临的不确定性。战略还指明组织想要得到的东西，将组织成员的努力统一起来。战略使得组织成员对自己在处理所面临的新情况时的角色和活动有一个清晰的认识。

（3）战略具有稳定性与灵活性。战略可以使组织对已知的和预见到了的情势迅速作出反应。但当情势变得陌生时，问题就会出现。这就要求战略必须既是稳定的，同时又是具有灵活性、弹性的。战略必须具有稳定性，这样，它才能为组织工作提供稳定的环境；战略又必须是灵活的，这样，它才能在有新的需要或新的机会出现时随机应变。

2.1.2　战略管理的内涵及特征

从前，有两位在同一产业相互竞争的公司的经理。他们正在进行一次野营以商讨可能的公司合并。当他们共同走入密林深处时，突然遇到一只灰熊，灰熊直立起身子向他们吼叫，其中一位经理立即从背包中取出一双运动鞋换上，另一位经理忙说："喂，你不要指望跑得过熊。"那经理回答道："我可能跑不过那只熊，但肯定能跑得过你。"这个小故事是对战略管理活动的一个形象比喻。

1. 战略管理概念的沿革

"战略管理"的概念是随着产业革命和经济的发展而逐渐形成的。18—19 世纪，伴随着产业革命，欧洲产生了以亚当·斯密、瓦特、斯图亚特等人的思想为代表的欧洲管理思想，以后在美国又出现了以泰罗为代表的科学管理学派。当时这些学者和管理者都是将思考的重点放在组织内部活动的管理上。

到 20 世纪初，法约尔对企业内部的管理活动进行整合，提出了管理的五项职能。这可以说是最早出现的企业战略思想，哈佛大学的迈克尔·波特（Michael Porter）将之称为企业战略管理的第一种观点。1938 年，巴纳德（Barnard）在《经理的职能》一书中，首次将组织理论从管理理论和战略中分离出来，认为管理和战略主要是与领导人有关的工作。此外，他在该书中提出管理科学的重点在于创造组织的效率，其他的管理工作则应注重组织的效能，即如何使组织与环境相适应。这种有关组织与环境"匹配"的主张成为现代战略分析方法的基础，波特称之为战略的第二种观点。

20 世纪 60 年代，哈佛大学的安德鲁斯（Andrews）对战略进行了四个方面的界定，将战略划分为四个构成要素，即市场机会、公司实力、个人价值观和渴望、社会责任。其中，市场机会和社会责任是外部环境因素，公司实力与个人价值观和渴望则是企业内部因素。他还主张公司应通过更好地配置自己的资源，形成独特的能力，以获取竞争优势，波特将其称为企业战略的第三种观点。

在这一时期，美国学者安索夫在研究多元化经营企业的基础上，提出了"战略四要素"说，认为战略的构成要素应当包括产品与市场范围、增长向量、协同效果和竞争优势。由此，战略管理理论的研究逐渐由单纯的组织内部转向组织与环境的关系研究。1965 年，安索夫出版了第一本有关战略的著作《企业战略》，成为现代企业战略管理理论的研究起点。此后，许多学者积极地参与了战略理论的研究，形成了各种不同的流派，其中设计学派、计划学派、学习学派、定位学派、资源配置学派是影响范围最广，在战略管理理论发展过程中也最具代表性的学派。

2. 五大主流学派对战略管理的不同认识

（1）设计学派对战略管理的认识。

设计学派将组织的战略管理分为战略制定和战略实施两个部分。战略制定也就是战略规划的主要内容，包括分析组织在能力上的优势和劣势，组织所处环境的 SWOT（优势、劣势、机会、威胁）分析，通过分析确定组织的行为方向。战略实施的主要内容包括调整组织结构和相应的指挥与沟通关系等。战略管理的目的就是要实现组织自身的条件与其所处环境提供的“机会”之间的适应。设计学派提出的战略制定过程模型如图 2—1 所示：

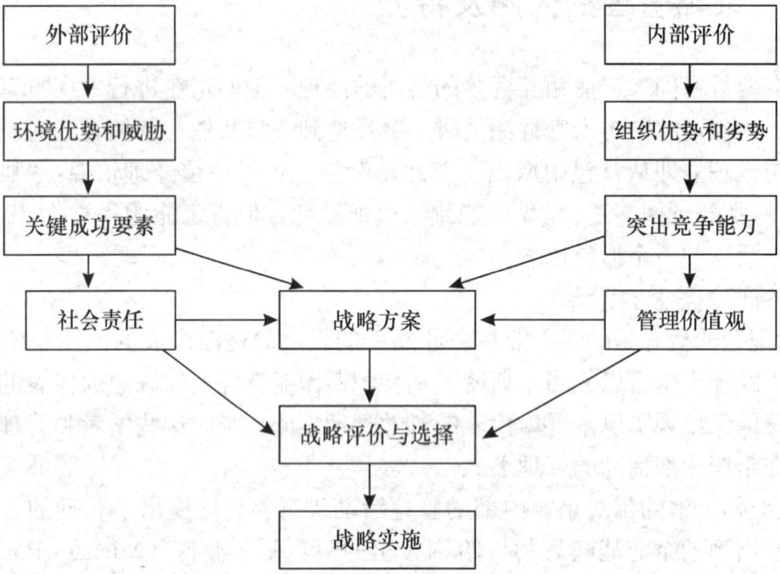

图 2—1　战略制定过程模型

为了战略制定工作所设计的战略能起到“适应”的作用，设计学派提出了以下几个战略管理的基本性质：1）战略管理（特指战略制定）是一个有控制、有意识的思想过程，战略管理不能凭直觉，也不能带有应急性；2）战略管理是组织最高领导人的责任；3）战略必须体现独特性，具有能够指导这个组织的运动，同时保持简单的特性。

（2）计划学派对战略管理的认识。

计划学派是与设计学派同时出现的，它提出的战略制定过程模型与设计学派基本一致，只是更强调刚性的步骤和高度正规性，更强调机械性的分解和组合过程，以及各种专门的分析方法和技术。计划学派提出的战略管理过程模型类似制造业的工作流程：首先制作出单个的部件——各种目标、计划、预算和日程安排，然后根据安装图把部件组装成最终产品——战略。根据计划学派的要求，战略需要从层次上分解为组织总体战略、业务部门战略和职能部门战略，各个层次的战略在目标和进程上也相应进行分解；战略制定需要从责任上进行分解，由组织最高领导人提出对组织使命和远景的看法，对专业战略设计人员提出的战略方案进行选择，并对战略的实施结果负最终责任。① 而战略方案的提出及其后的计划工作则成为专门职能性计划人员的工作。因此，战略管理过程起始于确定各种目标，这些目标经过战略层次的分解后进入战略实施过程。在战略实施过程中，需要将分解后的战略目标下达到各个管理层次。经过分解了的预算和管理控制过程，又与目标层次融为一体。

① 参见和金生主编：《企业战略管理》，12 页，天津，天津大学出版社，1994。

计划学派对战略管理提出了以下的要求：1）战略制定过程应该是控制的、自学的和正规的过程。这一过程可以被分解为许多独特的步骤，需要采取许多的技术。2）组织最高领导人对整个战略管理过程负责，组织内设立专职的计划人员负责战略的具体制定工作。3）战略管理过程是一个完整的程序，需要从目标、预算、日程和操作等方面进行层次分解，以便得以实施。

（3）学习学派对战略管理的认识。

计划学派的战略过程是“制定战略——战略实施——实现战略”的过程。但根据对战略过程和效果的研究，在现实中，许多企业组织预先制定的战略并未得到实现，却实现了一些没有经过正式制定过程却自然显现的战略。由此，20 世纪七八十年代的那种计划观点越来越受到怀疑和批评，许多学者开始研究组织的有限理性，政治、权力和选择中出现的机会以及战略实施中的变化，并将重点放在组织在不可预测的或未知的内外部因素约束下的适应性上，逐渐形成了学习学派。这一学派各观点的代表人物和著述很多，主要观点有：

1）自然选择观点。这一观点认为组织所处的环境具有很强的力量和不可预测性，任何综合性的战略都难以应对。因此，在不断的冲击中，组织不得不进行反应，仅靠计划是难以适应的。同时，从内部来看，组织所拥有的资源、文化、权力中心、流程和系统都各不相同。在同样的环境下，这些因素的不同组合所产生的效能也不相同，从而导致有的企业能够生存，有的则走向灭亡。

2）逻辑渐进的观点。这一观点认为组织和环境非常复杂，战略家们无法制定出一套全面综合的可供企业选择的方案，并且人类的能力和行为降低了数学优化结果的准确性，无法使企业挑选最好的方案。因此，计划法并不能切合管理的实际，应当实行“逻辑渐进主义”，即高层管理人员首先确定其组织的未来发展目标，然后通过不断调整其核心业务，控制新的经营范围的扩大而达到目标。

3）文化和政治的观点。这一观点认为组织文化作为一种由许多个体长期形成的共享信念或组织特点，会主宰管理人员的战略决策，并且很难迅速改变。组织可以借此应对不确定性。但这种文化也约束了管理人员的思想，阻碍了组织的变革和对变化的适应。组织中的政治因素则会导致属于不同政治团体的决策者从各自利益出发进行战略决策。因而文化和政治都是战略研究中不可忽视的因素。

4）想象的观点。这一观点认为，有些理性的分析方法和技巧在应对组织内外部环境的变化时是难以发生作用的。因此，高层管理人员决策时，应该凭借自己的直觉和想象。这是战略制定中不可忽略的重要成分。特别是，当外部环境发生间断性的变化时，领导人的想象更为重要，因为这些高层管理人员很难再依靠正式的系统帮助决策，而要依靠自己的经验和直觉去寻求机会。

总之，学习学派实际是将战略视为一个复杂的、进化的、渐进的、文化和政治的、想象的过程，这些为高层管理人员的决策提供了更宽广的视野。

（4）定位学派对战略管理的认识。

定位学派将战略制定过程视为理性的分析过程，认为战略制定过程就是确定组织在市场中的位置的过程，为此，战略管理中需要注意以下的内容：1）以理性计算作为战略分析和选择的基础，通过分析组织所提供的产品的特性以及组织所提供的服务的竞争力来找出最适合组织的战略类型和实施战略的方式；2）战略分析人员在战略定位过程中起着非常重要的作用，他们将分析结果提供给组织领导层，由领导层进行最终的战略选择；3）战略需要在组织内层分解并加以执行，同时还需要根据战略管理的要求调整组织内的某些关系。

（5）资源配置学派对战略管理的认识。

资源配置学派的主要观点是，组织战略的核心是资源配置的方式。通过筹划、研究组织未来的资源配置及其与外部环境的相互作用，去指导和解决组织发展中的一切重大问题。这一学派的主要代表人物安索夫认为，企业经营战略是“现有资源和计划的布置以及与外部环境相互作用的基本模式，这一模式表明企业组织如何实现其目标”。安索夫特别强调了“组织—战略—环境”三者之间的相互适应和协调一致，他认为，战略性行动就是组织改变内部的资源配置和行动方式，使之与环境相互作用的过程，并认为这一点由于环境变化日益剧烈而显得越发重要。霍弗和申德尔则认为，企业大计划包括目标、战略、方针三部分，而战略由经营领域、资源配置、竞争优势、协同作用四部分组成，并强调资源配置这一要点。

3. 战略管理的定义

对于战略管理，人们有不同角度的界定。有的学者从过程论的角度去界定战略管理，认为“战略管理系指规划、执行、追踪与控制组织战略的过程”①。纳特和巴可夫将战略管理定义为一种计划模式，它包括六点内容：（1）根据环境发展趋势、总体方向及标准概念描述组织的历史关联因素；（2）根据现在的优势与劣势、未来的机遇与威胁分析判断目前的形势；（3）制定出当前要解决的战略问题议程；（4）设计战略选择方案，以解决需要优先考虑的问题；（5）根据利害关系人和所需要的资源评价战略选择方案；（6）通过资源配置和对人员的管理贯彻需要优先考虑的战略。这种界定从本质上来看也是从过程角度对战略管理的界定。

伊萨克-亨利和卡斯特（Issac-Henry and Keste）从战略决策的角度界定战略管理，认为战略决策通常指日程情况：（1）将对组织未来发展产生冲击的内、外环境进行分析的活动；（2）将整体组织与对其发生冲击的议题进行分析的活动；（3）关注组织目标以及发展方向的战略选择；（4）促进战略的有效执行。

张成福、党秀云认为可以将战略管理界定为“管理者有意识地选择政策、发展能力、解释环境，以集中组织的努力，达成目标的行为”②。《战略管理思想》一书的作者费雷德·大卫在书中将战略管理定义为：一门着重制定、实施与评估管理决策和行动的具有综合功能的艺术和科学，这样的管理决策和行动可以保证在一个相对稳定的时间内达到一个机构所制定的目标。

在理解战略管理的内涵时，我们必须将战略管理与非战略管理、战略管理与战略计划加以区别。

---

① Tompson and Strickland，*Strategic Management*：*Concepts and Case*，Chicago：Dryden Press，1995.

② 张成福、党秀云：《公共管理学》，75页，北京，中国人民大学出版社，2001。

一是战略管理与非战略管理的区别。著名行政学家沙夫里茨和鲁塞尔认为战略管理途径与非战略管理途径有以下几个方面的差异：（1）战略管理认定未来要达到的目标；（2）战略管理具有达成目标的时间框架；（3）战略管理具有对当前组织环境，尤其是组织能力的系统分析；（4）战略管理有对组织环境的评估；（5）战略管理比较各种备选方案后选择一战略，以求目标的达成；（6）战略管理围绕这一战略整合组织的努力与行动。①

二是战略管理与战略计划的区别。战略计划在管理领域流行于 20 世纪六七十年代，在 80 年代后逐渐被战略管理所取代。可以说，战略管理是战略计划在私营部门应用的下一个发展阶段，人们认为它比战略计划更为现实。而公共部门也同样是由于认识到战略计划的局限性而向战略管理方向发展的。欧文·E·休斯认为，"战略管理包括战略计划的两个方面，并把战略扩大到包含战略执行和战略控制在内的更大的范围"②。麦卡弗里同意战略管理包含战略计划这一观点，但又认为它是一个更具包容性的概念，强调组织与环境之间的相互作用，这是一种累进的方法论，允许对环境进行考察，以选择通过一定的付出可以获得最大利益的目标。

波齐曼和斯特劳斯曼认为战略管理有如下四个特征：（1）关注长远；（2）将目标与组织内的等级制整合在一起；（3）认识到战略管理与战略计划不会自行贯彻（这一点也非常重要）；（4）强调一种外向性的观点，不是去适应环境而是要改变环境。战略性的公共管理则需要增加额外的一项要求，即战略思维必须考虑行使政治权力的问题。前两点与战略计划基本没有差别，然而需要认真地贯彻执行并与环境发生更为密切的相互作用，这两点是从战略计划过渡到战略管理的关键。③

由此可见，战略计划只是战略管理的一个组成部分，它不关注战略的执行与评估的问题。欧文·E·休斯认为，从战略计划到战略管理的转变似乎首先是更为注意制定计划以及它的内在要求，其次是要对执行问题给予更多的关注。如果将战略规划、战略执行与战略评估结合在一起，便构成完整的战略管理过程。

4. 战略管理的基本特征

尽管战略学者和管理人员对战略管理的内涵各有不同的认识，但对于战略管理的基本特征，人们的认识却没有太大的分歧。概括来说，战略管理具有如下特征：

（1）战略管理是未来导向的。如果说战略确定了组织未来的发展方向和目标的话，那么战略管理便是在一个组织的现在和未来之间架起了一座桥梁。通过战略管理，组织成员理解了组织的战略。

（2）战略管理着重于长远的、全局的谋略。战略管理关注的是组织在未来相当长一段时期内的总体发展问题。也就是说，战略管理是全局的而非局部的，是长远的而非当前的。

（3）战略管理是一个组织发现自身优势、劣势，寻求发展机会，识别威胁的过程。SWOT 分析是战略管理的一个重要内容，它的一个基本宗旨便是利用外部机会和化解或回避外部威胁。也就是说，它关注的是组织外部环境，如政治、经济、社会、文化等方面

① Shafritz and E. W. Russell，*Introducing Public Administration*，Lonman，1997.

② [澳] 欧文·E·休斯：《公共管理导论》，187 页，北京，中国人民大学出版社，2001。

③ Bozeman，J. D. Straussman，*Public Management Strategies*，San Francisco：Jossey-Bass Publishers，1990，pp. 29－30.

的变化对组织发展的影响。战略管理就是外部环境的管理，即识别、监视和评估外部机会与威胁。

（4）战略管理是持续性与循环性的过程。组织所处的外部环境是动态变化的，战略管理要求组织持续不断地关注内部与外部事态及发展趋势，使组织具有适应变化的能力，持续不断地对外在环境作出反应。

（5）战略管理是前瞻性思考和由外而内的管理哲学。“前瞻性思考”，依行政学家莫根的看法，其特征为：向前看，寻找问题和机会；寻找重构问题的新方式，以便将反面的东西转为潜在的正面性的东西，开启新的发展途径；把握形成和发展机会，使其能够实现。“由外而内的管理哲学”，即脱逃自我中心，从他人或外在环境的角度来看组织问题，而非从自己组织内部去注释外在问题。

2.1.3 战略管理的地位和作用

有两位美国学者曾指出：“一个机构没有战略就好像一条船没有桅杆，只能原地转圈，它像一条船期不定的船，不知往何处航行。”一语道破天机。战略管理事关一个国家、机构和组织的生死存亡。

战略管理能够促进组织在规划未来事业发展的过程中，体现超前性更重于现实性。引进和使用战略管理这一概念，从而影响组织决策和发展方向，可以使组织掌握自己的命运。历史的经验表明，战略管理最重要的作用在于帮助组织通过采用更系统的、逻辑的和数理的方法选择战略而制定出自己机构的更佳战略。同时，研究表明，战略选择的过程比决策和最后的文件更为重要，也是战略管理中更为重要的贡献。

战略管理的方法能否有效地实施至关重要。制定过程的主要目标是让来自所有层级的管理者和雇员取得理解并承担应尽的职责和义务。理解可能是战略管理最重要的内容之一。其次是承担义务。当管理者能够理解一个组织的目标和为什么这样做时，他们经常感到自己是这个组织的一分子，并逐步承担义务去实施，发挥积极性和创造力。

制定较好的战略决策是一个组织决策者的主要责任，管理者和雇员双方也必须参与战略设计、实施和评估活动，参与是成功的关键。

美国管理学者格林德利（Gordon Greendley）在《战略规划改善公司的运作》一书中指出战略管理具有下列四方面的积极意义：

（1）战略管理考虑到机会的鉴别，提供了一个管理问题的目标观点，并构筑了 一个框架，改善活动的协调和控制。

（2）战略管理使不利的条件和变化所产生的影响最小化，促进主要决策以更好地支持已建立的目标，促进机会选择以更有效地分配资源和时间，并使用较少的资源和很少的时间专门用于纠正错误或作出特别的决定。

（3）战略管理创造一个在人与人之间协调交流的框架，肯定每个人作出进入整体的努力，提供一个明确雇员责任的基础，鼓励管理决策人员超前思考。

（4）战略管理以积极态度对待难题和机会，鼓励人们面对变化采取进取行动并有序地管理业务。

2.2　公共部门组织及其与私人部门组织的区别

随着新公共管理运动的兴起，中西方学者对公共部门组织与私人部门组织的研究有了更进一步的成果。作为公共管理学的主要研究对象，公共部门与私人部门存在一系列的差异。本节主要从两个部门的比较入手，进一步分析它们之间的差别，为后面的章节分析公共部门的战略管理做铺垫。

2.2.1　公共部门组织的特征

1. “公共（的）”与“私人（的）”

“公共（的）”（public）和“私人（的）”（private）两个词都源自拉丁语，“公共（的）”一词的意思是“人们的”，表示与某民族、国家内的人民相关的事务；“私人（的）”一词的意思是“分离”，表示作为私人的事务而与政府事务相分离。本和高斯（Benn and Gaus）两人把公共和私人之间的区别分为三个方面：受影响的利益是团体的还是个人的；获得服务、信息、资源的途径；组织是作为个体存在还是为整个社会服务。① 沃尔多在《公共行政学研究》中将“公共（的）”具有的含义归纳为以下几方面：从国家、政府的角度看，“公共的”涉及主权、合法性、福利等问题；从经验层次看，即从公共职能和公共活动的范围上来界定；从政府执行活动或职能的角度分析。作为与“私人（的）”相对的概念，“公共（的）”表示国家、政府及其他公共组织的职能和活动范围；它是与多数人的利益相关，有较多社会公众参与的事务领域。

2. “公共组织”与“私人组织”

由于“公共（的）”和“私人（的）”这两个概念存在许多差异，因此对公共组织和私人组织的定义也就有很多种标准。下面是西方学者的一些有影响的看法：杜威认为公共组织是对公共利益产生巨大影响作用的组织②；布劳和司格特把它们看成公社型组织与商业性的组织，他们认为公社型组织是为全体公民服务的，商业性组织则只为其所有者个人服务③；本与高斯用收益和损失是公共的还是个人的，以及组织作为为社会而不是为某个人服务的机构程度来区分公共组织与私人组织。米特尼克（Mitnick）则用公共利益的定义来区分两种组织，但“公共利益”本身很难下定义并且没有明确的衡量标准（有人认为公共利益是由哲人国王或慈善的独裁者所决定的，也有人认为公共利益是多数人的喜好，然而，某些私人组织在一定的领域内也影响着公共利益，因此，把公共利益作为标准来界定两种组织是模糊不清的）。有人把“公共物品”的生产作为区分公共组织和私人组织的标

① S. I. Benn，G. f. Gaus，*Public and Private in Social Life*，New York：St. Martin's Press，1983.

② T. T. Dewey，*The Public and Its Problems*，Chicago：Swallow Press，1927.

③ P. M Blan，and W. R Satt，*Formal Organizations*，Norato，Calif：Chandler & Sharp，1962.

准，也有人把所有权与财产权作为区分公共组织和私人组织的标准。经济学家希克斯（Hicks）认为：公共部门所提供的服务和产品的范围与种类不是由消费者的直接愿望决定的，而是由政府决定的（在民主国家，是由公民代表决定的）。这就揭示了公共部门是公共的、政治的结果，而不是市场动作的结果。斯蒂格利茨（Toseph. E. Stiglitz）认为，公共部门的负责人所拥有职务的合法性是直接或间接从政治选择中产生的，政府有一定的强制力，而私人部门是没有这些权力的。另有学者认为：公共组织从广义而言，是不以营利为目的，而是以服务社会大众，提高公共利益为宗旨的组织；从狭义上讲，是行使行政权，达成公共目的的组织。① 组织的目标与行为被视为具有本质性的地位，围绕这二者，不同的组织得以区分。也正是从这一角度出发，在常见的教材中，公共组织被定义为：以管理社会公共事务、协调社会公共利益关系为目的的组织。②

2.2.2 公共组织的范围和类型

1. 公共组织的范围

从以上国内外各专家学者所给出的公共组织的定义中我们不难发现，虽然公共组织的定义多种多样，但是对它的目标的界定是相同的，那就是提供公共物品和服务（public goods and service）。同样，根据组织的目标我们就可以界定公共组织的范围。公共组织提供的产品和服务主要包括六方面的内容：第一，现实产品（有形产品）。包括各种公共设备和物资、社会福利、劳动保护和救济用品以及药品等。第二，服务。这是公共组织产品的主要构成。其内容繁多，包括各种公用机构和设施，如图书馆、学校、公交部门、邮电部门、医疗保健机构、社会福利机构等提供的社会服务。第三，人物。推广社会楷模人物的思想和行为，使之成为公众熟悉和学习的榜样。第四，组织。某些组织被作为产品推出。例如，为了提高公共产品和服务的知名度，有的公共组织将自己推向社会，以加强与公众的亲和力，如各种基金组织、社团机构、体育组织等。第五，思想。一些公共组织和机构的工作目标就是通过其活动改变或者形成公众的思想观念，直到人们接受新思想、新观念。例如，政府出台的政策、法规、条例等都是政府部门和公共组织的产品。这里，政府和公共组织不仅要通过有效的公共市场活动让公众了解其内容，还要让人们接受并主动遵守。第六，行为。公共产品和服务还包括向公众推广适应社会发展的新行为、新的生活和工作方式，以提高社会生活质量。③ 如果某一组织所提供的公共产品和服务属于上述六种，我们就可以把它归入公共组织的范畴。

2. 公共组织的类型

公共组织是一个复杂的组织系统，总体上包括国家、政府机构（government agencies）、政府公司（government corporations）以及非营利组织（non-profit organizations，NPO）。非营利组织也称第三部门（政府组织可以称第一部门），因此，第一部门和第三部

① 参见张成福、党秀云：《公共管理学》，130页。
② 参见陈振明主编：《公共管理学》，48页，北京，中国人民大学出版社，1999。
③ 参见臧红雨：《运用公共市场学提高公共组织的社会效益》，载《商业研究》，2002（10）。

门均属于公共组织的类型。

如果把公共组织细分的话，那么依据不同的标准，可以划分出不同的组织类型。例如，依据组织是否从事营利活动，可以分为营利型公共组织和非营利型公共组织；根据组织职权的大小，可以分为中央型公共组织和地方型公共组织；根据组织职能的不同，可分为管理教育、文化、国防、军事、外交、卫生、公安等事务的公共组织；根据公共组织所拥有的公共权力强制性的大小去划分公共组织的类型，可以分为强制型公共组织、半强制型公共组织和非强制型公共组织。最后这种划分相对其他标准而言，更能揭示出公共组织的本质特征，因此，我们对这种划分作简要介绍。

（1）强制型公共组织。主要是指行政组织，即通常所指的狭义的政府。它是管理社会公共事务过程中最为典型、最为重要的公共组织，是行政管理的主体。广义上是指具备计划、组织、指挥、协调、监控等行政功能的组织机构；狭义上指国家政府系统内部执行行政事务的部门。行政组织在管理公共事务的过程中根据宪法和法律的授权，依靠公共权力实行强制性管理。当它对某一事务进行裁决时，有关的组织和个人必须遵从，否则就会承担责任或受到惩罚。

（2）半强制型公共组织。主要是指那些在实施公共管理时更多地依靠市场手段而不是行政手段，管理行为对当事人有一定的强制性，要求当事人遵守的公共组织。这种强制性的动力源来自当事人对契约的遵守或对组织权威性的服从。因此，这类公共组织的强制性是可以抗拒的，当事人可以拒绝裁决。最典型的半强制型公共组织如各种经济仲裁委员会和消费者权益保障委员会。

（3）非强制型公共组织。这类公共组织不仅担负着重要的社会公共事务管理任务，而且数量也是最多的。它的最大特点就是非强制性和服务性，非营利组织就属于这一类型。随着社会的发展，在现代市场经济条件下，市场机制难以解决的许多社会问题（如环境保护、医疗服务、社会救济等），单靠政府来解决是很难奏效的，而非营利组织在解决这些问题上发挥了重要作用。

各国对非营利组织的称谓有所差别，美国称之为非营利组织，英国称之为慈善组织，德国称之为志愿组织，法国称之为社会经济组织，意大利称之为基金组织，日本则称之为公益法人。各国对非营利组织的范围界定也有所差异。例如，法国的社会经济组织既包括互助合作组织，也包括保险公司，而在英国保险公司就不属于非营利组织的范畴。① 因此，有必要把国外非营利组织的类型也作一分类。同样，依据不同的标准，会得到不同类型的非营利组织，但是综观世界各国的研究成果，我们不难看出非营利组织的活动主要在环境保护、医疗卫生、社会服务、住房开放、教育科研、慈善事业、国际救援、协会和市民倡导等领域。它们又可以分为：一是由政府组织的非营利组织，即由国家支持以从事政府指导活动的组织；二是由资助机构组织的非营利组织，是由多边和双边的资助机构以及社会志愿组织等支持的组织；三是自治或独立的非营利组织，是自我指导的组织，力求在组织和资金上实行自立，它们从事包括社会团体和社区等在内的利益群体的活动。②

---

① 参见郭国庆：《现代非营利组织研究》，2 页，北京，首都师范大学出版社，2001。

② 参见赵黎青主编：《非营利部门与中国发展》，72 页，香港，香港社会科学出版社，2001。

我国的非营利组织按照其职能和性质可以分为以下几类：一是教育研究型组织，主要指教育机构和各种专门的科学研究院所等科研机构；二是医疗保健型组织，指各种医院、医疗康复保健中心等；三是学术文化型组织，主要指学术学会、文化场所、图书馆和博物馆等；四是慈善基金型组织，指各种以慈善救助活动为主的基金会、慈善协会，如中国慈善总会、中国青少年发展基金会等；五是行业协会，即不同行业的协会、联合会，如中国工业经济协会等；六是群众社团组织，如共青团组织、妇联、工会、校友会等。此外，在我国还有其他一些组织也属于非营利组织的范畴，如动植物保护组织、绿色环保组织等。

总之，无论以何种标准和方式界定公共组织的范围与类型，都离不开公共组织的目标和职能。只有从理论上清晰地界定公共组织的范围与类型，才能更准确地区分公共组织和私人组织的差异。

2.2.3 公共部门组织与私人部门组织的区别

从现实看，公共部门组织与私人部门组织的界限并不明显，但是以政府为核心的公共部门组织与私人部门组织毕竟是不同类型的组织实体，无论在组织环境还是在组织内部管理运作上都存在差异。我们可以从下列几个方面来认识公共部门组织与私人部门组织各自的特征及其区别。

1. 环境因素

（1）市场框架下的区别。

第一，公共部门组织缺乏出售产品的经济市场，即缺少一个可以以收入形式向它们提供资源的市场，公共部门组织是依赖政府拨款作为资金来源的，它们所获得的拨款与市场机制是分离的，政府或其监督机关通常依据历史先例确定给公共部门组织拨款数额预算；而私人部门组织面对的是自由竞争的市场，资金是靠自己筹备或从市场上获得利润而得来的。

第二，公共部门组织所提供的服务，往往只此一家，即只有一个行使治理权的部门，公民在接受公共部门组织所提供的产品或服务时没有自主权，这就使公共部门组织缺乏竞争的压力；而对私人部门而言，有众多的私人部门组织提供着同一种产品和服务，它们之间是充满竞争的，因此，人们在接受私人部门组织所提供的产品时就有较大自主权，可以自由选择。

第三，公共部门组织所提供的公共物品或准公共产品具有不可分割性、非排他性和非竞争性；而私人部门组织提供的产品与服务是可分割的和排他的，并可以用价格来衡量。

第四，公共部门组织是以服务为宗旨，而私人部门组织大都是以营利为目的，利润的多少就取决于顾客的满意度，因而顾客满意度是其追求利润的目标。与私人部门组织不同，公共部门组织的服务标准很难界定，这也降低了对公共部门组织的绩效评估质量。

第五，公共部门组织对消费者选择偏好的反应较差，供给与需求比例不协调，导致分配资源的效率降低。对公共部门组织来说，可供决策使用的市场指标和信息相对私人部门组织少（如价格、利润、市场份额等）。由于这些信号较弱，所以公共部门在降低成本、提高工作绩效等方面的改进缓慢。

（2）法律制度层次上的区别。

第一，法律、规章制度、等级制度等对公共部门组织构成制约，限制了它们的自主权和灵活性。公共部门组织的管理人员经常受到立法、司法等部门的监督，因此，在工作的具体过程中相对于私人部门组织的管理人员，他们的自主权更少。私人部门组织只要其在合法的范围内经营，就不会有众多的法律制度、等级制度去制约。

第二，随着公共性的不断增强，法院的判决、签约方的要求以及行政官员的指示等一系列强制力不断增加，即正式的规章制度和控制条文不断增多，制约了公共部门组织的行为；而对私人部门组织而言，这些制约是很少的，其更多是契约自由。私人部门组织拥有高度的管理裁量权，其办公的管理和外部的交易活动完全可以按自己的意愿而为之。

（3）政治因素影响的差异。

一是公共部门组织的环境充满了政治因素的影响。政治精英、利益团体、政党等直接或间接操纵并影响着公共部门组织的正常管理活动。而且，随着影响决策的外部非官方政治势力的多样性和数量的不断增加，这种影响越来越强烈。这主要表现在来自政治交易、游说、公众意见、利益集团、客户或选民的压力等方面。因此，公共部门组织必须应对公众舆论、利益团体、院外游说、民选官员和签约方的干涉。① 公共性越高，通过谈判和讨价还价对这些干涉进行回应的需要就越迫切。

二是公共部门组织对这些来自外界的官方与非官方的政治支持的需求也不断增多，这主要是为了获得更多的拨款和对其行动的授权与支持。也正是由于这些需求的增加，其受政治环境因素的影响在加深。

以上两方面在私人部门组织中是不会出现的，即使有这些政治干涉，私人部门组织也可以对其不予理睬或通过法律寻求保护，把这些政治影响化解。

2. 组织与环境的关系

（1）强制性。首先，政府作为公共部门组织的核心既是公共服务的提供者，也是政治权威的执行者，所以具有强制性，政府活动常带有强迫、垄断或是不可避免的性质，政府拥有独一无二的批准权和强制性权力，政府参与消费的资助活动常带有命令的性质。其次，公共部门组织可强制公民遵守其决策，并且要求公民服从由国家的强制性权力派生出来的法令。而私人部门组织没有强制性权力，私人部门组织的权威在很大程度上取决于其在市场上的竞争力，这种权威往往不能以国家的强制力为后盾。这种权威非制度与法律授予，而是来自经济性的市场力量，私人组织的控制力主要来自市场，因此，其管理行为受制于市场力量。② 正如查尔斯·E·林布隆所说："对于任何既定的人民，一个政府在这个意义上是存在的，即作为对他们行使权威的集团之一，它拥有对其他一切人或权利要求的权威，不会遇到来自一个与之平起平坐的权利要求者的挑战，它在维护秩序方面具备高于其他一切组织之上的普遍权威。在冲突的情况下，它也许无法使其声称的优先权生效；在

① G. Wamsley, M. N. Zald, *The Political Economy of Public Organization*, Lexington, Mass: D. C. Heath, 1973. H. L. Weiss, "Why Business and Governmet Exchange Executives", *Harvard Business Review*, July-Aug. 1974, pp. 210-140.

② 参见张成福、党秀云：《公共管理学》，13 页。

某些场合它甚至可能无法谋求实行优先权，但它对优先权的要求的普遍性和唯一性，使它与公众不同。”①

（2）影响范围。与私人部门组织相比，公共部门组织的影响范围更宽，需要处理的社会事务更多、更广，象征性意义更大。这与两种组织的目标、职能等都有一定的关系。例如，公立学校系统除了具有教育责任之外，还要处理贫困、青少年犯罪等社会问题。组织的公共性越高，涉及的公共利益就越多，与外部环境的关系就越密切，其影响的范围就越广。

（3）公众监督。公共部门组织及其管理人员受公众的监督较多。这种受监督的程度与其公共性的程度是呈正比增长的。这就要求公共部门组织的管理要注意透明度，即布卢门撒尔提出的“玻璃鱼缸管理”，一切活动在外界的监督下进行。而私人部门组织则存在各种各样的随机做法，受公众监督的程度较轻。

（4）公众期望。公共部门组织的所有权属于公众，因此，公众对公共部门组织及其官员抱有较高期望。公众要求他们在管理决策上做得更加公平、透明，履行其应尽的职责。而私人部门组织除了股东之外，几乎没有利益相关者，它所承担的义务并不多，因此，人们对它的要求和期望也不多。

3. 组织的内部运行方式

（1）组织结构。公共部门组织中多存在官僚结构，与私人部门组织相比，其官僚作风更严重。公共部门组织的内部结构部分反映了政府实体的法权构架，公共部门组织在此法权构架下运作，立法机关、监督机构和其他政府事业单位给所有在其司法管辖范围内的机构都定下了全系统通行的规则和安排。与私人部门组织相比，公共部门组织通常具有更复杂的内部结构、中央集权化和程式化的规则。规模、任务、技术和环境都会影响组织。在一定的目标下，公共部门组织具有更稳固的上下级体系和更为中央集权化与程式化的规则，特别是那些由监督组织所管理的功能——人事、采购、预算和会计——的规则。② 相反，私人部门组织就相对较为灵活，组织结构简单。

（2）组织目标。第一，公共部门组织追求公共利益，为公众服务；而私人部门组织以营利为目的。公共部门组织提供的产品和服务并不在市场上进行交易，它们提供产品和服务的活动得到政府的支持与监督。正是由于公共部门组织活动的这一特性，它的目标具有多样性，而且常常相互矛盾，难以把握。这些目标反映了组织的许多价值追求，如符合公平竞争性，宪法精神，等等。③ 多样性表现在工作效率、对公众的负责、公平和法定诉讼程序、社会平等和分配标准、行为的道德等方面。同时，由于这些众多目标间的相互抵触而形成更多的平衡。

第二，公共部门组织的长期目标和短期目标不断变化。这在很大程度上是受政治因素的影响。例如，部门领导换人，组织目标就会随之变动。而私人部门组织的目标是稳定的、众人清楚和认同的。

---

① 转引自张成福、党秀云：《公共管理学》，13页。

② 参见［美］海尔·G·瑞尼：《理解和管理公共组织》，212页，北京，清华大学出版社，2002。

③ 参见上书，137页。

第三，大多数的公共部门组织不存在一个可以衡量成功与否的“底线”。对公共部门组织而言，由于其受目标多样性的影响而不存在一个可以衡量其成功与否的评价准则。在公共部门组织中，公平对待每个委托人并为其提供服务比效率更重要。效率在私人部门组织中占有相当重要的地位，但随着公共性的不断增长，效率及其他与成本紧密关联的目标越来越不重要，公平则越来越受到公共部门组织的重视。①

第四，布坎南（Buchanan）发现，在联邦机构中任职的管理人员和在私人公司中任职的管理人员相比，对组织的责任感更小，对工作投入程度和工作满意度都更低。这些管理人员感到他们对组织的影响较小，而且在工作中也更少受到挑战。布坎南认为，正是由于公共部门组织目标的内在不确定性和各目标间的冲突而使管理人员缺乏责任感，导致工作投入程度和工作满意度都降低。②

（3）组织领导。公共部门组织较私人部门组织更多地受到外部法律制度的约束，因此，在公共部门组织领导作出决策时所拥有的自主权和灵活性较小，而更多地受外部干预的影响。由于受到如行政服务人事系统、采购系统等方面的制度约束，公共管理人员在其下属和下层机构中享有较小权威，高层管理人员、领导者就更不愿把自己手中的权力授予他人，于是也就有更复杂的多级审批制度的建立与存在，公共部门组织的领导者利用这些正式的规章制度控制下属的机构以维护自己的权威。同时，由于公共部门组织领导涉及选择、政治任命等方面的原因，高层领导的人事变动较快，也使组织所执行的计划更难以维持；而私人部门组织领导的任期一般期限较长，对组织目标、计划的实施变动影响较小。而且在公共部门组织中，要培养一个接班人被认为是危险的，因为这会使当权者的权威受到威胁，而在私人部门组织培养人才则被认为是有效人事管理的一种方式。

（4）组织责任。公共部门组织的责任不同于私人部门组织。从理论上看，私人部门组织的管理人员要对股东负责，而公共部门组织的雇员则要向政治领导人、议会、公众和司法等部门负责。责任是普遍存在的问题，但在公共部门组织的运行过程中，由于动作规模庞大，具有复杂性、不可确定性，对官僚机构加以政治控制的要求，以及对一致性和协调性的追求等一系列因素，导致了责任机制的扩散，同时这种扩散使公共决策的过程变得更加复杂化。在私人部门组织中，权威和责任的划分是较明晰的，决策较简单。这一点与前面所讲的组织结构的特点有密切的关系。

（5）组织绩效。首先，与私人部门组织相比，公共部门组织的效率意识不强，因为公共部门组织的资金多来源于财政拨款，政府和其他公共部门组织的管理人员不必为利润担忧，他们没有太多的削减开支和有效运作的诱因；而私人部门组织以有效的运作为动机，它们必须在市场中靠竞争获得生存与发展的机会，因此对绩效的要求程度要比公共部门组织高一些。

其次，评定公共部门组织管理人员绩效的标准和衡量方法的条文是有限的，这与公共部门组织的目标模糊性相关；而在私人部门组织中，考核绩效的各种方法已经建立健全起来，如利润、市场开发、市场占有额、资金回收、员工的薪金绩效标准等。无论采用何种

① 参见［美］保罗·C·纳特、罗伯特·W·巴可夫：《公共和第三部门组织的战略管理》，36 页。

② 参见［美］海尔·G·瑞尼：《理解和管理公共组织》，136 页。

方法进行绩效评估，不仅是对组织的一种考核，同时也是对员工工作绩效的一种衡量。

再次，在公共部门组织的管理工作中，其工作重点主要放在对公众之间的利益平衡方面，而在私人部门组织的管理工作中则更多注重效率和绩效的结果。这就使公共部门组织在测量产出和管理绩效时存在困难，缺少类似私人部门组织那样的衡量标准。而且不论从定性还是从定量上看，这种标准都应该是明确具体的。由于缺乏适当的测量标准，可能导致某些公共部门组织履行无用的职能或逃避审查等现象发生。①

最后，由于公共部门组织目标的不确定性，导致组织绩效的衡量模糊不清，因此，对成功的界定就较困难，对组织中雇员的功过就很难给予评价，优点难以发扬，缺点则难以纠正。在公共部门组织中，领导人的定期选举、政治任命等不时地打断组织原有的计划。这些打断导致了组织谨小慎微、死板、创造力低下等后果。② 原因在于领导人更换使组织不得不放慢脚步，以便新任领导熟悉工作并确立他自己的一套工作方案；同时，组织中的其他管理人员也希望经常变化，这样就可以使他们的无所作为合理化。这在私人部门组织是较少出现的一种消极现象。

（6）组织人事。第一，组织人员的职责特点。公共部门组织中的管理人员的职责政治性更强，与外部利益团体和政权机关的接触更频繁，并受其影响更多，因此，在外部政治联系与内部管理之间保持平衡稳定的困难较大。私人部门组织则相反，只要处理好市场的关系，就可以维持其管理，管理人员不受更多政治因素的影响。

第二，组织人员的个人特点及工作表现。对公共部门组织中的工作人员而言，个人的特征和需要是多样的，如有较高的权力欲和更高的成就需要。他们与私人部门组织的员工相比，对工作的满意程度更低，对工作的责任感更差。公共管理人员在工作中常持保守态度，而缺乏创新精神；他们并不看重金钱回报，而更多从公众服务中获得工作的动力。

第三，组织人员的安置。公共部门组织尤其是以政府为中心的部门人事管理相对于私人部门组织中的人事管理更复杂和更严格。在人员的安置方面，公共部门组织人员的聘用和解雇要较复杂与困难，涉及的部门、规章、政治因素较多。私人部门组织相对较容易，私人部门组织在管理其员工时有相当大的自主权，有相当大的权力去指挥管理组织中的雇员，人事工作更多地隶属于直线部门的职责，而公共部门人事管理在组织结构上受更多的限制，不只是受本组织内部人事部门的控制，还受其机构之外的上级人事部门的管制。

第四，组织人员的激励。首先，如前所述，公共部门组织的管理人员和雇员相对于私人部门组织中的管理人员更明显地感到行政管理上的限制，这些限制约束着他们对外在鼓励的接纳，如工资、提升和奖励等。③ 其次，公共管理人员更容易感到工作表现和外在回报（即加薪、晋升、工作的稳定性等因素）之间的联系不是非常紧密，这就导致了公共部门组织的工作效率低下、缺乏创新精神等问题的出现，这种恶性循环，不得不迫使公共部门组织注重对员工的激励。然而，制定激励措施以提高人事管理绩效，提高整个公共部门组织的工作效率是困难的。原因有如下几方面：一是组织的公共性程度越高，越难设计出

① 参见［澳］欧文·E·休斯：《公共管理导论》，303页。

② H. G. Rainey, R. W. Backoff, and C. H Lerine, "Comparing Public and Private Organizations", *Public Administration Review*, Mar.-Apr. 1976, pp. 233-244.

③ 参见［美］海尔·G·瑞尼：《理解和管理公共组织》，80页。

可行的激励方法，因为不同部门偏好不同的激励方式。二是公共部门组织雇员对稳定的工作、被委以重任、权力和赞赏等的偏好超过了金钱奖励。① 要给予这些奖励是困难的，因为稳定的工作和权力的分配只有一次。三是公共部门组织在实施激励时都会受到个人奖励方式的偏好、个人对绩效的贡献和绩效评估标准的限制，有时甚至受到阻碍。相反，私人部门组织则能够将可测评的绩效与金钱奖励相结合，它们可以用金钱来奖励个人对利润的相关指标的贡献。

虽然公共部门组织与私人部门组织有各种区别，但这两者之间存在着密切联系。应该认识到，在当代，公共部门组织与私人部门组织正以一种整合的形式相互作用，私人部门组织在基础设施建设和法律体系方面须仰仗于政府等公共部门组织，而反过来公共部门组织的正常运作要靠私人部门组织生产和提供的商品与服务，以及缴纳的税款。② 公共领域和私人领域往往是互动的，当今西方政府改革所倡导的企业化政府、公私伙伴关系和责任共担便是一种具体体现。

2.3　公共部门组织的战略管理为什么不一样

公共部门组织的战略管理有什么不一样？很明显，这是相对于战略管理在私人部门组织的应用而言的。长期以来，公共部门组织就有从私人部门组织汲取管理方法的传统。许多公共部门组织使用的管理方法，最初都是从私人部门组织发展而来的和为私人部门组织所用的。为什么在将战略管理引入公共部门组织时，不能继续沿用这一做法呢？纳特和巴可夫对这一问题作出了回答。他们认为：首先，这种在公私部门间嫁接的方法有的成功了，也有的失败了。某些做法在私人部门组织获得了成功，但这样不能保证它们也适用于具有很明显公共特征的组织。其次，这种嫁接的方式明显是由各种具体的程序决定的，例如，私人部门组织使用的弹性工作时间制在引入公共部门组织后取得了成功，但这并不意味着私人部门组织的所有战略管理程序都可以应用于公共部门组织。因为，弹性工作时间或许受公共部门组织权威结构的影响，制约不大，但对战略管理者来说，则难以逃脱公共权威结构的制约。③ 私人部门组织的战略管理方法并不完全适用于公共部门组织，公共部门组织的战略管理不同于私人部门组织的战略管理，它有其自己的特色。

公共部门组织战略管理的不一样，缘于公共部门组织与私人部门组织间的差异，大量西方学者进行了一系列研究，旨在找出将公共部门组织和私人部门组织区分开来的因素，并试图确定这些因素所产生的影响。佩里（Perry）和雷尼（Rainey）的研究发现，公共部门组织的独特需要限制了许多为私人部门组织设计的方法——尤其是那些用于战略管理的方法——在公共部门组织中的适用性。本章 2.2.3 部分从环境、组织与环境的关系以及

① 参见［美］保罗·C·纳特、罗伯特·W·巴可夫：《公共和第三部门组织的战略管理》，39 页。
② 参见［澳］欧文·E·休斯：《公共管理导论》，98 页。
③ 参见［美］保罗·C·纳特、罗伯特·W·巴可夫：《公共和第三部门组织的战略管理》，21 页。

组织内部运行方式三个方面分析了公共部门组织与私人部门组织的区别，这也就揭示了公共部门组织战略管理区别于私人部门组织战略管理的根源。那么，这些因素到底对公共部门组织的战略管理产生了什么影响呢？这将是本节所要回答的问题。我们仍将从环境、组织与环境关系以及组织内部运行方式这三个方面入手进行分析。

2.3.1 环境因素对公共部门组织战略管理的影响

分析组织，我们首先要从组织所处的环境入手。公共部门组织所处的外部环境显然不同于私人部门组织，这些环境因素对公共部门组织的战略管理提出了区别于私人部门组织的需要，雷尼、巴可夫和列文确定的环境因素有市场、制约及政治因素。

1. 市场因素的影响

对于私人部门组织来说，市场是其信息和资源的主要来源，人们的购买行为、消费偏好是私人部门组织的产品是否有效的基础，这些信息是私人部门组织（企业）制定战略或调整战略的主要依据；而对于公共部门组织来说，则缺乏一个可以以收入形式为它们提供资源、信息的市场。公共部门组织的资源主要依赖监督机构提供，或者部分来自自己所提供的服务的补偿。即使是这样，这种服务内容和补偿规格都早已由监督机构规定好而不是由市场决定。在通常情况下，公共部门组织在提供服务时不注重效率、效益等市场信息，因为其预算中的绝大多数是来自监督机构，而监督机构通常是依据历史先例确定给公共部门组织的预算拨款数额，对这类公共部门组织来说监督机构便是它们的“市场”。

监督机构作为公共部门组织的“市场”或者“市场的重要因素”而存在，使得公共部门组织的战略制定和实施无法像私人部门组织一样独立完成，它们不得不或者说也乐于考虑监督机构的偏好与态度。正如纳特和巴可夫所述：公共背景下的战略管理方法的确定与实施必须以认清和小心谨慎地处理权威网络成员的信仰和需要为前提，战略管理者在制定战略时，必须与其监督机构通力合作。此外，由于公共部门组织是在一定的历史环境中运作的，因此战略领导还需对历史环境作出正确的界定和评估。①

2. 法律、制度和传统等制约因素的影响

法令、章程规定的义务以及组织等都会对公共部门组织构成制约，限制它们的自主权和灵活性。公共部门组织的活动，举凡预算的编制或执行、人员的晋升、资源的使用等，皆须在宪法或法律的规范下进行。这与私人部门组织有所不同，私人部门组织虽然也要依法行事，例如反不正当竞争法、劳资关系法，但法律的角色是边缘性的，不像公共部门组织那么普遍集中。最好的说法是，公共部门组织是一切要依明文规定而行动，缺乏法律的授权则不敢行动，私人组织则只要法律未明文禁止的皆可行动。②

对于公共部门组织的战略管理者而言，在战略管理中必须考虑这类制约因素。公共管理的许多方面都是由立法者所确立的。也就是说，法律确定了公共部门组织在什么时候、什么地点如何做。战略管理的途径除了仔细研究执行的战略外，还必须考虑立法意图。例如，一

---

① 参见［美］保罗·C·纳特、罗伯特·W·巴可夫：《公共和第三部门组织的战略管理》，25页。

② 参见张成福、党秀云：《公共管理学》，130页。

个在钢铁等专业领域的企业，其业务逐渐拓展到石油或食品行业，是很正常的事情。在公共部门组织可没有这种情况。公共部门组织所拥有的权限是法律所赋予的，这就限定了它的业务范围。消防部门和法律执行机构不能自主决定增加或减少某一地区提供的服务，即使这种服务已没有必要或者收效极差，因为它们必须得到法律的授权才能作出调整，这与私人部门组织战略调整的灵活自主形成鲜明对比。正如欧文·E·休斯指出的："在制定战略时，权限是重要的，公共部门的战略管理者必须根据法律来重新重视自己所要做的事情。"①

此外，法院判决、签约方的要求、授权法案以及新当选的行政官员都可提出公共部门组织必须遵从的指令。它们极大地制约了公共部门组织的行动。战略管理者必须考虑这些因素，即在筹划新行动时，必须将指令和义务放到具体的、反映了组织的历史传统和发展方向的环境中去理解。

3. 政治因素的影响

公共部门组织的环境充满了需要考虑的政治因素，公共部门组织的战略管理必须充分考虑诸如政治领导的观点、议员和利益团体等政治因素的影响。欧文·E·休斯在谈到这个问题时指出："公共服务的管理者必须执行主要是政治领导人确定的'外部议程'，这种情况不同于以赚钱为各组人员共同激励目标的私人组织，政治权力的存在是一种关键性差别。"② 虽然政治权力因素对私人部门组织的战略管理也有一定的影响，但"政治影响只被当做例外处理，没有特别的安排，政治影响是间接的"③。而对于公共部门组织来说，这种源于权威网络的政治影响则来得直接、明显得多。正如波齐曼和斯特劳斯指出的那样："当政治权力对私营战略管理有明显的影响时，它对于公共战略管理来说就不仅仅是影响了，它具有明确规定的特征。"④

公共部门组织之所以如此关注政治因素，缘于其对预算拨款的依赖。纳特和巴可夫指出："领袖的观点，议员和利益团体的直接操纵，以及对机构行动力的正式反对都可使公共组织的财务陷入困境，而财务却是公共部门组织最重要的一环。"此外，公共部门组织必须应对公众舆论、利益团体、院外游说、民选官员和签约方的干涉。组织的公共性越高，通过谈判和讨价还价对这些干涉进行回应的需要就越迫切。私人部门组织可以对这些干涉置之不理，或者可以通过法律和礼貌的言辞将这些干涉化解。

政治因素的影响，使公共部门组织的战略管理者在制定战略时，必须充分考虑各种利益相关者的观点，在各种政治力量间进行讨价还价和谈判，寻找出各方都能接受的战略方案。公共部门组织必须定期进行战略环境评估分析，才能理解组织所处的环境对组织的要求，才能使组织更容易发现那些可能影响战略效果的政治因素。

2.3.2　交易因素对公共部门组织战略管理的影响

公共部门组织与其环境中的重要主体建立了纷繁复杂的关系，这些关系受到强制力、

①② ［澳］欧文·E·休斯：《公共管理导论》，183 页。

③ ［美］保罗·C·纳特、罗伯特·W·巴可夫：《公共和第三部门组织的战略管理》，24 页。

④ Bozemen，Steross，*Strategic Management and Policy*，New York：St. Martin Press，1979.

影响范围、公众监督和公众所有权等因素的影响，这些因素就是纳特和巴可夫所称的交易因素。下面我们将阐述这些因素是如何影响公共部门组织与环境的关系，进而影响公共部门组织的战略管理的。

1. 强制力

公共部门组织的行为具有一定的强制力，这是由公共部门组织行为的强制性决定的。这种强制力来自法律的授权。例如，人民有纳税的义务，即使对于税务机构不满，也无法再找其他机构或另立新的机构。公共部门组织是一个服务的提供者，也是公共权力的执行者。所以公共部门组织的活动本身具有强制性。纳特和巴可夫在《公共和第三部门组织的战略管理》一书中用一个生动的例子来说明这一点："州执照局的资金来源于纳税人，但它却让这些纳税人排队等候，遵守莫名其妙的规则（如只能为自己付款，且只能付现金）并遵从最后期限，对于这一点，没有例外，也不接受任何借口。"① 在这种强制力之下，"消费者"被迫使用这些组织提供的服务，没有选择的权利和余地。

这种强制力对公共部门组织的战略管理者而言，是一种重要的资源，他们在制定和执行战略时，不必像私人部门组织的战略管理者一样依赖向潜在顾客出售服务。例如，议会法案要求人们必须为某项公共服务付款并使用该服务，由此所形成的强制力就可能给公共部门组织带来机会。

2. 影响范围

与私人部门组织相比，公共部门组织的影响范围更为宽广，象征性意义更大，需要处理的社会事务更为广泛，它们的行为会涉及"公共利益"。公共部门组织在试图区分谁是其"顾客"时，常常混淆不清。有时，其顾客就是一般意义上的公众，当产品是某种"公共物品"时，如治安保护、团队或环保，便是如此；而对于"个人物品"而言，如娱乐项目，顾客则是个人、家庭或团体。② 顾客群的广泛性带来其影响的广泛性。此外，公共部门组织除提供本身的服务外，还承担了许多社会事务，例如，公立学校系统除了具有教育责任之外，还是处理贫困、种族歧视、虐待儿童、青少年犯罪以及其他许多社会问题的重要机构，而私人企业则没有处理类似问题的任何法定权利和义务。

公共部门组织关心社会的存在并被赋予了一定的强制力，因而能够而且应该承担一些其他类型组织所不能承担的责任；公共部门组织创立和配置了一些市场无法公正提供的服务，如教育和传染病预防等；还有一些公共部门组织专门应付社会的残留物问题，如企业和城市排放的有毒物质对环境的影响。因此，公共部门组织战略的回应范围几乎没有限制，它可以延伸至社会的各个领域。战略管理者在采取战略行动之前，应该努力找出那些反映了外部环境要求的议题。

3. 公众监督

公共部门组织的基本性质是政治性，所以其一举一动都必须接受来自舆论和公众的监督。大多数公共部门组织都不能将自己的战略计划保密。布卢门撒尔提出的"玻璃鱼缸管理"一词生动地描述了公共部门组织制定战略的环境，就是公共部门组织的管理活动好似

---

① ［美］保罗·C·纳特、罗伯特·W·巴可夫：《公共和第三部门组织的战略管理》，31页。

② 参见［美］E.S. 萨瓦斯：《民营化与公私部门的伙伴关系》，59页，北京，中国人民大学出版社，2002。

金鱼缸里的活动一样，必须是公开的、透明的。目前，许多国家设定的“阳光法律”，公务人员的财产申报制度，重大工程的公开招标制度，其目的就是为了引起公众的高度关切和对公共部门组织活动的严密监督。①

公共部门组织的战略是在公众面前制定的，它与私人部门组织在保密环境下制定战略的情况不一样，因而其制定程序也存在差别。对于公共部门组织来说，战略管理过程既是一个战略形成过程，更是一个政治过程，公众的参与程度似乎比制定出一个好的战略更重要，这也是公共部门组织政治性的生动体现；而在私人部门组织中，政治最多不过是应付变革的阻力而已。公共部门组织的战略管理者在制定战略时，不得不考虑那些组织以外的利益相关者——他们控制着组织中必需的资金来源，对组织有极大影响。例如，公共部门组织为了争取预算拨款，会竭力去迎合议员、监督机构以及政治领袖的偏好和信仰，而这些政治精英们则努力迎合公众的口味，为赢得连任造票。所以，公众在某种意义上成了公共部门组织的间接利益相关者。公共部门组织的战略管理者必须竭力寻找可以让公众参与战略管理和监督的程序与途径。

4. 公众所有权

公共部门组织的公共性归根结底缘于其所有权属于公众，这也是公共部门组织与私人组织的重要区别之一。任何人都与公共部门组织有着所有权方面的利害关系。从理论上说，企业的管理部门要对股东负责；而对公共部门组织来说，公众便是“股东”，它们必须对公众负责。公众也享有“股东”权利，他们要求公共部门组织对公民诚信、公平、正直、富有责任心，并及时对公民的要求作出回应②；而私人部门组织必须承担的义务不多，人们对它们的要求也不多。

认识这一点很重要，因为它将使公共部门组织战略管理的出发点不一样，战略制定方式也大不一样。股东利益是企业战略制定和实施的出发点与落脚点，而公众的愿望则应是公共部门组织战略管理的出发点。纳特和巴可夫指出：“公共组织的战略管理者必须向众多所有者征询意见，并依据公众愿望和要求来提供服务。”③ 私人部门组织只需召开一次股东会便可充分了解到股东们的愿望和要求，并据此制定和调整战略，而公共部门组织要做到这一点却非常困难，但它却是必需的。为了能与公众沟通，公共部门组织要建立烦琐的机制，如公众会议、专题小组、公开声明等，以此来认清公众的期望，从而确定组织将要做什么、如何做才能满足公众的期望。

2.3.3 组织内部运行方式对公共部门组织战略管理的影响

公共部门组织与私人部门组织在内部运行方式上也存在许多区别因素，这些区别因素给公共部门组织的战略管理带来影响。纳特和巴可夫将这些重要因素归纳为：组织目标、权力限制因素、绩效期望因素和激励因素。

① 参见张成福、党秀云：《公共管理学》，132 页。

② G. E. Caiden，*The Dynamics of Public Administration*，Hinsdale：Dryden Press，1971.

③ [美] 保罗·C·纳特、罗伯特·W·巴可夫：《公共和第三部门组织的战略管理》，34 页。

1. 组织目标因素的影响

将战略管理应用于公共部门组织遇到的最大挑战之一就是公共部门组织目标的模糊不清和不易测量。确定组织目标是战略管理的首要问题，而公共部门组织的目标却难以明晰地确定下来。公共部门组织的目标就是要创造公共利益，但公共利益大多数是抽象模糊的，它似乎只是作为行政人员提醒自己负有公共责任以及必须为大多数人服务的一种象征符号。相对而言，私营部门组织的重要目标是创造企业组织的利润，员工的绩效又是以其对组织所创造的利润为标准，由于利润是以金钱价值来衡量的，因此他们非常清楚自己的标准和绩效水平。然而，公共部门组织的服务对象不仅差异性大，而且对于行政人员的期望亦很多。例如，既要求他们公开公正地顺应和体恤民意，同时又要求他们承担许多行政责任。总之，公共部门组织不仅目标模糊、分歧且不易测量，时常还会有许多冲突和矛盾产生。正如纳特和巴可夫所言："公共组织通常同时有很多目标，这些目标大多非常模糊且相互冲突。"① 例如，当环境组织同时面临以下情况时——新的行政长官要求取消向污染者罚款的做法；企业将公众的注意力引到由于环境保护署采取行动而导致工人失业；环保团体起诉环境保护署的无所作为——它应该如何行动？更直接地说，在这种情形下，环境保护署如何确定一系列可行的目标？

大多数战略管理程序要求有明晰的目标，而公共部门组织的目标经常是模糊不清的。组织的公共性越高，其目标也越模糊不清。在目标模糊不清的环境中制定战略，即使不是一件不可能的事，也是一件非常困难的事。这种模糊性使公共部门组织的战略管理截然不同于私人部门组织的战略管理。

确定目标是公共部门组织实行战略管理的一个至关重要的步骤。但是，公共部门组织战略制定的政治环境复杂多变，难以确定，而这导致了目标的模糊不清。因此，必须另外寻找确定目标的途径，以帮助公共部门组织实行战略管理。欧文·E·休斯认为："战略计划或许能帮助组织或机构详细说明它们所要完成的任务。按照奥斯本与盖布勒的说法：如果做法适当，明确规定任务，可以从上至下使整个组织行动起来。它可以帮助各级人员确定自己做何工作。在许多的情况下，这些都是过去所没有尝试过的事情，组织目标需要分解到较低层次并且源自战略计划。如果任务是改善社区的健康情况，那么目标就是特定区域内更加具体的指示。"②

纳特和巴可夫则提出了另外一种途径。他们用"最终目的"来取代目标。他们认为："我们的战略管理过程是用最终目的取代目标。之所以不用目标，是因为在公共组织中典型的模棱两可，即使在试图澄清目标的努力之后，也仍然这样——目标的含混不清很难改正，因此无法对现实进行评价。在这种情况下，要是没有关于组织目标的概念，所有的变革就变得有争议，组织的战略也就停留在以前的实践基础之上。为了提供可判定意图的目标，我们使用最终目的的概念。通过最终目的所提出的目标可以与具体条件连接，确定与目标类似的指标，并为相互竞争的观点达成妥协，提供方法。"③ 公共部门的战略管理过

① ［美］保罗·C·纳特、罗伯特·W·巴可夫：《公共和第三部门组织的战略管理》，35页。
② ［澳］欧文·E·休斯：《公共管理导论》，183页。
③ ［美］保罗·C·纳特、罗伯特·W·巴可夫：《公共和第三部门组织的战略管理》，40页。

程可以用这种方法进一步发展，而不会陷入难以确定准确目标的困境。组织也须有某种类型的最终目的，以此来制定有确切含义的战略。

2. 权力限制因素的影响

与私人部门组织相比，公共部门组织管理者的权力要小得多，他们受到来自各方面的权力限制。公共部门组织的自主权受到限制，使得其战略管理缺乏灵活性。例如，一个公共福利署的官员可能知道怎样才能提高资金支付的效率，但在得到立法机关的同意之前，他却不能对此作出任何调整。而在私人部门组织中则不存在这种情况，一方面，好的创意马上就能被运用于战略管理过程；另一方面，好的创意源源不断地从实践中产生出来。

公共部门组织的战略管理受到来自各方面的权力限制，用列文的话来说就是："公共组织的战略管理必须在一个权限丛林中执行。"公共部门在制定战略时，必须重视这些权力限制，并尽量谋求各方面取得一致意见，但这并非易事。管辖权限间的合作虽然十分必要，但要达到所要的合作程度（一致）却是代价高昂的，其中将遇到的挫折会使人灰心丧气，而且这一努力很容易失败。私人部门组织战略管理的方法显然无法应付这种多变性，因而必须找出新的方法以满足公共组织的需要。

根据纳特和巴可夫在《公共和第三部门组织的战略管理》一书中的阐述，我们将解决这一问题的方法归纳为以下三点：(1) 为了达成协议以使战略行动得以进行，公共部门组织必须改变权限范围以获取资源，并对权限和资源的先例进行细致的分析；(2) 对利益相关者进行评估，以确定他们赞成或反对某项战略的动机以及他们这样做的能力；(3) 充分利用权威网络成员的政治影响，组织可以动员权威网络中的关键性人物，以使其将组织所需资源从某项计划中移出转向支持新的预算，或授权对某项服务收费以弥补实行某项战略所需的费用。

3. 绩效期望因素的影响

公共部门组织目标的不确定性使得组织难以说明它对绩效的期望。也就是说，很难有一个确切的标准对公共部门组织的绩效进行测量和评估，它缺少和私营部门组织的利润相类似的"底线"标准。虽然私营部门组织中的许多部分，如总公司职员、研究单位等非生产性部门也存在绩效测量的问题，但是可以通过利润率的测量标准对整个组织实行监控，利润率的总的测量标准可以为私营部门组织中的管理者提供目标取舍的判断统据；而在政治性极强的公共部门组织，则很少有意见一致的目标和测量这些目标的标准，而且也很难假定组织中的每一个人都服从这些目标或标准。

绩效期望的模糊不清引发了一系列后果：首先，难于对已实施战略进行评估。战略评估是监控战略实施，并对实施的绩效进行系统性评估的过程，它是战略管理整体中重要的一环，战略评估的结果是调整、修正甚至终止战略的合理依据。① 而公共部门组织含糊的绩效期望，使得评估工作无从着手，正如纳特和巴可夫所言："对成功的界定很困难，因而，要想识别那些作出了贡献的人并对他们加以表彰就更困难了；同时，失败也不容易界定，从而很难对错误加以纠正。"② 其次，绩效期望模糊多变，引发公共部门组织的惰性。

① 参见张成福、党秀云：《公共管理学》，79 页。

② [美] 保罗·C·纳特、罗伯特·W·巴可夫：《公共和第三部门组织的战略管理》，37～38 页。

组织必须放慢步伐以适应新的领导人，这些变化导致人们的期望的变化，进而使组织成员将无所作为视为最佳的选择。

公共部门组织的战略管理者必须采取措施以应对这一问题。首先，通过设立某些与组织成功有直接关系的标准来解决绩效标准不明这一难题。而且，一旦组织目标被设定，就不应该被具体的方式束缚住。既然公共部门组织的目标经常变化，“管理指标就必须是灵活的，并不断地接受重新的检查和修改”①。其次，寻找符合政治时间框架（指由新领导的定期更换而带来的周期）的活动议程，并不断创造组织行动的紧迫感。公共部门战略管理者必须准确把握行动的时间，迅速果断地对环境变化采取行动，从而避免由此带来的组织惰性。

4. 激励因素的影响

所谓激励，就是影响人们内在需求或动机，从而加强、引导和维持行为的活动或过程。公共部门组织很难建立一套被广为接受且行之有效的激励机制（私人部门组织可以用金钱等物质手段来奖励个人对利润和相关指标的贡献）。首先，公共部门组织绩效期望模糊、测量评估指标缺乏，因此，要具体衡量每个职员、每个部门对绩效的具体贡献大小十分困难；私人部门组织则能够将可测评的绩效与金钱激励联系起来，从而更加有效地使用金钱激励。其次，公共部门组织对激励方式的偏好复杂多样，难于制定一套统一的激励机制。有证据表明，私人部门组织雇员比公共部门组织雇员更看重金钱上的激励。因此，私人部门组织可以用金钱奖励个人对利润和相关指标的贡献来激励员工。而在公共部门组织则不然。班菲尔德发现，“公共部门雇员对稳定的工作，被委以重任，权力和赞赏等的偏好超过了金钱奖励”②。然而，要给予这些奖励是非常困难的，稳定的工作和权力只能分配一次，而且当需要给予奖励时，却不一定刚好有重要的任务可以委派。

战略管理必须考虑到公共部门组织对激励机制的反应较为迟钝这一点，在设计激励机制时，要富有创意，找出真正适合组织文化和能打动雇员的激励机制。一般来说，在公共部门组织中，激励方法起到非常直接的作用，必须用别的方法来激励富有成效的行为，这就要求在制定战略时发挥创造力，找出与公共部门组织特征相符的激励机制。

纳特和巴可夫主张，通过让雇员参与战略变革，可以解决由于缺乏激励和较低期望带来的问题。在他们看来，公共部门组织中的雇员都希望被委以重任和在组织中占有举足轻重的地位，因此，通过让他们参与战略管理过程正好可以迎合他们的这一心理，从而激发他们的工作热情。绩效的测评仍然重要，必须找到一套行之有效的公共部门绩效测量的方法。奥斯本和盖布勒认为，公共部门应采取合适的方法做三件事情：将工资与绩效挂钩；将绩效作为一个管理工具不断地用以改进工作；使支出与结果紧密相连。③ 欧文·E·休斯主张用绩效“指标”来代替绩效“标准”——私营部门中利润的完美替代物。他认为，这些“指标”只是绩效好坏的指示物，不是要用它来精确地测量绩效。除应该有关于目标的全面进展情况，或者关于财政目标的成就的指标之外，还应该有关于顾客或委托人满意

---

① Cohen and Steven，*The Effective Public Manager*，San Francisco：Jossey-Bass，1988，p. 68.

② E. C. Banfield，“Corruption as a Feature of Governmental Organization”，*Journal of Law and Economics*，1977 (20)，pp. 587-605.

③ ［美］奥斯本、盖布勒：《改革政府》，122页，上海，上海译文出版社，1996。

的或者关于所提供服务的速度和水平的指标。[①] 指标的目的应当是测量效果和质量，而不是效率；应当是测量结果，而不是产出。

本章小结

1. 战略是一种模式或计划，它将一个组织的主要目的、政策与活动按照一定的顺序结合成一个紧密的整体。战略对组织具有方向性的指导意义；战略使组织行动具有一致性；战略具有稳定性与灵活性。

2. 战略管理是管理者有意识的政策选择、发展能力解释环境，以集中组织的努力，达成目标的行为。战略管理是未来导向的；战略管理着重于长远的、全局的谋略；战略管理是一个组织发现自身优势、劣势，寻求发展机会，识别威胁的过程；战略管理是持续性与循环性的过程；战略管理是前瞻性思考和由外而内的管理哲学。

3. 公共组织就是以管理社会公共事务、协调社会公共利益关系为目的的组织。私人组织是以营利为目的、与公共组织相对的部门组织。公私部门组织在组织环境、组织与环境的关系以及组织内部运行方式上存在一定的区别。

4. 公共部门组织在组织环境、组织与环境的关系以及组织内部运行方式上有别于私人部门组织，这些因素影响着公共部门组织的战略管理并对其提出了不一样的要求。

关键术语

1. 战略：一种模式或计划，它将一个组织的主要目的、政策与活动按照一定的顺序结合成一个紧密的整体。

2. 战略管理：管理者有意识地选择政策、发展能力、解释环境，以集中组织的努力，达成目标的行为。

3. 公共组织：以管理社会公共事务、协调社会公共利益关系为目的的组织。

4. 私人组织：以营利为目的、与公共组织相对的部门组织。

5. 组织环境：指影响组织结构、行为及过程的一切因素的总和。

案　例

电信业面向市场竞争——实施战略重组

1999—2000 年的中国电信改革，是对电信业实施的一次战略重组，是我国政府的一项重大决策。它是在国际电信市场竞争格局发生变化，信息技术发展日益加快，国内电信市场面临对外开放压力和重大挑战的大背景下展开的，主要目的在于打破垄断、促进竞争和改善服务的同时，反映各方利益。这次改革，是为建立依法管理、有效竞争的电信市场所作的一次重大的战略调整，同时是我国公共部门战略管理的一次具体实践。

---

① 参见［澳］欧文·E·休斯：《公共管理导论》，299 页。

一、电信改革的相关背景

（一）中国电信业面临改革与发展的双重挑战和压力

由于电信业主要被看做具有自然垄断特性的公共服务部门，因而截至20世纪80年代初，世界各国基本上都实行政府垄断经营的模式，管理体制上政企不分、邮电合营，所有的电信业务、通信网络、通信设备及终端都由国有邮电主管部门提供，电信运营部门（企业）与电信管理部门（政府）合二为一，电信资费由国家定价，资金投入由国家统一预算，业务上实行交叉补贴。这一体制存在着许多弊端，如企业组织机构庞大、效率低下、业务种类单一、服务质量差等。从80年代中期开始，信息通信技术的快速发展在全球范围内引发了一场电信业的空前变革，电信业务逐步走向全面开放的市场。进入90年代，全球电信业大的购并、重组就有二三十次，这些大的跨国公司凭借雄厚的实力，对国际信息业务和产品市场的争夺日趋激烈，并通过技术、业务的渗透，对发展中国家的电信业构成了强大压力。中国加入WTO，要在21世纪的国际竞争中占有一席之地，电信市场必定要开放。面对技术革命和国际竞争的巨大挑战，中国的电信业必须抓住机遇，不失时机地进行战略调整，从根本上增强企业的市场意识、竞争意识和技术能力。只有运用市场机制，尽快改善经营管理模式，提高服务水平，电信业才能在竞争中立于不败之地。

（二）中国电信业的改革已有了坚实的基础

1. 中国电信业的发展。

新中国成立以来，我国的电信业取得了突飞猛进的发展。现在，我国通信网的规模容量、技术层次、服务水平都发生了质的飞跃，一个包括光纤、卫星、数字微波、程控交换、移动通信、数据通信等各种先进手段，覆盖全国、通达世界的公用电信网已初步建成。

2. 邮电管理体制改革的逐步推进。

我国于1949年由政务院设立邮电部，在管理体制上经过了多次调整。1988年国务院机构改革，再次明确邮电通信管理继续实行以垂直领导为主的双重领导体制。1989年，邮电部根据经济体制改革的总体部署，提出了电信业改革的“三步走”战略。1994年，国务院机构改革，将邮政总局、电信总局从邮电部机关职能司局序列中分离出来，实现了政企分开。1998年，在原邮电部和电子部的基础上组建信息产业部。

3. 电信业务市场的适度放开。

1993年，国务院批转邮电部《关于进一步加强电信业务市场管理意见的通知》，决定向社会放开无线寻呼、800兆赫集群电话、电话信息服务、计算机信息服务、450兆赫无线移动通信、国内VAST通信、电子信箱、电子数据交换、可视图文等9种电信经营业务，电信增值业务市场开始形成。1993年12月，由电子工业部、电力部、铁道部联合发起组建中国联合通信有限公司（中国联通），并于1994年7月19日正式挂牌。2000年6月21日、22日，中国联通股份有限公司作为中国唯一一家综合性电信运营企业在香港和纽约两地成功挂牌上市，企业的经营与发展开始受到国际电信业和资本市场的肯定与关注，公司的市值也跻身于香港十大上市公司之列，并很快晋升为恒生指数成分股，公司更与一些国际知名电信运营企业如Sprint、KDDI、韩国电信、新加坡电信等在市值上旗鼓相当。

（三）市场经济向中国电信业的改革和发展提出了新的迫切要求

1. 社会主义市场经济体制的逐步建立和完善，客观上要求电信业的管理体制进行相应的变革。原有的管理体制和运营机制不适应市场经济的发展。因此，就必须按照市场的要求，建立现代企业制度，在竞争中不断壮大。

2. 加快信息产业发展，推进国民经济和社会生活信息化，同时要建立适应技术和市场发展要求的电信管理体制。

二、电信战略的重组

（一）电信重组方案的指导原则和政策目标

1. 政企分开，破除垄断，促进竞争，改善服务。

2. 推动电信企业建立现代企业制度，改善经营管理，提高企业的经济运行质量与效率。

3. 增强中国电信业的整体实力和国际竞争能力，保障通信与信息安全。

4. 符合电信行业特点，积极稳妥，循序渐进，促进更大发展。

（二）电信重组方案的制定

1. 实现政企分开。电信重组后，信息产业部不管人、财、物，完全站在政府的立场上对电信企业实行"行业监管"，通过制定政策和法律法规，在规划、标准、资源、市场准入、互联互通、普遍服务、指挥控制、特殊通信等方面进行管理。

2. 移动通信从中国电信中分离出去，单独组建公司。

3. 将基础电信网和数据通信组成中国电信集团公司，继承原"中国电信"品牌。

4. 对中国联通进行改组、改造，指导其调整企业结构和发展战略，扶持其成长壮大。

（三）电信重组方案的总体框架

将原中国电信的固定网络与业务重组为中国电信集团公司；将原中国电信的移动通信和无线寻呼网络与业务分离出去，分别组建中国移动通信集团公司和中国寻呼通信集团公司；将原中国电信所属的"中国通信广播卫星公司"和原邮电部出资组建的其他卫星公司合并，组建中国卫星通信集团公司，经营卫星转发器、卫星移动通信和其他卫星通信业务；由中国电信集团公司继承"中国电信"服务商标；各集团公司在经营管理上与信息产业部脱钩；信息产业部将根据国务院批复的"三定"方案中赋予的职责，对各集团公司、中国联通及其他运营企业进行行业监管（如图 1 和图 2 所示）。

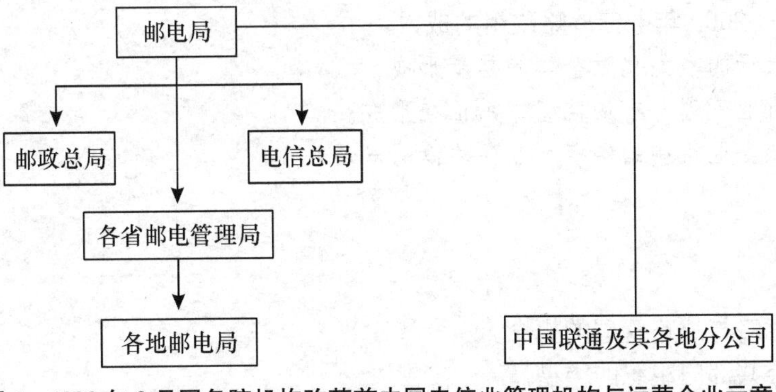

图 1　1998 年 3 月国务院机构改革前中国电信业管理机构与运营企业示意图

注："⟶"表示行政隶属关系，"——"表示行业管理关系。

资料来源：钱晋群、张毅、叶小忠：《电信业：面向市场竞争》，见《中国公共政策分析・2001 年卷》，112 页，北京，中国社会科学出版社，2001。

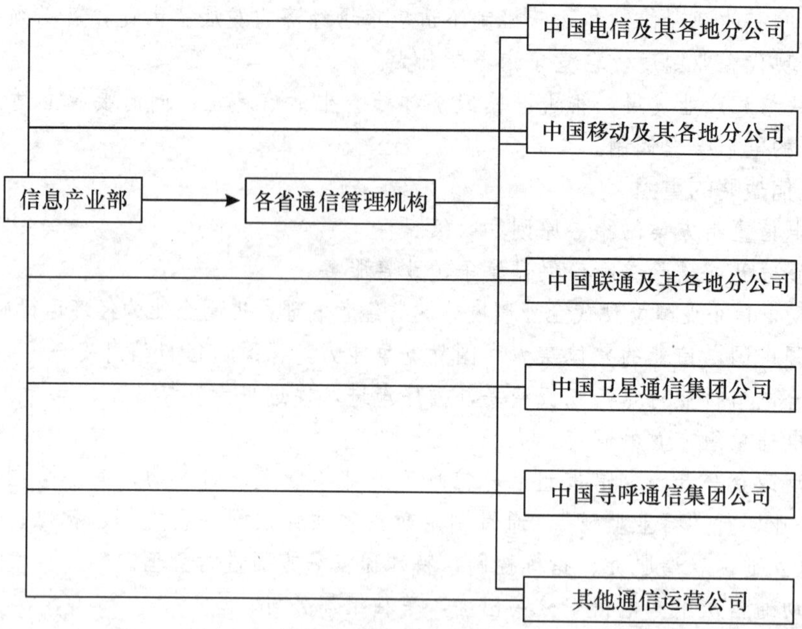

图 2　电信重组后中国电信业管理机构与运营企业示意图

注：“——►”表示行政隶属关系，“——”表示行业管理关系。
资料来源：钱晋群、张毅、叶小忠：《电信业：面向市场竞争》，见《中国公共政策分析·2001 年卷》，112 页。

三、电信重组的实施

寻呼通信资产和人员在 1998 年完成了从中国电信的分离，重组工作主要是中国电信集团公司、中国移动通信集团公司、中国卫星通信集团公司的组建和对中国联通的重组。1999 年 5 月，信息产业部发文，在原邮电、电子系统为中国联通选调干部，并按照国务院的要求，将由中国电信分离出来的寻呼通信资产组成的国信寻呼有限公司成建制划入中国联通。到 1999 年年底，中国移动通信集团公司组建方案和中国联通重组方案的审核工作、中国电信集团公司和中国卫星通信集团公司的组建方案及公司章程的制定工作都已完成。2000 年 4 月 20 日，中国电信集团公司、中国移动通信集团公司正式宣布成立。中国卫星通信集团公司的组建方案也于 2000 年 7 月初获国务院的批准，开始组建。

四、1999—2000 年电信战略改组的成效

1. 电信市场的多元化竞争格局初步形成。
2. 通信行业管理与市场监管体系正在形成。
3. 进行了企业机制的转换和业务建设的发展。

思考题

1. 解释战略与战略管理的概念。
2. 简述公共部门组织的类型。
3. 试述公私部门组织的异同。
4. 为什么说公共部门战略管理不一样？
5. 前述案例中的中国电信是如何进行战略重组的？

阅读书目

1. ［美］保罗·C·纳特，罗伯特·W·巴可夫. 公共和第三部门组织的战略管理. 北京：中国人民大学出版社，2001

2. ［美］海尔·G·瑞尼. 理解和管理公共组织. 北京：清华大学出版社，2002

3. ［澳］欧文·E·休斯. 公共管理导论. 北京：中国人民大学出版社，2001

4. 彭和平等编译. 国外公共行政理论精选. 北京：中共中央党校出版社，1997

5. 张成福，党秀云. 公共管理学. 北京：中国人民大学出版社，2001

6. 王玉. 企业战略管理：理论与方法. 上海：上海财经出版社，1999

7. 和金生主编. 企业战略管理. 天津：天津大学出版社，1994

8. 王德中编著. 企业战略管理. 成都：西南财经大学出版社，1999

9. ［美］E. S. 萨瓦斯. 民营化与公私部门的伙伴关系. 北京：中国人民大学出版社，2002

10. ［美］奥斯本，盖布勒. 改革政府. 上海：上海译文出版社，1996

11. Tompson，Strickland，*Strategic Management*：*Concepts and Case*，Chicago：Dryden Press，1995

12. Montanari，Daneke and Bracker，*Strategic Management for the Public Sector*，New York：St. Martin's Press，1989

13. G. E. Caiden，*The Dynamics of Public Administration*，Hinsdale：Dryden Press，1971

第 3 章

公共部门战略管理系统

本章要点

- 战略管理主体的概念
- 战略管理主体的构成
- 战略管理客体的内容
- 战略管理环境的特征
- 战略管理的外部环境
- 战略管理的内部环境

按照系统论创始人贝塔朗菲的观点，系统是指“处于自身相互关系中以及与环境的相互关系中的要素集合”①。这说明“系统”是诸要素的集合体，诸要素之间是相互关联的。根据系统的理论，我们可以把公共部门战略管理系统看做公共部门战略管理所包含的一整套相互联系并与环境发生关系的因素的有机体，是由公共部门战略管理主体、客体与其环境相互作用而构成的统一体。公共部门战略管理系统是公共部门战略管理的载体，是战略管理过程展开的基础。公共部门战略管理系统各要素联系是否得当，直接影响到战略管理运行是否顺畅，并决定战略管理目标实现与否。本章我们将讨论一下公共部门战略管理系统各要素（包括战略管理主体、客体和环境）的一些基本问题。

3.1 公共部门战略管理主体

在研究公共部门战略管理系统及战略管理过程时，我们首先要解决的问题是公共部门战略是由谁制定并加以执行的，以及谁对战略管理过程施加影响。这一系列问题就涉及公

① ［美］冯·贝塔朗菲：《一般系统论：基础、发展和应用》，240 页，北京，清华大学出版社，1987。

共部门战略管理主体。

3.1.1　公共部门战略管理主体的特征

作为一个哲学范畴，主体是指具有自觉的能动性、自我意识机能等特征并进行认识和实践活动的人。作为一个管理学范畴，主体被界定为拥有一定权力、从事管理活动的人和组织，同时，也包括管理资金、管理设备、管理信息等物的因素。公共部门战略管理主体与哲学和管理学中的主体既有联系又有区别，它具有自己的特殊性。一般而言，公共部门战略管理主体是指直接或间接参与或影响公共部门战略管理过程（包括规划、实施、评价）的个人、团体和组织。

由于各国的社会政治制度、经济发展状况、文化传统等方面的不同，各国的战略管理过程存在着较大的差别，因此，公共部门战略管理主体的构成因素及其作用方式也存在不同，但它们具有一些共同的基本特征。

1. 公共部门战略管理主体的多元化

公共部门战略管理主体是多元的，既包括组织，也包括个人；既有立法机关、行政机关、司法机关等法律法规规定的体制内组织，也有政党、利益集团、大众媒体等法律法规未规定的体制外组织；既包括领导者、管理者，也包括一般的工作人员和普通公民。这些主体构成因素相互影响、相互作用，构成了一个纷繁复杂的系统，在公共部门战略管理过程中起着或大或小的作用。

2. 公共部门战略管理主体参与方式的多样化

公共部门战略管理主体参与战略管理的方式和途径是多种多样的：有直接参与，也有间接参与；有影响战略规划实施的，也有影响战略评价的。如政府就是通过直接制定和执行战略来参与；立法机关则通过颁布一些法律、法规来影响战略的制定和执行；而作为公民的个人则通过选举、游行、示威来反映自己的偏好，从而影响战略的制定和执行。

3. 公共部门战略管理主体的能动性

公共部门战略管理主体是战略管理系统中最为活跃、最为积极的部分，在战略管理过程中起主导作用。战略管理主体的一个显著特点即具有自觉能动性，这种能动性表现在战略管理主体能够了解和掌握战略管理客体产生与发展的根源和规律，能够正确认识和把握管理环境与组织的各种优势和弊端，能够在正确认识的指导下，通过其实践活动，能动地改造战略管理客体和环境，实现战略目标。

3.1.2　公共部门战略管理主体的构成

市场经济的发展程度和公共事务的层次性与复杂性，决定了公共部门战略管理主体的多样性。依据不同标准，公共部门战略管理主体可从不同的角度划分为不同的类型。一般而言，我们可按其在战略管理过程中参与方式以及与公共权力联系的紧密程度，将公共部门战略管理主体划分为以下几类。

1. 政府（行政机关）

政府（行政机关）既是战略的执行主体，又是战略的制定主体，是公共部门战略管理极其关键的组成部分，在公共部门战略管理中起着决定性的作用。在我国，政府作为最主要的公共部门，拥有广泛的公共管理权力，是公共部门战略管理主体的一个重要组成部分。我国宪法规定，中华人民共和国国务院即中央人民政府，是最高权力机关的执行机关，是最高国家行政机关。地方各级人民政府是地方各级权力机关的执行机关。国务院享有行政立法权、提案权、监督权、人事权以及全国人大及其常委会所授予的其他方面的职权，统一领导全国行政机关的工作，统一领导全国的内政外交事务。县级以上的地方各级人民政府享有执行权、制令权、管理权和监督权以及中央政府给予地方的其他权限。政府机关作为公共部门战略管理最主要的主体，决定着公共部门整个战略管理过程的质量。

2. 战略管理小组

战略管理小组简称 SMG，是公共部门战略管理的主要载体，由代表组织内、外部利益相关者（stakeholder）和权力中心的人构成，它不但是组织创造变革理念的源泉，而且是组织创造关于如何进行变革的理念的主要源泉。它提出创意，形成关于行动的一致意见，把创意转化为可以实施的计划。它的主要任务，一是根据组织所处环境的趋势、总体方向及其理想，描述组织的历史背景；二是根据目前的优势、劣势以及未来的机会和威胁，评估当前的形势；三是规划当前要处理的战略问题议程；四是设计备选战略以管理重要议题；五是根据受其影响的利益相关者和所需资源来评估备选战略；六是通过动员资源和恰当管理利益相关者来实施重要的战略。战略管理小组既要营造创新氛围，又要促使各利益相关者达成共识。

3. 战略管理者

战略管理者是公共部门战略规划、实施、评价全过程的管理人员，是战略管理的推动者、教师、政治家和分析家。作为推动者，战略管理者不仅要指导 SMG 完成过程的各个阶段和步骤，还要向其推荐适当的方法，并帮助其使用这些方法。作为教师，战略管理者必须向新的战略管理团队传授战略管理的基础知识与战略管理的基本方法和技术。作为政治家，战略管理者不但要促进战略管理过程与 SMG 对政治因素的考虑的结合，还要促进这一过程与影响行动或被行动影响的利益相关者的结合。作为分析家，战略管理者不仅要为征求意见提供一种手段，而且必须传达各阶段和步骤背后的基本根据，处理非正式问题，并且提供指导。

4. 领导者

领导者是公共部门战略管理中最主要的高级管理者，在公共部门战略管理中起决定性作用。他们既是公共部门战略管理的分析者，又是制定者、组织者和领导者，负责组织使命和总目标的制定，直接影响和监控组织战略的形成与执行，并对组织内部不同部门进行资源配置。可以说，公共部门战略的正确与否、成功与否关键在于领导者。领导者在公共部门战略管理过程中的主要职能活动是：界定战略议题、确定战略目标、组织战略方案的拟订、审定战略方案。

5. 规划者

规划者是指对公共部门战略进行环境分析、战略规划、设计、分析的人员和组织，是公共部门战略管理主体的一个重要组成部分。规划者在当代战略管理中起着不可忽视的作用，决定着公共部门战略制定的质量。规划者既包括公共部门体制内的高级顾问、咨询机构，也包括体制外的专家、学者、思想库等。规划者凭借现代科学理论和先进技术，为公共部门战略规划提供大量的信息资料、科学可行的方案以及战略结果的预测，帮助公共部门提高战略制定质量，可以说，没有他们卓有成效的研究，公共部门将无法有效地进行战略管理。如美国的思想库就处在决策中的规划者地位。规划者在公共部门战略管理过程中的主要职能活动是：科学预测，拟制方案，评估论证方案，追踪战略实施，等等。

6. 执行者

执行者是指在公共部门战略管理过程中，运用各种资源，采取实际行动，实现战略目标的人员和组织，包括工作人员、执行机构等。他们是将战略目标、方案变为现实的中介者，是公共部门战略管理的实践者，在公共部门战略管理中起着至关重要的作用。任何一项战略最终都得靠执行者来实施。执行者对战略的认同，对战略执行行为的投入，创新精神，对工作的负责，较高的素质，是战略得以有效执行的重要条件。现实中的战略变形、走样甚至失败在一定程度上都是由于执行者的素质不高和思想观念上的错误所导致的。执行者在公共部门战略管理过程中的主要职能活动是：做好实施准备（包括宣传、分解、物质准备、组织准备），进行具体的实施行动，总结执行情况，及时反馈信息，等等。

7. 评估者

评估者是指依据一定的标准和程序，对战略的效益、效率、效果及价值进行判断的人员和组织，包括内部评估者和外部评估者。作为公共部门战略管理主体的一个组成部分，评估者根据特定的标准，运用一定的方法和技术对战略进行衡量、检查、评价和估计，以判断其优劣，并把评估结果信息反馈给战略制定者、规划者和执行者，使他们对战略的特点、优劣和成效有进一步的认识，促使他们采取有效措施，改进战略管理，补充、修正和完善战略方案，决定战略管理的延续、革新和终结，在此基础上，优化公共部门战略管理。

8. 立法机关

正如古德诺所言，"政治是国家意志的表现，行政是国家意志的执行"①。立法机关体现国家意志，代表国家制定各种法律法规，是一个国家的权力中心。立法机关作为公共部门战略管理主体的一个重要组成部分，是通过立法、官员任免来影响公共部门战略管理的。在西方，立法机关是国会、议会，它们通过审议政府议案，制定各项法律法规来影响公共部门战略管理。在我国，立法机关是全国人民代表大会，它是我国政策制定及立法的主要机关，是公共部门战略管理监控机构。

9. 司法机关

作为国家和政府的组成部分的司法机关，在公共部门战略管理过程中也占有重要的一席之地，也是公共部门战略管理主体的一个组成部分。从传统观点看，司法机关只是涉及司法审判和监督，难以介入公共部门战略管理过程，不具备实际的决策功能，对公共部门战略管理的影响也是微乎其微。其实不然，司法机关一开始就涉入公共部门战略管理过程。在美国，自从"麦伯逊诉美国政府案"开始，司法机关就闯入了许多社会和政治领域，不仅参与公共部门的战略管理，而且在其中扮演极其重要的角色。司法机关通过司法

---

① ［美］古德诺：《政治与行政》，12～13页，北京，华夏出版社，1987。

审查和法令解释、判例的形式对公共部门战略管理产生很大的影响，不仅规定政府不能做什么，而且规定政府应该采取何种行动以符合宪法和法律的要求。在我国，法院对公共部门的战略管理进行合法性审查，对战略管理实施法律监督，从而影响公共部门战略管理。

10. 政党

现代政治是政党政治。现代国家的政治统治大都通过政党政治的途径来实现。在现代社会中，政党常常履行着某种“利益聚合”的功能，即政党努力将利益集团特定的要求变为一般的可供选择的政策方案。① 但是，在不同的政治制度下，政党的这种“利益聚合”功能的表现方式并不完全相同。西方国家大都实行两党制和多党制，各个政党的主要功能是组织竞选，争取议会中的席位和政府首脑职位。在西方大多数国家，一般在议会选举中获得多数席位的政党即获得组建政府的资格，成为执政党。而在美国，由经全国普选赢得多数票的政党候选人出任总统，总统属于哪个政党，该党则成为执政党。但不管执政党还是在野党，政党都可以通过宣传、制造舆论、反对或赞同某项战略等各种方式去影响公共部门战略管理。

我国实行的是中国共产党领导下的多党合作制度，宪法明确规定共产党是执政党，其他政党是参政党。与这一政党制度相适应，我国实行的是政治协商的政治制度，人民政协是国家机构的有机组成部门。中国共产党的政治领导地位决定了共产党的各级领导机构在不同层次的公共部门战略管理中起着决定性的作用，它们的核心地位与领导作用主要是通过党的政治领导、思想领导和组织领导来实现的。党要依靠正确的纲领和政策来发挥其总揽全局、协调各方的领导核心作用。中国共产党通过合法程序，将党的意志转化为国家的意志；通过对政府官员的考核、任免、监督和动员人数众多的党员来直接影响公共部门战略管理。同时，政协及各民主党派在我国的公共部门战略管理过程中发挥着重要的作用，不仅直接参与国家重大战略的讨论和决定，而且更经常、更大量地进行调查研究，提供各种方案建议，进行监督和评价，充分发挥参政议政的功能。因此，政协及各民主党派也成为构成我国公共部门战略管理主体不可或缺的部分。

11. 政治团体

作为公共部门战略管理主体的一个组成部分，具有中国特色的、特殊的政治团体是我国社会主义政治体系的重要组成部分。中国共产党十五大报告指出，工会、共青团、妇联等群众团体，要在管理国家与社会事务中发挥民主参与和民主监督的作用，成为党联系广大人民群众的桥梁和纽带。因此，社会主义的政治团体具有双重身份：一方面，它是有自身特定利益的群众性利益集团，其参与政治活动的目的是为了实现特定的利益；另一方面，它又是国家政权体系的组成部分，是政治管理的准主体，参与各级党组织和政府工作，发挥组织、参政、监督和教育等功能，对决策产生一定的影响，从而影响到公共部门战略管理。

12. 利益集团

利益集团是非官方战略管理主体最重要的构成因素之一，在公共部门战略管理过程中起着重要作用。利益集团一般不直接参与公共部门战略管理，它只是施加间接的影响，但

① 参见谢明：《公共政策导论》，41～42页，北京，中国人民大学出版社，2002。

这种影响通常又是非常巨大的。由于各国的社会、政治、经济和文化等方面的具体情况的不同，利益集团的数量、成熟程度、合法化、组成方式、对政府的影响力是有区别的。利益集团的影响力取决于成员数量、财力和其他资源、团体的凝聚力、领导的技巧、团体的社会地位、与之竞争的组织是否存在、官方人士对团体的态度以及在政治系统决策中所处的位置等因素。在西方，利益集团影响公共部门战略管理的途径和方式是多种多样的，主要有：游说（lobbying）、诉讼、宣传、示威游行等。在我国，受历史传统、经济发展状况等因素的影响，利益集团还不很发达，在公共部门战略管理中的作用并不明显，但随着我国市场经济体制的建立和完善以及利益多元化格局的出现，各种利益集团也将进一步形成和发展，成为一种重要的社会力量，并将对公共部门战略管理产生日益重要的影响。

13. 大众传媒

现代大众传媒主要是指广播、电视、报纸、杂志、书籍、电子信息网络等人们借以表达思想和意愿，传播多种信息的舆论工具。它在社会上拥有广泛的影响，有“第四种权力”之称。在公共部门战略管理过程中，大众传媒有着重要的作用，不但是传播公共部门战略意图、引导公众的价值取向的有效工具，而且能及时有效地向公共部门反映社会和公众的需求，为战略的制定提供客观依据，是信息传播的有效工具。随着现代科技的发展，网络时代已经到来，各种信息载体把整个世界联系在一起，其触角已经伸向社会的各个角落。大众传媒覆盖率高、信息量大、影响面广、冲击力强等属性已得到充分展示，对公共部门战略管理有着巨大的作用，是公共部门战略管理主体中一个不容忽视的部分。

14. 公民

公民是公共部门战略管理主体的一个重要组成部分。虽然作为个人，公民对公共部门战略管理的影响微乎其微，但无论是在专制体制下还是在民主体制下，战略管理主体都必须认真对待普通公民的利益和愿望。正如查尔斯·E·林布隆所言：“政策制定要符合公民的愿望”①。在现代民主社会中，公民通过各种途径参与政治，影响、制约和监督公共部门的战略管理，主要方式有：投票、政治结社、政治接触、集会、游行示威等。

15. 国际组织

国际组织作为公共部门战略管理主体的一个组成部分，是随着全球化而逐渐产生并成长壮大的。它既包括一些国际机构，如联合国、世界贸易组织、世界银行等，也包括一些跨国公司，还包括一些非政府组织，如绿色和平组织等。随着新科学技术的发展，信息社会的到来，全球化趋势的增强，国际组织大批涌现，对公共部门战略管理的影响也越来越大。跨国公司“由于它具有通过国界来回调动亿万美元的能力，拥有发展工艺技术和采用迅速行动的力量，它往往挫败和胜过民族国家的政府”②。非政府组织为各国人民提供了横向的联系网。而国际机构使民族国家的主权和自由受到了一定程度的限制。这些使得公共部门在进行战略管理时，必须考虑到国际组织的影响。如2002年阿根廷爆发的金融危机，在金融改革、挽救危机的战略中，阿根廷政府就必须考虑世界银行的反应和建议。一些发展中国家在制定设立经济贸易区、工业区以发展本国经济的战略时，也正是为了吸引

---

① ［美］查尔斯·E·林布隆：《政策制定过程》，73～74页，北京，华夏出版社，1988。
② ［美］阿尔夫·托夫勒：《第三次浪潮》，422页，北京，三联书店，1984。

跨国公司的投资。

3.2 公共部门战略管理客体

在讨论了公共部门战略管理主体之后，我们再来探讨战略管理的客体问题，即战略管理解决的问题是什么，作用对象又是谁。

相对主体而言，客体是指人的认识和实践的对象，即客观世界（自然和社会）。① 公共部门战略管理客体是指公共部门战略管理所要发生作用的对象，包括战略管理所要处理的社会问题（事）和所要发生作用的成员（人）两个方面。

3.2.1 社会问题

问题是指实际状态与期望状态之间的差距，或者说是指各种各样需要加以解决的矛盾。问题是客观存在的，任何时代和社会时期都存在着一些需要重视和解决的问题，但不是所有问题都需要政府解决。问题有大有小，对政府的影响力也有大有小，根据它们影响力的不同，我们可将问题分为社会问题、政策问题、战略议题。

1. 社会问题

按照马奇（Jamen G. March）和西蒙（Herbert A. Simon）的观点，社会问题是要达到的状态与观察到的状态之间的距离；从唯物辩证法的观点来看，社会问题是各种各样要解决的社会矛盾。社会问题是被人们感知、觉察到的状况，是由于价值观、规范和利益冲突引起的各种社会矛盾。社会问题广泛存在于社会生活的各个领域，影响人们生活的各个方面，它们不仅仅是一种客观存在，而且也是人们主观构造的产物，具有如下一些基本特征：

主观性。社会问题是一种客观存在，它们的存在状况及其数量大小能够被人们所认识，客观条件是社会问题的必要前提；社会问题又是人们的一种价值判断，是人们根据自己的价值标准所作出的判断，认为客观情况已经危及他们所珍视的社会价值观，是对他们所信奉的社会规范的一种背离。社会问题之所以出现，也主要是由于人们具有不同价值选择和目标取向而产生的冲突。因此，可以说，社会问题是“思想作用于环境的产物，它们是通过分析从问题情势里抽取出的要素”②。

广泛性。社会问题是关系到一个地区、一个国家大多数人的利益的问题，它们涉及的范围比一般问题要广，如果某个问题只涉及一小块地区一小部分人的利益，往往难以形成社会的焦点，引起人们广泛的关注。同时，社会问题往往牵涉到许多领域，如政治、经

① 参见陈振明主编：《政策科学》，106页，北京，中国人民大学出版社，1998。

② Fischoff Baruch，“Clinical Policy Analysis”，in *Policy Analysis：Perspectives，Concepts，and Methods*，ed，William N. Dunn. Greenwich，CT：JAI Press，1986.

济、社会、文化等各个领域。如我国贫困生入学难问题就涉及经济、教育等领域，关系到我国贫困家庭子女的教育权利问题，引起了广泛的社会关注，从而形成了社会问题。

发展性。大多数社会问题不是突然产生的，而是有一个逐步积累发展演变的过程。在长期的积累过程中，一般性的问题逐渐从小到大，从潜到显，从一般到突出，从小范围到大范围，从而发展成社会问题。如北京市民过节燃放烟花爆竹的习俗，经过逐年的积累发展，已成为一个严重的社会问题。每年春节因燃放烟花爆竹引起的火灾和人员伤亡造成了巨大的损失，引起社会的广泛关注、政府的高度重视，成为市政府的一项重要议题。

系统性。任何一个社会问题都不是孤立存在的。它往往是整个社会问题系统中的一个有机组成部分。一个小范围的社会问题往往是一个更大范围的社会问题的局部，且这个小范围的社会问题的内部还有可能包含几个更小范围的社会问题，不同范围、领域、层次的社会问题存在着相互联系、相互制约的辩证统一关系。

2. 政策问题

按照安德森的观点，政策问题是某种条件或环境，这种条件或环境引起社会上某一部分人的需要受剥夺或不满足，并为此寻求援助或补偿。台湾学者林水波、张世贤认为："所谓政策问题，乃是在一个社群中，大多数人觉察到或关心到的一种情况，与他们所持有的价值、规范或利益冲突时，便产生一种需要受剥夺或不满足的感觉，于是通过团体的活动，向权威当局提出，而权威当局认为所提出的属其权限范围内的事务，具有采取行动，加以解决的必要者"①。我们认为，政策问题就是那些属于政府管辖范围内的，纳入政策议程的社会公共问题，它与社会问题的最大区别就在于它的严重性——政策问题是已经发展到了一定的广度和严重程度，已经影响到了社会的正常运行的社会问题；强烈性——社会问题已经为广大公众所觉察和认知，并产生出一种强烈的受剥夺感和不满足感，认为非要采取行动不可，从而形成政策问题；政府的参与性——某些社会团体已采取了一系列的行动，政府也认为有必要采取行动，并已提上政府的议事日程，加以处理。

3. 战略议题

按照美国学者纳特和巴可夫的观点，战略议题是指组织内部或外部出现的趋势或事件，这些趋势或事件极大地影响了组织达到其组织未来的能力。② 而达顿和邓肯（Jane E. Dutton and Robert B. Duncan）则认为，战略议题是那些尚未达到决策地步的发展问题或事件，强调这些发展问题和事件对组织现行的或未来的发展战略等重大决策问题有潜在影响。③

我们认为，战略议题即组织内部或外部出现的某种不协调，这种不协调吸引了组织的注意力，为组织提供了机遇和挑战，可能影响组织未来发展方向。这种不协调既包括影响或决定组织生存和未来发展的重大社会问题，也包括一些细微的环境或组织变化。

战略议题是公共部门战略管理最主要的客体，正是基于对战略议题的讨论、分析和解释，公共部门才会投入力量去激发或推进组织的战略转变。至于战略议题是如何产生、形成的，它具有什么特点，现在我们借用张力框架模式来阐述战略问题的产生过程。

---

① 林水波、张世贤：《公共政策》，72页，台北，五南图书出版公司，2001。

② 参见［美］保罗·C·纳特、罗伯特·W·巴可夫：《公共和第三部门组织的战略管理》，99、100、109页。

③ Jane E. Dutton，Robert B. Duncan，"The Creation of Momentum for Change Through the Process of Strategic Issue Diagnosis"，*Strategic Management Journal*. Vol. 8 1987，pp. 279-295.

所谓张力，即工作中的各种关系同时将组织向不同的方向推拉的相互对立的力量。当张力中的某一极引发了对立面时，就形成一个议题。引发议题的诱因叫做“新情况”。议题就是两种新情况间的张力，这两种新情况代表了组织内部或组织与环境间两极的对抗和矛盾。如医院可能面临着住院率严重下降的局面，这一局面表明有必要裁员。但医院与工会的合同限制了解雇员工的比率，这样，裁员与合同二者之间就存在一种张力。

议题被表示为张力，张力表明了绝大多数组织如何在同一时间内被拉往不同方向，反映了战略管理主体注意力的方向和性质。图 3—1 显示了战略管理主体以灵活或固定的方式，将注意力放在内部和外部时可能会识别出的新情况的类型。

审视方法	内部	外部
开放与灵活的	人力资源（公平）	创新与变革（转变）
管制与控制的	维持传统（保存）	合理的程序（生产力）

注意力的方向

图 3—1　组织面临的新情况类型

议题可以被看做图 3—1 某两个象限内新情况的张力。例如，增加新服务与生产力的提高引起的新情况形成了“转变—生产力”张力。这样，便产生了六种不同的张力（ 见图 3—2)。相邻的两个框格中存在调节器，它与张力直接相连，既可以加强也可以缓和已有的张力。诱因、张力和调节器提供了一条确定问题议题的途径。这样，六种张力模式为检验问题议程的完整性提供了一条途径，同时，它还为发现可能被忽视的弱点和威胁提供了洞察力。

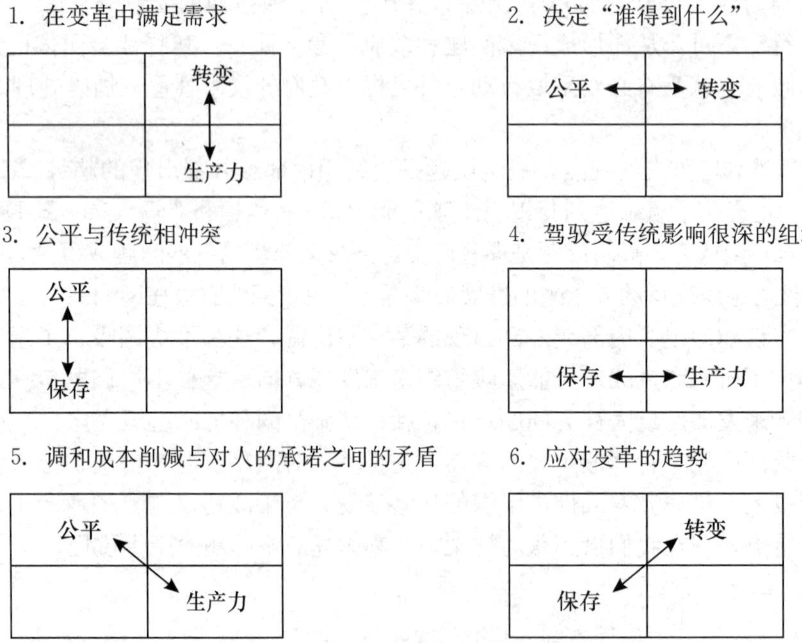

图 3—2　六类议题张力

上述六种张力模式向我们阐述了战略议题产生的原因和途径。一般来说，一个战略议题是与全部六种张力相关联的，寓于六种张力之中。战略议题与社会问题、政策问题不同，它具有自身的一些基本特征：

战略性。战略议题是影响组织生存和发展的某种不协调因素，是关于组织全局性、整体性的战略转变，为组织的未来发展提供了机会和挑战。它的解决影响到整个组织的战略调整。

层次性。战略议题与公共部门所处的层次是密切相关的，它具有层次性，一般划分为首要议题、次要议题、功能议题，首要议题是指国家、省一层级的战略议题，次要议题是指一个地区的战略议题，而功能议题是指一个具体公共部门所要处理的战略议题，是关于这个部门发展方向的问题。这三个层次的议题是相互影响、相互作用的。

紧迫性。战略议题的紧迫性是基于对战略议题特性众多判断的一种综合性感受，紧迫性度量的是对该议题采取行动的重要性。越是感觉到组织现行状态需要变化，战略议题的紧迫性越大。它主要表现在议题的时间压力和议题的可察性上。议题的时间越紧迫，持续的时间越长，以及表现得越明显，议题的紧迫性就越强。

3.2.2 目标群体

目标群体，作为公共部门战略管理客体的重要组成部分，是指公共部门战略管理所要发生作用的社会成员。目标群体受公共部门战略管理的规范和制约，但他们不是消极被动的，而是具有一定的主观能动性，对公共部门战略管理产生影响，具有巨大的反作用，目标群体的范围、构成、价值取向以及对战略的认同等因素的不同也影响到公共部门战略的制定和执行。

公共部门战略为组织、社会、国家的未来发展指明了方向，引导人们朝组织目标前进。它所要调整的是人的行为以及人与人之间的关系尤其是利益关系。公共部门战略管理要指导人们处理好全社会成员的利益和各种利益团体利益之间的关系，解决人与人、人与团体、团体与团体之间的利益冲突，建立起一个有利于安定团结，促进生产力发展的利益格局。在这种格局中，国家、集体和个人三者的利益，整体利益和局部利益，长远利益与局部利益，都能有效地协调起来。

公共部门战略管理客体的识别对于公共部门而言具有不可忽视的重要意义。了解战略所发生作用的社会问题的性质和特点，了解战略所涉及的社会成员的需要、利益和心态，有助于制定出适应我国国情，能被人民群众所普遍接受或能被多数人所接受的、理想的战略，有助于战略的顺利执行，充分发挥战略的作用，实现战略目标。

3.3 公共部门战略管理环境

根据战略管理环境学派的观点，战略形成是组织对环境的反应过程，环境与领导、组织一道构成战略形成的三大力量，并处于中心地位，组织和领导必须适应环境，环境在公共部门战略管理过程中具有极其重要的作用。但何谓环境，它有什么作用，这就是现在我们所要讨论的问题。

3.3.1 公共部门战略管理环境的特征

“环境”一词，主要有两层意思：一是指某事物发生、存在或进行某种活动时的生态条件或背景，这是通常意义上的环境；二是从系统论的观点看，任何事物都能构成一个相对独立的系统，并处于更大的系统之中，成为更大的系统之中的子系统，更大的系统则成为该子系统的生态环境。

所谓公共部门战略管理环境，就是指直接或间接影响公共部门战略管理产生、存在和发展的一切因素的总和。环境与公共部门战略管理是一种互为因果的关系，公共部门选择某种战略在很大程度上是出于环境的考虑，而环境又是战略管理过程所造成的必然结果。

公共部门战略管理环境的内容相当广泛，凡能影响公共部门战略管理的所有因素均可看做环境。公共部门战略管理环境大致可分为两个方面：一是内部环境，包括公共部门内部的人际环境、组织文化、组织结构、人口素质和部门之间的关系、部门与社区的公共关系状况等；二是外部环境，包括自然环境、社会环境、政治环境、经济环境、文化环境以及国际环境等。

内部环境和外部环境对公共部门战略管理的作用有一定区别：内部环境更侧重于影响公共部门战略管理的运行过程本身；外部环境则主要制约战略管理的运行方向，它提出一定的客观要求，供给各种人力、物力资源，并提供管理的场所、氛围和外部规范，从而促进和阻碍公共部门的运转。显然，内部环境与外部环境之间是相互制约和相互影响的。

公共部门战略管理环境具有如下一些特征：

（1）复杂性与多样性。环境是公共部门战略管理赖以存在的所有因素之和，它无所不包，有物质的，也有精神的；有社会的，也有自然的；有国内的，也有国际的。战略管理环境是一个复杂的开放系统，各种要素本身以及这些要素之间纵横交织的关系，构成了类型不同而又相互联系的各种子系统，呈现出复杂性和多样性的特点。

（2）差异性。不同的国家、民族具有不同的战略管理环境，既有地理位置、地形地貌、气候资源等自然条件的区别，也有社会结构、经济发展、民族文化、历史传统等方面的差别，即使在一国之内，各个地区的自然环境、经济状况、物质条件、风土人情以及文化传统也是千差万别的。

（3）变化性。从历史发展角度看，环境经历了巨大的变化，无论是人类对自然的改造能力，还是社会制度的进化和变迁，任何事物都处于不断变化发展之中。环境的变化，直接或间接地影响了战略管理系统各个要素的变化和变革。

（4）互动性。战略管理环境各要素通过一定的方式或途径作用于战略管理；公共部门的战略管理也通过各种方式或途径反作用于环境，从而改造着环境，使环境与战略管理呈现互动关系。

3.3.2 公共部门战略管理的外部环境

公共部门战略管理的外部环境范围极其广泛，其中自然环境、社会环境、政治环境、经济环境、文化环境以及国际环境最为重要，我们逐一加以简要分析。

1. 自然环境

自然环境主要指制约和影响公共部门战略管理系统的一个国家的地理位置、自然条件和自然资源等因素，主要包括地形、地貌、气候、土壤、水系、矿藏、资源分布等。自然环境是人类赖以生存的摇篮，为人类提供生存的生物资源和非生物资源，它与社会发展和公共部门的战略管理有着极为密切的关系，为公共部门战略管理提供了必要的物力资源，是公共部门战略管理顺利进行的前提和基础。它决定着公共部门战略管理目标的确定和执行方案的选择。公共部门在进行战略管理时，必须充分认识到自然环境的重要性，在制定战略时，应切合实际，实事求是，不能违背客观现实情况，任何超越实际的战略管理都是要失败的。

2. 社会环境

公共部门战略管理的社会环境是指公共部门在进行战略管理时，可能面对的总的社会状况，它是社会人口、群体、职业、伦理规范等的总和。主要包括：社会人口的规模、结构、素质、分布和社会职业构成；就业政策、劳动保护与失业救济、社会福利与保障体系；社会问题与社会越轨现象、社会人伦关系、道德风尚、传统习惯、民族心理、价值取向等。

社会环境对于公共部门战略管理具有最为广泛的影响，公共部门战略管理的出发点和归宿总是从具体所处的社会环境、社会背景和具体的社会关系出发的。转型与社会结构变迁、社区的发展模式、社会稳定、社会治安局势、社会保障制度等成为社会演变的重要因素，日益引起公共部门的关注。公共部门战略管理能否得到公众的认同和支持，已成为具有决定意义的因素，它不仅影响战略管理的效果，也影响管理者对现实经济社会问题的基本判断和方向。人口是社会环境中的一个主要因素，其数量、质量、结构都会对政府的相关政策产生影响。如人口数量增加过多过快或社会人口老龄化比例太大，时间来得早，与社会经济发展比例失调，或者人的素质过低，都会对公共部门战略管理造成影响。

3. 政治环境

政治环境主要是指制约公共部门战略管理的政治制度、政治结构、政治关系和法治状态等因素，其中也包括公共部门所拥有的政治权力。战略总是在一定的政治环境下制定和实施的，政治环境为公共部门战略管理提供了外部的组织环境。战略管理过程的状况如何，在很大程度上受制于现实的政治环境。政治环境不健全、不合理，很难制定出正确的战略，即使有了正确的战略也难以组织实施。因此，无论是战略的制定还是实施，都需要有一个合理而健全的政治环境。一般说来，在政治环境与战略之间，政治环境制约战略并为之服务，同时适应战略的变化。

一个国家的政治环境对公共战略管理过程的影响主要表现在以下三个方面：

一是政治环境决定公共部门战略管理的政治性质。一国政治生活中最根本的方面是不同阶级、阶层、政党、利益群体与国家公共权力的关系。当公共权力掌握在占社会人口绝大多数的阶级、政党和利益群体手中时，公共部门的战略所要维护的就是绝大多数公众的利益；反过来，当国家政权掌握在占人口少数的阶级、政党、利益群体手中时，战略所要维护的就是少数人的利益。

二是政治环境决定公共部门战略管理的民主化程度。政治生活的核心问题是政治制度的民主化。在专制社会中，战略的制定与实施完全是由少数官僚和政客操纵的，战略不是实现社会公正、自由的途径，而是成为维护少数特权阶层利益的工具；只有实现政治生活的民主化，让公众参与决策，战略才会成为增进社会民主的有效手段。

三是政治环境决定公共部门战略管理的合法化程度。一项好的战略必须是合法的。战略的合法化程度是由整个社会的法治状况决定的。只有在一个法律制度健全、司法独立，真正做到依法治国、依法行政的社会中，公共部门的战略才可能从内容到形式都合法化。有了合法化的战略，再加上完善的法治环境，战略才能得到顺利地贯彻和实施。

4. 经济环境

公共部门战略管理的经济环境是指公共部门在进行战略管理时，可能面对并加以利用的总的经济状态。主要包括经济制度和结构、经济实力和发展水平、经济利益等因素。公共部门要进行有效的战略管理，并使它实现预期目标，首要的和根本的一条是从本国或本地区的实际情况尤其是社会经济发展的现实出发；任何超越或落后于社会经济发展水平的战略是注定要失败的。

一个国家或地区的经济环境对公共部门战略管理的影响主要表现为：第一，经济环境是公共部门战略管理的基本出发点。一个国家或地区的社会经济状况如何，它处于何种发展阶段，综合实力如何，这是公共部门战略管理所必须首先加以考虑的。正确和合理的战略必须符合社会经济发展的实际。如我国实施“三步走”战略，就是在对我国处于社会主义初级阶段，生产力水平还很低的正确认识的基础上，从实际出发，实事求是地制定各项方针、政策，从而促进了我国社会经济的发展。

第二，经济环境是公共部门战略管理过程的必要条件。战略管理过程作为上层建筑领域里的政治活动，不仅有其经济的根本动因，而且这一过程本身，一般也必须在与国家或地区的整体经济发展相协调的前提下，才能获得贯彻实施所需的财力、物力等各种经济资源的充分支持。也就是说，国家或地区一定的经济实力是战略管理的基本物质条件，它影响公共部门战略取向和管理效率。因此，公共部门的战略管理必须基于经济实力允许的范围，并在保留一定余地的情况下，获得经济上的支持，并由此决定了战略管理的可行性和有效性。否则，如果超越经济实力所及，过多投入财力、物力，出现经济资源中的资本沉积，一旦环境形势有所变化，便难以向新的战略过渡或在一定程度上排除了战略替代的机会。

第三，经济环境影响公共部门战略管理的经济目标和方向。大力发展生产力，增强综合国力，成为世界各国共同追求的战略目标。经济战略在各国的战略体系中占据着主导地位，但各国政府不能只凭主观愿望去制定和实施某些战略。不同国家的政府，一个国家不同地区、不同层次的政府，只能依据本国、本地的资源状况和经济情况来制定与推行适当的战略。现实的资源状况，实际的经济制度、结构，制约着公共部门战略的经济目标和方向。

5. 文化环境

文化环境是指作用于公共部门战略管理系统的历史背景、价值观念、思想道德、行为规范、社会心理、科学技术、教育水平、人文关系等环境条件，是公共部门战略管理的重要制约因素。文化渗透到社会生活的公共领域，发生广泛的作用，对公共部门战略管理具有持久的、潜在的影响。可以说，有什么样的信念、价值观、道德意识，就有什么样的战略管理目标，文化环境影响着战略管理主体的心理素质，甚至影响战略管理的方式、方法。文化环境为公共部门战略管理提供智力支持、文化条件和精神动力。

文化环境对公共部门战略管理的影响主要表现为三个方面：第一，它决定公共部门战略管理的智力条件。一个教育、科技、文化比较发达的社会，就能在公共部门战略管理的各个环节上配备高知识素质的人员，提供各种现代化的科技手段，准备周全和齐整的资讯条件，从而提高公共部门战略管理的效率，否则公共部门的管理效率很难提高。第二，它决定着公共部门战略管理的价值取向。在公共部门战略管理过程中，战略管理主体总是以一定的价值观和价值尺度去认识与衡量战略议题，认识要解决的战略议题所面临的各种利害关系，从而形成战略管理的价值取向，制定战略管理的目标和实施方案。第三，它规定着战略管理主体的实施手段和工具。当战略管理目标确定后，如何实现这一目标在很大程度上要依赖一定的文化环境。也就是说，实现目标的手段和方法的选择也离不开文化。

文化环境作为公共部门战略管理的外部环境，大致可分为三方面：一是社会整体文化环境。任何民族和国家都有自己独特的民族整体文化。公共部门战略管理必须在民族文化的氛围中进行，这样整个社会文化的变迁与发展必然影响到战略管理的运行。例如，我国虽已建立社会主义制度，但封建制度下的许多文化因素至今仍有较大影响，在许多农村还存在着重男轻女的观念，公共部门在进行战略管理时就不得不考虑到这些因素的影响，这就是一种文化的制约因素。因此，公共部门在战略管理过程中必须充分考虑人们的习惯、心理特征等。

二是公共管理文化。在长期的公共管理活动中，人们积累了丰富的公共管理文化，每一个历史阶段和社会历史条件下的公共管理活动都要有批判、有选择地继承已有的管理文化，已有的公共管理文化就成为当前公共管理行为的文化环境。公共管理文化主要包括两大内容：(1) 公共管理的价值观。所谓公共管理的价值观，就是在公共管理的长期历史发展过程中所形成的管理传统（如公共管理哲学、公共事务观、公共事务管理模式、定型化的制度等），它是相对稳定的，不断被后人或他人所继承的观念和体制。其中既包括公共管理人员的价值观，也包括整个阶级、集团或机构的公共管理价值观。(2) 公共管理的实践经验。公共管理的实践经验是指在长期的公共管理实践中，公共部门和人员根据自身的经验与摸索以及直接继承的前人的经验、价值观和借鉴自身历史以外的他人的经验与价值观，总结出的许多管理经验，形成的感性或理性的认识。

三是政治文化。政治文化的概念是美国学者阿尔蒙德（G. A. Almond）在《比较政治体系》(1956) 中首次提出的。阿尔蒙德认为，每一个政治系统都深入具体的政治行动的特殊取向模式中，这种特殊取向模式就是该政治系统的政治文化。而从个人的角度考察，政治文化则是个人对于政治行为及政治评估的主观取向。后来，他在与小鲍威尔合著的《比较政治学：体系、过程和政策》一书中，把政治文化表述为“一个民族在特定时期流行的一套政治态度、信仰和感情”①。政治文化是社会政治生活的主观领域。阶级社会的政治文化总是反映统治阶级的利益和意志，是其意识形态的集中体现，具有鲜明的阶级性。历史上的统治阶级或政治集团往往把政治文化看做自己制定战略的一个重要因素。在当今，政治文化也是影响公共部门战略管理的一个重要因素，公共部门在进行战略管理时，也会慎重考虑政治文化对战略执行及其结果的影响。政治文化分为政治意识、政治价值观和政治理想三个层次。

政治意识。政治意识是一定阶级及其政党对政治现实、政治关系、政治发展的认识和理解，集中表达了政治主体的根本利益和愿望。它有两种形态，一种是内在的心理形态，一种是外在的文化形态。政治意识的心理形态是其文化形态的基础和内化，政治意识的文化形态是对其心理形态的升华和外化。贯彻和维护本阶级、本民族的根本利益和愿望，是任何一个阶级及其政党采取任何一个政治行动的出发点和归宿。因此，反映和表达阶级及其政党根本利益与愿望的政治意识形态就成了公共部门战略的价值取向和行动准则。

政治价值观。政治价值观是政治意识形态的核心内容，是政治主体对客体存在的政治价值关系、政治价值物和政治价值创造活动的反映。政治价值观一经形成，就以相对定型的观念模式存在，规范和约束着政治主体的政治行为，规定着战略的方向。政治价值观从不同的方面向战略主体提出各种标准，以影响战略。

政治理想。政治理想是政治主体对政治体系、政治活动和政治发展所寄予的希望和对未来的设计。政治理想在政治社会化的作用下转化为政治信仰，成为政治社会的定向因素和精神支柱，从而规定了战略的动机、基本目标、基本方向和指导原则。

6. 国际环境

对于一个公共部门来说，公共部门进行战略管理，不仅要冷静地面对国内的环境，还需要认真认识和估计现实的国际环境。公共部门在进行战略管理时，必须考虑国际环境对自身的影响。加入 WTO 后，我国已融入全球化的浪潮中，成为世界大市场的一部分，国际环境对我国的影响越来越大，我国公共部门必须适应这一变化，积极迎接挑战，充分认识国际环境的趋势和特点，为战略管理创造一个良好的国际环境。

公共部门战略管理的国际环境指的是对一个国家或地区的生存与发展产生影响的，由国家、国际组织相互间的竞争、合作、冲突所形成的，带有一定稳定性的世界政治、经济、文化运行的秩序和格局。当代国际环境虽然还没有从变动中稳定下来，但其主要趋势已显露出来：

一是国际环境正朝着和平与发展的方向演变。冷战结束后，以美国和苏联为首的两大阵营争夺世界霸权的国际格局，随着苏联的解体而宣告结束。20 世纪 90 年代以来，虽然爆发过波黑战争、海湾战争、科索沃战争，美国也企图凭借其经济的繁荣、科技的发达，借口人权大搞强权，构建独霸世界的格局。但是，美国的这一企图已经遭到世界爱好和平

---

① ［美］G. A. 阿尔蒙德、G. B. 小鲍威尔：《比较政治学：体系、过程和政策》，29 页，上海，上海译文出版社，1987。

的国家与人民的反对，和平与发展仍然是当代世界的主题。

二是全球化、市场化和信息化是当代人类社会发展的三大发展浪潮。所谓的全球化是指世界各个分散的部分或因素形成紧密联系的世界性网络；它是一种客观的历史进程，即某种不依各国的具体环境、地域、制度、意识形态发展模式等为转移的趋势，其基本内容是各国（地区）的经济、政治、军事、科技和文化等方面日益联系与相互作用。全球化趋势最明显地表现在经济方面。全球化首先是经济的全球化。世界金融，世界贸易和跨国的投资、生产，使全球经济紧密地融为一体。经济的全球化促进了政治、科技和文化等方面的全球化。在政治上，国际组织以及非政府组织的作用在加强；国际干预不断扩大，国与国的争端、国际冲突、全球性的问题日益依赖各国的合作及国际干预去解决。在文化和科技上，文化、学术交流扩大，各种文化相互冲撞、融合，研究项目和研讨会日益国际化，流行音乐、大众娱乐、商业文化日益全球化扩展。

市场化是 20 世纪末出现的另一种潮流。占世界人口约 2/3 的国家实现了从计划经济向市场经济的转型。它以前所未有的强大力量冲垮一切僵化过时的体制，整合、改造和重塑着地球上的生产、经营、流通、消费诸方式，将世界经济按照相同的规律整合起来，真正的世界市场正在形成。

信息化更是席卷当代世界的浪潮。通信技术和计算机技术的发展使人类进入信息时代，无论是发达国家还是奋力追赶的发展中国家，都在进行一场以信息和知识为动力的产业革命。知识与信息的制造、加工、贸易已经成为新的经济增长点。

当代国际环境对一国、一个地区公共部门战略管理产生着巨大的影响：第一，国际环境影响着公共部门战略管理的价值选择。当代世界和平与发展的主题要求各国政府应当将主要的注意力集中在经济建设上，尤其是发展中国家和民族，更应全力以赴地把经济搞上去。但是，合理的、多极化的世界格局和秩序还没有完全建立起来，发展中国家，特别是像中国这样一个大国，在制定内外战略时，既要维护本国的国家利益，又必须坚决反对强权政治、霸权主义。

第二，国际环境影响着公共部门战略的目标选择。当代世界的全球化趋势为发展中国家的技术进步、资金的引进、产业升级提供了广阔的前景，这就要求发展中国家在制定新的经济战略、科技战略时，要把目标放在积极参与世界经济的分工与流通上。同时，经济全球化又是一把双刃剑，它也会对发展中国家的经济、政治、教育、科技、文化等方面产生巨大的冲击。因此，发展中国家在制定相关战略时，不得不考虑捍卫国家主权、维护国家安全等方面的目标。

第三，国际环境影响着公共部门战略管理的途径选择。在既充满机遇又潜伏危机的国际环境中，各国政府在制定和实施战略时，一方面要选择加强国际合作的战略途径，通过双边的、多边的合作参与，壮大自己；另一方面，又要利用已有的国际规则，依靠实力参与竞争，在竞争中发展自己。

3.3.3　公共部门战略管理的内部环境

公共部门战略管理不仅受到外部环境的制约，而且受到组织内部环境的影响。如果不深入地了解组织的内部环境因素，公共部门的战略管理就不可能成功。公共部门内部环境可能会从积极和消极两方面形成组织的内部优势和劣势，影响到公共部门战略管理的顺利进行和战略管理目标的实现。影响战略管理的内部环境的主要因素有：

1. 组织结构

组织结构是组织关系的框架，人们的关系和作用的正式安排，是实现组织目标和完成组织使命的工具。它通常由沟通、权利和工作流来定义。组织结构影响着组织信息的传达和管理的效率。一个有效的结构体系，能够使信息得到准确、及时地传达，战略得到正确地执行，从而提高管理效率。现今，我国公共部门实行的是金字塔式的科层结构，这种僵化的官僚体制已远远不能适应现代科技的发展、管理的需要。要使战略得到有效、正确的贯彻实施，必须改变原有的组织结构，创建一种弹性、灵活的结构体系。

2. 组织文化

组织文化是指组织成员共有的一整套假设、信仰、价值观和行为准则。① 它不仅影响组织所使用的分析方法，也影响组织中流行的思维方式，从而影响战略管理过程。战略管理文化学派的代表约翰逊、约翰·爱德华兹等人认为，战略形成是一个集体思维、社会交互的过程，建立在组织成员的共同信念和理解的基础之上；战略形成植根于集体意向之中，并在深藏着资源或潜能的组织模式中反映出来，受到保护并且用作竞争优势。② 组织文化决定了公共部门战略管理主体的行为准则，它既能促使公共部门战略变革，又会阻止公共部门战略创新，成为公共部门战略管理的内在障碍。

组织文化在公共部门战略管理过程中的作用主要表现在：（1）目标导向作用。组织文化的整体优势使得组织中的个体目标与组织的整体目标相一致，成为个体目标发展的导向。（2）团结凝聚作用。组织文化发展出组织成员对组织的集体认同感，形成组织对成员的吸引力和成员对组织的向心力，指导人们的行为，提供了言谈举止的标准，是一种社会黏合剂，有巨大的内聚作用，把整个组织聚合起来。（3）激励振奋作用。组织文化建立了一种精神目标和支柱，可以激励全体成员自强自信、团结进取，形成组织成员的统一意志，这种意志反过来又形成了组织成员自身的发展机制，并产生激励效应。（4）约束教育作用。组织中成文或不成文的法规和价值准则，引导和塑造成员的态度与行为，对成员的思想、性格、情趣产生潜移默化的影响，这种影响作用比起权威、命令效力更大。（5）适应和辐射作用。组织文化指导成员如何迅速地对公众需求和环境的变化作出反应，并对社会产生一定的影响，以自己的方式作用于社会。

3. 组织资源

组织资源一般是指财力、物力和人力资源，同时，它也包括组织系统和技术能力。这些资源都具有特殊的职能。公共部门应该认真分析这些内部资源，以确定组织内部的优势和劣势。公共部门的战略管理者必须了解各种功能资源的作用，这些功能资源将会影响公共部门战略管理的效能。功能资源不仅包括每个公共部门的成员，还包括这些公共部门制定和执行目标、战略与政策的能力。

---

① 参见［美］约翰·W·纽斯特罗姆、基斯·戴维斯：《组织行为学》，94页，北京，经济科学出版社，2000。

② 参见［美］亨利·明茨伯格等：《战略历程》，北京，机械工业出版社，2006。

公共部门战略管理系统是由战略管理主体、客体及其与环境之间的相互作用所构成的大系统，战略管理主体、战略管理客体、战略管理环境三者之间存在着密切的相互依赖和相互作用的关系。战略管理客体不仅影响战略管理主体的性质和规模，而且制约着它的结构、功能和活动方式。同时，战略管理主体是积极、主动的，在整个战略管理过程中起主导作用。任何战略目标的实现，都取决于战略管理主体与战略管理客体之间的协调程度。战略管理主体要在战略系统的运行过程中充分发挥自己的主观能动性和主体作用，必须实事求是地认识环境、把握环境，了解它的各种优势和弊端，并据此预测某项战略实施的可行性和战略管理过程中可能遇到的问题。否则，不仅战略在一开始的制定就是错误的，而且，即使战略方案是正确的，也会因在执行过程中受阻而难以达到战略目标，与预期的战略效果相差甚远，甚至背道而驰。战略管理主体与战略管理客体是相互渗透、相互交叉的，战略管理主体可能同时也是战略管理客体。战略管理客体与战略管理环境是高度融合在一起的，并在一定条件下可相互转化。

本章小结

1. 公共部门战略管理系统是由战略管理主体、客体以及环境构成的一个相互联系、相互影响的有机体。这一管理系统既是公共部门战略管理的载体，也是战略管理过程展开的基础。它的协调与否直接影响到公共部门战略管理质量的高低。

2. 在公共部门战略管理中，战略管理主体占据着极其重要的地位，发挥着积极主导的作用，直接决定着公共部门战略管理的成败。公共部门战略管理主体是指直接或间接参与或影响公共部门战略管理过程（包括规划、实施、评价）的个人、团体和组织。它具有多元化、多样化以及能动性等基本特征。在我国，公共部门战略管理主体主要由政府、战略管理小组、战略管理者、领导者、规划者、执行者、评估者、立法机关、司法机关、政党、政治团体、利益集团、大众传媒、公民和国际组织等组成。

3. 公共部门战略管理客体是公共部门战略管理系统的一个不可缺少的组成部分，是公共部门战略管理所要发生作用的对象，包括战略管理所要处理的社会问题（事）和所要发生作用的成员（人）两个方面。公共部门战略管理所要解决的社会问题可划分为社会问题、政策问题以及战略议题。在这三大社会问题中，战略议题是战略管理所要解决的主要问题，它由公共部门中的张力产生。而目标群体是公共部门战略管理作用的社会成员。在战略管理过程中，目标群体能发挥主观能动性，反作用于公共部门的战略管理。

4. 公共部门战略管理环境，是指直接或间接影响公共部门战略管理产生、存在和发展的一切因素的总和。公共部门战略管理环境具有复杂性、多样性、差异性、变化性和互动性等特征。它主要包括外部环境和内部环境。其中，自然环境、社会环境、政治环境、经济环境、文化环境以及国际环境属于外部环境。而组织结构、组织文化、组织资源则属于内部环境。

关键术语

1. 公共部门战略管理系统：是公共部门战略管理所包含的一整套相互联系并与环境

发生关系的因素的有机体，是由公共部门战略管理主体、客体与其环境相互作用而构成的统一体。

2. 公共部门战略管理主体：是指直接或间接参与或影响公共部门战略管理过程（包括规划、实施、评价）的个人、团体和组织。

3. 战略管理小组：简称 SMG，是公共部门战略管理的主要载体，由代表组织内、外部利益相关者和权力中心的人构成，它不但是组织创造变革理念的源泉，而且是组织创造关于如何进行变革的理念的主要源泉。

4. 公共部门战略管理客体：指公共部门战略管理所要发生作用的对象，包括战略管理所要处理的社会问题（事）和所要发生作用的成员（人）两个方面。

5. 社会问题：被人们感知、觉察到的状况，是由于价值观、规范和利益冲突引起的各种社会矛盾。

6. 政策问题：那些属于政府管辖范围内的，纳入政策议程的社会公共问题。

7. 战略议题：组织内部或外部出现的某种不协调，这种不协调吸引了组织的注意力，为组织提供了机遇和挑战，可能影响组织未来发展方向。这种不协调既包括影响或决定组织生存和未来发展的重大社会问题，也包括一些细微的环境或组织变化。

8. 张力：工作中的各种关系同时将组织向不同的方向推拉的相互对立的力量。

9. 公共部门战略管理环境：指直接或间接影响公共部门战略管理产生、存在和发展的一切因素的总和。

10. 组织文化：指组织成员共有的一整套假设、信仰、价值观和行为准则。它不仅影响组织所使用的分析方法，也影响组织中流行的思维方式，从而影响战略管理过程。

案　例

案例一：俄罗斯经济改革战略①

1991 年年底，俄罗斯政府选择“休克疗法”进行经济改革。一夜之间，“休克疗法”摧毁了在俄罗斯存在了 70 多年的计划经济体制。在非常短的时间内，俄罗斯推行了大规模的私有化，到 1996 年年底，俄罗斯非国有经济的产值已占国内生产总值的 70%以上（在 1991 年，俄罗斯国有经济仍占国内生产总值的 90%以上）。但“休克疗法”并没有使俄罗斯变成民主、繁荣、富强的国家。20 世纪 90 年代，俄罗斯 GDP 几乎减少了一半，1998 年金融危机之后人均 GDP 减少到了 1 284 美元，只有“七国集团”平均指标的 1/5。俄罗斯经济结构也发生了重大变化，燃料、电力和冶金工业成了民族经济的关键行业，其比重在 GDP 中约为 15%，在工业总产品结构中为 50%，在出口中为 70%。俄罗斯面临着十分复杂的经济和社会问题，主要是：

第一，经济结构畸形。目前俄罗斯国民经济中的关键行业仍是燃料工业、电力工业、黑色和有色冶金工业。

① 参见李新：《俄罗斯经济改革新战略评析》，载《社会科学》，2001（4）。

第二，产业部门劳动生产率极低。综观俄罗斯产业部门，只有原料和动力部门的劳动生产率接近于世界水平，而其他行业的劳动生产率则低得多。使用期在 5 年以下的设备在全部设备中所占的比重从 1990 年的 29%下降到 1998 年的 4.5%。

第三，产业部门投资极少。20 世纪 90 年代，俄罗斯经济中产业部门的投资减少了 80%，其中固定资产投资减少了 70%，大量资金流往国外。1992—1998 年，俄罗斯流往国外的资金仅为 1 500 亿美元，而同期外国对俄罗斯的直接投资累计仅为 115 亿美元。

第四，投资不足，不重视新产品的开发，致使俄罗斯在国际市场上有竞争力的产品大大减少。目前，外国竞争者实际上已经将俄罗斯挤出了科技含量高的民用产品市场，俄罗斯在这一市场上所占的比重不到 1%，而美国占 36%。

第五，居民的实际货币收入不断减少，人民生活水平下降。改革近 10 年来，俄罗斯出现了十分普遍的贫困现象。1998 年初世界人均年收入为 5 000 美元，而俄罗斯只有2 200 美元。1998 年的金融危机更使人们明显地感到收入的降低。

1998 年 8 月的金融风暴再次洗劫了多灾多难的俄罗斯，酿成了一场规模空前的经济、政治和社会危机，同时也证明了以“休克疗法”为核心的改革路线的彻底破产。普里马科夫政府尽最大努力摒弃“休克疗法”，开始探索适合俄罗斯具体特点的经济改革道路，在发展市场经济的同时重新加强国家在经济中的作用。这一政策执行的结果使 1999 年成了俄罗斯向市场经济转型以来经济增长的转折点，这一年 GDP 增长 3.2%，外贸顺差提高一倍，达到 290 亿美元，工业总产值增长 8.1%，农业生产增长 4.1%，固定资产投资增长 5.3%。

2000 年，俄罗斯经济又取得了更为喜人的成就。国民经济各部门基本上已经恢复并超过了 1997 年的水平。主要经济部门（工业、建筑业、农业、运输业和零售商业）的产品和服务生产比 1999 年增长 8%，比 1997 年增长 6.3%。其中，工业总产值比 1999 年增长 9%，固定资产投资比 1999 年增长 17.7%，农业总产值增长 5%，零售商品总额增长 8.9%，对外贸易总额增幅高达 32.1%。居民生产水平有所提高，2000 年实际可支配收入增加 9.1%。2000 年失业总人数为 760 万，比 1999 年减少 17.9%。消费物价指数基本比较平稳，2000 年 1 到 4 季度分别为 104.1%、105.3%、104.1%和 105.4%。

俄罗斯在 2000 年经济恢复或起飞主要依靠的是：第一，国际石油价格的不断攀升使俄罗斯石油、天然气和原材料的生产大幅度增加，而美国的攻击性政策又刺激了俄罗斯的军事装备的出口。第二，1998 年发生金融危机之后，卢布的大幅贬值提升了本国产品的竞争能力，抑制了外国产品的进口，进而促进了民族工业恢复生机。

但由于经济增长基础脆弱，实际上，国际石油、原材料和其他能源价格已经呈现出下降的趋势。同时，1998 年卢布贬值的效应已经趋于消失。俄罗斯的人口问题正在尖锐起来：截止到 2000 年 12 月 1 日，俄罗斯常住人口为 14 490 万，比年初减少 67.81 万。企业之间的三角债问题仍未得到解决：截止到 2000 年 12 月底，企业的超期债务高达 16 113 亿卢布，比 1999 年增加 13.8%。另外，俄罗斯经济存在的一些实质性问题仍未得到解决：首先，没有建立起良好的经营体制，制约了经营和投资的积极性以及外资的进入。其次，国家的国库压力和债务规模过大。最后，低效的经济结构、商品生产的附加值（主要是原料）比例低和非市场性服务等因素严重阻碍了经济增长。

2000年新年前夕，普京公开了纲领性文件《21世纪的前十年》和《千年之交的俄罗斯》，并于1999年12月成立战略研究中心。2000年8月，战略研究中心制定了《2000—2001年俄联邦政府在社会政策和经济现代化方面的行动计划》，2001年1月又制定了《俄联邦政府长期社会经济政策基本方针》（10年规划）。这些改革文件和一系列的法制草案形成了俄罗斯在21世纪初期的社会经济改革战略：（1）将以社会为取向的市场经济作为经济改革的目标模式。（2）加强国家政权建设，强调国家的作用。（3）建设高效的、自由的市场经济。

案例二：我国的水资源战略：南水北调工程①

南水北调是中国人民的一个世纪之梦，也是中国目前最大的、最有战略性意义的调水工程，更是气魄宏伟、举世关注的水资源优化配置工程。

中国水资源总量约28 000亿立方米，居世界第六位，但人均占有量仅为世界平均数的1/4，在世界排名第八十八位，属于缺水国家。而且全国水土资源分布很不均衡：长江流域及其以南河流的径流量占全国的80%以上，耕地面积不到全国的40%，属富水区；而黄河、淮河、海河三大流域和西北内陆的面积占全国的50%，耕地占45%，人口占36%，水资源总量却只有全国的12%，属于缺水区。西北和华北土地、矿产资源丰富，是我国能源和粮棉油的生产基地，在国民经济中占有重要的战略地位，尤其黄、淮、海平原和胶东半岛是我国人口密集、耕地率高、经济发达的地区。

黄河、淮河和海河流域的人口、国内生产总值、工业总产值、有效灌溉面积、粮食产量均占中国的1/3强，是中国重要的经济区和粮食、棉花的主产区，在中国国民经济与社会发展中占有重要的战略地位。但是，黄淮海流域水资源总量仅为全国的7.2%，人均水资源462立方米，为全国人均的1/5，是中国水资源承载能力与经济社会发展最不适应的地区，资源性缺水严重。由于长期干旱缺水，尽管各地特别是黄淮海平原和胶东地区都加大了节约用水的力度，但仍然不得不过度开发利用地表水、大量超采地下水、不合理占用农业和生态用水以及使用未经处理的污水，造成目前黄河下游断流频繁，淮河流域污染严重，海河流域基本处于“有河皆干、有水皆污”和地下水严重超采的局面。

黄河、淮河和海河三大流域的水资源开发利用率已分别高达67%、60%和95%以上。水资源承载能力与经济社会发展和生态环境保护之间的矛盾日趋尖锐。特别是海河流域由于地表水长期过量开发利用，导致平原河道长期干涸，被迫大量超采地下水，多年来已累计超采900多亿立方米，造成地下水埋深大面积持续下降。黄淮海流域水资源的过量开发，导致河湖干涸、河口淤积、湿地减少、土地沙化、地面沉陷以及海水入侵等生态环境问题日趋恶化，严重制约经济社会的可持续发展。研究论证表明，黄淮海流域缺水量预计2030年为320亿～395亿立方米。黄淮海流域的缺水量80%分布在黄淮海平原和胶东地区，因而优先实施东线和中线工程势在必行。在黄淮海平原和胶东地区的缺水量中，又有60%集中在城市和工业中，缺水所造成的经济社会影响巨大，已成为经济发展的制约因素，并造成生态环境恶化，亟待调水解决。

① 见http://www.chinawater.net.cn，http://www.hwcc.com.cn。

南水北调问题早在20世纪50年代就已开始被研究，但由于经济、技术和社会条件的不成熟，一直不能付诸行动。现在，经过改革开放30多年，我国经济建设和社会发展取得了巨大成就，综合国力有了很大的提高，已经具备了建设南水北调工程的经济实力；且经过几十年的前期工作，分析研究过多种不同的调水线路与方案，也存在过不同的认识和观点，经反复工作，对南水北调在认识和方案上日趋一致。如中国工程院进行的“21世纪中国可持续发展水资源战略研究”是与水利部工作分头进行的，最终在对南水北调工程的意见与方案建议上基本一致。南水北调已具有一定的技术基础，东、中线工程均已完成了工程的论证报告、工程环境影响评价报告等，虽然这些成果需要根据当前新的情况进行修改完善，但大部分工程技术问题已解决或有了明确的结论。我国已经具备了建设南水北调工程的经济、技术和社会条件。

中国政府于2002年11月25日宣布，规模庞大的南水北调工程总体规划已获得原则通过。据悉，南水北调工程的近期供水目标确认为：以解决城市缺水为主，兼顾生态和农业用水。南水北调东线和西线受水区涉及北京、天津、河北、山东、河南和江苏6省市的39个地级及以上城市、245座县级市和17个工业园区。

思考题

1. 公共部门战略管理主体主要构成因素有哪些？
2. 什么是公共部门战略管理客体？
3. 简述公共部门战略管理的环境因素。
4. 简述公共部门战略管理系统各要素之间的关系。
5. 在案例一中，俄罗斯推行经济改革新战略的主体和影响因素有哪些？
6. 指出案例二中的战略主体、客体和环境因素。

阅读书目

1. ［美］冯·贝塔朗菲. 一般系统论：基础、发展和应用. 北京：清华大学出版社，1987

2. ［美］古德诺. 政治与行政. 北京：华夏出版社，1987

3. ［美］查尔斯·E·林布隆. 政策制定过程. 北京：华夏出版社，1988

4. ［美］阿尔夫·托夫勒. 第三次浪潮. 北京：三联书店，1984

5. ［美］迈克尔·A·希特，R·杜安·爱尔兰，罗伯特·E·霍斯基森. 战略管理：竞争与全球化. 4版. 北京：机械工业出版社，2002

6. ［美］保罗·C·纳特，罗伯特·W·巴可夫. 公共和第三部门组织的战略管理. 北京：中国人民大学出版社，2001

7. 林水波，张世贤. 公共政策. 台北：五南图书出版公司，2001

8. ［美］G. A. 阿尔蒙德，G. B. 小鲍威尔. 比较政治学：体系、过程和政策. 上海：上海译文出版社，1987

9. ［美］约翰·W·纽斯特罗姆，基斯·戴维斯. 组织行为学. 北京：经济科学出版社，2000

10. ［美］亨利·明茨伯格等. 战略历程. 北京：机械工业出版社，2006

11. 陈振明主编. 政策科学. 北京：中国人民大学出版社，1998

12. 王德中编著. 企业战略管理. 北京：西南财经大学出版社，1999

13. 王玉. 企业战略管理——理论与方法. 上海：上海财经大学出版社，2000

14. 龚敏编著. 组织行为学. 上海：上海财经大学出版社，2002

15. Jane E. Dutton，Robert B. Duncan，"The Creation of Momentum for change Through the Process of Strategic Issue Diagnosis"，*Strategic Management Journal*. Vol. 8 1987，pp. 279-295

第4章

公共部门战略管理过程

本章要点

- 战略管理过程的哈佛模式
- 战略管理过程的格莱斯特模式
- 战略管理过程的纳特—巴可夫模式
- 公共部门战略管理过程的特殊性
- 对战略管理过程三种模式的评价

“战略管理过程是关于如何决定一个组织未来的发展方向及执行达成该组织既定目标的有关决策的制定和实施过程。”① 战略的制定和实施是战略管理过程同时关注的两个方面。作为一种理性的过程，它不仅适用于私人部门组织，也适用于公共部门组织。但正如前文所述，公共部门组织与私人部门组织存在着诸多不同，公共部门战略管理过程必然有其自身的特点。本章就如下问题进行讨论：战略管理过程的不同模式，公共部门战略管理过程的特殊性以及公共部门战略管理过程的基本环节。

4.1 私人部门战略管理过程的两种模式

战略管理兴起于私人部门（工商企业界），因此，要了解公共部门的战略管理过程，必须先看一看广泛应用于私人部门战略管理过程的两种模式。

① ［英］科林·M·克拉克-希尔、基思·W·格莱斯特：《战略管理案例》，3页，北京，经济管理出版社，2000。

4.1.1　哈佛模式

战略管理首先由哈佛商学院的一批案例研究教师所发起，并被迅速应用于工商企业界。因此，战略管理的最初模式也被称为哈佛模式。其模型如图 4—1 所示：

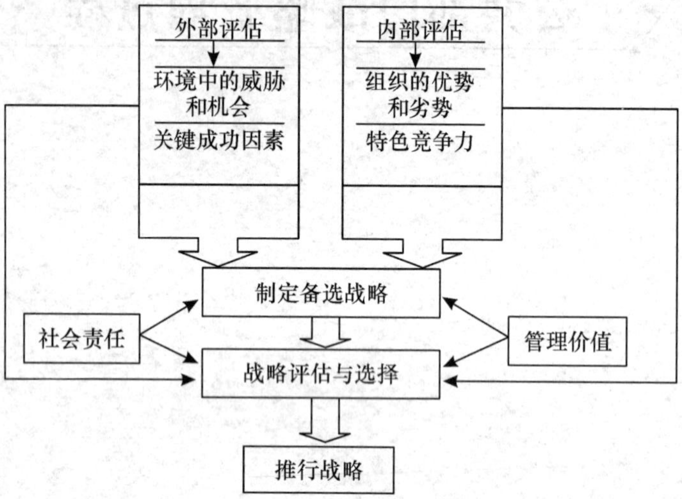

图 4—1　哈佛模式

在这一模式中，战略的制定取决于对环境中的威胁和机会、组织中的优势和劣势进行分析，找到环境中影响组织发展的关键因素以及组织所具有的特色竞争力，从而形成战略的备选方案。这一阶段也被称为 SWOT 分析。

鲍尔对影响企业制定备选战略的环境因素及组织的优势、劣势作了如表 4—1 和表 4—2 所示的总结。

表 4—1　　环境变化因素表

序号	变化因素		影响内容
1	社会变化因素	顾客喜好的改变	影响产品需求和设计
		人口状况变化趋势	影响分配、产品需求和设计
2	政府的变化因素	新的立法	影响产品成本
		新的实施优先权	影响投资、产品、需求
3	经济变化因素	利率变化	影响扩张成本和债务成本
		汇率变化	影响国内外的需求、利润
		实际个人收入变化	影响需求
4	竞争特点的变化	新技术的采用	影响成本定位、产品质量
		新的竞争对手	影响价格、市场份额、边际利润
		新产品	影响需求、广告支出
5	供应商的变化	投入成本的变化	影响价格、需求、边际利润
		供应状况变化	影响生产过程、投资需求
		供应商数量的变化	影响成本、货源
6	市场的变化	产品的新用途	影响需求、产能
		新市场	影响分销渠道、需求、产能
		产品陈旧	影响价格、需求、产能

表 4—2　　优势和劣势表

序号	分析内容	
1	市场营销	产品质量
		产品系列数
		产品差异
		市场份额
		定价策略
		分销渠道
		促销计划
		顾客服务
		市场研究
		广告
		推销人员
2	研究开发	产品研发能力
		工艺研发能力
		小规模试产能力
3	管理信息系统	速度和响应
		当前信息的质量
		扩展性
		用户定位系统
4	管理队伍	技巧
		价值观统一性
		团队精神
		经验
		工作协调
5	经营	原材料的控制
		生产能力
		生产成本结构
		设施和设备
		存货控制
		质量控制
		能源使用效率
6	财务	金融杠杆
		经营杠杆
		资产负债比率
		股东关系
		税收情况
7	人力资源	雇员能力
		人事体制
		雇员流动率
		雇员道德水准
		雇员发展状况

对环境因素的分析称为外部分析，这种分析将让管理部门了解公司所面临的许多机遇和风险。对组织优势和劣势的分析称为内部分析，这种分析"能为组织提供组织优势和劣势的详细情况。内部分析能找出组织与众不同的能力，即识别组织超过竞争对手的特别优越的力量。这与众不同的能力表示组织所具有的独特优势，它是组织能够战胜竞争对手的基石"①。

在制定备选战略时，这种模式还考虑了社会责任和管理价值。组织的活动不可避免地要产生社会后果，组织必须承担起这种后果所引起的社会责任，社会责任预示着威胁，如不能以环境的污染为代价取得预期的效益；社会责任也同时能给组织带来机会，如对环境保护的关注使得环保产品大有市场。而管理价值对战略管理过程的影响主要取决于组织对风险的态度。"某些组织极其不愿承担风险，而另一些组织却好像渴望承担风险。愿承担风险者通常采用进攻性战略，在他们被迫对环境变化作出反应以前就已经作出反应。回避风险者通常采用防御性战略，只能对环境变化作出被动的反应。"②

一旦确定了备选战略，模型的下一步就是评估这些战略，并从中选择最好的一个。理

① ［英］科林·M·克拉克-希尔、基思·W·格莱斯特：《战略管理案例》，9 页。

② ［美］L. L. 拜亚斯：《战略管理：规划与实施——概念和案例》，126 页，北京，机械工业出版社，1988。

查德·鲁梅尔特提出了战略评估的四项标准：（1）一致性——战略必须提出相互一致的目标和策略；（2）协调性——战略应当能够对外部环境和组织内部的重要变化作出适当的反应；（3）优势——战略必须有助于在选择的活动领域内建立和/或保持竞争优势；（4）可行性——战略的执行既不能造成资源的紧张，也不允许带来难以解决的问题。① 当一项战略被选定之后，即开始推行战略。

哈佛模式是一种将思考与行动完全分开的模式，战略的制定被认为是首席执行官的责任，他必须有意识地对整个战略制定过程深思熟虑。他所推行的战略有明确的战略目标，并且假定战略方案一旦形成就会被有效推行。实际上，这一模式是将战略管理与战略规划等同了起来。比起盲目行动来，这一模式要科学、理性得多了，因此这一模式迅速被运用到私人部门。

哈佛模式经历几十年的实践检验，被证明在如下条件下能够充分展现其科学合理性：（1）原则上，一个人的大脑就能处理与战略形成有关的所有信息；（2）大脑可以拥有有关所研究情况的完全、详细、直接的经验；（3）在新制定的战略实施前，必须明确相关的背景知识，也就是说形势应当保持相对稳定或至少是可以预测的；（4）讨论中的组织必须要做好准备对付中心明确的战略，即组织内的其他人必须愿意服从核心战略家的安排，他们也必须有时间、有精力、有能力去贯彻中心明确的战略。哈佛模式的价值，尤其是其核心内容——SWOT 分析一直被各种模式所兼收并蓄。

但与此同时，哈佛模式也有致命的缺陷，它受到来自各方的批评。比如，调查结果显示，在使用这一模式制定战略的私人部门中，能够在执行过程中完全按预定战略进行的比例极为有限。一些理论家也对首席执行官完全不理会生产过程，坐在办公室里埋头思考就能制定出“理性”的战略提出了质疑。威尔逊指出“战略计划的七大致命错误”：（1）参谋部门接管了战略计划的制定；（2）战略计划进程支配参谋部门（战略思考变得等同于战略计划）；（3）否定或减少总经理的计划作用，没将战略规划系统和经营系统统一起来；（4）在损害核心企业发展的情况下热衷于合并、收购、剥离；（5）计划的程序没有发展成真正的战略选择，公司大都是通过默认而不是选择来采纳战略；（6）忽视了战略的组织和文化要求；（7）单点预测，只考虑一种未来，而这种未来几乎总是在对过去动向的推测的基础上进行很小的变动。科廷（Jack Koteen）指出：调查表明，在 103 家实行战略规划的组织中，只有 9 家能取得预期效果。并指出未能取得预期效果的组织失败的原因在于在这些战略规划中，执行既没有得到认真考虑，也没有得到完善的准备。

4.1.2 格莱斯特的战略管理过程模式

格莱斯特的战略管理过程模式如图 4—2 所示：

格莱斯特的战略管理过程包括三个基本部分：战略制定、战略实施和战略评估与控制。战略制定部分核心即是 SWOT 分析。

格莱斯特战略管理过程的第一阶段是战略制定。战略制定从制定任务说明书、设定组织目

① 参见［美］亨利·明茨伯格等：《战略历程》，20 页。

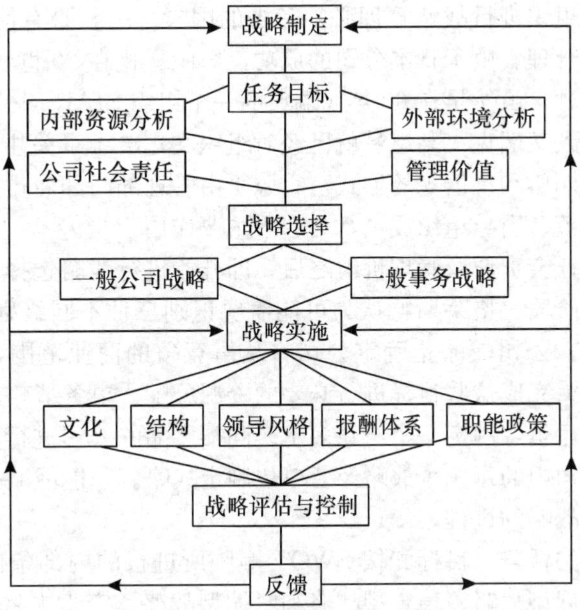

图 4—2　格莱斯特模式

标开始。任务说明书为公司提供诸如动机、总的方向等思想和哲学方面的指导，因此组织的任务即为组织的使命，而组织的使命包括两方面的内容：组织哲学和组织宗旨。所谓组织哲学，是指一个组织为其经营活动方式所确立的价值观、信念和行为准则。所谓组织宗旨，是指规定组织去执行或打算执行的活动，以及现在的或期望的组织类型。组织目标是组织试图完成其追求的基本任务的一个长期结果。组织目标有长期目标和短期目标之分。长期目标规定着组织执行其使命时所预期的成果，它通常超出一个组织现行的年度计划。长期目标必须支持组织的使命，而不是与之发生冲突。它应清楚、简洁和尽可能定量化，并且应足够详尽，使组织成员都能清楚地知道组织的意图。短期目标是执行性目标，其时限常在一年之内，被管理者用来为实现组织的长期目标服务。组织内各部门、各单位的长短期目标应以整个组织的长短期目标为依据。组织中任何层次的长短期目标必须从属于上一级的长短期目标，并与之协调。这样的目标体系就能确保所有目标的一致性。可度量性、可表达性、现实性是对目标的一般看法。

外部环境分析及内部资源分析统称为形势分析。外部环境分为广义环境，即所有组织都必须面对的一般环境影响；还有竞争性环境，包括组织经营所处的环境、任务或行业的某些特定特征。一个组织不仅应该分析它现存的环境，而且应该预测未来的环境。未来的模糊性、不稳定性使这种预测变得十分困难，也容易犯错误，但大量的事实证明，那些有意识地、主动地对未来环境的变化进行预测的组织实行的战略管理成功概率更大。随着科学技术的进步，这种预测已成为战略管理过程的一个不可或缺的环节。组织的内部资源分为组织资源、组织结构和组织文化三个部分。组织资源是指那些为组织产品或服务的产出所投入的资产，包括职工、管理人才、资金、厂房和设备。职能领域的劳动力和管理部门的技巧、能力与专长也构成组织的重要资源。组织结构产生于工作划分和再联合的过程，表现为纵向上的层级与横向上的各职能部门划分以及由纵向与横向交叉联合而形成的网络式结构。组织结构是组织进行战略管理必须考虑的因素之一，只有使结构与战略相匹配，才能成功地实现战略管理。由于日本公司的成功，组织文化在 20 世纪 80 年代才开始成为管理文献中的重大议题，虽然早在 60 年代瑞典的一个组织 SIAR——斯堪的纳维亚行政管理研究所的学术带头人艾瑞克·莱恩曼就已经对组织文化给予了关注。组织文化是组织成员共同分享的信念、期望和价值观的形式。它源于由管理部门和雇员共同遵循而形成的行为规范，对约束、规范、引导组织成员行为起着重要作用。

在综合考虑公司社会责任及管理价值之后，即开始进行战略选择，包括备选战略的识别、评估和选择三个阶段。格莱斯特认为可能需要识别三种不同级别的战略：公司战略、事务战略和职能战略。公司战略指确定公司将从事竞争的商业范围，确定公司的长远目标，明确行动方案并为完成这些目标进行必要的资源分配。事务战略着重于如何在一个划定的商业范围内进行竞争，制定一个与众多生产同类产品的公司进行竞争的策略，并为一个生产多种产品的公司内的每一个战略经营单位制定战略。职能战略指与一个商务职能领域相关联及实施商务战略的过程。

公司战略由公司的任务、目标和按 SWOT 矩阵所进行的内部条件和外部环境分析的结果来确定，分成发展型战略、稳定型战略和紧缩型战略。安索夫将发展型战略细分为 4 种，如表 4—3 所示：

表 4—3　　发展型战略类型

市场＼产品	现有产品	新产品
现有市场	市场渗透	产品发展
新市场	市场发展	多样化

当公司以现有产品在现有市场中发展时，形成市场渗透战略，这往往发生在非饱和状态的市场中；当公司以现有产品在新市场中发展时，形成市场发展战略；当公司以新产品在现有市场中发展时，形成产品发展战略；而多样化战略是指公司避开其现有市场和产品，在新的领域发展。

稳定型战略的选择适合于组织没有认识到或不愿意对机遇作出反应以及所面临的威胁不太严重的情况，而紧缩型战略选择的情况可能是组织发现减少经营规模或撤回对某特定市场的投入是恰当的。

可行性战略方案的评估与选择必须包含任务目标、内部资源分析和外部环境分析的综合。通过对所选择战略的风险概率和价值结构相一致的分析活动，必将提供实现组织任务目标的最佳机遇。

格莱斯特战略管理过程的第二阶段是战略实施，主要考虑组织要素和职能政策两个方面。文化、结构、领导风格与报酬体系共同组成组织要素。在战略实施的过程中，要注意对公司文化的调整，保证公司文化与公司战略之间的相互适应和协调；要注意对公司结构的调整，以更好实现战略目标；要注意艺术性地运用领导技巧，使领导风格与战略相适应；要注意对报酬体系的调整，谋求职工的积极合作，以促进组织目标的实现。职能政策是战略实施过程中的另一个考虑方面，它是把战略制定与战略实施连接起来的重要方针。职能政策往往具体规定每个职能领域将要达到的目标和实施步骤。

格莱斯特战略管理过程的第三阶段是战略评估与控制。战略管理的基本前提是所选定的战略将实现组织的目标，然而，也可能实现不了。这就需要对战略实施的实际绩效进行评估，以确定所实施的战略是否实现了组织目标。在战略管理过程中，评估是手段，控制才是目的。通过评估，找到实际绩效与预期效果间的偏差，采取纠偏措施，使整个战略管理过程得到有效控制，最终实现组织目标。通常认为，制定评价标准、评价工作绩效、反馈是战略评估与控制的三个基本要素。战略评估与控制也涉及公司描述现行战略基础的内部因素和外部因素。公司必须确定原有的优势、劣势、机遇和威胁是否依然存在，还是有新的内部力量和外部力量出现，从而确定是否进行下一轮的战略管理过程。

4.1.3　两种模式的比较

格莱斯特的战略管理过程是一个系统化的过程，战略的制定与战略的实施都统一在了这一过程中，与哈佛模式相比，战略的实施过程得到了很大程度的重视，制定与实施间的界限已渐趋模糊。战略管理是思考与行动的整合，它不是孤立的战略制定，也不是孤立的战略实施，只有将思考与行动统一起来才是一个完整的战略管理过程。格莱斯特的战略管理过程注重对战略实施的评估与控制。战略管理是指向未来的，它的要旨在于使组织抓住未来的各种机遇，使组织保持持续的竞争力。未来不同于现实，它是模糊的、不确定的。基于对未来的推测、预期而制定的战略在应用于现实的过程中必然出现各种各样的问题，如果不加以控制，往往会使组织偏离预期方向甚至南辕北辙。因此，在战略管理过程中加进战略评估与控制一环，就使得组织在应对环境变化时取得了主动性。格莱斯特战略管理过程还注重信息的反馈，从而形成战略实施同战略评估与控制的循环，战略制定与战略实施的循环，以及整个战略管理过程的循环，从而使得组织生生不息、持续发展。组织是环境中的一个因素，环境总是持续变化着的，这种变化或迟或早必然对组织产生影响。组织要保持其活动，必须对影响其活动的环境变化作出反应，这就决定了组织的战略管理过程必须持续，信息反馈是实现这一目标的关键。从系统论和可持续发展论看，格莱斯特模式显然要比哈佛模式更为完整，更合乎科学及理性。

4.2　公共部门战略管理过程模式

哈佛模式为战略管理过程的各种不同模式提供了基础，而格莱斯特模式因其科学合理性而被众多学者在不同程度上采用。如迈克尔·A·希特等，将战略管理过程分为战略管理的投入、战略行动（战略形成）、战略行为（战略实施）三个部分。其中，第一部分的主要内容即为对外部环境、内部环境的分析，从而形成战略意图及战略使命。第二部分是根据战略意图及战略使命选择战略方案，如业务层战略、公司层战略、购并与重组战略、国际化战略、合作战略等。第三部分是有关在战略实施过程中如何实现公司治理，如何调整组织结构，如何实行战略领导等。最后，对战略实施结果要进行反馈操作，从而实现战略管理过程的循环流动。弗雷德·R·戴维将战略管理过程分为战略制定、战略实施、战略评价三个阶段，并将制定任务陈述，实施内、外部分析，建立长期目标，制定、评价和选择战略作为战略制定的内容；将制定政策和树立年度目标、配置资源作为战略实施的内容；将度量和评价业绩作为战略评价的内容。并且，在每一阶段、每一内容里都存在着反馈过程，使得战略管理过程从不会停止。L. L. 拜亚斯将战略管理过程分为战略规划与战略实施两个阶段，并将规定组织使命、制定方针、建立长期和短期目标、鉴别战略方案、战略选择作为战略规划的内容，战略实施的内容则分为建立组织结构、管理组织活动、监控战略在实现组织目标中的有效性等，而每一阶段、每一内容中同样存在着反馈的过程。毋庸再一一列举，可以明显地看到这众多模式中的相似之处，即战略管理过程包含着目标的确定、环境的分析、战略的制定、战略的选择、战略的执行、战略的评估六项内容。

哈佛模式及格莱斯特模式无论在私人部门还是在公共部门都一直被广泛地应用着，虽然其最初是在私人部门发展起来的。然而，纳特和巴可夫指出：公共部门或具有显著公共性的组织中，战略领导在运用私人部门管理方法的一些假设——清晰的目标、利润或经济企图，不受限制的行动权限，秘密发展，对行动承担有限责任，密切关注反映财务结果的市场机制时，必须小心谨慎。公共权威以及它所带来的制约与问题使得企业的战略管理方法不适用于公共组织。[①] 那么，公共部门战略管理过程究竟有些什么特殊性呢？有没有公共部门独具特色的战略管理过程模式呢？本节就此问题进行探讨。

4.2.1 公共部门战略管理过程的特殊性

公共部门与私人部门是不同的，这决定了它们进行战略管理时也存着诸多不同。

首先，两者进行战略管理的目的不同。存在于私人领域的私人部门自我管理、自负盈亏，它是市场的主体。在激烈竞争的市场中，它若想生存下去，就必须有足够的资金维持其运转，于是营利是其最主要的目的。波特指出，当很多公司远离生产边界经营时，战略转换似乎没有必要。换句话说，当一个公司已处在生产边界时，它就必须实行战略转换以实现营利目的，保持持续的竞争优势，从而生存下去。

而公共部门与私人部门不同，它一般不会考虑生存压力。监督机构的委托或授权使它在社会上取得了合法的地位，资金来源——财政拨款与市场机制的分离使得它不存在竞争压力。这使得它考虑的不是如何营利，而是考虑如何向监督机构负责。

随着社会的不断发展，新的公共事务不断出现，如能源问题、环境问题等，社会事务的复杂性也在不断提高。而与此同时，正如科廷所言，我们生活的时代又是一个标以“有限时期”的时代，物质资源是有限的，资金数量是有限的，这种有限性限制了公共部门能够做的事情。随着教育水平的提高，公众的文化水平也在大幅度提高，要求民主参与的呼声一浪高过一浪。在这种形势之下，公共部门必须实行战略管理，以越来越少的投入获得越来越多的产出，获得越来越大的满意程度。

其次，两者所运用的战略手段不同。目的决定手段。私人部门的营利目的使得它不断

① 参见［美］保罗·C·纳特、罗伯特·W·巴可夫：《公共和第三部门组织的战略管理》，21页。

地以不同的方式参与到市场的竞争当中去。获得核心竞争力是其有效的战略手段之一。“而公共和第三部门不便为获得顾客而进行竞争，有时，这类竞争甚至是被禁止的，人们希望它们能与其他提供类似服务的机构合作而不是竞争。否则的话，就会被人们认为是提供重复服务，而世界上没有人会认为提供重复服务是可取的。竞争性战略管理模式在具有很高程度公共性的组织中没有多少用处，相反，这类组织寻求那些能够加强合作的战略。”①

私人部门为获得更大份额的市场，就要以比竞争对手模仿的其现在的优势的速度更快的速度创建今后的竞争优势。而这种速度的获得往往采用一种不为竞争对手所知即隐蔽的方式进行。所以在存在竞争的市场中经常可以看到这样一种现象，即当某个公司获得某种成功时，其竞争对手却在惨呼上当。而公共部门则不同，它的战略是在公众面前制定的，大多数公共部门都不能将自己的战略计划保密。布卢门撒尔将公共部门制定战略的环境比喻为“玻璃鱼缸管理”，深刻揭示出了公共部门在制定战略过程中受到各方监督的程度。对公共部门而言，战略制定过程中的政治性是最重要的，显示出大众参与战略制定过程与制定出好的战略一样重要。所以公共部门所运用的战略手段往往不是秘密的，而是公开的，有广泛参与度的。

最后，两者进行战略管理的灵活性不同。法令、章程规定的内容对任何组织都会产生影响，但让私人部门受到制约的法令、章程数目要少得多，私人部门所要遵循的只是与其经营项目有关的各项法令、章程。私人部门可以自由地决定是否继续经营原来的项目或者转而经营其他项目，所要遵循的法令、章程也随之改变。但公共部门的战略管理却没有这么灵活，法令、章程规定的义务以及传统等都会对公共部门构成制约，限制它的自主权和灵活性，导致它在增加或减少服务方面的自由度较少。比如一个地处偏远的邮政部门，它不能因为交通不便、长时间的入不敷出等原因而决定取消这项服务，因为这是一种法定的义务，这种义务对于公共部门有强制约束力。

纳特和巴可夫指出：“在改变或重构组织系统方面，公共组织行政官员的权力基础比私人部门的管理者要薄弱得多，得到的权力也小得多…… 例如，一个福利署官员可能知道怎样才能提高资金支付的效率，但在立法机关同意之前，他却不能对此作出任何调整。”② 权力的限制使公共部门战略管理的自主权和灵活性大大降低。

从战略管理的过程来看，公共部门与私人部门的战略管理相比还存在着如下区别：

其一，战略目标确定难。私人部门的战略目标是明确的，可以量化的，容易把握的。比如，在多长时间内取得多大的市场份额，成本降到什么程度，年盈利最低达到多少，等等。这些量化的目标不仅使私人部门有了发展的方向，而且为各个管理者提供制定计划的依据。公共部门则不同，它的目标往往只是定性的，非量化的，在很多情况下也是难以量化的。公共部门拥有众多的所有者，形成各种各样的利益集团，公共部门的每一项战略管理都会在不同的利益集团所形成的权力网中进行，它试图对各个利益集团的要求作出反应，而这些要求在事实上往往是相冲突的、不相容的，对某个利益集团要求的有效回应往

① ［美］保罗·C·纳特、罗伯特·W·巴可夫：《公共和第三部门组织的战略管理》，26 页。
② 同上书，37 页。

往要牺牲其他利益集团的利益。纳特和巴可夫指出：“对公共组织而言，公平对待每个委托人并为其提供服务比效率更重要。效率在私人组织中占有极其重要的位置，但随着公共性的增长，效率及其他与成本紧密关联的目标越来越不重要，公平则越来越重要。衡量谁得到什么这一标准固然有用，但对它的理解却各有千秋。”①

其二，环境分析难。公共部门与私人部门分别处于两个不同的市场内。公共部门的市场由各种监督机构构成，它的形成依赖监督机构的委托或授权，它的运营依赖监督机构的拨款，所以监督机构的要求决定着它的去留。而私人部门处于另一个市场中，这个市场由人们的自由买卖行为构成。私人部门的去留由产品适应人们购买行为的程度而定，即由其盈利情况而定。公民是公共部门的所有者，他们经常以这种身份向公共部门提出期望和要求，使得公共部门在作出各项决策时不能秘密进行，而是要充分地公开，接受公众的审查。而私人部门的所有权属于股东，不需要向广大的公众负责，因此它可以隐蔽地制定计划并将计划保密。数量庞大、情况复杂的利益相关者是公共部门与私人部门显著不同的因素之一。这就使得公共部门在战略管理过程中进行环境分析的难度更大。战略管理者需要在各种权力网中区分出机会与威胁、优势与劣势。公共部门不但要回应外部政治权威的监督，而且必须就提供的服务向其委托人作出回应，因此，它们的战略重点就从简单的市场依赖转到更复杂的政治、经济和法律考虑上来。

其三，战略制定难。战略的制定无论对于公共部门还是私人部门来说，都不是一件容易的事，它的前瞻性、预测性、技巧性、全面系统性都使得战略管理更像一门艺术。对于公共部门来说，在其制定战略的过程中，无所不在的政治影响更加大了其难度。“公共组织的环境充满了需要考虑的政治因素。领袖的观点、议员和利益团体的直接操纵或对机构行动权力的正式反对都可使公共组织的财务陷入困境，而财务却是公共组织最重要的一环。在制定战略的过程中，主要成员间随时都可能会出现意见不统一或互投赞成票的现象。而且，只要这些现象不过分，它们便都是战略制定所许可的。”② 因此，公共部门在制定战略时，必须认清权威网络成员的信仰和要求，在作出重要决定时，应该采用讨价还价和谈判技巧。公共部门的战略管理者在制定战略时，必须预期并增加谈判和讨价还价的机会。相对于除了股东之外，几乎没有利益相关者，而且每一项战略的制定都旨在增加每一个股东的利益的私人部门来说，夹在权力网络中的公共部门要想制定出尽善尽美的战略是难而又难。“与所有权属于股东或家庭的组织相比，所有权属于公众的组织的战略制定方式大不一样。后者的战略管理者必须向众多所有者征询意见，并依据公众愿望和要求来提供服务。虽然要做到这一点非常困难，但它却是必需的。为了能与公众沟通，他们要建立非常烦琐的机制，如公众会议、专题小组、公开声明等，以此来认清公众的愿望，从而确定组织将要做什么，如何做才能满足公众的期望。这类安排在私人组织中极少存在。”③

其四，战略选择难。利益相关者的多元化使得公共部门的战略选择较之比较单纯的私营部门更加困难。战略的制定是在各种利益集团的相互作用中进行的，战略的选择更是直

① ［美］保罗·C·纳特、罗伯特·W·巴可夫：《公共和第三部门组织的战略管理》，36页。
② 同上书，28页。
③ 同上书，29页。

接关系到各种利益的取舍。每一个利益相关者都试图说服别人相信他的利益应得到优先考虑，他总是在试图使有利于自己的战略方案得以通过。战略的选择便在各种利益的拉锯战中进行。除了利益的原因使战略选择困难外，战略的长期或短期效果也使得战略的选择难以定夺。战略本应是着眼于未来的，但未来难以预料，公众急于见到战略效果，以及战略管理者本人的"政绩观"等往往使简单理性的问题变得趋于复杂。战略管理者试图照顾到各方的利益：多数人的，少部分人的；强势群体的，弱势群体的；激进的，渐进的，等等，他们也试图将长期目标与短期目标结合起来，还要注意到不能总是将有限的资源投入到似乎最迫切需要解决的问题领域中，因为呼声高的问题不一定比呼声低的问题更需要关注。公共部门的战略管理在选择方案的时候往往是缺少效率的，它关注更多的是公平，而公平的含义是什么，对它的理解的方式恐怕与利益相关者的数量一样多。"任何人都与公共组织有着所有权方面的利害关系。公众要求公共组织对公民诚信、公平、正直、富有责任心并及时对公民的要求作出回应。"① 而事实上公共部门很难达到人们的所有预期，它必须有所取舍。

其五，战略执行难。公共部门的战略制定是在权衡各种权力的过程中进行的，可以说，一项战略的制定其实就是各种力量的较量，一项战略的形成也就是各种力量的此消彼长。由于存在着众多的利益相关者，公共部门的战略制定不可能使所有的利益相关者都得到完全相等的利益，利益的差异使得战略的执行必然存在困难。获利多的利益相关者希望战略得到迅速有效地执行，获利少的则不会像前者那么积极，而得不到利益的会袖手旁观，利益受损的则会千方百计阻止战略的有效执行。而如果在不同程度的获利者之间形成联盟的话，情况会变得更加复杂。所以公共部门的战略管理不能像私人部门那样，一项战略一旦制定就能几乎不受任何阻碍地得以贯彻实施。它必须对这种执行过程中出现的困难作出预期，并想办法解决这种困难。因此，公共部门的战略执行必须使用政治手腕加强战略执行中的积极因素，消减消极因素。

其六，战略评估难。私人部门实行战略管理，其效果往往是迅速、明显的，比如营业额的上升、市场份额的扩大等，这种效果不仅显而易见，而且容易量化比较。公共部门则不同。公共部门实施的战略管理往往很难在短期内有显著成效，而且量化程度也较复杂。如政府部门实行教育政策，教育的效果恐怕要到几十年后才显现出来——人们的综合素质更高、犯罪率下降等，而综合素质的量化显然是很复杂的一件事。

前文讲过，公共部门在进行战略管理时，其目标的确定要比私人部门难。战略目标直接决定着评估标准。目标越明确，行动需得到的结果越明确，评估标准也就越明确；评估标准越明确，进行评估也就越容易。而公共部门目标的不确定性使得对战略管理的评估更加困难。公共部门目标的不确定性使得部门难以说明它对绩效的期望。绩效期望的模糊不清引发了一系列后果。道德对成功的界定很难，因而要想识别那些作出了贡献的人并对他们加以表彰就更困难了。同样，失败也不容易界定，从而很难及时对错误加以纠正。

公共部门战略评估之所以比私人部门难，还因为有众多利益相关者的存在，成功的战略在被评估时往往容易被利益相关者过多赞扬，而失败的战略在被评估时往往得到过少贬

① ［美］保罗·C·纳特、罗伯特·W·巴可夫：《公共和第三部门组织的战略管理》，34 页。

抑。利益相关者总会从自己的利益出发，试图将有利于自己的因素最大化，而将不利于自己的因素最小化。这种主观因素极大地干扰着战略管理的评估，使公共部门的战略评估更趋困难。

其七，信息收集难。私人部门处于竞争激烈的市场中，它在这一市场中的运营情况可以迅速显著地呈现出来，比如销售额高、盈利多，则可以证明该部门经营的产品适销对路。类似这样的数据甚至不用私人部门去刻意统计就可以说明问题。私人部门为了自身的利益当然会刻意地、精心地去设计各种表格，进行各种市场调查，搜集各种有用的信息以制定自己的战略，进行战略管理。而公共部门则不同。“公共组织中，通常不存在数据服务市场，或很难得到这类服务。许多公共组织被禁止将用于提供服务的资金投向数据收集，以统计服务的密度、分布情况和其他特征。即使在不禁止收集信息的情况下，公共组织也不愿将用来提供服务的有限资源投向此类信息的收集。”① 整个战略管理过程离不开信息，信息使得战略管理者对战略管理过程的每一个环节都了解得清清楚楚，对环境的动态、趋势也都清清楚楚，这样才能做到适时而动，使组织在动态的环境中自由发展。

4.2.2 公共部门的战略管理过程模式（纳特—巴可夫模式）

由于公共部门的战略管理与私人部门的战略管理毕竟存在着前文所述的诸多不同，因此，公共部门战略管理者越来越强烈地希望拥有自己部门独特的战略管理过程模式，美国学者保罗·C·纳特和罗伯特·W·巴可夫做了这方面的尝试，图 4—3 就是他们的战略管理过程循环图（以下简称纳特—巴可夫模式）。

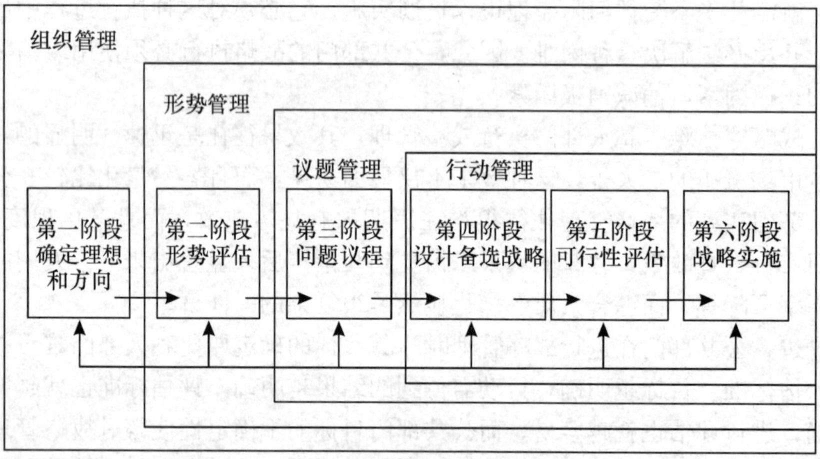

图 4—3　纳特—巴可夫模式

与前两种模式相比，纳特—巴可夫模式有下列不同点：

第一，战略管理过程不是从明确的目标、任务开始，而是由组织战略过程开始，其核心是形成战略管理小组。由于公共部门存在着众多的利益相关者，因此战略管理小组由代

① ［美］保罗·C·纳特、罗伯特·W·巴可夫：《公共和第三部门组织的战略管理》，33 页。

表组织内、外部利益和权力中心的人组成，他们不但是组织创造变革理念的源泉，而且是组织创造关于如何进行变革的理念的主要源泉。战略管理者的多元化是该模式的特点之一。利用熟知组织及其独特需求的人组成 SMG，可以充分发挥组织内外重要利益相关者的创造性，在解决问题的过程中容易达成一致，明确组织能够做什么以及在实施中成员所扮演的角色。

第二，战略的制定和实施过程的第一阶段是确定理想和方向，而不是明确目标、任务。清楚明确地说明未来可能出现的结果是一件非常困难的事情，但用理想取代目标就可以克服这一困难，因为理想只提出组织的方向和意义，却不要求对结果作出详尽说明。理想和方向离不开组织的历史背景（趋势和重大事件），因为战略管理过程总是试图将传统与创新结为一体，新的战略管理是由旧的战略管理脱胎而成。

第三，第二阶段形势评估即为 SWOT 分析，所不同的是，在前两种模式中，优势与劣势来自组织内部，机会与威胁来自组织外部，而纳特—巴可夫模式认为 S、W、O、T 既可源于外部，也可源于内部，比如组织文化由于其凝重性、持久性，既可以看做组织内部的优势，又可以看做组织进行战略改变的潜在威胁。

第四，在 SWOT 分析与制定备选战略之间加进了第三阶段——问题议程。组织要进行战略转换，实行战略管理，必然是因为新的议题进入了议程。组织的动态性以及它与所处环境间的动态关系使得战略问题议程会在一两年内发生变化，新的议题将进入议程，而不合时宜的议题将退出议程。那么如何决定哪些议题该进入议程呢？纳特和巴可夫指出，应从议题的可控度和利益相关者对议题的相对支持程度两方面来考虑。可控度指组织可能成功解决某一议题的前景，它依赖技术问题、目标人群混合度、目标人群的人口构成以及目标人群的可变性。可控度高、利益相关者的相对支持也高的议题较容易处理，也是公共部门乐于去解决的议题；可控度低、利益相关者的相对支持却高的议题虽然要求公共部门立即采取行动，但由于技术、资源等条件限制，使得这类议题成为暂时不可能解决的议题；可控度低、利益相关者的相对支持也低的议题往往是不被纳入问题议程的议题；可控度高、利益相关者的相对支持却低的议题属于需要公共部门主动性的议题，但由于技术、资源等容易获得，议题的解决也较为容易，关键是在议题得以解决之后将成果向外公布，得到广大利益相关者的认同，这类议题的难点在于向广大利益相关者解释解决议题的原因及目的。这种将议题的可控度与利益相关者的相对支持结合起来考虑议题进入问题议程的方法是以问题为焦点，考虑公共部门最终产品受利益相关者关注程度的方法，也叫做分析性方法。通过分析，可以清楚地看到，公共部门应该也能够解决的议题是可控度高的议题，这类议题应被纳入议事日程。

但在实际操作时，问题要复杂得多，一些议题是具有误导性的，它们往往更容易进入问题议程。这类议题主要有以下几类：（1）在信息不完全的情况下，管理者作出直觉判断；（2）议题往往因为采取行动的呼声，而不是对这些呼声背后的原因的理解而得到重视，即“鲜明度偏见”、“代表性偏见”；（3）信仰和政治利益也容易使误导性议题进入问题议程；（4）议题的注意力通常集中于某些有形的事情上，而忽视了社会力量；（5）描述议题的语言和标签也可能产生偏见；（6）战略管理者对内部组织及外部环境注意力的方向也决定着议题能否进入议事日程。公共部门实行战略管理，就要留心将这些误导性的议题剔除出去。

纳特和巴可夫指出，公共部门在战略问题议程分析阶段，不仅需要一个找出那些容易被忽略的议题的方法，还要发现议题的争论点到底在哪里。这种方法即引入议题张力。“将议题表达为张力的目的在于清楚地说明组织所面临的混乱网络，这个网络由政治和市场力量组成，同时将组织向多个方向拉扯。如果只应付其中某一支力量，而忽略其他力量，则成功性不大”①。那么议题张力又是如何形成的呢？下面我们对此问题进行阐述。

组织要进行战略转换，必然面临着新的情况。在纳特和巴可夫看来，共有四种情况，需要分别从组织注意力向内或向外及审视方法或开放灵活或管制和控制两个方面加以区分。当组织注意内部，审视方法开放灵活时，则组织内的组成因素——人力资源成为关注的焦点，组织中人与人的关系核心便是公平；当组织注意内部，审视方法趋于管制和控制时，则如何维持传统，保存组织原有的风格成为焦点；当组织注意外部，审视方法开放而灵活时，则组织必然积极迎合环境的动态变化，试图进行创新与变革，这时战略转变成为必然；当组织注意外部，审视方法趋于管制和控制时，则组织必然要针对外部变化在组织内部建立更合理的程序，以发展生产力。由此，组织进行战略问题议程的核心内容需考虑四项：公平，转变，保存，生产力。将这四项两两组合，形成六对张力：公平—转变张力，即在变革过程中会引起“谁得什么”的冲突；公平—保存张力，即实现更广泛的公平与传统间发生冲突；公平—生产力张力，即在实现更广泛的公平的同时与发展生产力间的冲突；转变—保存张力，即应对变革与组织惯性间的冲突；转变—生产力张力，即变革与发展生产间的冲突；保存—生产力张力，即组织的传统与发展生产间的冲突。在图 4—4 所示的四边形中，位于四边形每一边的一对张力，都可由该边的对边上的一对张力来缓解，而位于对角线的两对张力可互相缓解。例如，当公平与转变发生冲突时，在发展生产力的基础上对传统形成冲击则可以冲破传统，实现转变，进而形成更广泛的公平。纳特和巴可夫建议在运用议题张力时，首先将作为诱因的新情况与其他三类情况结合起来形成张力，如公平—转变，公平—保存，公平—生产力；其次，三种张力外的另三种情况也要考虑，即转变—保存，转变—生产力，保存—生产力。将六种张力同时进行考虑，就可以实现“不仅找出那些容易被忽略的议题，还可以发现议题的争论点到底在哪里”。这样，通过分析将组织拉向或推离理想的对立力量，不仅可以选出在战略管理中最关键的那种议题张力，还可实现对问题的全面、多视角分析，在解决问题的过程中更有可能实现双赢；即使没有突破性进展，张力以及它所包含的矛盾因素也能引起组织的全面注意，并激发其创造力。

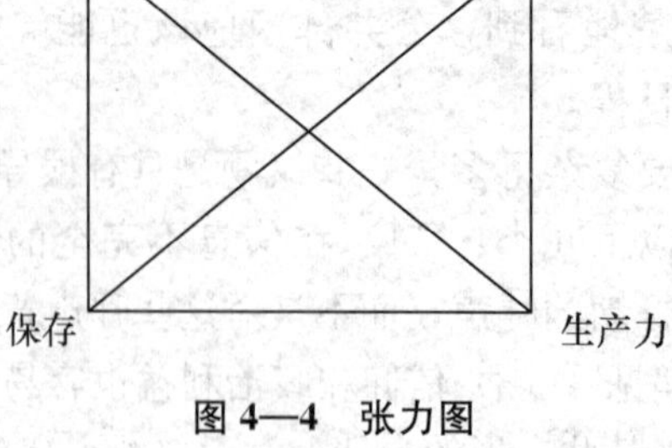

图 4—4　张力图

① ［美］保罗・C・纳特、罗伯特・W・巴可夫：《公共和第三部门组织的战略管理》，107 页。

第五，当进入第四阶段设计备选战略时，纳特和巴可夫也同样是运用外部环境分析与内部组织分析即 SWOT 分析来进行方案设计，所不同的是，他们的关注点有了变化。在设计战略备选方案时，他们更强调战略方案与环境类型、与组织类型的搭配调和，将依托优势、克服劣势、利用机会、遏制威胁这一原则发挥得淋漓尽致。

纳特和巴可夫将公共部门所处的环境分为平静、局部平静、骚动、动荡四类，分别从采取行动的压力和外部回应度两方面来考虑。当采取行动的压力低，外部回应度也低，即组织外部利益相关者采取逃避的态度时，这时的环境是平静的。当公共部门处于行动要求很少的环境中时，宜采取流浪者战略，即无须作为的战略。当采取行动的压力低，而外部回应度高，即组织外部利益相关者采取协作的态度时，这时的环境是局部平静的环境，公共部门宜采用造势者战略。所谓“造势”，即形成一种氛围，虚张声势，而不采取有实质内容的行动，只要使广大利益相关者相信公共部门已对议题有所重视即可。当采取行动的压力高，而外部回应度低时，公共部门所处的环境是一种骚动的环境，这时公共部门宜采用支配者战略，这种战略强调用行动应对快速出现的新需要，极少考虑对合法性权威的回应，动机是自由选择行动并使行动与责任分开。由于外部回应度低，新需要的出现主要由公共部门主动去发现，所以公共部门往往在外部利益相关者还没有明白议题究竟对他们意味着什么的情况下就运用强制力确定行动，并且无须对其行动负责。当采取行动的压力高，而外部回应度也高时，公共部门所处的环境是一种动荡的环境，这时公共部门宜采用共生者战略。由于环境处于动荡状态，各种需要变化迅速，必须合作才能对形势作出回应，“共生”即为此意，要求公共部门对内部和外部利益相关者的支持加以整合，要求内部人员进行对话，要求组织关系能够跨越传统权威界限。在“共生”过程中，往往使一部分组织将自己的部分功能让给其他组织，出现两种组织分立的状况；一部分组织将服务外包，而使最初的组织只具有协调功能。当前第三部门或是非营利组织或是民营化的蜂拥出现可以说都是这种共生者战略的产物。共生者战略认识到有必要作出新安排，以便满足紧急需要。它要求的策略包括：(1) 使个人和组织利益居于次要地位的重要人物决定策略基调；(2) 以议题为中心的努力；(3) 将重要的利益相关者连成一体的协会，由这一协会寻求解决紧急需要的办法；(4) 由协会创造和/或塑造远景，以满足需要；(5) 为所有受影响的团体寻求双赢安排；(6) 提升相互信任感，通过利益相关者的合作来满足需要；(7) 指导协会成员远离竞争，走向合作。①

当采取行动的压力低时，随着外部回应度由低到高的转换，公共部门为适应这种环境的中间地带，根据采取行动的多少，又可分为官僚式战略和适应者战略。官僚式战略只为非常明确的需求采取适度行动，按事先规定的流程和标准作出适度的回应。而适应者战略则为问题议程注入了更多的行动成分。当组织能对外界需求作出适度回应，并且它面临的环境仍处于可预测状态时，组织的适应者战略将是一种有效的战略。这一战略将导致组织用一系列行动管理它所熟悉的局部环境。当采取行动的压力高时，随着外部回应度由低到高的转换，公共部门为适应这种环境的中间地带，根据采取行动的类型，又可分为指导者战略和妥协者战略。指导者战略能增加对重要需求的回应度，属于中等到高度行动取向的

① 参见［美］保罗·C·纳特、罗伯特·W·巴可夫：《公共和第三部门组织的战略管理》，97 页。

战略，它对其行动承担中等责任，行动权力很少有明确的法律基础，责任也只限于自己指定的董事会以及上级组织资助附带的条款。妥协者战略是当面临明显的行动需求时，必须采取比官僚式战略更为积极的战略，通过让顾客互争而坐收渔翁之利，或满足重要顾客的需要，或满足确有需要的顾客的需要。妥协者战略需应付动荡环境中的好几个局部领域，每一领域都有一些利益相关者。妥协者战略通常按照最能反映组织角色的标准向各局部领域分配资金，将各局部领域的需要与组织将要作出的回应相匹配，构成了组织战略的主要内容。

纳特和巴可夫所说的与公共部门环境相匹配的战略图如图 4—5 和图 4—6 所示：

采取行动的压力	低（逃避）	高（协作）
高	骚动	动荡
低	平静	局部平静

环境

图 4—5　公共部门环境类型图

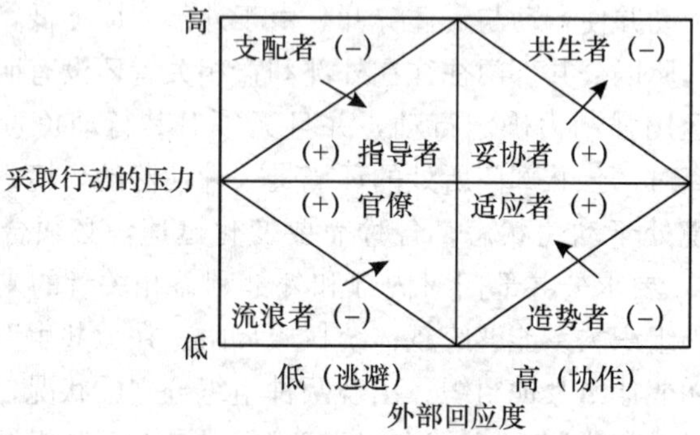

图 4—6　公共部门战略类型图

如果将如图 4—6 所示的八种战略看成是公共部门原来所采取的战略，则随着环境的变化，战略转换按照如下几种方向进行：（1）流浪者战略→官僚式战略；官僚式战略→妥协者战略；妥协者战略→共生者战略；流浪者战略→官僚式战略→妥协者战略；官僚式战略→妥协者战略→共生者战略，等等。总之沿“流浪者→官僚→妥协者→共生者”这条线的方向进行战略转换。（2）按照点（1）的方式，我们可以找到另一个转换的方向：造势者→适应者→妥协者→共生者。（3）按照点（1）的方式，我们可以找到第三个转换的方向：支配者→指导者→妥协者→共生者。由此可以看出，当环境动荡时，共生者战略是最优选择，通过实行共生者战略，可以实现组织内部与外部利益相关者的双赢。这三种方向都使得公共部门在进行战略管理之后实现了自身的发展壮大。

纳特和巴可夫认为在设计备选战略时，还要考虑组织的类型。组织是实行战略转换的主体，是实现战略转换的依托，有什么样的组织，必然存在着与它相适应的战略类型。从组织所承受的外部控制与组织自身的能力两方面考虑，纳特和巴可夫认为组织共有四种类型。当组织内部能力高、外部控制小时，组织是一种专业化的组织，这种组织没有变革的动机，战略的选择取决于对内部能力的维持程度。当外部控制高、内部能力小时，组织是一种政治组织，这种组织总是试图维持已经熟知的网络和其他保护地盘的安排，除非这些安排受到了侵蚀。专业组织及政治组织都是排斥变革的组织。当组织的内部能力低、外部控制也低时、组织是一种受挫的组织，经常被变化无常的公众支持、法令、政治议程以及委托人或赞助人的偏好所左右。当组织内部能力强、外部控制也高时，组织是一种主动的组织，这种组织会主动寻找动态环境中的机会并能为自己的行动负责。受挫的组织与主动的组织都是容易接受变革的组织。组织的类型极大地影响着战略方案的设计，比如你不能指望政治组织像主动的组织那样积极应对内外环境的变化，要想使它进行预期的战略转换，必须使用与主动的组织不同的手段。

第六，当进入第五阶段可行性评估时，纳特和巴可夫认为这一阶段的任务是确定组织必须加以管理的关键人物和权力中心，并明确执行过程中必不可少的资源。从利益相关者的人数及利益相关者对议题的立场两方面分析，纳特和巴可夫将利益相关者分为四类：对议题持支持立场、人数又最多的利益相关者是拥护的利益相关者；对议题持支持立场、人数最少的利益相关者是低优先权的利益相关者；对议题持反对立场、人数又最多的利益相关者是敌对的利益相关者；而对议题持反对立场、人数最少的利益相关者是未决的利益相关者。根据资源的重要性及资源的潜在可获得性，纳特和巴可夫将资源也分为四类：当资源十分重要，也容易获得时，资源对战略管理来说构成核心支持；当资源不很重要，但容易获得时，构成辅助支持；当资源十分重要，却不易获得时，资源对战略管理来说是要素匮乏的；当资源不很重要，也不易获得时，这部分资源对战略管理过程来说可有可无。根据这种划分方式，利益相关者在战略管理过程中也是一种资源。利益相关者的类型恰好与资源的类型相对应，即拥护的利益相关者是构成核心支持的资源，低优先权的利益相关者是构成辅助支持的资源，敌对的利益相关者是要素匮乏的资源，而未决的利益相关者往往对战略管理过程无关痛痒，可有可无。

有着广泛的利益相关者是公共部门战略管理过程不得不认真对待的重要因素，这一因素使得公共部门的战略管理过程的每一步都十分艰难，它是战略管理过程的一大障碍，是一种十分不利的因素。而如果将这种因素看成资源的话，就可以让战略管理者从对利益相关者的惧怕、躲避、消极迎合转到对资源的主动利用、取长补短上来，使得思路为之豁然，眼界为之大开。

第七，当进入第六阶段战略实施时，纳特和巴可夫指出，公共组织中存在着根深蒂固的行动障碍，必须以政治手腕代替权力策略，才能应对利益相关者和资源供给者。战略管理者要使用政治手段不断地加强拥护的利益相关者对议题的支持，说服未决的利益相关者，孤立敌对的利益相关者，在此过程中要防范敌对的利益相关者与其他三类利益相关者形成联盟，而要采取策略使敌对的利益相关者以外的三类利益相关者联合起来与敌对的利益相关者抗衡。在此过程中，战略管理者作出妥协也许是必要的战略选择。总之，争取利益相关者的多数对战略管理过程的支持是战略管理成功的关键。

对于资源管理，纳特和巴可夫给出了三种方法：（1）改变目标用户或原定用途，可使辅助支持转为核心支持；（2）内部资源再分配，可使原来资源的类型发生转变；（3）通过募集资金使战略管理过程所需资源冲破原来的限制。通过这三种方法的运用，使组织资源的价值得以充分利用，使战略管理过程顺利进行。

第八，为满足具体的需要，纳特、巴可夫提出三种战略管理方法：集中行动、重构和持续变革。集中行动可将一、五、六阶段省略掉，在短期内甚至是以“一天的休假会议”形式研究战略，迅速行动，类似哈佛模型。重构具备了如图 4—3 所示的六个阶段，直到执行选中的战略为止，即为一个完整的战略管理过程。共有 12 种活动：(1) 用文件证明趋势和事件；(2) 明确战略方向；(3) 确定理想；(4) 进行形势评估；(5) 确定战略问题议程；(6) 确认与议题相关的 SWOT；(7) 制定战略行动；(8) 综合战略主题；(9) 规定战略标准；(10) 选择准备实施的战略；(11) 分析利益相关者和资源；(12) 执行选中的战略。持续变革就将评估与反馈加入重构战略管理方法中，实现组织的不断成长。动荡的环境对行动的需求很高，并要求进行合作性反应。在这种合作性反应中，组织形成联盟，回应所呈现的需求并配置资源。这一过程叫持续的战略管理。持续的战略管理是基于对战略实施及环境变化的持续评估而进行的。当战略实施不能解决主要议题张力时，便重新制定备选战略并实施，这一过程构成行动管理；当组织所面对的议题张力发生变化时，组织就要重新确定主要的议题张力，并针对这一议题张力进行行动管理，这一过程构成议题管理；当组织的 SWOT 发生变化时，组织就要重新进行形势评估并与议题管理构成形势管理；当组织的理想、方向发生变化时，组织就要重构战略管理过程，形成组织管理。行动管理、议题管理、形势管理与组织管理构成战略管理过程内部的四个小周期，它们不断发生着各自的变化，实现着相互之间的转化，从而形成战略管理过程的不断循环，强调战略管理过程与环境的匹配。

4.3 对三种战略管理过程模式的评价

哈佛模式、格莱斯特模式、纳特—巴可夫模式指出了我们进行战略管理时思考与行动的方法，它们努力把我们盲目的行动引到一条理性、科学的道路上来，它们告诉我们如何去思考，也告诉我们应该如何去行动。这三种战略管理过程模式有其优点和缺陷。

4.3.1 三种战略管理过程模式的缺陷

哈佛模式、格莱斯特模式、纳特—巴可夫模式都将战略管理过程看做由战略管理者或战略管理小组领导、发起、推动的，是一个自上而下的过程。战略管理领导者始终是战略管理过程的核心，他们似乎都充满着主动性、积极性，有着超凡的能力，他们能主动寻找组织所面对的问题议程，能对组织的内外形势进行全面、充分的评估，能穷尽所有解决问题的优秀方案，能在众多的方案中进行战略选择，能使组织中人尽其才、物尽其用，能在众多的利益相关者中周旋，能确保组织沿着预定的轨道向前发展。而实际上战略管理领导者真有这样的能力吗？如果不是虚妄的假设的话，那么这样的战略管理领导者必是天才了。人的能力是有限的，为了冲破这种有限性，也许战略管理小组是有益的。

但正如我们所知道的那样，人与人对同一问题的看法往往是不一样的，那么为了取得对同一问题的统一看法，战略管理小组必须就同一问题在小组成员间进行多次协商探讨，这样做也许会使解决问题的办法更加全面、合理，但另一方面，这样做的结果往往会导致贻误时机，错过进行战略管理的最佳机会，这样即使不会导致战略管理失败，也会使战略管理的效果大打折扣。在这三种模式中，战略管理者的能力被假设到如此高的境界，也许是基于这样的假设：信息可以在传真的情况下，集中起来发送给上级。然而明茨伯格指出，这些可以被收集、被发送的信息（又称为硬数据）存在着如下明显的缺陷：(1) 硬数据的范围通常有限，缺乏丰富性，往往不能包括重要的非经济的和非量化的因素，许多对于战略管理过程非常重要的信息，是不能转化成硬数据的，比如，顾客脸上的表情，利益相关者说话的语气、腔调等。(2) 在战略管理过程中，信息由于逐层级传递而丢失重要的组成部分。为了避免管理人员既要负担过多的信息量，又要承受在一定时间内处理它们的压力，组织往往采取信息集中的办法，即由下级管理人员把自认为重要的信息集中起来向上级汇报。问题就出在这里——大量的内容被删除了，而且常常是信息的本质被丢掉了。(3) 许多用来进行战略制定的硬信息到来得太迟，以致无法在战略管理过程中及时发挥作用。信息“硬化”需要时间，趋势、事件和绩效变为“数据”也需要时间，将这些“数据”汇集成报告则需要更多的时间，如果这些报告必须要纳入预定的计划表中，则需要更多的时间。但战略管理过程是一个积极的、动态的过程，通常要对当前的刺激马上作出反应而不能等待。(4) 相当数量的硬数据是不可靠的。①

以上三种模式都认为战略管理过程是一种有意识的、完全受控的过程，每一环节的产生都基于理性的思维，都是经过深思熟虑的，其中心在于控制。战略的运用产生了一套完整的等级体系，长期全面的“战略”计划处于最上层，接下来是中期“战略”计划，它又为下一年度提供了短期计划框架。在整个战略管理等级体系之内，自然形成了目标体系、预算体系、战略体系和程序体系。组织的发展便在各个体系的交叉融合中进行。战略的贯彻执行完全按照既定的蓝本进行，甚至每一步骤的具体进行时间都是安排好的。但林布隆早在 1959 年就曾指出，政策的制定在政府中并不是一个单纯、有序、可控的过程。而明茨伯格更清楚地指出，尽管许多经过深思熟虑的战略已成功地实施，但是应急的战略也是有效的。所谓应急的战略，就是没有明确计划，但实现了的战略模式。这种应急的战略承认组织的试验能力，采取一个单独的行动就会收到反馈信息，并且这个过程将会持续，直到组织将注意力集中在那个会成为组织战略的模式上。应急的战略更强调随机性、灵活性，在动荡的环境中，有所保守地采取一些小的行动、慢的行动，使组织能够平稳、安全地向前发展，直到成功时才算在“无意识”之中形成了整个战略管理过程。这种应急的战略可能并不会为组织的每一个部分提供一种详尽的计划表，甚至根本没有文字的形成，但在动荡的环境中，这种战略管理显得愈发重要。

明茨伯格等曾指出战略规划的三大谬论，这三大谬论对于以上三种模式来说也是适用的。其一，预定的谬论。为了进行战略规划，组织必须能够预测它周围环境的发展动态，并能控制这种发展动态或简化地认为其是稳定的。但这是不现实的甚或是不可能的。其二，分离的谬论。管理系统要进行思考，思考就应当从行动中分离出来，战略应从战术中分离，战略制定应从实施中分离，战略家应从战略目标中分离。但相反的是，有成就的战

① 参见［美］亨利·明茨伯格等：《战略历程》，49 页。

略家不是把自己从日常细节中分离出来，而是将自己沉浸于日常细节中，并从中得到战略启示。其三，程式化的谬论。以上三种模式强调战略管理应按照既定的路径进行，但实际当中的战略管理并没有按预定的时间表和预先设置好的路线进行下去。战略制定过程是一个非常复杂的过程，它不仅涉及人类认识最复杂、最细致入微的内容，有时也涉及人类认识的潜意识，而且还涉及社会发展方面的内容。有效的战略在某种程度上必然是随机应变的战略，尽管它也是经过深思熟虑的，但通常表现出来的是比非正规想象还要随意的计划。战略进程需要洞察力、创造力、综合能力和制定计划时的正式性所排斥的东西。①

战略管理过程并不总是自上而下的。诺达和鲍尔指出，战略管理过程是发生在三个层次上的（一线、中层、高层），多个同时发生的、相关的和连续的管理活动，并且包含四个分过程：两个次序颠倒的核心过程——定义与推动过程，以及两个表面化的合作过程——结构框架和战略框架的决定过程。其中，定义是一种过程，在这一过程中，最初被错误定义的技术和市场力量被传达给组织，战略主动性最早是由既懂技术又熟悉市场的一线管理者发展出来的，即一线管理者定义战略议题并主动寻找解决问题的办法。推动主要是一个社会政治化的过程，在这一过程中，战略积极性首先被一线的管理者拥护，然后被中层管理者采纳运用并转达给高层，而高层管理者则通过设置结构框架（也就是各种组织和行政机制，如组织体系结构、信息计量系统、奖罚制度等）对这些活动施加重要影响，从而反映组织目标，并且由此来把握较低层的管理者作出决策和行动的环境，从而长期地决定战略框架。② 很明显，这是一种自下而上，同时又是上下结合的过程。

纳尔森和温特则从规则变化的角度探讨了这种由下而上的过程。规则是一种重复的行为模式，它可以巩固和控制组织的平稳运作。组织由分等级的各种规则构成，它可以从工厂层次中大多数最基本的规则延伸到管理者用来控制其他活动的规则。已建立的规则与新形势之间不断相互作用，规则应不断变化来适应新的形势，这样更大的变化就会应运而生。这种情况的发生是因为规则具有关联性。一个规则的变化会引起其他相关规则的变化，产生连锁反应。管理者可以通过剔除无效规则，将有效的新规则从组织的一部分应用到另一部分，以及在组织中应用新的规则来影响战略进程。③

4.3.2 三种战略管理过程模式的优点

尽管以上三种模式存在着上述的种种缺点和不足，但它们确实为现实中的各个组织进行战略管理提出了不可缺少的思考方面，如环境分析、战略评估等。以下几点是上述三种模式显而易见的优点：

1. 提出组织应注意战略方向

方向是行动的指南。有了方向，组织才能确定要往哪里去，为达到目的应采取什么措施，应用些什么人。应注意到哪些是影响组织战略目标实现的关键领域等。方向被定义为

---

① 参见［美］亨利·明茨伯格等：《战略历程》，47 页。

② 参见上书，129 页。

③ 参见上书，128 页。

目标或理想，它们对于组织发展的领域、组织如何发展起着至关重要的作用。

2. 提出资源有效使用的原则

实行战略管理的原因是资源的匮乏，而且这种匮乏会长久地困扰着每一个组织。组织要想保持持续的活力，必须使资源的使用得到最大程度的收益。使资源进行内外匹配，是战略管理有效进行必须考虑的因素之一。

3. 指出战略管理过程应保持与环境的互动

环境是动态的，它不断地发生着变化，有时沿着组织的预期方向发展，有时则完全超出这种预期。战略管理是基于某种预期的。要使战略管理成功，就必须时刻注意环境的动态发展。当环境的变化影响到战略的有效执行时，就必须作出有效反应，或改变环境，或改变战略。

4. 指出在战略管理过程中评估与控制的必要性

这三种模式尤其是后两种模式，指出在战略管理过程中评估与控制是必要的。战略的制定是在理想情况下进行的，基本是以静态为基础；而战略的执行是在时刻变化的动态环境中进行的，由于种种原因，战略在执行中会偏离预定的轨道，在战略管理过程当中应对这种偏离及时评估以采取相应的措施。譬如，有些偏离是在允许范围之内的，组织就可以听之任之；相反，如果偏离超出了允许范围，组织就要进行详细评估，找出这种偏离的原因。

5. SWOT 分析为战略管理过程提供了基础

前两种模式都指出组织的外部环境中存在着威胁与机会，而内部则存在着优势和劣势；第三种模式也指出组织内外部存在着 S、W、O、T 四种因素。组织在进行战略管理时，就应充分考虑这四种因素，并力图实现组织内外资源的互相匹配，包括组织结构、组织文化的互动，以利用机会，依托优势，化解劣势，遏止威胁，从而实现组织的战略管理。

4.3.3　战略管理过程的三个环节

在哈佛模式的基础上，仔细考量格莱斯特模式和纳特—巴可夫模式，虽然它们的具体步骤各不相同，但战略管理过程似乎可以归结为如下三个环节：战略规划、战略实施和战略评价。

1. 战略规划

战略规划是选定战略方案的过程，经过环境分析（SWOT 分析）阶段、问题议程阶段、拟定备选方案阶段以及选择阶段，从而选出组织将要实行的战略。

2. 战略实施

战略实施是将选定的战略付诸实施的过程，在实施的过程中首先应解决资源配置和组织结构设计问题。战略实施一直是一个被人们忽略的阶段，人们一直以来都自信地认为战略实施并不是问题所在，而事实上战略管理的失败往往出在实施这一环节，这在对于哈佛模式的介绍中已有述及，这里就不再赘述。

3. 战略评价

战略评价是一个实时的过程，它不仅包括在战略选择时进行评价，在战略实施过程中进行评价，还包括在战略实施后进行评价。通过评价，可以使组织选出最满意的战略方案，可以使组织始终处于预定的轨道上，也可以使组织与环境时时保持互动，关键是通过战略评价可以对有偏或有错的战略管理实行纠正。通过对战略实施结果的评价，不仅可以知道该战略管理过程的成败，还可以为下一轮的战略管理过程提供经验。

接下来的几章将对这三个环节进行具体阐述。

本章小结

1. 战略管理过程的三种模式分别是哈佛模式、格莱斯特模式和纳特—巴可夫模式。这三种模式都属于理性的过程，告诉我们在面对问题、实行战略管理时应考虑些什么，应该怎样一步一步达到组织的目标，从而避免盲目行动。

2. 哈佛模式是一种将思考与行动完全分开的模式，战略管理者的关注点在于如何作出战略决策，SWOT 分析是其核心内容。战略的制定过程是小心翼翼、深思熟虑的，而战略的执行被假定成一定会按照预期轨道进行下去，也正是这一假定使这一模式无论是在理论上还是在实践中都遇到了挑战。不管怎样，相对于以前人们采取盲目行动应对问题来说，哈佛模式毕竟给了人们理性的指导，使得人们有章可循，它的价值是不可磨灭的。哈佛模式已成为其他战略管理过程模式的基础。

3. 格莱斯特模式是一个系统的过程，它不仅注重战略的制定，还注重战略的实施。如何通过改变诸如文化、结构、领导、报酬体系等组织要素及职能政策，使得制定出来的战略方案得以有效实施，是这一模式在考虑战略制定之外的第二大关注点。这一模式还有第三大关注点，即对战略实施的评估与控制，并将评估结果反馈到战略实施及战略制定阶段，从而形成战略管理过程的不断循环。

4. 与前两种模式相比，纳特—巴可夫模式存在着相当多的不同点，如：以战略管理小组取代单一的战略管理者；以理想和方向取代清晰的目标、任务；在考虑议题时引入议题张力；详细分析了公共部门所面对的环境类型、利益相关者类型、所属组织的类型、所需要资源的类型以及相应的战略类型等。在这一具有确定理想和方向、形势评估、问题议程、设计备选战略、可行性评估和战略实施六个阶段的模式中，思考与行动同样是并重的，评估与反馈贯穿于战略管理的整个过程，并且依照公共部门所要面对的具体情况，在战略管理过程内部又形成了行动管理、议题管理、形势管理与组织管理四个小周期，它们不断发生着各自的变化，实现着相互之间的转化，从而形成战略管理过程的不断循环。

5. 哈佛模式、格莱斯特模式、纳特—巴可夫模式这三种模式描述的都是自上而下的过程，战略管理领导者始终是战略管理过程的核心。然而，战略管理过程并不总是自上而下的，在某些情况下战略主动性最早是由既懂技术又熟悉市场的一线管理者发展出来的，即一线管理者定义战略议题并主动寻找解决问题的办法，是一个自下而上的过程。以上三种模式是一种有意识的、完全受控的过程，每一个环节的产生都基于理性的思维，都是经过深思熟虑的，其中心在于控制，但公共部门的战略管理过程并不是一个单纯、有序、可控的过程，尽管许多经过深思熟虑的战略已成功实施，但是应急的战略也是有效的。

关键术语

1. 公共部门战略管理过程：指公共部门在进行战略管理时所遵循的程序和步骤。

2. 哈佛模式：战略管理首先由哈佛商学院的一批案例研究教师所发起，并被迅速应用于工商企业界。因此，战略管理的最初模式也被称为哈佛模式，它是一种将思考与行动完全分开的模式。

3. SWOT 分析：指对环境中的威胁和机会、组织中的优势和劣势进行分析，从而找到环境中影响组织发展的关键因素以及组织所具有的特色竞争力。

4. 组织目标：是组织试图完成其追求的基本任务的一个长期结果，通常有长期目标和短期目标之分。

5. 组织资源：是指那些为组织产品或服务的产出所投入的资产，包括职工、管理人才、资金、厂房和设备。职能领域的劳动力和管理部门的技巧、能力与专长也是组织资源的构成要素。

6. 组织结构：产生于工作划分和再联合的过程，表现为纵向上的层级与横向上的各职能部门划分以及由纵向与横向交叉联合而形成的网络式结构。

7. 组织文化：是组织成员共同分享的信念、期望和价值观的形式。它源于由管理部门和雇员共同遵循而形成的行为规范。

8. 议题张力：公共部门在处理议题时，面对的是一个混乱的网络，这个网络由政治和市场力量组成，同时将组织向多个方向拉扯。我们把这些将组织向不同方向拉扯的力量称为议题张力。

9. 可控度：指组织可能成功解决某一议题的前景，它依赖技术问题、目标人群混合度、目标人群的人口构成以及目标人群的可变性等。

10. 深思熟虑的战略：指战略管理过程是一种有意识的、完全受控的过程，每一环节的产生都基于理性的思维，都是经过深思熟虑的，其中心在于控制。

11. 应急的战略：指没有明确计划，但实现了的战略模式。强调随机性、灵活性，在“无意识”之中形成整个战略管理过程。

案　例

比利时政府处理污染鸡事件

1999 年 5 月下旬，发生在比利时的有关饲养肉鸡体内含有二噁英的事实被曝光后，比利时陷入严重的污染鸡事件之中，不仅造成本国市场混乱，而且殃及欧洲其他国家，使成千上万吨由比利时生产的禽、蛋和猪、牛肉被收回或销毁。欧洲舆论界惊呼：这是继英国“疯牛病”之后，发生在欧洲的又一起对人类健康造成威胁的恶性事件。

事件起始于 1999 年 3 月，当时，比利时养鸡业者发现：母鸡生蛋率降低；蛋壳坚硬，小鸡难以破壳而出；肉鸡也出现病态反常情况。兽医无计可施，将问题上交比利时农业部。4月下旬，比利时农业部的专家为此进行了专门调查研究，结果发现这是由于比利时九家饲料公司生产的饲料中含有致癌物质二噁英所致。

二噁英一般是由农药杂质和不完全燃烧产生，其毒性极强，有很高致死率，有“世纪之毒”之称，一般经由食物链进入人体并不易分解排出。目前只了解它在750℃以上的高温下才会快速分解。如果人体受到了污染，极难排出，在其强烈的累积效应之下可能罹患癌症。

1999年4月26日，比利时有关部门对肉鸡的脂肪进行化验发现，二噁英的含量超过世界卫生组织规定标准的140倍，而在一个月之后，即5月26日，比利时农业部获知二噁英污染已扩散到鸡肉和鸡蛋。5月28日，比利时公共卫生部决定从即日起从所有货架上撤下当年1月15日到6月1日期间本国生产的禽、蛋及其食品。6月3日，再次宣布全国屠宰场一律禁止屠宰，并销毁1月15日至6月1日生产的屠宰产品。6月5日，比利时宣布针对污染鸡事件采取进一步措施，禁止销售可能被污染的猪肉和牛肉制品，以打消由此给消费者造成的恐慌。

与此同时，美国农业部一位官员称，美国已采取措施禁止从欧盟成员国进口鸡肉和猪肉。欧盟国家如德国、法国、荷兰、西班牙、意大利等国单方面宣布全面冻结进口比利时的鸡、猪、牛肉及其制品；卢森堡在边界设卡，堵截运货卡车，将比利时污染食品拒于国门之外；法国当局关闭了384个农场，暂停活动，等待进一步试验结果。欧盟常设兽医委员会将原禁止在欧盟市场出售或收回受到二噁英饲料污染的比利时家畜产品，从鸡肉、鸡蛋及相关产品扩大到猪、牛及相关产品，其中包括奶制品与牛油。中国台湾和菲律宾成为亚洲两个最先禁止从欧洲进口农产品的地区，消费者被告诫不要购买欧洲的乳制品，已经摆上货架的商品也被撤了下来，并相继宣布暂停从欧盟进口猪肉、肉禽、鸡蛋及相关产品；中国香港、新加坡、马来西亚、韩国、日本等国家与地区也相继发出从欧洲进口肉类、鸡蛋和乳制品的全面禁令。

因比利时农业部发现本国饲养的肉鸡中含有二噁英物质后，经过将近一个月才决定下令收回市场上销售的肉鸡与鸡蛋，引起比利时在野党和消费者的不满。比利时即将于6月13日举行欧洲议会议员以及联邦与地方议会议员选举，在大选前发生污染鸡事件，显然对政府产生极大压力。6月1日，比利时农业部部长平克斯腾与卫生部部长科拉双双引咎辞职。6月20日，5000多名农民涌进布鲁塞尔市中心，他们提着牛奶桶，把宰杀的鸡绑在木棍上高高举起，把猪头背在背上，进行游行示威，要求政府给予赔偿。

调查工作一直在进行，刚开始认为问题出在比利时根特附近一家专门生产动物油脂的名叫维克斯特的工厂，该厂把8吨受到废弃机油污染的动物脂肪卖给了13家欧洲饲料厂，其中比利时9家，德国2家，荷兰和法国各1家。据比利时政府调查，该国746家养猪场、440家养鸡厂、390家养牛场使用了这种受污染的饲料。6月22日，比利时宣布导致饲养业遭受致癌物质二噁英污染的原因基本查清。调查人员经化验分析，在比利时福格拉公司送检的废油样品中发现超量二噁英，由于这家公司专门向制造动物饲料的有关厂家提供原料，可以初步断定其是二噁英污染的根源。比利时官方称，福格拉公司以收集家畜肥油和废植物油为主，然后将其提供给油脂加工厂，油脂加工后，再出售给饲料公司生产禽畜饲料。调查人员指控福格拉公司未对装载废油的油罐进行检查，以至于让某些人在原本是装动物油和废植物油的一些油罐里注入了大量废机油，与动物油和废植物油混合加热后产生了有害物质。有关管理部门宣称逮捕了福格拉公司的负责人，认为他的公司应该对这起污染事件负责。比利时新任总理费尔霍夫斯塔特还在他的施政大纲中指出，要尽快成立全国食品监控局，负责监督食品生产的各个环节，建立食品安全的监控机制，以尽快消除二噁英污染事件产生的不利影响，使消费者放心。

事情还没有终止，直至 7 月 23 日，比利时新任总理费尔霍夫斯塔特还宣布，政府已查封 6 万到 8 万吨的猪肉。此前有报道说，在全国各地养猪场的猪肉里发现了超过允许含量 50 倍的有毒物质。虽然有关专家相继指出肉鸡所含微量二噁英的成分不会立即造成人体的危险，但即使经营不含二噁英的肉、蛋、奶制品的业主也乏人问津。比利时是欧盟重要的禽蛋生产国，产品 60%以上供出口。1998 年，比利时肉鸡和鸡蛋的出口额为 130 亿比利时法郎。污染鸡事件对它的经济产生巨大冲击。据弗拉芒地区农业组织称，全国农场每天直接损失就约 10 亿比利时法郎。屠宰场、食品工业、零售商都因此受到影响，由此失去的国外市场短期内难以恢复，更重要的是对消费者健康的影响目前难以估计。

资料来源：《参考消息》，1999－06－10；《海峡导报》，1999－06－13、1999－06－17。

思考题

1. 简述战略管理过程的哈佛模式。
2. 格莱斯特模式与哈佛模式相比有什么不同？
3. 纳特—巴可夫模式将战略管理过程分为几个阶段？
4. 公共部门的战略管理过程与私人部门相比有什么特殊性？
5. 从采取行动的压力和外部回应度两方面来分析纳特和巴可夫所说的公共部门所处的四种环境类型及相适应的战略。
6. 从组织所承受的外部控制与组织自身的能力两方面分析组织的四种类型及相适应的战略。
7. 利益相关者及资源有哪几种类型？公共部门在进行战略管理时应怎样使利益相关者及资源支持所选定的战略方案？
8. 你如何看待公共部门的战略管理过程？
9. 分析前述案例所反映的比利时处理污染鸡事件中的战略管理过程。这一案例反映的是深思熟虑的战略管理过程吗？试谈谈你的看法。

阅读书目

1. [英] 科林 · M · 克拉克-希尔，基思 · W · 格莱斯特. 战略管理案例. 北京：经济管理出版社，2000

2. [美] L. L. 拜亚斯. 战略管理：规划与实施——概念和案例. 北京：机械工业出版社，1988

3. [美] 亨利 · 明茨伯格等. 战略历程. 北京：机械工业出版社，2002

4.［美］保罗·C·纳特、罗伯特·W·巴可夫. 公共和第三部门组织的战略管理. 北京：中国人民大学出版社，2001

5.［美］迈克尔·A·希特. 战略管理：竞争与全球化. 北京：机械工业出版社，2002

6.［美］弗雷德·R·戴维. 战略管理. 第6版. 北京：经济科学出版社，1998

7. 杨锡怀. 企业战略管理：理论与案例. 北京：高等教育出版社，1999

8. Jack Koteen，*Strategic Management in Public and Nonprofit Organization：Managing Public Concerns in an Era of Limits*，London：Praeger Publishers，1997

第 5 章

公共部门战略规划

本章要点

- 战略规划的定义和性质
- 战略规划的过程
- 战略规划的三种模式
- SWOT 分析及议题议程
- 战略选项和战略选择
- 战略规划的方法和技术

战略规划既是战略管理途径兴起的一个阶段，又是战略管理过程的首要环节。作为一种新的研究途径或新的学科分支，战略规划兴起于 20 世纪 60 年代中期；在私人部门战略规划和战略管理模式的示范影响下，公共部门战略规划途径和战略管理途径也随之兴起（公共部门战略规划途径兴起于 20 世纪 80 年代初）。作为战略管理过程的一个环节，战略规划首先对组织的内外部环境进行分析，寻找出发展的趋势，发现对组织发展构成的威胁和新的发展机会，使潜在的利润最大化。战略规划的目的是寻求外部环境和组织的最佳结合，它的侧重点是制定组织的战略或者是规划组织的行动方案。公共部门战略规划基于这样的一种假设：如果公共部门的领导者和管理者的组织将实现其使命，执行他们的命令，并在未来的几年内使他们的机构获得公众满意，那么他们必须是有效的战略家。这些领导者和管理者需要在他们所控制的领域里有尽可能大的自行处理权，他们需要制定有效的战略以应对已变化了的和正在变化中的环境，并且需要为他们的决策制定一个连贯的并且是防御性的基础。①

① John M. Bryson，*Strategic Planning for Public and Non-profit Organization*，San Francisco：Jossey-Bass Publishers，1996，p. 1.

5.1 战略规划概述

5.1.1 战略规划的定义和性质

1. 战略规划的定义

学者们对战略规划下了各种各样的定义，下面列举几种典型定义。

亨利·明茨伯格：战略规划是一个一体化决策系统产生并发出连贯协调的结果的正规化程序（《战略规划的衰落与兴起》，1994）。

安娜蓓尔·碧莱尔（Annabel Beerel）：战略规划是为解释组织环境而设计的一个正式过程，其目的在于识别组织的适应性挑战并指导组织作出反应，从而使更长期的竞争优势达到最大化；战略应负责正式而明确地识别新的现实，并且识别新的现实所提出的适应性挑战，战略规划通常帮助组织重新构造它的种种假设以及重新界定其关系链和强调自组织能力。①

布莱森：战略规划是一种确定基本决策和行动的训练有素的努力。这些决策和行动影响与指导组织应该是什么样的，它应该做些什么以及为什么这样做。战略规划由一套用以帮助领导者和管理人员完成其组织任务的概念、过程以及工具组成。②

德鲁克（他的定义独树一帜）：战略规划不是魔术箱，不可能从左边输入一些东西，从右边就会生出战略；战略规划也不是预测，因为企业的目的是改变世界；战略规划不是要消除风险，而是要承担应该承担的风险。下面是德鲁克的进一步说明：

首先，战略规划不是魔术箱，也不是技术，它是理性思维并把资源应用于行动所作出的承诺。在制定战略规划的过程中，可能要用到许多技术，但这并不表明这些技术是必不可少的。战略规划可能需要计算机，但是，最重要的问题，即“我们的企业是什么”和“我们的企业应该是什么”，是不能量化并编制成计算机程序的；建立模型或模拟可能有所帮助，但它们不是战略规划，它们只是用于特殊目的的工具。

量化并不是规划。战略规划中一些最重要的问题只能用这样的语句来表达：“较大”或“较小”，“较快”或“较迟”。这些语句虽然也是量化的，但都不易用计量技术来运算；还有些同等重要的领域，如政治气候、社会责任或人力资源（包括管理资源），则根本不能量化，它们只能作为限制条件或参数，而不能作为方程式中的一个因素。

战略规划不是“科学方法对企业决策的应用”（如一本有名的有关规划的教科书所下的定义），它是思想、分析、想象和判断的应用。它是责任而不是技术。

其次，战略规划不是预测。战略规划并不是要掌握未来。任何想要掌握未来的企图都

---

① 参见［美］安娜蓓尔·碧莱尔：《领导与战略规划》，197页，北京，机械工业出版社，2000。

② John M. Bryson, *Strategic Planning for Public and Non-profit Organization*, San Franisco: Jossey-Bass Publishers, 1996, p. 4.

是愚蠢的。未来是不可预测的，如果我们试图预测未来，就只能使我们怀疑自己目前正在做的事。我们必须从这一前提出发，即预测并不是值得称道的人类行为。而且，短时期的预测也没有什么价值。之所以需要战略规划，正因为我们不能预测。战略规划不是预测，还有另一个更有力的理由，那就是：预测试图找出事件发展的必经之路或至少是一个概率范围，但是企业的问题是独特的事件，它将改变概率。企业的世界是一个社会的世界，而不是物理的世界。企业之所以能有所贡献，正是在于其促成某项“特定事件”之出现，也就是所谓“创新”——改变经济状况、社会状况或政治状况的“创新”。这就是说，企业家不考虑所谓的“概率”。因此，所谓“预测”以“概率”为基础，并不适合战略规划的要求：战略规划在于将一个组织引向未来。战略规划的制定者要的是创新和改变我们的工作与生活方式，所谓“预测”对他们没有什么用处。

再次，战略规划不是做未来的决策，而是为未来做现在的决策；决策只存在于目前，企业决策总是将现在的资源投入不确定的未来。战略规划并不是预言将来要发生什么事，也不是提前做好今后五年的决策。战略规划只是一种思考的工具——思考为了取得未来的结果，现在应该做些什么。战略规划的最终结果并不是信息，也不是一本装订精美的战略规划书，而是工作。我们现在就必须知道：该做些什么？应该让谁去做？如果我们想让新产品在三年后上市，我们就应具备服务客户所需的销售能力、售后服务能力，拥有经销商和适当的仓储支援，到那时才能真正地提供产品给客户。

最后，战略规划不是消除风险的企图。它甚至也不是一种使风险最小化的企图，这样的一种企图只能导致不合理的和无限的风险，甚至造成某些灾难。虽然试图消除风险是无用的，试图使风险最小化是值得怀疑的，但是，所承担的风险是应该承担的风险，这一点却是极为重要的。任何成功的战略规划其结果必须是提高我们对风险的承担能力，因为这是提高企业绩效的唯一途径。但是，为了提高这项能力，我们必须了解我们所承担的风险。我们必须能够在各种承担风险的行动路线中合理地加以选择，而不是以预感、传闻或经验为依据而投入不确定性之中。

综合以上学者的观点，可以从如下几个方面来把握战略规划的概念：第一，战略规划是对当前决策的预测。战略规划涉及的是当前决策的未来性，即一名管理者对将要作出的决策在未来一段时间内可能引起的一连串因果效应的考虑。战略规划的实质就是对未来潜在的机会和威胁进行系统的辨析，并结合自身的优势和劣势为组织更好地制定当前的决策提供依据，从而使组织能在将来抓住机会。

第二，战略规划是一个发展的过程。战略规划不仅是一整套构思详细的计划，还应该被看做一个发展的过程，因为组织所处的环境是不断发展变化的，必须对规划进行思考并不断地修订计划。

第三，战略规划依据的假设是：环境发展趋势和变化均需预测与了解，环境变化的主动权在组织。

第四，战略规划是“决策—执行—衡量”的循环。战略规划是过程而不是事件的线性结果，该过程是反复的、循环的，并且过程的所有部分都是相互关联的。战略规划是从事下列各项工作的持续过程——系统制定目前组织的决策，并尽可能地了解这些决策对未来所产生的影响；系统地组织执行这些决策；通过系统的反馈，对照着我们的期望来衡量这些决策的成果。

2. 战略规划的性质

战略规划乃是组织在分析和解读环境的基础上，产生组织战略的过程。如亨利·明茨伯格所言，战略规划是一个一体化决策系统产生并发出连贯协调的结果的正规化程序。战略规划的目的在于识别环境对组织的挑战，并指导组织对此作出反应，以获取更长期的竞争优势。

一般而言，战略规划所处理的议题和一般政策规划所处理的议题是存在差异的。战略规划的议题具有三个基本属性：（1）稀少性。战略性决策是不寻常的，通常没有先例可循。（2）重大性。战略议题往往涉及全局性的重大问题。（3）指导性和长远性。战略性决策指导其他较低层次的决策以及引导组织未来发展的方针。

战略规划的结果是形成组织的战略计划。一般来说，一个好的战略计划包括四个方面的内容：（1）战略范围。规定本组织与社会环境因素之间发生作用的范围，即说明要达到哪一方面的目标。（2）资源部署。要阐明如何部署资源。（3）机会和威胁应该说明本身战略范围的机会和威胁。（4）最佳协调作用。在战略范围内，要使资源部署与竞争优势相协调。

依学者亚迪（Eadie）的观点，战略规划在公共管理上的应用大致可以分为三类：（1）涉及全国的应用。这种较高层次的应用通常需要广泛的公民参与，且战略执行亦有赖高度的组织间的合作与协调。（2）以州（省）部门为基础的策略性长期规划。此种应用关注部门的战略目标与计划。（3）以部门为主的战略议题管理。此种应用是在前面战略计划中选择特定议题，而不是做全面性的战略规划。

5.1.2 战略规划过程

战略规划的过程就是在环境分析的基础上研拟战略的过程，也是将战略意图转化为战略决策的过程。一般而言，战略规划的过程包括以下几个方面的主要活动：

（1）发展初步认识。目的在于取得主要决策者对战略规划行为的共识，如战略规划的价值、需要介入的单位和人员、特定的步骤以及方法等。

（2）确认组织法规及使命。一方面要了解相关的法律，另一方面要确认组织的使命。使命乃是组织存在的目的，而战略规划的主要工作就在于明确组织的使命及其价值。规划者要在利害关系人分析的基础上，明确组织的使命，回答如下问题：我们的角色是什么？我们所要满足的社会及政治需要是什么？我们如何行动去满足这些需要？我们应该如何回应利害关系人？我们的主要价值是什么？我们不同于其他组织的条件是什么？

（3）进行SWOT分析。SWOT分析的主要目的在于提供组织内部的优势与劣势、机会与威胁的相关信息，以便组织作出最好的回应。

（4）确认组织所面临的战略议题。战略议题是组织基本的政策选择，它对组织法规、服务价值、产品或服务水准、成本、组织或管理发生影响。在这一阶段的主要工作是确认组织面临的这些基本政策选择，包括列举战略议题的清单，并以优先顺序排列。

（5）战略选择。在综合分析各种可能的战略基础上，选择适合组织发展的使命，具有可能性与可行性的战略。

5.1.3 战略规划的三种模式

战略规划模式是战略规划的工具，是针对某个组织的情况，使该组织的决策者制定决策方案的一种科学依据。由此，对战略规划模式运用得好与不好的问题是关系到组织的资源和能力能否同外部环境相适应，能否根据环境的变化加强和调整自己的应变能力与竞争能力，能否在激烈的竞争中立于不败之地而随时处于发展和盈利状态的重要问题。

1. 理性模式

这种模式认为，战略是通过对不确定性环境的分析与对企业资源能被充分用于确定环境机会优势的程度的评价而形成的。这种模式的要点是：（1）通过综合性分析，不确定性与复杂性可以减少；（2）这样的分析根据组织运行将产生因果关系的解释；（3）可以建立清楚的目标，允许可计量的战略选择评价，创建决策制定与实施的组织单位；（4）战略规划根据一系列战略选择而考虑作出；（5）战略选择可通过分析确定组织目标的“事实”来评价；（6）战略实施步骤是紧跟着战略选择的；（7）战略规划是高层管理人员的事情，其他管理人员或服务于这些决策，或实施这些决策；（8）战略规划是长时间跨度的计划。

其主要操作方式是：（1）分析环境；（2）认识机会、问题与威胁；（3）根据企业的资源与能力制定目标；（4）将企业目标分解到企业的各部门中去；（5）制定实现目标的具体策略；（6）制定评估业绩的标准。

这种模式的主要缺点是：一是制定出的规划偏重于静态，需要根据实际情况进行动态调整；二是适用于成熟的产业，因为只有成熟的产业才有经验可供参照，才可以做到比较理性化。

事实上，这种模式使用得最多，原因在于：它为整个企业提供了一个明确的指导方针，便于企业内部的沟通与协调，为评估企业工作业绩提供了一个标准。

2. 过程模式

过程模式也称为适应性模式或渐进性模式。其要点是：（1）战略规划典型地按照逐步演变的步骤发展；（2）问题开始很可能处于单个与定性的水平上，企业行为很可能发生在相关问题的引发之后；（3）问题的诊断典型地表现为非正式的、口头的、重复的、说明的及以征求与商讨为特征的；（4）管理者有一种根据过去事件与经验来判断问题和寻找解决办法的倾向；（5）战略可被当做调和相冲突的权力集团对企业资源的竞争的折中结果；（6）目标很可能是不清晰的、迷茫的。

过程模式的主要操作方式是：按理性方法制定出战略规划；根据实际经营过程中发生的新情况不断调整战略经营规划。这种方法的假设前提是：环境在不断变化，企业的一项决策行动又为企业的未来创造了某一方面的条件。

这种模式的缺点是：一是战略规划的实施者可能没有能力说明正在发生的情况，或者也不愿意说明正在发生的情况，前者与实施者的能力有关，后者与实施者的利益有关；二是由于环境在不断变化，按照这种模式，就需要不断调整战略规划，这样做有时也会造成混乱，即失去明确的、稳定的指导方针与评价标准。

选择过程模式来制定与调整战略规划的企业越来越多。原因是这种模式既能做到使企业有指导方针与业绩的评价标准，又能使企业根据经营进程对这些指导方针与业绩的评价标准进行适当调整。

3. 行动模式

这种模式往往为大多数企业家特别是创新型企业家所采用。其暗含的前提是：未来是不确定的，是难以预测的；行动中的情况和知识与书本上描述的情况和知识是不同的，并且更加重要。其主要的操作方式是：在掌握有关信息基础上，及时抓住机会，确立目标，采取行动。

这种模式有两方面的显著优点：一是它告诉我们行动的重要性，要注意速度经济，不要为传统的理论所束缚，应采用权变的处事态度；二是它适合于新事业、新产业、新企业、新产品的开拓发展。如邓小平对我国的改革开放事业强调要敢于闯，要摸着石头过河。又如，1975 年，当比尔·盖茨预见到未来每一个家庭的写字桌上都会有一台个人电脑时，当他发现 IBM 公司已经将个人电脑的硬件生产出来了，关键是要开发个人电脑的软件时，他毅然从哈佛大学退学，用 900 美元创办微软公司。再如，上海汽车集团前总裁、桑塔纳小轿车生产线引进者陆吉安说，实际上企业家都是用行动性方法来制定战略规划的，因为情况是在不断变化的。因此，要在行动中不断分析环境，发现机会与问题，确立与调整目标，并制定与调整好实现目标的策略，这才是真实的企业战略规划制定与实施的方法。

那么，组织究竟应该选择哪一种战略规划模式呢？对大多数成熟的组织来说 ，要将上述三种模式结合起来使用。首先，尽量用理性模式来制定战略规划，这样可以为未来的工作和发展制定基本的框架与指导方针；其次，运用过程模式依据战略规划实施过程中的新情况对战略规划不断进行调整，以及时根据企业的资源、能力与目标利用好新机会和解决好新问题；最后，注意行动模式的重要性，因为企业总会遇到一些没有前人经验、原理可参照的新问题，要善于使用行动模式（实验方法或试错方法）来开拓前进。对少数进入新产业的企业来说，要善于运用行动模式来制定战略规划，善于抓住机会，在干中学，不断迎接挑战与变化，像美国新经济的代表人物比尔·盖茨 、戴尔等人所做的那样。

5.1.4 战略规划在战略管理中的地位及作用

战略规划是组织在分析和解读环境的基础上，产生组织战略的过程。战略规划是战略管理的一部分，战略规划最先是在工商管理领域得以运用的，是现代战略管理的先导。战略规划与战略管理是不同的，不能将战略规划和战略管理混为一谈。安索夫在《新公司战略》（1998）一书中认为，战略规划和战略管理的区别在于：战略规划的焦点是制定最优战略决策，而战略管理的焦点是产生新的战略结果——新市场、新产品和新技术；战略规划是由一个专门的部门制定的，而战略管理涉及所有组织部门，它更综合，将战略扩展到所有组织单位；战略管理包含了战略规划，但它更关注战略的执行，关注整合组织的力量去实现战略目标，而规划或计划的制定不再是一个特殊部门的活动，而是全部管理者的责任。简言之，战略规划和战略管理这两个概念是相互补充的；战略管理的内容要比战略规划丰富，同时，战略规划是每个战略管理不可缺少的一个元素。

战略规划最初是在私人部门中得以应用发展的，它的目的是为了提高组织从战略的角度来思考和行动的能力，它在战略管理过程中的潜在优势是巨大的。作为一种新的研究途径或战略管理过程中的一个环节，战略规划在公共部门（战略）管理过程中具有重要作用。

战略规划在公共部门管理中的应用可以有以下几方面的益处：有利于公共部门的领导者和管理者应对目前及未来几年中所面临的挑战，应对组织外部越来越不确定的和相互联系的环境因素，寻求实施上级命令和完成使命的方法，构建他们必须解释的战略议题。通过 SWOT 分析，公共部门可以清楚地描述其必须面对的议题，并通过重审组织收到的命令和使命，以及组织提供的产品和服务水平、成本和财政管理方法，找到解释这些议题的途径。

5.2　SWOT 分析与问题议程

5.2.1　SWOT 分析

SWOT 分析法是目前战略管理与规划领域广泛使用的分析工具。它是由美国哈佛大学商学院率先采用的一种经典方法。从某种程度上看，战略乃是将组织内部资源因素与外部环境因素造成的机会和威胁进行合理的、有效的匹配。而 SWOT 分析就是根据组织拥有的资源，分析组织内部优势与劣势以及组织外部环境的机会和威胁，进而选择适当的战略。

1. SWOT 分析的基本原理

SWOT 分析法，是一种综合考虑组织内部条件和外部环境的各种因素，进行系统分析评价，进而选择最优战略的常用方法。这里的 S 是指组织内部的优势（strength），W 是指组织内部的劣势（weakness），O 是指组织外部环境的机会（opportunity），T 是指组织外部环境的威胁（threat）。SWOT 分析的主旨在于给出一个有关组织内外环境、问题的集中图画，并激励组织调动其优势，以便最大限度利用机会、规避风险。

组织的优势、劣势分析也叫做内部环境分析，是指组织内部状况。进行内部环境分析的目的是为了明晰组织的核心能力，它主要包括三个方面的内容：(1) 资源（投入）；(2) 现行战略（过程）；(3) 绩效（产出）。

组织的机会和威胁分析也称为外部环境分析，它是指组织外部条件及未来取向。进行外部环境分析是为了识别组织所面临的机会和威胁，它主要包括识别以下几方面的内容：(1) 关键资源控制者；(2) 强制力和未来趋势；(3) 实际的或潜在的竞争者或合作者；(4) 影响竞争和合作的重要因素；(5) 组织现有的竞争和合作优势。①

① John M. Bryson, *Strategic Planning for Public and Non-profit Organization*, San Francisco: Jossey-Bass Publishers, 1996, p. 87.

2．SWOT 分析法的应用

SWOT 分析的关键是进行优势与劣势，以及机会与威胁分析，并在此基础上形成行动战略。SWOT 分析可以用一个矩阵图表示出来（见表 5—1）。

表 5—1　　SWOT 分析法

保持空白	优势——S 1. 2. 3. 4. 5. 列出优势 6. 7. 8. 9. 10.	劣势——W 1. 2. 3. 4. 5. 列出劣势 6. 7. 8. 9. 10.
机会——O 1. 2. 3. 4. 5. 列出机会 6. 7. 8. 9. 10.	SO 战略 1. 2. 3. 4. 发挥优势 5. 利用机会 6. 7. 8. 9. 10.	WO 战略 1. 2. 3. 4. 利用机会 5. 克服劣势 6. 7. 8. 9. 10.
威胁——T 1. 2. 3. 4. 5. 列出威胁 6. 7. 8. 9. 10.	ST 战略 1. 2. 3. 4. 利用优势 5. 规避威胁 6. 7. 8. 9. 10.	WT 战略 1. 2. 3. 4. 减少劣势 5. 规避威胁 6. 7. 8. 9. 10.

从表 5—1 中可以看出，SWOT 矩阵由九个格子组成；进行 SWOT 分析，建造 SWOT 矩阵的过程有八个步骤：（1）列出组织的关键外部机会；（2）列出组织的关键外部威胁；（3）列出组织的关键内部优势；（4）列出组织的关键内部劣势；（5）将内部优势与外部机会相匹配，形成 SO 战略；（6）将内部劣势与外部机会相匹配，形成 WO 战略；

(7) 将内部优势与外部威胁相匹配，形成 ST 战略；(8) 将内部劣势与外部威胁相匹配，形成 WT 战略。

经过 SWOT 分析，一个组织可以有不同的战略匹配和选择：

优势—机会（SO）战略。这是一种发挥组织内部优势而利用外部机会的战略。所有的组织及管理者都期望可以利用自己的优势，并抓住外部环境所提供的机会。组织往往通过采用 WO、ST 或 WT 战略而达到能够采用 SO 战略的状态。

劣势—机会（WO）战略。WO 战略的目的是利用外部机会来克服内部劣势。运用于这一战略的情况是：组织存在着外部机会，但内部存在着劣势，妨碍着外部机会的实现。

优势—威胁（ST）战略。ST 战略是利用优势回避或减轻外部威胁的影响。

劣势—威胁（WT）战略。WT 战略是一种旨在减少内部劣势的同时规避外部环境威胁的防御性战略，一个面对大量外部威胁和具有许多内部劣势的组织的确处于不安全或不确定的境地。

5.2.2　问题议程

问题议程（issue agenda）也叫议题议程。问题议程是战略规划过程的关键，因为它在战略决策中扮演着关键角色。问题议程涉及组织将要做什么，为什么这样做，如何做，何时做，何处做，以及由谁做的问题。① 在战略规划中，议题被用来指导战略行动的探究，为寻求战略反应规定一个舞台。因为流于表面的或令人误解的议题会误导人们对战略的探究，所以创建一个待处理的问题议程是战略规划中最重要的行动。

1. 战略议题含义

巴可夫将议题定义为：组织内部或外部出现的趋势或事件，这些趋势或事件极大地影响了组织达到其理想未来的能力。议题可以是组织内部的，也可以是外部的，或者两者兼有。议题在战略规划中所扮演的角色与问题在解决方法中的角色相似，议题为寻找战略回应方式划定了范围，从而排除了其他的范围及其包含的战略回应方式。

布莱森认为，战略议题的优点是：将注意力集中在真正重要的事情上；将注意力集中在议题上而不是问题上；对议题的识别通常能创建一种有利于促进组织变革的张力；战略议题识别应提供关于如何解决识别议题的有用线索。

2. 确定议题议程的方法

在实践中，战略规划者不假思索便将各种议题放入他们的问题议程中，这样做可能会错过某些微弱的信号，而这些信号又可能刚好暗示了重大的机会和威胁。某些被认知的信号可能是非常紧急但却不是非常重要的。另外一些则可能是深层问题的征兆。显而易见的紧急性会将注意力从重要的、隐藏的议题上引开。对战略规划者来说，要从一大堆混乱无序的信号中找到最关键的议题，无疑是件非常困难的事情。

如何清晰表达议题，国内外的学者对此关注不多。例如，弗里曼所提倡的“利益相关

---

① John M. Bryson, *Strategic Planning for Public and Non-profit Organization*, San Francisco: Jossey-Bass Publishers, 1996, p. 104.

者法”分析了参与者可能对战略作出的反应，却没有分析议题是如何被认知并形成战略的。马森与米特洛夫（Mason and Mitroff，1981）从相互对立的政策出发，对这些政策进行排序，然而他们却没有探究那些引发这些政策的议题。科布与爱尔德（Cobb and Elder，1972）提出注意重要参与者，根据他们的观点形成问题议题。

在以上途径中，议题或是隐含的，或是通过一个印象的优先顺序排列表现出来的，很少有某种战略规划的方法提供了揭示和清晰表达议题的方法，或提供检测这些议题的全面性和内容真实性的方法。这一不足产生了严重的后果，因为没有反映核心利害关系的议题，会将战略回应从重要的机会和威胁上引开。只有在发现并清晰地表达战略议题的工具得到进一步的完善后，才能避免这些问题。

布莱森认为有四种创建战略议题的途径：直接法、间接法、目标法和成功远景法（vision of success）。① 他认为直接法和间接法特别适用于公共部门。

直接法对于公共部门来说也许是最有用的方法，通过直接法，规划者可以直接获得对指令、使命的评估，以及关于战略议题识别的 SWOT 分析。直接法适用于以下几种情况：（1）对组织目标的看法不一，或者是虽然取得一致意见，但是组织目标过于空洞，形同虚设；（2）不存在已设定的成功远景，并且制定一个连贯的远景很困难；（3）没有权威机构能将组织目标强加于其他的利益相关者身上；（4）环境动荡不安，以至于制定组织目标或远景似乎是不明智的。

间接法是相对于直接法而言的，它在直接法发生作用的环境里同样适用。间接法要求规划者对组织目前的使命、上级指令、利益相关者、目前的组织目标和现行战略以及其他相关背景做新的评估，并运用头脑风暴法将这些项目的评估写在卡片上，从中综合归纳出相似的观点，作为备选议题。

目标法更接近于传统的规划理论。该方法以组织的目标和期望为基础来确定战略议题，它认为一个组织首先要建立自己的组织目标和期望，然后再开始识别需要阐明的议题，以实现这些目标和期望（否则就会直接制定战略）。要使得这一方法有效，取得对组织目标和期望的广泛一致是必不可少的，并且组织目标要足够详尽，从而为制定议题提供有益的指导。当组织对自身价值不能形成统一意见时，这种方法是无用的。

理想化的脚本法也叫成功远景法。它要求组织制定出它在未来实现其使命并获得成功时的最好情况。在规划过程中，每个规划者对组织目标达到其理想情况作充分的想象，并写成一个不超过一页纸的脚本。当新的领导者上任，需要制定组织新的远景，以及在组织认为有必要对组织做根本的变革时，这一方法很有效果。

纳特和巴可夫则认为可以通过张力的方法来形成议题，他们认为“议题是两种新情况间的张力，这两种新情况代表了组织内部或组织与环境间两极的对抗和矛盾”②。将议题表达为张力的目的在于清楚地说明组织所面临的混乱网络，这个网络由政治和市场力量组成，它同时将组织向多个方向拉扯。如果战略管理者们只应付其中某一支力量，而忽略了

① John M. Bryson, *Strategic Planning for Public and Non-profit Organization*, San Francisco: Jossey-Bass Publishers, 1996, p. 111.

② ［美］保罗·C·纳特、罗伯特·W·巴可夫：《公共和第三部门组织的战略管理》，107 页。

其他力量，他们就会忽视一些可能阻碍行动的障碍，也可能错过一些未认识到的力量可能带来的机会，从而制造一个含有潜在威胁的局面，降低了成功的可能性。同时，如果一个组织不加考虑地将各种新情况贴上标签，也不能找到更具有创意的战略。将议题当做张力处理，可以使战略管理者“以议题为中心”，在对需要和机会没有理解透彻之前不采取实质性的行动，这样做更有利于战略管理者开阔思维。

我们认为，将张力用于构建议题的方法更适合于公共部门，因为公共部门面临的政治和市场势力在同一时刻把它拖向不同的方向。正如在分权制下司法裁决和立法冲突一样，对一个张力作出反应而不应付另外的张力会形成严重的两难困境。例如，要应付潜在的需求，就会与要求削减预算的资助机构发生冲突。如果处理不好这些张力，组织就会受到权威网络中权势人物的打击。另外，公共部门采取的行动常会激起不同部门对同一议题持支持和反对意见，这些部门包括媒体、利益团体和政府分支机构等；而在私人部门中，这些张力就不会这样复杂，它们主要产生于竞争者的行动以及对这些行动的反应。

5.3　战略选项和战略选择

战略选择是战略管理过程中的决策阶段。战略选择就是根据战略目标的要求，提出若干可选择的方案，按照一定的评价标准，选择最优的战略方案。战略选项是战略选择的基本前提，它依据的是组织的战略目标，以及达到战略目标的途径与措施，它主要回答组织面前存在何种可选战略方案的问题。

5.3.1　拟定战略选项的程序

战略选项的拟定是组织的决策机构及组织各方面的力量，按照一定的程序和方法，为组织选择适宜的战略的过程。拟定战略的一般程序是：

1. 识别和鉴定组织现行的战略

在组织的运作过程中，随着外部环境的变化和组织自身的发展，组织的战略也应该做相应的调整和转换。然而，要制定新的战略，首先必须识别组织的现行战略是否已经不适应形势的需要。因此，识别和鉴定组织现行的战略是制定新战略的前提。只有确认现行战略已经不适用时，才有必要制定新战略。同时，也只有在认清现行战略缺陷的基础上，才能制定出较为适宜的新战略方案。

2. 分析组织外部环境

调查、分析和预测组织外部环境的威胁与机会，是组织战略制定的基础。通过环境分析，战略制定人员应认清组织所面临的主要机会和威胁，觉察现有和潜在的优势，了解未来一段时期内社会、政治、经济、军事和文化的发展动向，以及组织由此而面临的机遇和挑战。

3. 测定和评估组织自身素质

组织通过测定和评估自身各项素质，摸清自身的情况，明确自己所具有的优势和劣势。

4. 准备战略方案

组织根据自身的发展要求和使命及目标，依据组织面临的机遇和机会，列出可能实现组织使命的战略方案。

5. 评价和比较战略方案

组织根据利益相关者、权威网络、监督机构的信仰、期望目标和价值观，确定战略方案的评价标准，并依照标准对各项备选方案加以评价和比较。

6. 确定战略方案

在评价和比较战略方案的基础上，组织选择一个最满意的战略方案作为正式的战略方案。有时，为了增强战略的适应性，组织往往还选择一个或多个方案作为后备的战略方案。

5.3.2 拟定战略选项的方法

不同规模的组织以及不同管理层次的人员，会以不相同的形式介入战略形成过程。根据不同层次管理人员介入战略分析和战略选择工作的程度，可以将战略拟定的方法分为四种：

1. 自上而下的方法

这种方法是先由上级的高层领导者制定组织的总体战略，然后由下属各部门根据自身的实际情况将组织的总体战略具体化，形成系统的战略方案。这一方法最显著的优点是组织的高层领导者能牢牢把握整个组织的发展方向，并能对下属各部门的各项行动实施有效的控制。

自上而下的方法的优点是，它要求上级制定战略方案时要深思熟虑，战略方案务必完善，并且还要为下属各部门提供详尽的指导。这种方法的缺点是，它也束缚了各部门的手脚，难以充分发挥中下层管理人员的积极性和创造性。

2. 自下而上的方法

这是一种先民主、后集中的方法。在拟定战略方案时，组织最高部门对下属部门不做具体硬性的规定，而要求各部门积极提交战略方案；上级部门只是在各部门提交的方案上加以协调和平衡，对各部门的战略方案进行必要的修改后加以确认。

这种方法的优点是，能充分发挥各个部门和各级管理人员的积极性与创造性，集思广益；同时，由于制定出的战略方案有着广泛的群众基础，在战略实施过程中也容易贯彻和落实。它的不足之处在于，各部门的战略方案较难以协调，影响了组织整个战略计划的系统性和完整性。

3. 上下结合的方法

这种方法是在拟定战略方案过程中，上下级的管理人员共同参与，通过上下各层管理人员的沟通和磋商，制定适宜的战略。它的主要优点是，可以产生较好的协调效果，制定出的战略更具有操作性。

4. 战略小组方法

这种方法不但是组织产生变革理念的工具，而且能促使各利益相关者达成共识。战略小组由熟悉委托人需求的人员组成，他们具有职业价值观，了解组织必须运作于其中的权威体系。一般来说，要引入的人员有首席执行官、高级雇员、理事会和利益相关者的代表。这种战略拟定方法的目的性强，效率高，并能增强战略方案的合法性。

5.3.3　战略方案评价的标准

进行战略方案评价的目的就是要找出哪个是最有可能实现组织目标的行动方案。可供选择的战略方案有若干个，在这些众多的方案中最终选择哪个或哪几个进行组合则需要进行评价和选择。理想的战略应当能够充分利用组织外部机会并综合考虑那些不利因素，同时在结合自身的优势和劣势的前提下加以思考。

1. 适合性分析

适合性分析用于研究组织的战略是不是一个好战略，即评估所提出的战略对在战略分析中所确定的组织情况的适应程度。在评估过程中，要分析所选战略是否完全地利用了组织优势或环境提供的机会，还要分析所选战略将组织内部存在的劣势和外部环境存在的威胁解决到什么程度等。

在评估战略的适应性时要注意下面几点：该战略与权威网络成员的信仰和要求是否一致；该战略与组织的使命和目标是否一致；该战略能否获得更多的财政资源；该战略是否完全利用了组织的优势和外部环境提供的机会；该战略是否适合公共部门公共性的特定要求，能否加强组织间的合作。

2. 可接受性分析

可接受性分析用于研究一个战略被执行后可能出现的结果是什么，以及组织能否成功地实施该战略。在评估过程中要注意分析实施该战略所带来的后果是否适合组织内部资源。同时，还要考虑利益相关者能否接受。由于公共部门的所有权属于全体公众，它的利益相关者众多，因此，在评估过程中要着重考虑该战略是否迎合了公众对服务的要求和期望，是否与权威网络成员的信仰和要求一致。

3. 可行性分析

可行性分析（经济和政治可行性分析）用于研究组织是否有能力和资源来执行战略，即好的战略不仅要前景吸引人，还要有实施的条件和可行性。因此，要对组织战略实施经济可行性分析，以迅速判断该战略在财务上的可行性。同时，要进行政治可行性分析，确定战略在政治上的支持度、合法性等。

5.3.4　战略选择

战略选择是指作出某一特定战略方案的决策。一般来说，备选战略提出后，就要进行战略选择。如果评估过程已经提供了一种明显优于其他的战略方案，那么最后的选择就容易做了。然而，在大多数情况下，战略评价过程提供给决策者的方案不是一种，而是好几种可接受的方案。影响战略选择的几个关键因素是：

1. 过去战略的影响

在开始进行战略选择时，首先要回顾过去所制定的战略的实施情况，因为过去战略的实施效果对现行战略的最终选择有极大的影响。现在的战略决策者往往也是过去战略的缔造者。这样，一个很自然的结果是，进入考虑范围的战略方案的数量会受组织过去的战略的限制。由于现在的战略决策者对过去战略投入大量的时间、资源和精力，会自然地倾向于选择与过去战略相似的战略，这种选择与过去战略相似的战略和沿袭过去战略的倾向已渗透到企业组织中。而新的管理层则更少受过去战略的限制。

2. 权威网络的反应

公共部门的市场是由立法机关、各种监督机构以及各种指令组成的权威网络决定的。因此，公共部门必须回应权威网络的要求。权威网络认定的需要，就是公共部门所面对的市场。影响公共部门战略选择的一个重要因素就是公共部门权威网络的行为和反应，这是一个相当关键的因素。因为权威网络控制着公共部门的财政来源，而财政关系到组织的生存和发展问题。公共部门的财政与私人部门是不同的，它或者是提供免费服务，从预算拨款或税收中获取资金，或者象征性地收取仅能够补偿所提供服务的部分成本的费用。

3. 公共部门的环境

公共部门总是存在于一个通常受到公民、立法机关、监督机关、指令和利益相关者影响的环境中，公共部门对这些环境力量中的一个或多个因素的依赖程度也影响着战略选择。对环境较高的依赖程度通常会减少组织在战略选择过程中的灵活性。组织对其环境的调试方式能够体现并影响管理层对未来战略的选择。

4. 权限

公共部门的权限也是影响其战略选择的一个重要因素。一般来说，公共部门的自主权和灵活性小，在改变或重构组织系统方面，公共部门行政管理的权力基础要比私人部门小得多，战略必须在一个权限丛林中执行，因此，在进行战略选择时应努力考虑那些能在管理权限间达成合作的战略。

5. 公共部门的历史背景

历史背景是关于部门的历史渊源和创办理念的情况。在战略选择过程中必须要考虑公共部门的历史背景。部门的历史背景一般由部门的方向、发展趋势和重大事件构成。部门的方向说明了部门的发展历程和它将来的发展方向，而趋势和重大事件则塑造了部门方向，并将影响部门的未来发展。

5.4 战略规划的方法和技术

战略规划的方法和技术是战略规划的重要组成部分，对于提高战略规划水平、促进战略规划的科学化有十分重大的理论意义和现实意义。本书仅介绍预测法、系统分析法和脚本规划法三种规划方法。

5.4.1 预测法

1. 几种常用的战略预测法

战略规划的对象立足于未来发展，因而，战略规划总是建立在预测的基础上，预测技术是战略规划的重要方法和支持系统。

预测作为一门实用学科，它研究的内容是如何对未来事物的发展作出科学的估计，将未来事物的可能性空间缩小到一定的程度，以利于人类的活动。科学的预测具有三大特征：第一，立足于过去和现在，展望未来，具有历史感；第二，它从已知出发，从人们熟悉的现实出发来分析研究事物的发展规律，从而探究未来，预言未来，具有现实感；第三，它是从定性到定量的分析，进而判断未来的可能性和发展趋势，具有可验证性。

预测的功能是准确地掌握对当前决策具有重要作用的未来不确定因素或未知事件，提供有关信息和数据，拟定规划，制定政策，以形成可行的方案，为战略规划服务。科学的预测可以帮助人们揭示和认识事物发展的规律。工作中对未来状况估计得越准确，作出的决策才能越正确。所以，科学的预测是进行战略规划的前提和依据。

预测技术的种类繁多，分类的方法也各种各样，但是它们的哲学基础和逻辑基础应该是一致的。最常用的预测技术不过十几种，这十几种预测技术不仅在实际应用中有效和便利，而且在逻辑上也比较严密。下面介绍几种常用的预测方法。

（1）回归分析。

回归分析原是统计学中的一项基本分析技术，它分析两个变量之间可能存在的相互影响、相互制约关系的数量形式。回归分析的应用非常广泛。自然界与社会的大量变量之间存在互相制约的数量关系，但是人们往往不能掌握它们之间的因果关系，或者不能清楚而准确地说出它们因果联系的数量关系，而只是从统计、抽样中积累它们的数量表现。回归分析就是通过假说、估计参数、检验验证这一过程来探索变量之间的数量关系的。它所处理的变量只有两个，定义为一元回归分析；多于两个则为多元回归分析。回归分析也是导出自变量与因变量之间关系式的技术。运用回归分析导出的关系式，称为回归方程式，其数学形式可以是各种代数函数、线性函数或两者的混合形式。回归方程若属于线性函数，称为线性回归方程，否则便是非线性回归方程。

简单地说，回归分析的数学处理过程就是把手头所掌握的统计数据看做对客观世界中变量的抽样的观察结果，通过对这些数据的直观考察，发现其间存在的一定的互相制约的数量关系，设想出表达这种关系的方程式，然后，再利用手头的数据，通过最小二乘法（或其他方法）来估计方程式中的参数，这样就确定了变量之间的数学模式。再用一系列检验方法来判断这样的数学模式是否可信，是否可靠，从而得出放弃、肯定或必须修改的结论。在经过仔细检验与验证得出肯定结论后，就可以利用这一数学模式进行计算、预测，最后对计算结果作出评价和解释。

由此可见，回归分析所得出的结果的质量在很大程度上取决于统计资料的全面收集及其准确可靠程度，还取决于对变量之间的关系的定性分析和方程式的假设，这些都不是上述数学处理所能解决的。

（2）时间序列分析。

时间序列分析也称为时序分析。所谓时间序列，就是把系列资料按发生时间的先后进行排列所得的一连串数字。若把时间也看做一个变量，那么事物随时间而变化的形式实际上就是两个变量之间的数量关系。从这个意义上讲，时间序列分析是回归分析的另一种形式，但它不是研究事物之间互相依存的数量关系，而是研究预测目标与时间过程之间的演变关系。所以，时间序列分析是一种定时的预测技术。

作为一种预测技术，时序分析的预测过程大致是根据所给的有序数的集合，进行统计规律分析，列出符合这个时间序列的最佳数学模式、浓缩时间序列的信息、简化时序的表示，然后利用此最佳数学模式进行未来的预测，并计算出预测结果的误差分析，作出关于未来发展趋势的解释。

时间序列分析和所有趋势外推预测法一样，基于两个基本假设：第一，决定事物过去发展的因素，在很大程度上仍决定事物的未来发展，这些因素作用的机理和数量关系是不变的或变化不大；第二，未来发展的过程属于渐进过程，不是跳跃式的变化。

(3) 直观预测法。

直观预测法是最古老的预测法。自从人类对自然现象和社会现象开始进行预测起，就大量运用直观预测法。一直到现在，直观预测法还是人们使用得最多的一种预测方法。

随着科学技术的发展，生产规模的扩大，人们预测对象的规模和复杂性扩大了，单靠古老的直观预测法来预测今天的生产技术和社会现象是很不够的，精确度不能保证。为此，近几十年来，人们研究了种种非直观预测法。尤其是存储量很大的高速电子计算机的广泛应用，使得人们可以利用人脑所不能比拟的电子计算机的计算速度和精确度进行计算、判断、推理，进行大规模的预测。20 世纪 50 年代和 60 年代初，国外曾出现追求预测数学化的热潮。60 年代中期，很多国家的政府和企业都热衷于建立电子计算机数据处理系统。但是，人们在实践中认识到，直观预测法有强大的生命力，人脑是任何电子计算机都无法取代的，盲目地过分追求预测数学化，会使管理科学走向死胡同。即使有了速度更快、功能更多、自动化程度更高的电子计算机，当遇到以下几种情况时，利用人脑进行直观预测仍是不可避免的：

第一，所获得的可以用于输入的信息量很微小，计算机的任何预测程序都难以使用如此微小的信息进行预测；即使进行预测，其结果也不可靠。一般来说，用数学模型进行预测，占有数据的年份应与超前预测年份相等，甚至早于超前预测年份。这个条件往往是难以具备的。

第二，原信息量极大，超出了机器的存储量。很多预测问题涉及政治、经济、心理和文化传统，需要根据许多相关因素作出判断，如城市的规划建设有上万个变量，计算机加工这样大的信息量，代价很大。

第三，所需要的信息已经无法获得或者要花很大代价才能得到。

第四，采用数学模型进行预测，一般只能考虑技术的自身发展可能。用过去和现在的发展状况指导未来发展的趋势，必须假定边界条件下不会发生突然的变化。因此，它对于政治、社会、政策等变化不敏感。

在这些条件下，计算机进行预测都显得很困难，人们必须依靠直观预测法。直观预测法主要有专家评估法、头脑风暴法和德尔菲法等。

2. 战略预测的步骤

战略预测的步骤一般可以概括为以下三步：

(1) 确定预测目标。根据预测对象和内容，确定预测的范围，规定预测的期限，选择预测的方法。预测的目标一定要明确，要求尽可能用数量单位来描述。预测的期限取决于预测的对象和内容。一般来说，为了减少误差，提高预测效果，经济预测和市场预测的期限较短。科学预测由于科学技术的研究和发展过程较长，因此预测期限较长。预测方法的选择，除了考虑预测范围、预测期限两个因素以外，还取决于历史数据的适用程度和有效性、预测的精确度、预测费用和收益等因素的综合考虑。预测总的目的是要考虑各种因素的影响，应用定性与定量分析结合的方法，尽量减少预测事物的不确定程度。

（2）收集与分析所需要的历史资料和数据。统计资料是进行预测的依据。由于预测涉及的因素复杂，要求收集的资料种类很多，数据量大，因此，为了提高预测工作效率和质量，必须掌握事物变化规律，注意数据资料的可靠性和完整性，分析研究数据的代表性，排除个别因偶然因素影响所出现的异常数据。

（3）提出预测模型，进行检验和预测。预测研究的一般程序是从预测工作科学性的要求出发而提出的带有共性的工作过程，照顾到了预测工作的组织、信息收集、分析计算和评估等各个方面。这并不是说在具体预测研究中要死搬硬套一般程序，而是应对具体事物作具体分析。

5.4.2　系统分析

系统分析最早是由美国兰德公司在第二次世界大战结束前后提出并加以运用的。系统分析作为一种一般的科学方法论，已被各国所认同和采用，运用于广泛的研究领域之中，特别是在有风险和不确定性的规划领域中以及公共决策系统的改进上。随着应用数学及运筹学的进一步发展，高容量、多功能的电子计算机的出现，系统分析法自身及应用范围不断深化和扩展，已成为战略规划中的一种重要方法。

1. 系统分析的概念

系统是系统分析的最基本的概念。按照一般系统论的创立者贝塔朗菲的观点，系统是处于一定的关系中并与环境发生关系的各个组成部分的总体。系统分析法，就其本质而言，是一种根据客观事物所具有的系统特征，从事物的整体出发，着眼于整体与部分、整体与结构及层次、结构与功能、系统与环境等的相互关联和相互作用，求得优化的整体目标的现代科学方法。

世界上的一切事物都是作为系统而存在的，是由若干要素按一定的结构和层次组成的，并且具有特定的功能。系统普遍存在于自然界和人类社会中，它是由要素所构成的整体，离开要素就无所谓系统，因而要素是系统存在的基础；系统的性质一般是由要素所决定的（有什么样的要素，就具有什么样的系统及其功能），但系统又具有各要素没有的新功能；各种要素在构成系统时，具有一定的结构和层次，没有结构和层次的要素的胡乱堆砌不成系统；系统的性质取决于要素的结构，而在一个动态结构的系统中，结构的好坏直接由要素之间的协调体现出来；系统与环境之间也存在密切的关系，每个系统都是在一定的环境中存在与发展的，它与环境发生物质、能量和信息的交换。系统的各要素之间、要素与整体之间、整体与环境之间存在着一定的有机联系，从而在系统内外形成一定的结构和次序，使得系统呈现出整体性、有机关联性、结构层次性、环境适应性和有序性等特征，这些特征就是所谓的系统同构性。

2. 系统分析的内容

根据系统的本质和基本特征，可以将系统分析的内容相对地划分为系统的整体分析、结构分析、层次分析、相关分析和环境分析等几个方面。

（1）整体分析。

整体性是系统最基本的属性或特征之一。因而，整体分析也就构成系统分析的一个主要内容。根据系统论的原理，任何系统都是由众多的子系统所构成的，子系统又是由单元和元素所构成的。系统性质、功能与运行规律不同于它的各个组成部分在独立状态时的性质、功能和运行规律，它们只有在整体意义上才能显示出来。系统的整体性体现了各个组成部分所没有的新性质、新功能和整体运行规律，也就是“整体大于各部分之和”的原理；另一方面，作为系统整体的组成要素的性质和功能也不同于它们在独立时的性质和功能，当它们作为系统的一部分与周围的环境发生作用时，并不是代表单个的要素本身，而是代表系统整体。

用整体分析法进行战略规划就要求我们要从全局出发，从系统、子系统、单元、元素之间以及它们与周围环境之间的相互关系和相互作用中探求系统整体的本质与规律，提高整体效应，追求整体目标的优化。因此，整体及其目标优化是整体分析的主要内容。在面对一些复杂的、较大的系统时，要求我们把系统分解为一组相关联的子系统，在整体的指导下协调各个子系统的目标，从而实现系统所要求的总目标，即通过求局部最优化得到局部解，经过协调而得到整体的最优解。

（2）结构分析。

结构分析是系统分析的一个组成部分。结构分析是寻求系统合理结构的途径或方法，其目的是找出系统构成上的整体性、环境适应性、相关性和层次性等特征，使系统的组成因素及其相互关联在分布上实现最优结合和最优输出。

所谓系统的结构，是指系统内部各要素的排列组合方式。同一些要素，排列组合的方式不同，就可能具有完全不同的性质、特征与功能。对于一个复杂的系统来说，如果没有一个确定其合理结构的方法，没有一个考虑整体优化的方案，那么系统分析和设计也就无法进行，也将对系统的运行产生不良的后果。因此，正确掌握结构分析法，对于确定战略系统的合理结构，实现各种战略的有机配合很有帮助，是战略规划工作的一个重要内容。

（3）层次分析。

系统论认为，任何复杂的系统都具有一定的结构层次。系统结构的层次性既指等级性，又指侧面性。前者是指任何一个复杂系统都可以从纵向上划分为若干等级，即存在着不同等级的系统层次关系。后者是指任何同一级的复杂系统又可以从横向上分为若干相互联系、相互制约而又各自独立的平行部分。系统的结构层次性是系统稳定性和连续性的重要保证，也是系统发挥其最佳功能的前提条件之一。

系统分析中的层次分析法产生于 20 世纪 70 年代，是由美国著名运筹学家萨蒂提出的。层次分析的基本思路是：明确问题中所包含的因子及其相互关系，将各因子划分为不同层次，从而形成多层次结构，通过对各层次因子的比较分析建立判断矩阵，并通过判断矩阵的计算将不同规划方案按重要性或适用性大小排列，为最优方案的选择提供依据。层次分析首先要解决系统分层及其规模的合理性问题，层次的划分要考虑到系统传递物质、能量和信息的效率、质量与费用等因素；其次，要使各个功能单元的层次归属合理。

(4) 相关分析。

系统论告诉我们，构成系统的各个子系统、单元和要素之间以及它们与环境之间是相互联系与相互作用的，这一特征叫做系统的相关性。相关性首先体现在系统与要素之间的不可分割的联系上。在系统整体中，各要素并不是孤立存在的，而是由系统的结构联结在一起，相互依存、相互作用。如果其中一个发生变化，就会影响其他要素发生变化。其次，相关性还体现在要素和系统整体的关系中。要素与系统整体相适应，一旦要素改变，整体也必然发生改变；同样，一旦系统整体发生改变，系统要素也必然发生改变。再次，相关性还体现在系统与环境的关系方面，即系统的改变引起环境改变，环境的变化也会导致系统的变化；系统创造自己的环境，环境又规定着自己的系统。最后，相关性还体现在系统发展的协同性上。协同性是指系统发展变化中各部分发展变化的同步性，即系统的变化必然引起各要素以及环境的变化，这种变化又不是杂乱无章的，而是有规律可循的，这个规律就是同步性。

相关分析要求我们在战略规划研究过程中尤其是在识别议题、进行 SWOT 分析和方案规划中，要充分注意到各种问题及问题的各个方面之间、各个目标之间、各个方案之间的关系，注意战略与社会、经济和政治环境之间的相互联系与相互作用，考虑各种因素对战略实施效果可能产生的影响。

(5) 环境分析。

系统论认为，系统与环境处于相互联系和相互作用中。系统以外界的条件或环境为存在和发展的土壤。环境是指系统之外的所有其他事物或存在，即系统产生、发展及运行的生态条件或背景。一个系统总是处于更大的系统之中，成为更大系统的子系统，因而更大的系统构成该子系统的生态环境。系统与环境的相互联系和相互作用表现在：一方面，环境是系统存在和发展的前提条件，环境影响、制约甚至决定系统的性质和功能；另一方面，系统的存在和发展也改变着周围的环境，系统作用的不同将引起环境的变化。系统与环境不断进行着物质、能量和信息的交换，使系统具有环境适应性特征。

环境分析涉及的内容很广，包括：自然环境或技术环境分析，社会经济环境分析，文化心理分析，等等。在系统分析中，要对环境加以因时、因地、因人的分析，找出相关的环境因素，确定其影响的范围和程度，以便在战略规划过程中予以考虑，这正是环境分析的任务与目的。

5.4.3 脚本规划法

作为战略规划中一种有用的创造性思维方法，脚本规划法能促进规划者采取一种比预报、预算、市场/产品分析或权变规划更为完整的观点来制定规划。脚本规划法更适合解决不确定性、复杂性和大量相关性的问题，因为它能克服种种传统规划方法中的许多弱点，因而被广泛应用于战略规划过程中，并赢得了越来越多规划者的重视。

1. 脚本

当组织所面临的未来形势不清晰或相当模糊时，进行战略规划就会变得十分困难。脚本规划法是围绕各种突发事件展开的，它详细指明各种可能性是如何结合在一起，产生各种政治、工业技术的或外部事件的形势，组织战略可能对这些形势起作用。当每个脚本都被作为战略规划的情况时，不同的战略议题、战略、利益相关者和资源就会显露出来。

按照奎德的说法，脚本是对所要分析、设计和评估的系统或战略被设想将要实现的各种条件的描述与预言。它是关于明天的世界会是什么样子的故事。脚本可以帮助作出所要的各种各样的决策。脚本有各种各样的表现形式。在一些场合下，脚本可能由计算机的语言加以表述；而在另一些场合下，它看起来可能像一篇历史论文，有丰富的情节，传达的不仅仅是有形的状况，而且有作者的语调和心情。

脚本规划有其不同于其他类型的战略规划方法的特征：一方面，脚本规划以一系列的假设为基础，而不是以某一假设为基础，这些假设是对未来特定时间内组织、战略及组织环境的发展趋势或状况的描述或预测；另一方面，由于未来的组织战略及环境存在着各种不确定因素，而任何脚本只能描述一种可能的前景，因此，在战略评估中，往往要编写几个可能的脚本，而不是单一的脚本。

2. 如何开发脚本

开发脚本既是一门科学也是一门艺术，既要将内外组织系统的现实交织在一起，也要指明组织的种种机会、局限和约束。脚本描述的是一个可能的未来故事。一个好的脚本应该包含以下内容：故事的主人公，就是组织；阐明组织正在、可能抑或应该面临的种种问题，关键主题应当是组织的适应性挑战；以一种反映真实世界的方式反映新的现实；突出关键的驱动力（如政治或人口统计问题）以便使用者能识别作为未来环境中种种变化的缘由的问题。

脚本的写法是以记叙文的方式来完成的，它们从各种各样的角度描述种种问题、事件和参与者。故事情节的展开则以过去的事件以及将来发生的预定事件和未料知事件为基础，这些事件会提出参与者能够或不能对其作出反应的机会或威胁。一个撰写得好的脚本所体现出的关键特征是：大量事件同时发生，而且关于可能的未来的故事应该包括多个事件，这些事件或是组合在一起发生，或是杂乱无章地相继发生。一个写得好的脚本还应该体现出所有相互联结的系统的系统性问题，而且关注使这些系统联结成的种种显在和隐含的关系；脚本应当注入新奇性和创造力，应当发出能量和运动，应当具有充满真人事件的、富于情趣的生活情节，应当似非而是却有极丰富的想象力。另外，脚本必须是建立在真实世界的基础上，并反映着真实生活的可能性。

3. 脚本规划的局限性

任何事物都具有两面性，同样，脚本规划法在实际的运用中也有其自身的局限，最大的局限就是将脚本规划同组织的常规过程整合起来并非易事。具体说来，存在着以下一些困难和限制因素：(1) 组织在“参股”脚本规划时，习惯于为数字、计划的偏差以及硬数据所驱使，可能会造成困难。保持确定性和不确定性之间、硬数据和软数据之间，以及紧密控制和宽松控制之间的张力十分困难，并且需要具备领导和管理技巧。尽管这并非真是该过程的一个限制因素，但糟糕的实施会造成脚本规划效果的局限。(2) 脚本规划只能提供适当数量的脚本并提出恰当的选择，但不试图阐明每一种可能的选择。(3) 脚本规划必须同其余的规划活动结合起来。(4) 脚本规划要求设计一些数学化的基础，以便衡量种种计划。(5) 脚本规划要求把在脚本规划过程中引起的灵活思考，纳入正式计划的完成中。(6) 脚本规划需要随着时间的推移，根据环境变化来开发和演绎脚本。(7) 教育并使组织投入脚本规划需要耗费时日；使高级管理者将宝贵的时间用于这种活动，常常是困难的。

本章小结

1. 公共部门的领导者和管理者必须是有效的战略家，他们必须在其控制的领域里有尽可能大的自行处理权，他们需要制定有效的战略以应对已发生变化的和正在变化中的环境，并为决策制定一个连贯的、防御性的基础。

2. 战略规划的过程就是在环境分析的基础上研拟战略的过程，也是将战略意图转化为战略决策的过程。一般而言，战略规划的过程包括以下几个方面的主要活动：发展初步认识；确认组织法规及使命；进行 SWOT 分析；确认组织所面临的战略议题；战略选择。战略规划的三种模式分别是理性模式、过程模式和行动模式。

3. SWOT 分析的主旨在于给出一个有关组织内外环境、问题的集中图画，并激励组织调动其优势，以便最大限度地利用机会、规避风险。问题议程是战略规划过程的关键，因为它在战略决策中扮演着关键角色。在战略规划中，议题被用来指导战略行动的探究，为寻求战略反应规定一个舞台。因为流于表面的或令人误解的议题会误导人们对战略的探究，所以创建一个待处理的问题议程是战略规划中最重要的行动。在众多的方法中，用张力来确定议题是最适用于公共部门的。

4. 战略选择是战略管理过程中的决策阶段。战略选择就是根据战略目标的要求，提出若干可选择的方案，按照一定的评价标准，选择最优的战略方案。战略选项是战略选择的基本前提，它依据的是组织的战略目标，以及达到战略目标的途径与措施，它主要回答组织面前存在何种可选战略方案的问题。

5. 战略规划的方法和技术是战略规划的重要组成部分，主要包括预测法、系统分析法和脚本规划法三种规划方法。

关键术语

1. 战略规划：战略规划是战略方案的拟订，它依据的假设是：环境发展趋势和变化均需预测与了解，环境变化的主动权在组织。战略规划是对当前决策的预测，它是一个发展的过程，是“决策—执行—衡量”的循环。

2. SWOT 分析：就是根据组织拥有的资源，分析组织内部优势与劣势以及组织外部环境的机会和威胁，进而选择适当的战略。S 是指组织内部的优势（strength），W 是指组织内部的劣势（weakness），O 是指组织外部环境的机会（opportunity），T 是指组织外部环境的威胁（threat）。

3. 问题议程：也叫议题议程。问题议程涉及组织将要做什么，为什么这样做，如何做，何时做，何处做，以及由谁做的问题。

4. 议题：组织内部或外部出现的趋势或事件，这些趋势或事件极大地影响了组织达到其理想未来的能力。

5. 战略选择：就是根据战略目标的要求，提出若干可选择的方案，按照一定的评价标准，选择最优的战略方案。

6. 战略选项：它依据的是组织的战略目标，以及达到战略目标的途径与措施，主要回答组织面前存在何种可选战略方案的问题。

案 例

某市实施西部开发的战略规划

实施西部大开发战略是国家为了有效遏制西部生态环境恶化的趋势，扩大内需，开拓国内市场和就业渠道，促进资源合理配置和流动，缩小地区差距，最终实现全国现代化的重大战略举措。党中央、国务院已明确提出要将实施西部开发战略作为“十五”期间的工作重点，并已迈出实质步伐。本市作为西北地区重要的能源和原材料基地，必须牢牢抓住这一难得的历史机遇，理清思路，突出特色，狠抓重点，通过长期不懈的努力，实现全市经济社会的持续协调发展。根据上级关于西部大开发的总体思路，结合本市实际，制定下列规划。

一、开发思路和目标

本市迎接西部开发的总体思路是：紧扣国家西部开发的原则和政策，依照上级的总体战略部署，结合本市实际，以优化经济结构和发展优势特色产业为主线，以新区建设、市区提高、生态环境保护和基础设施建设以及发展非公有制经济为重点，积极实施科教兴市、开放带动和可持续发展三大战略。经过 30 年的努力，把本市建设成为经济、社会、资源和环境协调发展，科技、能源、信息高效利用的现代化生态城市。

开发目标是：按照上级关于西部开发的总体思路和实施步骤，从 2000 年起，用 30 年时间，通过三个阶段的开发，使本市的经济社会发展水平达到全国中等城市的发展水平。

——启动开发阶段。从 2000 年到 2005 年（即“十五”期间），生态环境得到明显改善，经济社会发展的良好环境初步形成，经济结构调整初见成效，效益明显提高。年均 GDP 增长 10.0%，高于全国 3.0 个百分点；科技贡献率达到 55%；城市化水平达到 53%；人口自然增长率控制在 7‰以内；城镇登记失业率控制在 3.5%以内；森林覆盖率达到 46.3%；累计完成 2 300 平方公里的水土流失治理任务。

——规模开发阶段。从 2006 年到 2015 年，用 10 年时间，使生态环境实现良性循环，经济社会发展逐步步入健康持续发展的轨道，经济水平达到西部中等以上城市的前列。城市化水平达到 60%以上；人口自然增长率控制在 5.5‰以内；城镇登记失业率控制在 3.8%以内；森林覆盖率达到 53.9%；水土流失累计治理达到 90%；自我开发能力和良性开发机制初步形成；科技产业在国民经济中的比重明显提高。

——全面提高阶段。从 2016 年开始，再用 15 年时间，全面实现人与自然高度和谐，经济社会良性发展，社会发展水平和人民生活水平达到并超过全国平均水平的目标。

二、开发内容和重点

重点抓好六个方面的工作：

第一，加大生态环境保护和建设力度，为全市经济发展创造良好的硬环境。

从现在起到2010年，全面实施生态环境建设工程。要按照“退耕还林（草）、封山绿化、个体承包、以粮代赈”的要求，以治理水土流失、建设秀美山川为目标，以植树种草为重点，以小流域为单元，山水田林路统一规划，沟坡梁峁塬综合治理，点片带网体配套组合，林草粮果菜全面发展。

坚持“全面规划，分步实施，突出重点，先易后难，稳步推进”的原则，以东北部及中部残塬丘陵沟壑区植树种草、西部及西北部土石山区天然林保护、南部塬区农田林网建设为重点，有计划、有步骤地实施山川秀美工程。用10年时间，实施八大工程：人工造林12.9万公顷；飞播造林1.2万公顷；封山育林1.75万公顷；人工种草1.34万公顷；人工改良天然草场1.0万公顷；建设淤地坝288座；建设集雨窖4万处；建设种苗基地43个。治理水土流失面积900平方公里（保存面积），森林覆盖率达到53.9%。同时，要根据本市特点，按行政区划，分区域、分阶段、有步骤地建设和恢复矿山地质环境。全面规划210国道两侧建材开采矿点，做好扰动区生态环境的治理恢复，使全市生态环境开始步入良性循环的轨道。

第二，加快基础设施建设步伐，为全市经济快速发展夯实基础。

紧紧抓住国家加大西部基础设施建设力度的有利机遇，集中力量，以更大的决心和更大的投入，进一步加快交通、通信、信息网络、水利和城市基础设施建设。力争用5～10年时间使本市的基础设施能够完全适应经济社会快速发展的需要。

——交通建设。公路建设要树立超前眼光，制定完善的公路建设规划，并在原有基础上形成网络，增加密度，提高等级。“十五”期间要加快以市区为中心，以210国道、208、305省道为主轴的全市“Φ”字形公路网建设。集中力量抓好305省道从本市至孙家河41.5公里，后烈桥至画眉梁15.5公里二级公路改建、新建工程，改善市东西主干线的路况；实施本市与周边各县区之间断头路的修建工程，改造提高县乡公路等级；新建耀县香山、药王山旅游专用线23.5公里。到2005年，力争全市拥有高速公路98公里，二级公路237公里，三级公路454公里，公路总里程达到1 409公里，公路密度达到36公里/百平方公里，公路技术结构趋于合理。再用五年时间，完成210国道宜君县城至东湖22.7公里二级水泥路改建工程，建成耀县九里坡头经瑶曲至后烈桥45.5公里二级沥青路，使本市的干线公路全部达到二级以上标准，完成旧路改造206.2公里。到2010年，力争全市公路总里程达到1 598公里，公路密度达到41公里/百平方公里，基本实现经济发达地区的行政村通油路。铁路要尽快打通对外运输通道，并逐步提高境内铁路运输能力，“十五”期间，积极争取将铜罕线向东延伸与西延线连接，并能经过侯马、新乡、菏泽，一直通达亚欧大陆桥的东桥头堡之一的日照市，使其成为一条与陇海线平行的东西骨干铁路。积极争取西安至平凉铁路由本市新区通过，打通我市向西辐射和与东承接的骨干通道。依托毗邻咸阳国际港的优势，建立航空货物集散中心，发展航空服务业。

——邮电通信和信息网络建设。建设邮件综合处理中心，实现计算机管理、自动化作业，建成以市局为中心、县区支局为支撑、辐射全市的邮递网，并以此为基础，扩大邮政的服务功能；兴建大容量电信交换局，提高电话普及率，扩大移动电话、高速传呼信号覆盖范围，建成集数字化、智能化、个人化和宽带化为一体的现代通信网；要在加快建设以光缆为重点的现代化双向、宽带、多功能的有线广播电视传输覆盖网的同时，辅以无线和卫星接收差转等多种技术手段，实现村村通，达到广播电视覆盖全市的目标。加强信息化建设，提高国民经济信息化水平，重点是加快信息网络体系和信息市场体系建设。同时，利用网络技术、多媒体技术等各种信息手段，多渠道、全方位开展信息咨询和中介服务。

——电网建设。调整网线结构，科学设计，形成"Φ"字形电力网络框架；全面完成农村电网改造任务，新增一批中低压电站；加快城市电网建设，全面实现城市电网无杆化。

——水利基础设施建设。重点是加大水资源的开发利用和保护力度。加强骨干水源工程建设，续建豹村水库，新建龙潭水库、水沟水库，抓好郊区马杓沟水库、宜君福地水库、耀县高尔塬水库的挖潜改造；开发"380"奥陶纪灰岩溶水；积极配合省上建设泾河东庄水库径高干取水工程，全面形成以三河（赵氏河、沮河、马栏河）两库（桃曲坡水库、龙潭水库）为骨干的城乡供水网络；推广节水农业，转变用水观念，采取集雨窖灌、喷灌、渗灌等多种形式的节水措施，提高水的有效利用率；完善防洪体系工程建设，提高防洪工程防御标准。重点是完成漆水河、王家河等主要河流以及新区的整体防洪设施建设。

——城市基础设施建设。重点是加快新区、市区、耀县、宜君和重点小城镇的水、电、气、讯、路以及环境污染治理工程的建设。建成市污水处理厂和新区丁家沟污水处理厂，使全市城市污水处理达到二级标准；建成市垃圾无害化处理中心，完成全市建材企业的粉尘治理任务。

第三，以新区建设为中心，切实抓好市区改善和小城镇建设，推进城市化进程。

要按照"完善基础设施、提高服务功能、强化区域特色"的方针，在重点抓好新区建设和市区完善的基础上抓好宜君、耀县和重点小城镇的建设。

——突出抓好新区建设。新区建设要在关中高新技术产业开发带之中进行定位，要与西安高新技术开发区、杨凌农业高新技术示范区融为一体，实现功能和优势的互补。重点是突出特色，构筑优势，高标准、高起点、高质量地加快基础设施建设步伐，增强其对全市及周边地区的辐射和带动作用。

——努力提高和完善市区功能。市区重点是加大基础设施建设、污染源综合治理、城市景观改造和退建还绿、增加公共绿地的力度，逐步完善城市功能。

——加快小城镇建设。要按照"布局合理、规模适度、特色鲜明、优势突出、辐射力强"的原则，加快小城镇建设步伐，力争用5～10年时间在全市架构一个科学合理的城镇体系。"十五"期间重点抓好水、电、路、讯等基础设施的建设，以及移民搬迁和乡镇企业的发展。突出抓好210国道、省道沿线和因矿设置的能够带动农村经济发展的重点乡镇建设，使其成为促进区域经济快速健康发展的载体。

第四，以经济结构调整为主线，突出抓好特色产业和优势产业的培育发展。

要紧紧抓住国家开发西部的有利时机，将本市的发展置于"全球经济一体化"的大环境中，结合国家产业政策和投资方向，本着发展特色经济和优势产业的原则，积极有序地抓好所有制结构、产业结构、生产力布局（区域特色经济）的战略性调整。要以市场为导向，积极培育具有发展基础和发展潜力的煤炭业、建材业、铝业、机电业、陶瓷业、旅游业、果业、制种业、医药业、公用事业、建筑业、商贸业和房地产业。近期要突出抓好传统产业中具有竞争优势与规模优势的建材业和铝业，着力培育和壮大具有发展基础且发展潜力大的果业与旅游业。同时，还要运用市场规则，积极稳妥地发展一些符合市场规律、具有高成长性的新兴产业。

——做强建材业。打破部门、地区和所有制界限，通过强强联合，组建 1～2 个资本多元化、管理现代化的大型水泥集团，形成规模竞争优势。按照“调整结构，上大压小”的原则，逐步淘汰落后工艺水泥生产线，建设一条日产 4 000 吨水泥熟料生产线；要积极发展高标号水泥、特种水泥及水泥产品的深加工，巩固本市作为陕西乃至西部地区建材基地的地位。

——做大铝业。铝业要以铝冶炼为基础，以发展铝型材、铝合金制品、铝基复合材料等为主攻方向，通过大规模技术改造和产品开发，使铝业成为本市最具活力、产业链最长、关联度最紧密的产业群。要尽快建成铝厂自备电厂，积极推进煤电铝一体化进程。同时，要依照国家产业政策，对现有的铝冶炼生产线进行技术改造，淘汰 65 千安以下自焙阳极电解槽，采用 200 千安大型预焙阳极电解槽，实现节能、降耗、提效。在组织上组建铝业集团，力争将本市建成重要的铝业基地。

——突出发展果业。重点是发展苹果，其次是葡萄、核桃和仁用（或仁肉兼用）杏。充分利用和发挥本市属全国苹果最佳适生区及本市苹果品质享誉国内外并已进入国际市场的有利条件，扩大种植面积，实施优果工程，强化果园管理，推广适用新技术，提高产量和品质，大力推进苹果产业化进程。同时，依托现有基础，建设全国最大的无毒苗木繁育及推广基地，力争年产量达到 2 000 万株以上。葡萄业要以市场为导向，依托李华技术和品牌优势，稳步发展。要结合山川秀美工程的实施，大力发展仁用（或仁肉兼用）杏，力争建成杏仁及其加工品基地。

——积极培育旅游业。旅游业是最具生命力和牵动力的朝阳产业。要依托特有的文化遗存和自然景观，与全省整体旅游资源开发相结合，着力培育和发展旅游业。按照“培育一个中心、完善四大景区”的思路，抓好中心旅游城——新区的建设，使其成为人与自然高度和谐的生态旅游城市，加快开发玉华宫、香山休闲度假旅游区和佛教文化旅游区、药王山医药保健旅游区、耀州窑文化园区，着力实施精品工程。结合实际，发挥优势，尝试开发煤矿探秘游、蒸汽机车怀旧游、农家休闲游等特色旅游。围绕“吃、住、行、游、购、娱”六大旅游要素，按照市场经济规律，组建旅游集团，发展旅游经济，实施具有地方特色的名人战略，打出、打响“药王牌”、“柳范牌”、“玄奘牌”，开发五大系列旅游产品，建立旅游产品开发、销售和服务一条龙的产业化发展体系。通过努力，使本市逐步成为一个旅游氛围“浓”、旅游经济“重”、旅游产品“广”、旅游品位“高”、发展思维“宽”的特色旅游经济区。

第五，大力发展非国有经济，增强经济发展活力。

继续贯彻落实省委、省政府关于大力发展非公有制经济的决定，协调落实在市场准入、扩大经营领域、投融资等方面的支持性政策，倡导、鼓励科技人员、机关干部等领办创办多种资产组织形式的民营科技企业。引导非公有制经济拓展进入公共事业和旅游、房地产、社会化服务等第三产业领域，使其走上高起点经营、规范化发展的轨道。到2015年，全市个体工商户累计达到4.8万户；注册资本100万元以上的私营企业达到400家，注册资本在1 000万元以上的私营企业达到30家；非公有制经济占全市GDP的比重达到60%以上，上缴税金占地方财政收入的比重达到60%。

第六，积极实施科教兴市、开放带动和可持续发展三大战略，促进全市经济社会持续快速发展。

——实施科教兴市战略。技术进步是竞争中处于优势的重要条件，也是加快发展的有效途径。一要用高新技术改造传统产业，加速传统产业的技术升级。引进推广一批对产业整体技术进步有重大带动作用的共性技术、关键技术及成套技术，大力开发具有竞争力的新产品，提高产品的质量档次和技术附加值，形成新的经济增长点。二要稳步发展具有特色和优势的高新技术产业，重点是加强科技服务体系建设，为高新技术产业发展创造良好环境。三要多渠道筹措技改资金，积极争取国家财政债券等多方面的资金，支持本市重大技术改造项目，加快技术改造和技术引进步伐。四要努力提高企业的技术创新能力。支持和鼓励国有企业与大专院校、科研院所合作，建立产、学、研一体化的创新体系。五要抓好人力资源的开发工作。

教育产业发展重点是加强基础教育和职业教育，抓好成人教育，完善教育体系，优化教育结构，扩大教育规模，改善教学设施，提高教育质量。一要加强基础教育，巩固普及九年义务教育成果，逐步普及高中阶段教育；二要调整教育结构，加强学前教育、特殊教育、成人教育和职业教育，创办市职业技术教育学院，实现高等教育的突破；三要加快教育产业化进程，重点是成人教育和职业教育的产业化发展；四要鼓励社会力量办学，大力发展民办教育，全方位增加教育投入，改变政府和企业承包办学的状况，形成政府和民办教育相结合的格局。

积极开发人才资源。努力创造尊重知识、尊重人才的社会氛围和政策环境，形成优秀人才脱颖而出、人尽其才的用人机制。要加大引进和培养具有创新意识与创业精神且能够适应“全球经济一体化”形势的高级经营管理人才、复合型人才和各类高级专业人才的步伐。用事业、感情、适宜的待遇留住人才，吸引人才，激发人才的积极性和创造精神。

——实施开放带动战略。实施对外开放、东西合作、西西合作的多层次、宽领域的开放带动战略，积极利用国内国际两个市场、两种资源，营造良好的开放开发环境，促进全市经济实现跨越式发展。努力拓展利用外资领域，提高利用外资的质量和水平。对基础设施重点项目，积极探索运用BOT、TOT等引资新方式，开辟基础设施和基础产业吸引外商投资的新渠道。对一些重大项目采用以项目定政策的特殊方法，吸引国外各类资金进行投资，加大国内“东引西联”力度，主动出击，特别是加强与东部地区的合作，多形式、多渠道、宽领域地引进国内优势企业的项目、资金、品牌、技术和人才，互惠互利，共同发展。积极迎接全球经济一体化和我国“入世”的挑战，大力开辟国外市场，扩大对外贸易，鼓励对外合作，拓展发展空间。着力营造良好的开放开发环境。加强软环境建设的领导，积极开展软环境建设的宣传和教育，增强全体市民“人人都是投资环境，事事关乎本市形象”的意识，在全市上下形成“人人为优化环境争作贡献”的强大声势和舆论环境。

充分发挥政府的服务职能，强化和完善“一个窗口对外、一厅式服务”的办法，为投资合作者提供优质、高效的服务。

——实施可持续发展战略。以做好中国 21 世纪议程试点工作和实施本市 21 世纪议程为主线，积极实施促进全市人口、资源、环境和经济社会协调发展的可持续发展战略。坚持以人为本的原则，把改善人类生存的环境条件、提高居民的生活水平放在首要位置。积极推进经济增长方式的转变，特别是对煤炭、建材、铝冶炼等传统产业要加快采用清洁生产技术、节能技术、资源综合开发和利用技术，改进生产和经营管理方式，积极发展高附加值、高技术含量的产品，在大量降低物质量的开采、生产和废弃排放，努力减少环境污染的基础上，实现产值和效益的较大增长，加快资源优势向产业优势的转化。合理利用土地资源，在不增加对土地的压力，有效保护土地资源的基础上，促进农业生产的发展，为生态环境建设创造条件。

三、政策措施

1. 着力营造良好的发展环境

实施一批重点基础设施和生态环境建设项目，改善本市农业生态和交通、通信、城市环境等基础设施状况，为大开发创造良好的硬环境；加快体制改革，立足于西部大开发，完善有利于吸引资金、技术、人才的现行政策，用足用好国家和省上对西部开发采取的优惠政策，同时制定本市相应的配套办法，形成良好的政策环境；要适应西部大开发的新形势，解放思想，更新观念，强化服务意识、法制意识，提高办事效率；要在项目审批、土地征用、规划建设、劳动人事、社会保障、工商管理、税费征收等方面尽快与东部地区和国际惯例接轨，切实创造良好的生产要素投入的软环境，通过软硬环境的建设为国内外尤其是国内发达地区的资金、技术、项目、人才和先进管理经验向我市流动创造条件。

2. 强化项目库建设

项目是实现开发目标的关键。要依照市迎接西部开发规划确定的发展重点，加大项目的筛选、储备、前期论证力度，并及时与国家和省上做好衔接，争取更多的项目进入国家和省上的“盘子”。近期要围绕五个重点领域选择一批既符合国家投资方向又能为本市未来发展夯实基础的项目，加大项目研究储备力度，扎扎实实做好项目前期工作，积极争取国家在投资和政策上的倾斜与支持。

3. 建立富有竞争力的政策调控体系

政策的调控和导向对本市的发展起着至关重要的作用。一方面，要积极用好、用活、用足国家给予西部地区的优惠政策。另一方面，要针对本市的特点，加强政策研究，争取国家和省上能给予一些特殊的优惠政策。还要进一步解放思想，加快制度和机制创新的步伐，建立一套富有竞争力的优惠政策体系。其中，要重点抓好：

——按照国家西部开发的要求，制定内容系统全面的本市投资和贸易优惠政策。

——建立迎接西部开发专项基金，研究制定市重点领域各项投资统一管理的办法，确保有限资金高效利用。

——制定并完善各类经济主体参与市重点发展领域的鼓励办法。

——制定具有凝聚力和吸引力的人才政策，推动、造就适应全市发展的人才队伍。

——加强实施规划的协调和领导。要维护《规划》的指导性和严肃性，要本着全市一盘棋的思想，强化统一组织和领导，确保规划的实施工作能够科学有序地进行。

思考题

1. 什么是战略规划？公共部门战略规划的特点是什么？
2. 简述战略规划和战略管理的联系与区别。
3. 战略规划对于公共部门有什么积极意义？
4. SWOT 分析方法在公共部门和私人部门的应用有什么不同？
5. 简述确定问题议程的方法及其各自的特点。
6. 影响战略选择的因素有哪些？如何制定战略选项？
7. 为什么脚本规划法在战略规划过程中被广泛地应用？
8. 分析前述案例，指出该市战略规划的成败得失。

阅读书目

1. 孙海鸣，刘乃全. 企业战略高级教程. 上海：上海人民出版社，2002
2. 徐二明. 企业战略管理. 北京：中国经济出版社，2002
3. [美] 乔治·斯坦纳. 战略规划. 北京：华夏出版社，2001
4. 张成福，党秀云. 公共管理学. 北京：中国人民大学出版社，2001
5. [美] 保罗·C·纳特，罗伯特·W·巴可夫. 公共和第三部门组织的战略管理. 北京：中国人民大学出版社，2001
6. 陈振明主编. 政策科学. 北京：中国人民大学出版社，1998
7. [澳] 欧文·E·休斯. 公共管理导论. 北京：中国人民大学出版社，2001
8. 王德中编. 企业战略管理. 成都：西南财经大学出版社，2001
9. 蒋明新主编. 企业经营战略. 成都：西南财经大学出版社，2001
10. 冯之浚. 论战略研究. 北京：群言出版社，1995
11. [美] 安娜蓓尔·碧莱尔. 领导与战略规划. 北京：机械工业出版社，2000
12. John M. Bryson，*Strategic Planning for Public and Non-profit Organizations*，San Francisco：Jossey-Bass，1996

第 6 章

公共部门战略实施

本章要点

- 公共部门战略实施研究的缘起
- 公共部门战略实施及其与战略制定的关系
- 公共部门战略实施在战略管理过程中的作用
- 公共部门战略实施过程和手段
- 影响有效的公共部门战略实施的因素
- 中国公共部门战略的有效实施问题

成功的战略并不能保证成功的战略实施。正如亨利·明茨伯格所说："战略制定者的绝大多数时间不应该花费在制定战略上，而应该花费在实施战略上。"许多组织花费大量的时间、精力和金钱制定战略与选择战略，但对于实施的条件、手段、成本和收益却研究甚少、重视不足。这样做的结果，不只是事倍功半，前期的投入也将付诸东流。因此，战略实施在整个战略管理体系中占有举足轻重的地位，而战略实施能力是最重要的管理能力之一。本章探讨公共部门战略实施及其与战略制定的关系，公共部门战略实施的过程与手段，影响公共部门战略有效实施的因素及模式，战略实施中的组织结构设计和资源配置等主题，并以电子政务建设为例，分析我国公共部门战略的有效实施问题。

6.1 公共部门战略实施概述

在战略管理过程中，战略制定后形成的战略只是纸上或人们头脑中的东西，只有将战略付诸实践，战略才能真正地发挥作用。战略实施是将战略目标转化为战略现实的唯一途径，它是战略管理过程中的一个重要阶段。

6.1.1 公共部门战略实施研究的缘起

尽管战略实施是战略管理过程中的一个重要环节，但在相当长的时间里，战略实施并未受到应有的重视。这不是偶然的，而是有其深刻的原因。

“战略”一词起源于军事领域。二战后，它开始应用于企业管理领域。20 世纪 80 年代初，公共部门开始采用战略方法进行管理。正如学者波齐曼和斯特劳斯曼所说，政府部门必须进行战略管理，才能解决公共部门中所出现的问题，提高公共部门的效率。① 在最初的战略规划阶段，公共部门采用战略方法主要是用于制定战略规划而非进行管理。20 世纪 80 年代后期，战略实施开始受到人们的关注。从理论上看，战略规划着重于对战略形成过程的研究，忽视战略实施，认为战略规划能利用组织的历史优势自然而然地得到实施。这种观点偏重于战略制定，忽视战略实施、战略评估的研究，从而严重制约了公共部门战略研究的发展，必须加以纠正。从实践上看，许多好的或比较好的战略都不能取得预期的效果，或停留在文本阶段，或战略成效低下，或完全失败，这促使人们去寻找战略实施方面的原因。而企业战略管理又为公共部门战略研究提供了理论、方法和技术方面的知识。在理论和实践的推动下，战略实施从 20 世纪 80 年代后期开始，成为公共部门战略研究中的一个重要主题。同时，公共部门战略研究也由战略规划阶段进入到战略管理阶段。

公共部门战略实施的兴起有其特定的历史背景。它源于这样一种认识：组织总是处于不断变化的环境中，尤其是在现代社会，时时刻刻都面临着环境变化带来的巨大压力。为了能够生存和发展，组织必须根据对内外环境变化的预测和判断，结合自身目标，制定出或笼统或具体的战略作为今后发展的方向。纳特和巴可夫说得更为明确：“战略管理处理这样一个关键问题，即为日益增加不确定性的未来组织定位。”②

20 世纪 80 年代后期，学者们发现，许多成功的战略并没有产生预期的结果。因此他们开始关注战略执行行为。这意味着公共部门战略研究已经由战略计划阶段进入了战略管理阶段。后者被视为一个既包括战略制定，又包括战略执行、战略执行过程的控制和战略结果评价的，全面的、动态的管理过程。在公共部门实施战略管理，不仅要关注战略计划的形成，更要关注战略执行行为。战略制定过程所形成的战略计划只是一纸文本，它不会自然地付诸实践。在战略执行过程中还会碰到一系列因素的影响。因此，在研究公共部门战略执行（或实施）的问题时，除了考虑一般的因素，还要考虑公共部门一些特殊的影响因素，包括如何分配资源，如何建立实施的机构，如何获得外部组织的支持，等等。

尽管战略实施是如此困难，尤其是在公共部门，会遇到诸如组织的免疫力、相关力量

---

① Barry Bozeman，Jeffrey D. Straussman，*Public Strategic Management*，London：Macmillan，1990.

② ［美］保罗·C·纳特、罗伯特·W·巴可夫：《公共和第三部门组织的战略管理》，158～159 页。

的较量以及寄希望于一次变革满足所有需要的心理等等障碍，然而改革的步伐却不会因此而停歇。在多年的实践中，管理者们已经总结出许多关于战略实施行之有效的模型，对其中的关键性要素也做过充分的分析，但正如战略的目的是面向组织不确定的未来一样，公共部门战略实施的方案也不是一劳永逸的，而是随着环境的变化处于不断修正和完善中。在不同的政治、经济和文化背景下，实施的内容、方式、模型也会有差异。西方国家在公共部门的战略实施上积累了很多先进的经验，例如英国政府的“市政营销”（City Marketing）以及新西兰政府的战略管理模型等。然而在我们国家，由于受到传统的计划经济体制下行政管理的那种僵硬死板的模块限制，人们对真正的战略管理、战略实施还缺乏深刻认识，对战略实施的研究还处于起步和探索阶段，实践中也存在着诸多问题，更不要说建立一个符合中国国情的战略实施体系了。

6.1.2 公共部门战略实施及其与战略制定的关系

1. 战略实施的内涵

在战略管理过程中，战略规划形成以后，就进入了战略实施阶段。它是战略管理的行动阶段。其主要含义是：

第一，战略实施是指在战略制定完成以后，将战略内容转变为现实的全过程。也就是战略方案的执行，即战略付诸实践，产生现实成效的过程。有学者指出：“战略实施是建立和发展行动的能力和机制，将战略规划转化为现实绩效的过程。”①

第二，战略实施是组织为了实现战略目标，根据组织内外环境的变化调整组织行为模式的动态过程。战略实施不是“依葫芦画瓢”地照搬战略方案的内容，而是一个动态和长期的过程。在战略实施的过程中，组织内部能力和外部环境之间不停地进行着物质交换。因此，我们对战略实施过程中出现的波折必须要有所认识，根据出现的变化，适时调整战略，不断修正和完善战略。

第三，战略实施是建立、发展组织的行动能力的过程。在战略实施过程中，一方面、需要进行目标分解、组织结构的设计、资源的合理配置等相关工作，从而使组织具备实施战略的能力；另一方面，又要通过战略实施，使组织成员的个人能力、组织的凝聚力、组织领导的权威、组织在公众中的影响力和组织文化都得以增强，从而增强组织的行动能力。

战略实施是由战略发动，制定行动计划，进行有效的资源配置，组织准备，战略实验，全面实施，以及战略控制这一系列复杂的、包含了基本功能活动的环节所构成。各个环节之间又相互联系和影响，不断充实和丰富着战略实施的内涵。同时，实施过程必然涉及许多的问题和环境，这对我们分析影响战略实施的因素也有重要的作用。

2. 战略制定与战略实施的关系

战略制定和战略实施属于两个不同的管理范畴。有效的行政决策者的工作经常处于战略制定和战略实施之间。后者是前者的延伸，它们是同等重要的，然而也有着根本的不

---

① 张成福、党秀云：《公共管理学》，79 页。

同。通过对两者的比较，更能够帮助我们深刻理解战略实施的内涵。两者的区别如表 6—1 所示。

表 6—1 中所示的差异也决定了战略实施对组织存在不同的要求[①]，这对我们分析影响战略有效实施的要素也是非常重要的。

（1）涉及的范围不同。在战略制定阶段，人员的参与是非常有限的。虽然在制定过程中，战略决策小组也会大量咨询外部的专家、政府官员以及相关人士，听取内部关键成员的意见，但决策最终还是在有限的几个人中完成的。而战略实施是一个全员性的概念。组织的管理工作是一个综合性的、完整的系统，其运行需要全体人员的支持和配合，当然，首先需要全员对战略有一个较为准确和深刻的认识。

表 6—1　　战略制定与战略实施的区别

战略制定	战略实施
行动前配置资源	行动中配置资源
注重效能	注重效率
思维过程	行动过程
直觉与分析技能	激励和领导技能
对几个人进行协调	对众多人进行协调

资料来源：陈继祥：《战略管理》，上海，上海人民出版社，353 页。

（2）对人的要求不同。战略制定阶段需要的是分析能力与良好的直觉，注重的是一种概念技能。而战略实施则需要脚踏实地，即一种迅速有效的行动能力。如果将前者比喻为运筹帷幄、决胜千里的话，后者则需要攻无不克、战无不胜的将才去实现这些战略设想。因此，在这两个不同的阶段，对领导人素质、个性和能力的要求是截然不同的。

（3）所需的文化氛围不同。在战略制定过程中，创造力是至关重要的，这就需要一种灵活、创新的团队氛围，需要高瞻远瞩。而战略实施追求的是效率，强调执行力，更多的是注重“埋头拉车”。

在战略管理中，战略实施是最为关键的环节。只有战略能够正确有效地实施下去，战略管理才能最终取得其应有的价值。战略实施之所以重要，不仅仅因为它能带来实际的效果，还因为战略实施是战略管理中最困难的环节，战略实施的技巧也是最不容易掌握的。因此，对战略执行力的研究才日益引起人们的关注。

通常，战略制定只是一种小范围的管理活动，而战略实施却涉及组织的每一名成员，而且往往历时多年。在漫长的执行过程中，任何一个关键的环节出现纰漏，都可能导致组织战略的全盘失败。据统计，假设一个战略的实施有 500 个关键环节（对于一个五年的战略，500 个关键环节并不算多），每个环节的可靠性是 99%，那么系统的可靠性就只有 0.657%，这还不包括由于环境变化所带来的不利影响。[②] 因此，战略的实施是非常复杂的。通过与战略制定的对比可以发现，战略实施的核心来源于整体性，它追求的是整体最优而不是局部最优，要求相互配合而不是各自为政。明确战略实施的要求是有效实施战略

① 参见陈继祥：《战略管理》，353 页，2004。

② 参见上书，354 页。

的前提条件。

6.1.3　公共部门战略实施在战略管理过程中的作用

1. 实现战略目标的基本途径

仅制定战略计划是不够的，必须通过相关系统，将战略内容付诸实践，才能实现战略计划到战略现实的转变，从而为组织或委托人创造真正的价值或利益。毛泽东曾说过：如果有了正确的理论，只是把它空谈一阵，束之高阁，并不实行，那么，这种理论再好，也是没有意义的。

2. 检验战略正确与否的唯一标准

一项战略正确与否，最终必须由实践来检验，实践是检验真理的唯一标准。毛泽东说过：判定认识或理论之是否真理，不是依主观上觉得如何而定，而是依客观上社会实践的结果如何而定。真理的标准只能是社会实践。通过战略实施，不仅可以检验战略正确与否，还可以根据组织内外部环境变化不断地充实和完善战略，从而提高战略质量，有效地解决公共部门所面临的各种社会问题。

2. 增强组织权威和提高组织能力的捷径

组织和领导者通过成功地倡导和实施战略，能获取更多公众的支持。就领导者而言，通过成功地倡导和实施战略，他们能使自己的职位更加稳固；同时，他们还能够扩大社会关系范围，增加工资等。就组织而言，它通过战略实施来向公众展示：它能解决社会、政治问题或满足公众需要，从而获取公众对组织存在的合理性和权威性的认可。通过战略实施，还可以增强组织能力。一方面，它能提高组织成员的自信、自尊和组织成员未来的行动能力。在战略实施过程中，组织成员能获取大量的知识、经验、方法和技术，使他们能更好地适应未来的变革。另一方面，通过战略实施，可以增强组织成员的参与积极性，以及对组织的认同感、归属感，从而提高组织的凝聚力、组织的集体行动能力。

6.2　公共部门战略实施的过程与手段

战略实施是一个复杂的过程，它包含了一些基本环节或一系列的功能活动，而这些活动的完成需要选择一些必要的手段或工具。研究战略实施过程、手段和影响因素是战略实施理论的一个重要组成部分。

6.2.1　公共部门战略实施的过程

战略实施过程包括诸多环节或功能活动。对于具体的环节或功能活动，学者们提出了不同的看法，主要有如下几种。

张成福：战略实施所涉及的问题和环境很多，主要包括以下几个方面的活动。(1) 明确实际目标与进展的指标；（2）进行有效的资源配置；（3）建立有效的组织结构，使组织结构与战略相匹配；（4）建立和发展有效沟通与协调机制；（5）促进变革，克服变革的阻力。①

布莱森：（1）计划和方案（programs and projects）。制定行动计划，包括明确目标，估计预期投入，明确产出结果，识别目标顾客和详述变化的衡量标准等。（2）预算（budget）。（3）实施过程的指导方针（process guidelines），即建立实施结构系统，以便协调和管理实施活动。②

纳特和巴可夫：在战略管理过程中，精心考虑哪些因素使战略实施成为可能，以及采取何种措施才能保证战略实施必需的支持，是战略实施的基本组成部分。在战略实施中应特别关注对资源和利益相关者的管理。③

史蒂文·科恩和威廉·埃米克：（1）在战略的执行过程中，规模较小的、前景较好的试验性计划是一个很好的选择；（2）执行战略时，制定现实的目标是必要的；（3）在战略执行中发挥管理者的作用；（4）宣传组织期望，激发组织成员的目的感，使组织成员朝新的方向共同前进。④

从以上学者提出的关于战略实施的具体环节（或重要环节）和关注焦点来看，战略实施过程主要包括战略发动、制定行动计划、组织准备、资源准备、战略实验、全面实施、战略控制等环节。

1. 战略发动

战略实施活动是由许多人员一起协作来完成的。组织领导人要使战略得到有效实施，必须研究如何将组织的战略理想变为大多数成员的实际行动，以及如何获取组织内外的个人、团体的支持。首先，向组织成员讲清组织内外环境变化给组织带来的机遇和挑战，实施战略的优点及存在的风险等，使他们能认清形势，认识到实施战略的必要性和迫切性；同时，将战略目标与组织工作联系起来，使人们意识到自己在战略实施中所担负的重大使命，以目的感激发人们作出更多的努力。其次，对组织管理者和成员进行培训，使他们了解战略内容，掌握战略实施所必需的理论知识、方法和技术。最后，获取组织外的个人、团体的支持。相对于私人部门而言，公共部门行动的社会影响更大，公民可以以所有者的身份向组织活动及其执行提出期望和要求，公共部门行动要接受公开的公众审查，受到无所不在的利益相关者行为的影响；并且，公共部门实行的是政府控制下的机构管理。这些因素都决定了公共部门应该更多地关注组织外的个人、团体，获取他们的支持。一般来说，公共部门可以利用大众传媒等手段宣传战略内容来获取公众的支持，也可以针对战略的利益相关者（包括利益团体、个人、其他政府部门和上级领导等）的行为进行分析，采取相应的策略以获取他们的支持。

---

① 参见张成福、党秀云：《公共管理学》，79页。

② John M. Bryson. *Strategic Planning for Public and Nonprofit Organization*, San Francisco: Jossey-Bass, 1996, pp. 166-187.

③ 参见［美］保罗·C·纳特、罗伯特·W·巴可夫：《公共和第三部门组织的战略管理》，163～168页。

④ 参见［美］史蒂文·科恩、威廉·埃米克：《新有效公共管理者》，168～171页，北京，中国人民大学出版社，2001。

2. 制定行动计划

何谓行动计划？我们以美国预算局的一般指令为例，来说明一下公共组织的行动计划概念。这是一项关于在联邦政府内建立 PPBS（规划—方案—预算系统）基本程序的指令：行动计划是为同一项主要目标服务的机构的各种工作或行动，其每一组都应该有说明该目标的简明题解或标题。显然，其每一组都包括一系列（工作），这些工作在同所要实现的目标的关系上来说，是一种补充或近乎取代的角色。例如，一项主要的目标是改进高等教育，这应包括资助大学本科教育、研究生教育和职业教育（其中包括建造各种设施）等计划，以及图书馆建设和有关科研计划等各种辅助性的工作。① 由此可见，行动计划是为实现一个或一组具体目标的各工作和项目的汇集。它以产出为主导，是有时间限制的。

行动计划主要包括以下的功能活动：首先，分解目标。斯坦纳提出："所有的战略都必须分解成能够成功贯彻的亚战略。"② 一般而言，一个有用的目标层次体系应该是：任务→组织的总目标→组织的分阶段目标→行动计划的具体目标→集体、项目和下属单位的具体目标→个人的具体目标。战略总目标是组织长期的、总体的目标，必须将它转化为更明确和更具时间性的分阶段目标，然后再分解成合乎该组织总目标层次的一系列的具体目标（行动计划的具体目标，集体、项目和下属单位的目标，个人的具体目标）。其次，制定衡量指标。行动计划的衡量指标主要包括所耗费资源的成本、战略实施的进度和成效等。再次，目标协调。统筹规划，全面安排公共组织各个层次的目标，使组织的各分阶段目标之间、分阶段目标与行动计划目标之间、长期目标与短期目标之间相互衔接。最后，还要注意使新、旧战略有较好的衔接，以减少战略实施的阻力和摩擦。

3. 组织准备

公共部门战略实施的成败，在很大程度上取决于组织内部是否具有良好的组织结构与精干的人才。为此，公共部门始终都应该将建立有效的组织当做战略实施的一项重要工作。列宁说过："要有成效地进行管理……必须善于**实际地进行组织工作**"③。在这里，与战略实施相关的公共部门的组织工作主要包括三个方面，这就是：建立响应战略需要的组织结构；配备合适的管理者与一般的实施人员；制定必要的管理规章制度。

组织结构设计。这是组织准备工作中的首要任务。组织结构设计是指调整、重建现有组织结构。由于稳定的组织能给人们以安全感，而变动则会破坏心理上的平衡，因此，人们希望维系旧的组织结构，而对新战略要求变革旧的组织结构表现出反对、阻挠甚至对抗。因此，在设计组织结构时，一方面，要根据战略实施的需要，调整原有的组织结构，以减少战略实施的阻力；另一方面，在旧的组织结构确实难以适应战略实施需要的情况下，要果断地重新设计组织结构。

选人用人。人是组织中最能动、最活跃的因素，是组织行为的主体。选择胜任的人员，是战略有效实施的保证。在人员素质方面，史蒂文·科恩和威廉·埃米克提出，"战

① 参见［美］威廉·R·金、戴维·I·克里兰：《战略规划与政策》，206～207 页，上海，上海译文出版社，1984。

② ［美］亨利·明茨伯格等：《战略历程》，37 页。

③ 《列宁全集》，中文 2 版，第 34 卷，155 页，北京，人民出版社，1985。

略执行中管理者的作用包括向上和向下两个方面。在向上考虑方面，管理者有两个基本作用：一是争取资源，二是维护组织的独特能力。在向下考虑组织的内部情况方面，管理者主要有以下四个方面的功能：一是向组织灌输某种价值观念；二是培养组织的独特能力；三是设置激励机制；四是调解冲突”①。由战略执行中管理者的作用可以看出，管理者应该具有专业管理知识和实践经验；善于处理人际关系，具有较强的沟通、协调能力；熟悉组织员工的个人才能和偏好，善于用人，做到人尽其用；善于从实际出发，采取机动、灵活的方式，有步骤、有次序地推动战略实施。对于一般执行者，应该具有做好本职工作的业务知识和实践经验，从而保质保量地完成战略任务。在人员来源方面，与私营组织相比，公共部门现任职员很难被辞退，有时甚至连转调也不容易。因此，公共部门主要是从组织内部成员中来选拔战略实施人员。此外，为保证战略实施，还应该从组织外部聘用具备专业管理知识、战略实施理论与实践经验的人员或组织来担任组织的顾问。

制定必要的管理规章制度。必要的管理规章制度，可以规范组织、个人的行为，保障战略的实施。一般而言，组织的规章制度包括目标责任制度、检查监督制度、奖励惩罚制度、协调沟通制度和冲突解决制度等。目标责任制度主要规定每个实施者在实施战略过程中应该做什么，怎样做，做到什么程度和遇到问题怎么办等；检查监督制度主要是对战略实施过程进行监测，以便及时了解和恰当评估实施情况；奖励惩罚制度是指论功行赏，惩罚有过者，保证赏罚分明；协调沟通制度主要是指建立一套管理信息系统，使组织成员之间、上下级间进行信息沟通、协调；冲突解决制度是指在组织成员间、组织间、组织与其成员间发生矛盾冲突时，如何解决冲突的制度。以上五者相辅相成，缺一不可，共同推动战略全面、有效地实施。

4. 资源准备

资源准备是保证战略实施顺利进行的基础，是必不可少的环节。资源主要是指资金、场所、人员和权力等。在公共部门战略管理中，资金准备和权力准备是影响战略实施的至关重要的因素。

资金准备。与私人部门不同，公共部门资金来源依赖预算拨款。在公共部门资金预算中，各部门为争夺资金相互竞争，政治因素在其中发挥着重要作用。一般而言，为了获取资金，公共部门可以采取如下行动：制定能获得政治支持的计划；培养、维护组织完成某些特定工作的独特能力，而这些工作又是掌握资源分配权的那些人所欣赏和鼓励的；组织领导利用自己、组织的政治影响力来获得资金；从组织日常工作中转移资源或自筹资金。

权力准备。公共组织所拥有的权限是法律赋予的。法令、章程规定的义务以及传统等都会对公共组织构成制约。它们会限制公共组织的自主性和灵活性，限定公共组织的业务范围。为此，在实施战略时，公共机构应该根据法律重新审视自己所要做的事情是否合法。与此同时，又要积极利用相关法律法规推动战略的实施。例如，20 世纪 80 年代末，美国明尼苏达州特温城的福里斯特莱克学区的一些家长开始谈论要创办一所蒙台梭利式小

① ［美］史蒂文·科恩、威廉·埃米克：《新有效公共管理者》，160～179 页。

学，但家长与学区的高级行政人员的会谈一拖再拖。到 1991 年，州立法机关通过了第一项关于“特许学校”的法律。对福里斯特莱克的家长团体而言，“特许学校”法令就像救世主一样，使他们看到了希望。根据明尼苏达州的新法律，行政人员及校董事会必须批准这项建议。①

5. 战略实验

战略实验是战略实施过程中的重要步骤。战略实验可以做到：（1）在战略计划的一些重要领域迅速展现出实施结果，这样做，既能为组织赢得公众支持，又能为组织赢得一些时间来详细思考组织面临的棘手问题，从而制定出一个全面而精细的计划。例如，20 世纪末，“美国环保署”（EPA）出台了一项全国有害废弃物全面清理计划（the federal hazardous waste cleaning），也被称为超级基金计划。在全面实施超级基金计划之前，环保署就决定将重点放在 20 个废弃物场所的快速清理上。（2）验证战略，如发现偏差，及时反馈信息，修改和完善战略。（3）从中取得带有普遍指导意义的东西，如实施的方法、注意事项等，从而为战略的全面实施积累经验。一般而言，那些涉及全面的重大战略、风险性较高的战略和后果影响深远的战略等，都一定要经过战略实验。

战略实验一定要按照科学方法来进行，战略实验步骤大致包括选择实验对象、设计实验方案和总结实验结果三个阶段。（1）选择实验对象。根据战略内容的要求，从组织中选择具有典型性条件的试点，而不能随便找一个地方来试点。（2）设计实验方案。全面、细致地考虑各种影响因素，保证战略实验在自然状态下顺利进行。（3）分析实验结果。对战略实施的整个过程和产生结果的所有原因，进行全面、系统的考察和分析。如果结果显示战略是失败的，那么你就得思考以下问题：是不是战略理念错误？是不是环境发生变化？是不是战略实施过程中出了问题？是不是实施组织的内部能力问题？如何才能提高战略效果？如果结果显示战略是成功的，那么你就应该分析成功的原因、成功经验适用的条件和范围等。

6. 全面实施

全面实施是指战略在组织活动中的全面推行。它是战略实施过程中操作性、程序性最强，涉及面最具体、最广泛的一个环节。在全面实施战略时，应该充分利用组织的资金、信息和权力等资源，调动组织人员的积极性，以促进战略的顺利实施。一般而言，有两种基本的战略实施方式，即渐进式的战略实施和直接的战略实施。直接的战略实施是指直接、全方位地实施战略，而渐进式的战略实施是指逐步地实施战略。当组织面临的政治和技术环境比较简单、战略资源充足、抵制力小或组织处于危机中时，组织可以采用直接的战略实施方式。而当组织所处的环境复杂多变时，组织可以选择渐进式的战略实施方式。

7. 战略控制

战略管理是以未来为导向的。由于未来环境是不确定和难以预测的，即使战略方案设计得再完美无缺，它毕竟也只是未来行动的指导，而不是实际行动。因此，必须对战略实施过程进行控制。在战略实施过程中，要追踪战略实施行为，及时了解正在发生的、很可

① 参见［美］戴维·奥斯本、彼得·普拉斯特里克：《摒弃官僚制：政府再造的五项战略》，158～160 页，北京，中国人民大学出版社，2002。

能发生的事情。一方面，利用新的有用的信息，预测未来可能发生的事情，事先制定纠偏措施；另一方面，通过战略实施过程中的反馈信息，发现偏差，分析偏差产生的原因，并采取纠偏行动。

战略控制的程序或过程是由三个基本环节构成的，即确立标准、衡量绩效和纠正偏差。(1) 确立标准。标准是衡量战略的实际效果的尺度。战略控制的目的是保证战略实施顺利进行，以实现预期的目标。因而可以根据战略目标来确定战略标准。但由于公共部门存在着目标模糊、多个目标相冲突的现象，因此，在确立控制标准时，可以考虑采用纳特和巴可夫提出的用“理想目标”取代组织目标的方法。(2) 衡量绩效。在战略实施过程中，利用反馈和监督机制及时获取战略运行情况的信息，衡量战略的实际绩效，将实际结果与预定的目标相比较，及时发现偏差。在这一阶段，可以采用图表法、书面报告和定期检讨等方法。(3) 纠正偏差。分析偏差的类型、原因，并采取纠正偏差的措施。一般而言，纠偏行为可以分为三类：第一类是自我调整，它主要是针对短期的、可以接受的偏差；第二类是主动采取纠偏行动；第三类是修改控制标准，它主要是由于控制标准本身不合理或错误。

以上的控制方法是一种传统的控制方法。有学者指出，由于控制和监督会阻碍组织变革和创造性，使组织成员产生抵制和不满情绪，因此，有必要协调控制与创造性之间的冲突。罗伯特·西蒙斯认为，用来衡量组织目标实现程度的标准或尺度只是控制的一个方面的因素，假如你想有效地实施控制而不阻碍组织的创造性，你就应该实行创造性控制方法。创造性控制包括如下四个层次的控制：(1) 诊断控制系统（diagnostic control system)。它采用关键性的执行变量、便利的反馈体系，及时发现事物的进展、事物的偏差，从而将执行行为控制在预期的范围内。(2) 信念系统，或核心价值（belief system，or core value ），即组织价值观、方向和目标等信念系统。(3) 边界系统，或避免冒险 (boundary system，or risks to avoid)。它主要是指告诉组织成员不能做什么，而不是告诉他们做什么，从而使组织成员在明确的限制范围内进行变革或创新。(4) 交互控制体系。①

创造性控制对公共部门而言具有十分重要的意义。在公共部门中，组织目标不确定；组织的自主性和灵活性较小，受到较多权力的限制；组织中的层级结构制使上、下级之间更多地表现为领导与服从的关系；组织成员流动性差、组织僵化等因素都使组织成员通常按照习惯或固定的程序管理公共事务。这严重抑制了组织成员的创造性。在公共部门战略实施过程中，应该应用创造性的控制方法。一方面，保障战略沿着预期的目标方向实施；另一方面，充分发挥组织成员的创造性，创造性地实施战略，及时对战略进行修正、补充和完善。

6.2.2 公共部门战略实施的手段

战略实施手段是指公共部门及其人员为完成一定的战略任务，实现一定的战略目标而

---

① Robert Simons，“Control in an Age of Empowerment”，*Harvard Business Review* (March-April)，pp. 80-88.

采取的各种措施和方法。战略实施手段的恰当与否，直接关系到战略目标能否顺利实现。在战略实施过程中，公共部门及其人员所采取的实施手段是复杂多样的，比如，游说、威胁、权威、强制、法规、奖励等。概括来说，主要有以下几类：

1. 行政手段

公共组织所得到的授权经常使它们具有某种形式的强制力。① 战略管理者在实施战略时，应该认识到在给他们的授权中强制力所蕴藏的机会，充分运用行政手段来推行战略。

行政手段是指公共部门依靠组织的权威，采用行政命令、指示、规定及规章制度等形式来实施战略的方法。行政手段的显著特点是权威性和强制性，它依靠强制性的权威将战略目标、任务进行分解，坚决有力地推行和落实战略。可以说，行政手段是公共部门战略实施过程中必不可少的基本因素。由于行政手段具有较强的约束力，带有强制性，它通常要求任何单位和个人都必须执行，否则，就要承担一定的责任，受到一定的处罚。在战略实施过程中，行政手段易于协调各方面关系，以统一行使战略，达到令行禁止的目的。特别是在为了解决一些特殊的、紧迫的和突发性的问题而制定的应急战略中，运用行政手段有利于战略迅速得到实施。然而，行政手段也存在着一些缺陷。比如，在实施过程中，下层人员的被动性和劳动的无偿性不利于发挥他们的积极性与创造性。

2. 法律手段

法律手段是指通过各种法律、法令、法规、司法和仲裁工作等来调整战略实施活动中的各种关系的方法。法律手段除了与行政手段一样具有权威性和强制性外，还具有稳定性和规范性的特点。法律法规等一经国家立法机关或行政机关颁布后，就将在一定时期内生效，它们对其效力范围内的所有组织和个人具有同等的约束力。可以说，法律手段是战略实施活动得以进行的根本保障。对公共组织而言，它是依法设立的，它的权限是法律赋予的。在战略实施活动中，除了审查战略实施活动的合法性外，还应该运用法律手段，消除阻碍战略目标实现的各种干扰，充分利用法律、法规等所蕴藏的机会，积极推动战略的顺利实施。比如，在一个县图书馆的战略管理案例中，图书馆的资金来源于几个渠道，包括专项征税、州税收的分配和捐款。地方长官签署了一项法令，将 6.3％的州个人所得税收入用作公共图书馆的资金。而州的个人所得税不像财产税，它是不确定的。县图书馆的理事会和工作人员担心，税收收入下降，以及纳税人对州税收提出的大幅度减税的要求，会严重削弱图书馆长期以来建立的资金基础。为此，县图书馆抓住州图书馆征税的一项新法令所提供的时机（新法令允许图书馆延长它的最长专项征税期限，由先前限制在 5 年内延长至 20 年，甚至可以没有限期），积极推动一项新的县运营专项税的出台。新的专项征税为图书馆赢得了大量资金。②

3. 思想诱导手段

思想诱导手段是一种非强制性的手段，它诱使战略实施者自觉自愿地贯彻执行战略，而不从事与战略相违背的活动。思想诱导手段主要有：（1）制造舆论。在战略实施过程中，大力宣传战略，使战略内容深入人心。（2）游说。对于那些对战略实施持抵制、对抗

①② 参见［美］保罗·C·纳特、罗伯特·W·巴可夫：《公共和第三部门组织的战略管理》，31、283～311 页。

态度的少数人，可以采用游说的方法。通过与他们进行个别交谈，深入细致地说明战略内容、风险、收益等，做到以理服人，积极赢得他们对战略实施的支持。（3）协商。在战略实施过程中，制定者和实施者之间、实施者之间就战略实施活动中的问题进行协商，并借此征询公众的意见，对战略进行修正和完善。

思想诱导手段是一种以人为中心的人本主义管理方法，它符合公共组织追求公共利益的目的。它通过有计划地循循诱导，使战略实施者和战略对象自觉地采取某种行为，这不仅可以节省许多人力、物力，而且由于这种行为是自觉自愿的，因而能够牢固、持久。比如，在州卫生部下属的一个跛足儿童管理案例中，在战略实施阶段，战略管理小组（SMG）对各种外部利益相关者进行了电话调查。他们就所提出的战略寻求利益相关者的看法，最后请他们表示同意与否。[①] 这样做，一方面，可以向外部利益相关者宣传战略内容，激发他们的参与意识；另一方面，也有利于针对不同利益相关者的行为、态度等，制定出具体的行动方案。

4. 物质和精神激励手段

物质激励手段是指根据物质利益原则，利用各种经济杠杆，调节战略实施过程中的各种不同经济利益间的关系，以促进战略顺利实施的方法。比如，运用工资、奖金、罚款等来调节战略实施者的活动。在战略实施过程中，运用经济手段能调配各方面的经济利益，能将战略任务与物质利益相挂钩，实现责、权、利相统一。通常的做法就是用金钱手段来奖功罚过。

在运用物质手段的同时，还应该注重精神激励手段。对公共组织而言，组织目标的不确定性和绩效期望的模糊不清，很难将组织成员的个人努力与奖励联系起来。并且，相对于私人组织而言，金钱激励对公共组织成员的作用效果不是很大。班菲尔德发现，公共部门雇员对稳定的工作、被委以重任、权力和赞赏的偏好超过了金钱激励。[②] 然而，要给予这些奖励是非常困难的。比如，稳定的工作、权力只能分配一次；当需要奖励时，不一定有重要任务分派。这些都要求公共部门在采用金钱激励的同时，更注重采用精神手段，通过利用组织文化、职业的认同感、公共责任感等来规范、激励公共组织雇员的行为。

6.3 影响公共部门战略有效实施的因素及模式

影响公共部门战略有效实施的有各种因素及模式。本节重点介绍的因素有战略的精确度、充足的资源保证、针对战略的实施机构的部署、对外界政治支持的依赖以及选举官员的监督角色等，并讨论 7S 模型等模式。

---

① 参见［美］保罗·C·纳特、罗伯特·W·巴可夫：《公共和第三部门组织的战略管理》，312～334 页。

② Banfield，E.C. “Corruption as a Feature of Governmental Organizations”. *Journal of Law and Economics*，1997，No. 20，pp. 587－605.

6.3.1　影响公共部门战略有效实施的因素

理查德·W·坎贝尔（Richard W. Campell）和詹姆斯·L·加勒特（James L. Garnett）在他们合著的《实施战略：一种可能性视角》一文中指出，影响公共部门战略实施的因素很多，有些能够被战略制定者所采用，有些则不能。战略家所面临的问题的难易程度和环境的特性是千变万化的，战略家很难控制。但是，通过对战略实施的研究，政府战略家和政策执行者确定了影响战略实施的一系列因素，其中最重要的是：战略的精确度，充足的资源保证，针对战略的实施机构的部署，对外界政治支持的依赖以及选举官员的监督角色。①

1. 战略精确度的问题

在政府部门，为实现公共目标而制定的战略，最典型的，是体现在具有强制力的法令和规章制度中。虽然政策执行的研究非常清楚地表明，法律决定了实施的框架，但是关于所期望的法律特性的程度却是不明确的。有人认为，不明确的命令在解决冲突的过程中是不可避免的。由于政策制定的复杂性、相互竞争的团队利益以及达成一致意见的需要，使得法令，即战略缺乏明确性。也有人认为，毫不含糊的、精确的法令是战略成功和政策实施的重要条件。他们强调，政策制定者必须通过一些法律，而这些法律对于寻求的目标以及实现目标的手段都有清楚的描述。

如果实施能产生所预期的结果，那么实施的官员必须了解什么是他们应该做的，而模糊的法律会使这一点变得困难。清楚和精确的法令能更好地与实施的标准、方针相沟通，为行政官员提供一个相对可靠的权力基础，使他们能够管理自己的项目。战略实施的指示从高级官员下达到执行机构的官员，从高层的官僚机构下达到低层的官僚机构，这对于有效的实施来说是至关重要的。政策意见的不一致和实施机构草拟的方针会导致沟通出现障碍、扭曲，使执行偏离正常的轨道。实践表明，地方官员得到的方针越精确，战略执行也就越彻底。

缺乏精确性的法令更有可能产生无法预测的变化。然而，如果清晰的命令以“目标是已知的，达成一致了的”为假设，那么控制就成为最大化的管理价值。事情也并非总是如此。在执行过程中，我们已经意识到模糊的法令并不总是抑制实施，事实上，还可能产生期望的结果。在执行中，行政官员经常遇到社会、经济和政治环境的变化，也同样会遇到阐述某种政策或战略的知识基础的变化。过分特定的要求限制了实施者正确应对变革的能力。模糊的法律有时也使执行官员在操作中充满灵活性或者说产生可以接受的变通。

模糊的战略在执行中并不是要去克服的一个必然的问题。它更应该被视为一种区分价值的机会。F. J. 汤普森（F. J. Thompson）鉴别了大量的模糊的政策比精确的命令更优越的情况②：(1) 当立法机关在起草法律或者“情况很紧迫必须采取相关措施”，然而没有

---

① Jack Rabin, Gerald J. Miller and W. Bartley Hildreth (2000), *Handbook of Stragetic Management* (2nd edition), New York: Marcel Dekker, Inc., p. 193.

② F. J. Thompson, *Health Policy and the Bureaucracy: Politics and Implementation*, Cambridge, Massachusetts: MIT Press, 1981, pp. 260-261.

可以依据的有效的根本理论的时候；（2）当高速变化的社会和经济环境对措辞精确的政策假设造成了威胁的时候；（3）关于基本的愿景，在实施机构内部达成了广泛的一致的时候；（4）当实施机构受到关键利益群体的支持时。

2. 资源的保证

为了成功地实施战略，一个实施机构必须拥有充足的资源，既包括财政上的，又包括人力资源方面的。蒙特乔伊（Montjoy）和奥图尔（ O'Toole ）指出："避免组织间问题最确定的方式是建立一种特定的命令机制并且提供充足的资源。"① 对实施的研究表明，匮乏的资金是许多由财政部门发起的社会项目实施的主要障碍。许多这类项目未能达成所期望的结果而失败了，这不仅因为它们在实施中存在着问题，还因为从一开始，极度贫乏的经费就已经决定了它们失败的命运。

除了资金资源外，人力的短缺也是实施的一个普遍存在的缺陷。但与之相比，更为关键的是人员的竞争力。"缺乏训练的人事阻碍了政策的实施。"②

因此，在布莱森的《公共和非营利性组织的战略规划》一书中指出，要建立足够的人力、时间、注意力、金钱、行政和支持服务以及其他一些资源来保证成功的战略实施。

布莱森认为，"如果可能，大兴土木对实施很重要，所以，一旦什么事情出错了，毫无疑问会有充足的援军。只要有足够的资源，差不多所有的困难都可以解决。……除非其他的开支被取消，否则预算就会出现典型的过度紧张……紧张的资源补充说明了为什么要关注战略变革循环的早期步骤。为了储存足够的资源，议题必须具有相当的重要性，所采取的战略必须有可能在合理成本的基础上产生优良的结果，支持联盟也应该是强大而稳定的。如果所有因素都具备了，就可以极大地强化发现或发展实施所必需的资源的机会。然而，在资源提供方面也许存在阻力，而且需要投入相当大的精力去克服这些阻力，差不多在每个案例中，我们都会仔细关注预算循环，程序和策略"③。

通常来说，在公共部门实施计划必须涉及的资源主要是资金资源和权力资源。

资金资源。公共部门的资金资源来自预算拨款。各部门为了争夺资金相互竞争，政治因素在其中发挥着重要作用。通常，公共部门为了获取资金会采取以下行动：制定能获得政治支持的计划；培养、维护组织完成某些特定工作的独特能力，而这些工作又是掌握资源分配权的那些人所欣赏和鼓励的；组织领导利用自己和本组织的政治影响力来获得资金；从组织日常工作中转移资源或自筹资金。

权力资源。公共组织所拥有的权限是法律赋予的。法令、章程规定的义务以及传统等都会对公共组织形成制约。它们会制约公共组织的自主性和灵活性，限定公共组织的业务范围。为此，在实施战略时，公共机构应该根据法律重新审视自己所要做的事情是否合法。与此同时，又要积极利用相关法律法规推动战略的实施。

---

① Montjoy, R. S., and O'Toole, "Toward a Theory of Policy Implementation: An Organizational Perspective", *Public Administration Review*, 1979, p. 473.

② Edwards, G. C., "Implementing Public Policy", *Congressional Quarterly*, Washington, D. C., 1980, p. 61.

③ John M. Bryson, Farnum K. Alston, *Creating and Implementing Your Strategic Plan: A Workbook for Pubic and Non-Profit Organizations*, San Francisco: Jossey-Bass Publishers, 1996, p. 178.

3. 实施的机构

项目在实施中遇到困难通常是由于机构没有很好地处理。这里所讲的机构实际上就是实施战略的组织结构。一个好的战略需要通过相应的组织结构去执行。组织结构应当根据组织的战略目标进行调整。美国管理学家托马斯·J·彼得斯（Thomas J. Peters）和小罗伯特·H·沃特曼（Robert H. Waterman，Jr.）对各种组织结构进行分析后，提出了能适应战略时代新型组织结构的三大要求：一是履行基本职能的效率要求；二是不断创新的要求；三是面临重大威胁时能作出起码的反应，以避免僵化的要求。① 一般说来，与战略实施相关的公共部门的组织工作主要包括四个方面，即：建立与战略相匹配的组织结构，制定必要的管理规章制度，发展与变革相适应的组织文化，以及配备合适的管理者和实施人员。

（1）组织结构的设计。公共组织结构反映了社会与环境对组织的需求和制约，而这种需求和制约是通过组织设计者的思想与活动表现出来的。公共组织设计是一项复杂的系统工程，必须遵循以下的基本原则：公益目标原则；法制原则；效率原则；人本主义原则；适应环境原则；利于科学决策原则；统一平衡原则；精简原则。

公共组织设计的基本内容包括：组织战略目标的确定；管理幅度和管理层次的设计；组织职能设计；部门设计；组织职位和职权设计。但要注意，组织结构和授权系统的设计，应尽可能地支持目标的实现和贯彻实施战略计划的工作。同时还要注意发挥参谋分析人员和咨询人员的作用。另外，组织结构可以有很多选择的形式，每种形式又各有利弊，没有一种结构完全适合特定的组织。最适合的可供选择的形式依赖组织采用的战略的本质。

（2）制定必要的规章管理制度。② 这是规范组织与个人行为，保障战略顺利实施的重要手段。一般而言，组织的规章制度包括五个方面：目标责任制度、检查监督制度、奖励惩罚制度、沟通协调制度、冲突解决制度。目标责任制度主要规定了实施者在实施战略过程中的具体工作任务、工作方式、工作指标以及如何解决工作中出现的问题等；检查监督制度指对战略实施过程进行监测，以便及时了解和恰当评估实施情况；奖励惩罚制度是一种激励机制，论功行赏，保证赏罚分明；协调沟通制度主要指建立一套管理信息系统，使组织成员间、组织间、组织与其成员间发生矛盾冲突时，能够解决冲突的制度。以上五者相辅相成，缺一不可，它们共同推动战略全面、有效地实施。

（3）组织文化的建立。组织文化是一种价值共享和形成组织的行为规范的信念的系统。“组织的文化非常有力，这是因为它能够自动形成内部成员认识世界和行为的方式。任何文化都深深扎根于成员已经内化的价值和信念，当坚持的信念和价值经过漫长的时期却没有受到挑战，就更不会对它们产生怀疑。违背来自文化价值的规范一般都会带来一致性的压力，它们表现为大量组织惯性的形式。”③ 有时候，组织文化甚至是最强大的杠杆，但也是操纵最困难的杠杆。改变或重建文化都是一个缓慢而苛刻的过程。

此外，还有人员配备问题，此处不再详述。

---

① 参见甘华鸣主编：《管理方法》，203页，北京，中国国际广播出版社，2002。

② 参见陈振明：《公共部门战略管理》，170页，北京，中国人民大学出版社，2004。

③ ［美］亚历克斯·米勒：《战略管理》，3版，330页，北京，经济管理出版社，2004。

4. 外部组织

影响战略实施成功或失败的第四大要素在于实施机构外的组织。相关支持群体及对其他组织和活动者的依赖，对战略的成功都有直接的影响。如果实施机构拥有强大的利益团体的支持，那么战略实施的官员们最好能准备为不同时期的战略发展所需要的资源进行有效协商。通常而言，这种支持是大量因素共同作用的产物："公众对战略愿景认可的程度；组织化的支持者关于战略期望的协同程度；以及这些团体所释放的压力的强度。"① 没有这种支持，实施机构就不可能保证有所需的资金和人员。

依赖其他组织的实施机构也有可能遇到困难。实施的决定对外部行动者的依赖越多，使战略遵循轨迹就越困难。有学者指出："参与的人数越多，得到和保持对有效实施战略所必要的一致性就越难。""多样化的参与者和观点融合在一起产生了一股强大的障碍……当一个项目要依赖于众多的参与者时，争执和延迟的可能性就越大。"②

这一点是国内很多关于公共部门战略实施的论述中很少提及的。事实上，战略实施作为一个执行系统，必然要与它周围的环境产生互动和联系。笔者认为，这跟纳特和巴可夫所提出的"利益相关者分析"恰好有着异曲同工之处。

利益相关者分析主要是探讨新的战略会对哪些人造成影响，哪些人将影响新战略的引入以及其他团体将如何影响新战略的成功执行。它主要关注与战略有政治、财政、管理及职业利益或利害关系的人和组织，并尽力预测他们在战略制定和战略实施中的反应。③ 通过对利益相关者的分析进行等级鉴定，可以明确他们各自有何种能力及能力的大小，从而显示每个利益相关者对战略行动的影响程度。不仅如此，利益相关者分析还能够帮助战略执行者确定资源的分配，因为不同级别的利益相关者对资源的优先权是不同的，由此资源的供给也是有区别的。利益相关者和资源的综合分析就显示了成功执行战略所需要的、组织与利益相关者及资源供应者之间的共同协议范围（range of joint commitments）。④

5. 监督

坎贝尔和加勒特指出，在战略实施的研究中常常混淆了监督在实施过程中的角色。这种混淆反映了关于控制的相关作用与达成有效实施的灵活性的冲突的观点。那些偏爱控制及与之相关的以理性为基础的指令的人通常可以看到强大有力的监督功能。⑤

这里的监督就是我们通常所说的战略控制。它是战略有效实施和战略目标实现的重要保证。战略控制的过程可以说明计划工作、绩效衡量和纠正行动之间的关系。当绩效衡量结果与标准或预期结果不符时，行政管理人员要采取纠正行动以保证预期结果实现；当绩效衡量结果与标准或预期结果相符时，工作就可以不受干扰地进行。战略控制的关键问题在于及时获取关于组织及其环境的简单的、成本合理的和有用的信息。一个有效的战略控

① F. J. Thompson, *Health Policy and the Bureaucracy: Politics and Implementation*, Cambridge, Massachusetts: MIT Press, 1981, p. 270.

② Pressman, Wildavasky, *Implementation* (2nd ed.), Berkeley: University of California Press, 1973p. 102.

③ 参见［美］保罗·C·纳特、罗伯特·W·巴可夫《公共和第三部门组织的战略管理》，158～159页。

④ 参见上书，159页。

⑤ Jack Rabin, Gerald J. Miller and W. Bartley Hildreth, *Handbook of Stragetic Management* (2nd ed.), New York: Marcel Dekker, Inc., 2000, p. 196.

制系统应该具有灵活性、真实性以及及时高效性。

战略控制的程序或过程是由三个基本环节构成的，即确立标准、衡量绩效和纠正偏差。(1) 确立标准。标准是衡量战略的实际效果的尺度。战略控制的目的是保证战略的实施顺利进行，以实现预期的目标。因而可以根据战略目标来确定战略标准。但由于公共部门存在着目标模糊、多个目标相冲突的现象，因此，在确定控制标准的时候，可以考虑纳特和巴可夫提出的用"理想目标"取代组织目标的方法。(2) 衡量绩效。在战略实施的过程中，利用反馈和监督机制及时获取战略运行情况的信息，以衡量战略的实际绩效，将实际结果与预定的目标相比较，及时发现偏差。在这一阶段，可以采用图表法、书面报告和定期检讨等方法。(3) 纠正偏差。分析偏差的类型、原因，并采取纠正偏差的措施。通常，纠偏行为可以分为三类：第一类是自我调整，主要针对短期的、可以接受的偏差；第二类是主动采取纠偏行动；第三类是修改控制标准，主要针对由于控制本身的不合理或错误。①

除了上述谈到的影响公共部门战略有效实施的主要因素外，还有两点要素也是不可忽视的：一是战略实施中领导的作用；二是战略实施中的沟通和协调。

第一，战略实施中领导的作用。执行战略计划需要有人来领导。这个领导权并不是那些具有领导气质的个人所掌握的一种神秘力量，而是一项管理职能。在向上考虑方面，管理者有两个基本作用：一是争取资源，二是维护组织的独特能力。管理者所要争取的资源包括资金、人员、权力和场地。维护组织的独特能力意味着，要确保组织被认为独具完成一系列特定任务的能力。行政领导的一项重要任务就是要使组织的工作得到立法部门的认可、行政部门的支持以及利益集团和公众的赞同。在向下考虑组织的内部情况方面，管理者主要有以下四个方面的功能：一是向组织灌输某种价值观念；二是培养组织的独特能力；三是设置激励机制；四是调解冲突。②

向组织灌输某种价值观念包括界定组织的使命和角色定位，并将其使命与组织的生存需要结合起来。它要求管理者设计一整套的核心目标与管理原则，而后要不断地将这些思想输出给组织的成员，使其接受组织的箴言并吸收其中的精华。

培养组织的独特能力就是创造出具有市场竞争力的服务和产品。对公共部门而言，就是要制定出能获得政治支持的计划。组织必须具备完成某些特定工作的独特能力，而这些工作还必须是掌握资源分配权的那些人所欣赏和鼓励的。向组织灌输某种价值观念是一个促进组织形成共同目标和态度的过程。

激励通常是用来引导员工做出预期的行为。管理者在运用激励机制时，必须首先熟悉员工的个人才能和偏好。塞尔兹尼克认为，领导的一个主要职能是了解组织的非正式社会结构。通过了解组织成员的价值观念、个人偏好、沟通模式以及人际关系，管理者就可以很好地利用激励机制，并促进组织生产力的提高。管理者对组织的控制力来自他掌握激励机制的能力。

组织成员的矛盾和冲突一般都交由管理者来处理。但无论是管理者还是组织内部的普通成员，都得为冲突的调解付出一定代价。普通员工由于让冲突上升到了组织的上层，从

---

① 参见陈振明：《公共部门战略管理》，172页。

② 参见［美］史蒂文·科恩、威廉·埃米克：《新有效公共管理者》，128页。

而失去了对组织的最终决定权。而管理者则会由于其作出的裁决有利于一方，从而产生了与另一方员工关系疏远的危险。管理者的最后这项职能还包括建立辨别和解决冲突的程序。总之，管理者在处理冲突时要十分谨慎。

第二，战略实施中的沟通和协调。沟通是战略实施过程中各级组织和人员间进行信息交流、传递的过程。对公共部门而言，战略实施受到公众、利益团体、上级领导和政治家等的影响。在战略实施过程中，有效沟通是保证战略成功实施的重要条件。从纵向上看，上级机构必须通过有效的沟通渠道将战略目标、任务、执行标准等下达给下级实施机构和人员；而下级实施机构和人员也必须通过沟通渠道才能将战略实施的情况上传给上级机构。从横向上看，由于战略实施涉及组织之间、组织内部成员之间的分工合作，而在分工合作过程中难免会产生分歧、隔阂和冲突，这就需要彼此间进行信息沟通，相互交换意见和看法，以消除误会、隔阂和冲突，从而增进合作。从实施者与目标团体的关系来看，实施者需要通过沟通渠道将战略目标、意义、收益等传达给目标团体，从而使目标团体积极主动地接受和支持战略实施。因此，组织在战略实施过程中，必须建立畅通的、多样化的信息渠道，保证组织机构间、组织内部成员之间、组织机构与外部环境之间的信息交流和沟通。

协调是指组织为了实现管理目标而协调各相关要素间的关系，以谋求组织间的协作分工，从而达到组织的统一与和谐的一种行为方式。公共组织的战略管理必须在一个权限丛林中执行。① 管理权限间的合作是非常必要的，但要达到所需要的合作程度也是十分困难的。在战略实施的过程当中，必须协调好实施机构内部、实施机构之间、实施机构与其他机构之间的利益关系，使它们能共同协作，以促进战略的顺利实施。

在战略实施中，上述诸要素并非是各自孤立地发挥作用，而是相互联系、综合作用的。如果这些要素能协调一致，与战略实施相匹配，则会产生显著的效果；反之，则会对战略实施产生极大的阻力，甚至会徒劳无功。

6.3.2 公共部门战略实施的基本模式

这里所介绍的战略实施的基本模式来自私人部门，它们也可以视为执行人员在战略实施过程中所采取的手段。建立战略实施的基本模式对于培养有效的战略思维方式，对问题进行高度结构化的概括，并在此基础上完成对关键信息的分析，进而找出问题和对问题的解决方案具有重要的意义。通常，战略实施的基本模式有以下几种。

1. 指挥型②

这种模式的特点是，战略领导者需要考虑的问题是如何制定一个最佳战略。在实践中，计划人员要向领导者提交组织战略的报告，经领导批阅后得出结论，向高层管理人员宣布后，再强制下层人员执行。采取这种战略实施模式的组织应该具备以下条件：

——战略领导者拥有相当高的权威。只有这样，领导人才能靠其权威发布各种命令，

① C. H. Levine and others, "Organization Design: A Post Minnowbrook Perspective for the New Public Administration", *Public Administration Review*, July-Aug, 1975, pp. 425-435.

② 参见陈幼其编著:《战略管理教程》，319～320 页，上海，立信会计出版社，2003。

来推动战略的实施。

——战略比较容易实施。具体表现在：战略制定者与战略执行者的目标比较一致；战略对组织现有的运行系统不构成威胁；组织结构是高度集权式的；组织环境稳定，能集中大量的信息，多元化程度低；组织的资源较宽裕。

——准确快速的信息系统。战略实施所需要的信息只有准确收集并能及时反映到领导人的手中，领导人才能迅速、准确地作出决策。否则，如果信息传递缓慢甚至发生扭曲，领导人据此作出的决策也必然是迟延或错误的。所以这种模式不适应高速变化的环境。

——规划人员客观公正。在权力分散的组织中，各职能部门常常会由于过分强调自身利益而影响了组织整体战略的合理性。所以，组织需要配备一定数量的有全局性眼光的规划人员来协调各职能部门的计划，使其更加符合组织的总体要求。

这种模式的优点是在原有战略或常规战略变化的条件下，组织实施战略时不需要有较大的变化，实施的结果也就比较明显。缺陷是不利于调动组织成员的积极性。他们会因此感到自己在战略制定上没有发言权，处于一种被动执行的状态。

2. 变革型①

与指挥型模式相反，在变革型模式中，战略领导者主要考虑的是如何实施组织战略。他的角色是为有效地实施战略设计适当的行政管理系统。为此，他本人要在其他方面的帮助下对组织进行一系列的变革，如建立新的组织机构或新的信息系统，合并职能机构，增加战略成功的机会。

这种模式大多是从组织行为角度考虑战略实施的问题，因而比指挥型模式更容易实施。但是，这种模式并不能解决指挥型模式存在的各种问题，如信息的准确获取问题、各事业单位及个人利益对战略计划的影响问题以及战略实施的动力问题。同时，这种模式还产生了新的问题，即组织在通过建立新的机构及控制系统来支持战略实施的同时，也失去了战略的灵活性，在外界环境变化时使战略的变化更为困难。所以，从长远观点看，环境不确定性比较大的组织不适合采取这种战略实施模式。

3. 合作型②

在这种模式里，负责制定战略的高层管理人员启发其他的管理人员运用头脑风暴法去考虑战略制定与实施的问题。管理人员仍可以充分发表自己的意见，提出各种不同的方案。这时，高层管理人员的角色是一个协调员，确保其他管理人员所提出的所有好的想法都能够得到充分讨论和调查研究。

此模式的优点是可以克服指挥型和变革型两种模式的不足之处，这是因为高层管理人员在做决策时，可以直接听取来自基层管理人员的意见，并将他们的意见加以综合分析，保证了决策时所使用的信息的准确性。在这个基础上，组织可以提高战略实施的有效性。

其缺陷在于：一是在这种模式下，决定的战略实施方案会过于平稳，缺乏由个人或计划人员提出的方案中所具有的那种创造性。二是在战略实施方案的讨论过程中，可能会由于某些职能部门善于表述自己的意见而导致战略实施方案带有一定的倾向性。三是战略实

①② 参见《专业人力资源工具之——战略实施的模式》，见中国企业战略传播网，http://www.glr.cn/Article/Class51/Class87/200404/4.html，2004-04-03。

施方案的讨论时间可能会过长，以至于错过了组织面对的战略机会，不能对正在变化的环境迅速采取战略行动。

4. 文化型①

这种模式的特点是：由战略领导者考虑如何动员全体员工都参与战略实施的活动，即战略领导者运用组织文化的手段，不断向组织成员灌输这一战略思想，建立共同的价值观和共同的行为准则。这种模式打破了战略制定者和执行者之间的界限，力图使组织每个成员都参与制定及实施组织的战略，因此使组织各部分成员都在共同的战略目标下工作，使组织战略实施迅速、风险小，使组织迅速发展。文化型模式的局限性表现在：

一是对成员的素质要求较高。这种模式要求组织成员有较高的文化素质，否则很难真正参与组织战略的制定和实施。

二是组织文化的掩盖性。组织文化一旦形成，往往会掩盖组织中存在的某些问题，组织为此也要付出代价。

三是流于形式的可能性大。采用这种模式要耗费较多的人力和时间，而且还可能因为组织高层不愿意放弃控制权，从而使组织成员参与战略制定和实施流于形式。

5. 增长型②

在这种模式中，为了使组织获得更快的增长，战略领导者鼓励中下层管理人员参与制定与实施自己的战略。这种模式与其他模式的区别之处在于它不是自上而下地灌输组织战略，而是自下而上地提出战略。这种战略集中了来自实践第一线管理人员的经验与智慧，而高层管理人员只是在这种战略中作出自己的判断，并不将自己的意见强加在下级身上。

增长型模式的优点是：给中下层管理人员一定的自主权，鼓励他们制定有效的战略并使他们有机会按照自己的计划实施战略。同时，由于中下层管理人员有更直接面对战略的机会，因此他们可以及时地把握时机，自行调整并顺利执行战略。

上述五种战略实施模式在战略的制定和实施上的侧重点不同，指挥型与合作型更侧重于战略的制定，而把战略的实施作为事后的行为，而文化型与增长型则更多地考虑战略的实施问题。表6—2分别列出了五种实施模式的主要特点。

表6—2　　五种战略实施模式的主要特点

类型	关键问题	战略领导者的角色
指挥型	应如何制定出最佳战略	理性行为者
变革型	战略已形成，应如何着手实施	设计者
合作型	如何使战略管理者从一开始就对战略承担起自己的责任	协调者
文化型	如何使整个企业都保证战略的实施	指导者
增长型	如何激励战略管理者和全体组织成员去执行完美的战略	评判者

资料来源：陈幼其编著：《战略管理教程》，322页。

① 参见陈幼其编著：《战略管理教程》，321～322页。

② 参见上书，322页。

6. 公共部门战略实施的有效模式——7S 模型

事实上，在具体的实践中，以上五种模式往往是交叉或混合使用的。美国的托马斯·J·彼得斯和小罗伯特·H·沃特曼设计了著名的麦肯锡 7S 模型图（见图 6—1）。这个模型图是针对企业的战略实施提出的。它强调在战略实施的过程中，要考虑整个组织系统的运行情况，即既要考虑组织的战略、结构和制度三个硬要素，又要考虑风格、人员、技能和共同价值观四个软因素。只有这 7 个因素相互沟通和协调，组织战略才能获得成功。[①]

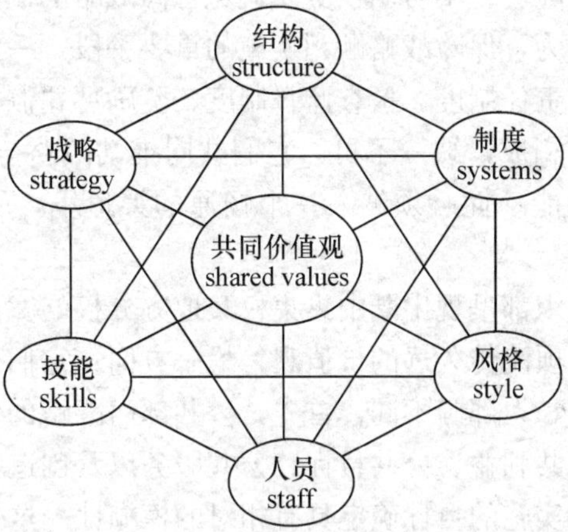

图 6—1　7S 模型图

7S 模型虽然来源于私人部门，但对于公共部门的战略实施同样有十分重要的借鉴作用。以下从硬件和软件两方面分析这几大要素在战略实施中的地位与作用。

（1）战略。是组织根据内外环境及可取得资源的情况，为求得组织生存和长期稳定的发展，对组织发展目标、实现目标的途径和手段的总体谋划，是组织运行思想的集中体现，同时也是制定组织规划和计划的基础。因此，在私人部门，战略已经成为企业取得成功的重要因素。而在公共部门，由于战略本身的缺陷而造成的战略实施达不到预期效果的案例不胜枚举。因此，分析战略本身，制定合理、科学的战略，对于战略实施是非常有必要的。一般说来，一个科学、合理的战略应该包括三方面的内容：正确，即战略的内容合乎法律的要求，是针对公共组织所面临的问题而提出的解决方案；简单、明确，即战略的设计简洁、明晰，易于实施并灵活地应对外界的变化；现实可行，即从资源、政治条件、时间等因素来考虑，战略都是可以付诸实践的。

（2）结构。战略需要健全的组织结构来保证实施。组织结构是组织存在的意义和赖以生存的基础。它是组织的构成形式，即组织目标、协同、人员、职位、相互关系、信息等组织要素的有效排列组织方式。组织结构是为战略实施服务的，不同的战略需要不同的组织结构与之对应，组织结构必须与战略相协调。著名的战略大师艾尔弗雷德·钱德勒（Alfred Chandler）提出了“结构追随战略”的理论，充分说明了组织结构要随着战略的

① 参见刘冀生：《企业经营战略管理》，430～431 页，北京，清华大学出版社，1995。

变化而变化的道理。[①] 在公共组织中，组织成员的稳定性很强，他们不易被辞退和解雇。因此，如何设计组织结构，重建组织成员能力，这对于战略实施具有重要的意义。由于公共组织的复杂性，在进行组织设计时必须遵循以下的基本原则：公益目标原则；法制原则；效率原则；人本主义原则；适应环境原则；利于科学决策原则；统一平衡原则；精简原则。

（3）制度。组织的发展和战略实施需要完善的制度做保障，而实际上各项制度又是组织精神和战略思想的具体体现。所以，在战略实施过程中，应制定与战略思想相一致的制度体系，要防止制度的不配套、不协调，更要避免背离战略的制度出现。在公共部门，制度也是规范组织与个人行为，保障战略顺利实施的重要手段。一般而言，公共组织的规章制度包括五个方面：目标责任制度、检查监督制度、奖励惩罚制度、沟通协调制度、冲突解决制度。以上五者相辅相成，缺一不可，它们共同推动战略全面、有效地实施。总之，管理者和员工的创造性与能动性必须纳入一个畅通的渠道里，所有的能量才能转化为生产力。

（4）风格。杰出的组织都呈现出既中央集权又地方分权的宽严并济的管理风格。一方面，它们固执地遵守着几项流传久远的价值观；另一方面，它们又让生产部门和产品开发部门享有极端自主权。与私人部门不同，首先，公共部门战略的性质是公共性的，即其产生、存在的目的是为了公共利益、公共目标、公共服务以及创造具有公益精神的意识形态等。其次，公共部门战略实施的目标确定具有相对的模糊性。这一方面是由于公共组织所处的政治环境具有复杂性、多元性和不确定性；另一方面，对于公共组织来说，公平地对待每一位委托人并为委托人提供服务是其首要宗旨。最后，公共战略管理是一种层级节制式的官僚制管理模式，更强调权力和权威的维护。以组织结构刚性为特征的官僚制结构具有自我扩张的内生需求，致使组织规模不断膨胀，人浮于事，成为缺乏生机和活力的封闭型组织，从而丧失对环境变革的适应性，表现出整体的无效率。因此，从公共组织本身的价值目标来说，公共性和公平是公共部门战略实施最重要的风格。

（5）共同价值观。由于战略是组织发展的指导思想，只有组织的所有成员都领会了这种思想并用其指导实际行动，战略才能得到成功实施，因此，战略研究不能只停留在组织高层管理者和战略研究人员这一层次上，而应该让执行战略的所有人员都能够了解组织的整个战略意图。组织成员共同的价值观念具有导向、约束、凝聚、激励及辐射作用，可以激发全体成员的热情，统一组织成员的意志和欲望，使组织成员齐心协力地为实现组织的战略目标而努力。在公共部门，由于组织自身免疫、不易接受变革的特性，强调共同的价值观就显得更为重要。“战略管理的最大问题在于，让组织成员确信这个战略焦点是有用的，且随之而来的变革从长远看也是有益的。”[②] 通过向组织成员灌输某种价值观念，让他们意识到战略实施与自身发展的密切关系，不断地修正自己的行为和偏好，以形成共同的组织目标和价值观，只有这样，才能激发他们为共同目标而奋斗的行动热情。

---

① 参见［美］弗雷德·R·戴维：《战略管理》，第8版，264页，北京，经济科学出版社，2002。

② Owen E. Hughes, *Public Management and Administration* (2nd. ed.). London: The Macmillan Press Ltd., 1998, p. 161.

(6) 人员。战略实施还需要充分的人力准备，有时战略实施的成败取决于有无适合的人员去实施。实践证明，人力资源是战略实施的关键。实施人员的创新精神、管理水平、个人能力等都是战略得以有效实施的重要条件。现实中战略实施的失败、变形、走样等在一定程度上是由于实施者素质不高和思想观念的错误而导致的。对于一般实施人员而言，他们必须具备从事该职业所必需的知识素质、能力素质、政治素质和心理素质，同时还必须了解战略理论与实践知识；对于战略管理者而言，要求则更高，他们必须具备敏锐的洞察力，必须具有在不同环境下采用恰当的领导行为方式的灵活性。随着时代的变化，公共部门管理正在发生着一场深刻的革命。因此，作为领导者，必须善于管理创新、技术创新以及制度创新，敢于在新的环境中打破常规，自我超越，自我否定，创造新的管理理论和管理方式。

(7) 技能。在执行组织战略时，需要员工掌握一定的技能，这有赖严格、系统的培训。如果不接受训练，一个人即使有非常好的天赋资质，也可能无从发挥。对于公共部门来说，要建立一支高素质、专业化的公务员队伍，离不开有效的干部培训体系。首先，要培养公务员的宏观战略眼光和能力，使其在面对政治、经济、社会、技术和行政问题时能迅速作出反应。其次，要培训公务员管理的基本能力。这一方面包括基本的管理能力，即领导、协调、沟通、授权、冲突管理和团队建设等；另一方面包括一般的管理技术，即计算机与信息技术、系统与控制论等。最后，要加强公务员的行政道德建设。

7S模型出现以来，对战略的有效分析和实施起到了有益的推动作用。它强调在组织发展过程中，要全面考虑组织的整体情况，只有在软硬两方面七个要素能够很好地沟通和协调的情况下，战略实施才能获得成功。这对于公共部门进行战略执行，形成自身更为完善的实施模型，具有重要的引导作用。

6.4 推进我国公共部门战略有效实施的思考
——以电子政务建设为例

6.4.1 我国公共部门战略实施的现状及问题

改革开放以来，我国历经五次大的机构改革，政府管理模式、组织结构、运行机制都发生了很大的变化。随着改革进程的不断深入，改革的内容也开始逐步深入和细化。特别是我国加入WTO以后，客观上要求我国行政管理体制必须加速与国际惯例接轨，并尽快提升我国各级政府的管理能力和治理水平。自20世纪90年代中期以后，我国开始了从公共行政向公共管理的转型，公共管理学的一系列重要的理念和学说在中国迅速传播与研究开来。公共管理学最显著的一个特点即“亲市场”性，表现在两方面：一是将公共部门视作市场服务、为民众服务的服务体，而不是高居于市场之上的发号施令者和管制者；二是减少政府的直接经济管理职能，尽可能发挥市场的优势。

为适应“亲市场”的立场，在公共管理领域出现了新理念和新学说，战略管理也是其中一项重要的管理方法和理念。作为一种新的管理途径或思维方式，战略管理日益受到公共部门管理者的重视。它的引进降低了公共部门的运行成本，提高了公共部门为市场服务的质量和效率。不仅如此，它还为绩效管理的运用提供了有益的框架，最典型的就是在人力资源的开发和使用上注重其战略导向。

目前，我国的政府战略管理实践已在各级政府和部门中逐渐开展起来，并引起社会各界的广泛关注。在政府和公共部门中开展战略管理活动，对于促进我国民主制度、推进政治体制改革、改进政府绩效、提高政府信誉和形象无疑具有重大的作用。随着市场经济的发展和行政体制改革的深化以及政府职能的转变，公共部门战略管理得到了一定的发展。但是，就现状而言，我国的公共部门战略实施还存在着一系列的问题。下面，为了更深刻地阐述这些问题，笔者仅以我国政府的信息技术建设，即电子政务为例，进行说明。

1. 战略实施过程与实施目标脱节

公共战略制定出来以后，如何确保战略有效实施是战略管理中一个基本的问题。然而在实施环节，我们经常可以看到有些战略由于缺乏操作性或战略不配套而无法执行；或者有些战略在执行中走样，如："上有政策，下有对策"，歪曲了战略的本意。有些地方政府或部门在战略实施中没有考虑到战略实施是需要一定的环境和条件的——不可能这个地方能用，另一个地方也能用。如果生搬硬套，必然也会造成战略实施虎头蛇尾、有始无终的情况。不仅如此，对资源、人力、物力、财力也是极大的浪费。例如，我们国家正在实施的政府上网工程，当初其实施的目标分了三个阶段：首先是到 1998 年实现 30%以上的部委和省级政府（争取实现到市县级政府）在 163/169 上建立站点，并树立政府站点样板。其次是到 1999 年实现 60%以上的部委和各级政府在 163/169 上均有站点，在部委的合作下发起其管理范围内的行业上网工程。最后是到 2000 年实现 80%以上的部委和各级政府在 163/169 上均有站点，应用项目的实施进入了良性循环，"政府上网工程"初见成效，部委政府站点的运营进入良性循环。① 但在 2005 年 1 月，河南一家公司受郑州市政府委托，对该市 91 个政府网站进行了评估，14 个政府网站被记零分，60 分以下的网站占 61.5%。更具讽刺意义的是，这是在郑州市"政府网站唤醒工程"实施半年后得出的一个评估结果。不仅如此，资料显示，全国 2 500 个政府网站中，约有 1/3 的网站难以打开，1/3 的网站应用价值低。② 失败的情况大体上也分为几种：一是半拉子工程。通常是项目还在继续实施中，但已经变了样，目标和功能设计都与过去的设计差异很大，项目效果稍微显露，但不清晰。二是只有部分功能实现预计构想。项目在某个或某几个模块与功能上实现了预设的目标，但其他功能模块作用发挥不充分。三是基本上实现目标，但时间延迟、费用增加。这类项目通常由于过去的设计和考虑不周全，采取了一些补救措施，例如，增加功能模块、采用更先进的平台、更换设备等，功能上基本达到。当然，也有一种情况，就是在技术上实现了目标，但效益无法完全发挥出来，这类项目比较多，也就是常说的技术上的成功和功能上的失败。这样的结果，必然与实施的目标相距甚远。究其原因，一方

① 参见《政府上网工程实施方案》，见 http://www.nx.cninfo.net/gov/shishi.htm。

② 参见杨敏：《电子政务建设——政府 CIO 路有多远》，见中国电子政务信息网，http://www.grp.com.cn/zyzx/view.asp? id=2085&cc=1&Number=1，2005-03-18。

面有技术性的原因，例如，对实施方案的选择，对软件开发工具的选择，对设备购买的选择，等等。在这方面，可能会“失之毫厘，谬以千里”。另一方面有协调上的原因，例如，对目标的期望和认同不一致，由此造成执行过程中服务能力不到位等。由此看来，战略实施不是一个孤立的环节，它需要随时与内外环境进行物质和信息等方面的沟通与协调，需要相应的政策、法律以及资源等方面的支持和配合，否则就难以达到预期的效果。

2. 组织结构的设计与战略不相匹配

组织是人们为了实现一定的目标而结成的分工协作体系，是战略实施的基础。组织设计得合理与否对战略实施的成败发挥着重要的影响。然而，由于公共部门所固有的官僚体系，政府组织常常出现跟战略不相匹配的情况。具体表现在三个方面：一是部门主义相当严重，即通常所说的“利益部门化”。由于公共部门是按职能来划分的，因此在战略实施过程中各部门常常不是从组织全局的角度考虑问题，而是片面追求本部门的利益和短期利益，孤立地评价部门业绩，使得组织无法整合各种现有的资源，也无法形成具有竞争力的价值链，从而弱化了整体优势。二是部门的责任不清，组织职能重叠，在操作流程中容易引起摩擦，导致推诿扯皮，管理层膨胀，出现大量冗员，以致人浮于事，效率低下，增大了成本，机构膨胀，组织层次多，环节增多，容易出现信息链障碍，因为战略目标作为一个整体目标是按照组织结构分解到各个部门去的，各部门对自己所承担的任务、目标都要有清楚的了解，整个组织才能够良性运转。三是缺乏必要的沟通协调机制。信息的不畅通使各部门无法及时交流，容易失去相互信任与合作关系。同时，也会造成信息无法及时反馈，致使信息失真和滞后，一旦出现问题，组织无法采取应对措施，等等。在电子政务这个例子上也存在同样的组织方面的问题。比如，有些部门只重视自身的电子政务建设而忽视整体部门的联动，喜欢把自己掌握的相关数据当成“独家秘籍”，不愿意与其他部门共享；在数据库、应用系统的建设上不考虑同其他部门的互联互通、协同办公，而是各自为政、自成体系、彼此隔离、互相封闭。正因为如此，尽管很多政府列出了“高标准”的电子政务计划，但因各部门的认识并不统一，以及缺乏有力的协作，使得我国的电子政务水平裹足不前，长此以往，必将造成各个政府部门出现“信息孤岛”。导致一些政府部门重局部、轻整体的主要原因就是部门利益在作怪，一些政府部门唯恐自己的权力和利益在与其他部门的联动之中受到损害，这也使得部门间的互联互通难以实现。另外一点体现在拒绝变化上。部门间文化差异、权力结构及行为惯性等往往会阻碍一个机构雇员与其他机构雇员共享系统及协同工作，这种惰于变化，或者说害怕变化的情况，不只是在进行 IT 系统建设时才会发生，也不是短时间内就可以改变的。

3. 资源配置的不合理性

一般说来，组织都至少拥有四种用以实现预期目标的资源：资金资源、设施资源、人力资源和技术资源。在资金资源的配置上，由于没有完善的公共财政收支体系、行之有效的税收制度和监管制度、科学的预算和评估，导致我国公共部门的收支运行不规范，另外也为寻租腐败埋下了祸根。在设施资源的配置上，由于缺乏优化和合理选择，加上旧体制的惯性冲击，导致投资不能产生理想的预期经济效益。我国对公共设施特别是基础设施建设的投资，只有单一的政府投资渠道。这种投资体制，一方面造成了基础设施建设资金匮乏、财政枯竭，另一方面也形成了基础设施有效供给的严重不足和有效需求日益增长间的尖锐矛盾，使得反映我国基础设施拥有水平的许多指标远远低于世界平均水平。在人力资源的配置上，缺乏流动性、弹性是当前公共部门人才使用中的典型弊端，如：干部能上不能下、能进不能出，没有规范的人才引进机制。在技术资源的配置上，一些行之有效的新技术在公共组织中迄今未能得到合理的应用。以电子政务为例，我们可以看到，在资金资源方面，重复建设、浪费资源的问题相当严重。目前，我国统一的政府信息网络还未建成。现在一搞政务网建设，往往就把过去的东西全部换掉，而很少把原有的加以整合。按照这样的标准，一个市级机构建设电子政务的年度投资动辄需要上亿元，显然不是我们这样一个初级阶段的国家所能承担的。在设施资源的投入上，存在重硬件、轻软件的问题。网络是由硬件和软件组成的，硬件是重要的，但是如果没有适用、有效的软件，也只能是一堆好看的设备，其效能根本发挥不出来。目前软件支出占支出总额的比重，世界平均水平是40%～50%，发达国家达到60%～70%，我国软件支出只占7%，就是作为国家信息化试点城市的广东南海，这方面的支出也只占30%多。[①] 由此造成了电子信息技术的应用普遍地存在着普及率不均、“有形无实”等问题，电子政务所倡导的“顾客”理念得不到应有的体现。在人力资源的投入和配置上，还需要加大力度，合理调整。据调查，我国公务员信息知识和运用信息工具的水平较低，难以适应电子政务发展的要求。2004年，国务院信息化办公室组成了综合调查组，展开“全国信息化与电子政务人才需求调查”，结果显示，各省市既懂信息技术又懂管理的人才奇缺，基本满足需求的只有2.3%，也即存在97.7%的巨大缺口。[②] 在技术资源的投入上，缺乏统一的技术标准，因此无法实现各级政府、各部门之间的网络互联和异种数据库之间的信息交换与共享，造成巨大的浪费。标准化是支撑电子政务的重要手段，而在长期各自为政、重复建设的情况下，各部门的网络、数据库的技术标准不是统一的。

4. 实施过程中缺乏相应的制度保证

这里说的制度是指各级各类政府机关，应政府管理的需要而制定的实体性规范，如：使国家机关法律政策具体化、精细化的规章、规则等，更重要的还有那些涉及面很广、数量庞大、为各类政务活动确立准则的政府工作制度。制度保证就是指通过对制度的制定、修订和规范化，对战略的实施起直接的保障和指导作用。目前，我国政府在战略实施的过程中也存在制度建设的问题，主要表现在：一方面，管理制度还不健全、不完备，很多需要建立的制度，作为历史欠账，一直没有建立起来；另一方面，现有的管理制度中相当一部分已经不适应信息化社会政府管理的需要，例如垄断、分割信息，使信息失真、迟滞、失效，阻碍信息的有效沟通和信息资源的共享，从而造成管理系统的低效甚至失败，因此亟待改进甚至是全面革新。如果不变更管理制度，将先进的技术与落后的制度结合，先进的手段往往就沦为落后政务的保护伞，战略实施就失去了方向和存在的价值。在电子政务的环境下，如果没有完善的制度，缺少确定而精细的“规矩”，电子化的机器就将无所遵循，也就谈不上处理政务了。目前最突出的问题是制度缺位，具体表现在电子政务的立法

① 参见赵丽：《电子政务与政府管理创新》，载《理论学习》，2004（6），43页。

② 参见杨敏：《电子政务建设——政府CIO路有多远》，见中国电子政务信息网，http://www.grp.com.cn/zyzx/view.asp? id=2085&cc=1&Number=1，2005-03-18.

滞后，顺利实施缺乏法律的保障。我国电子政务的发展较晚，目前只是由行政机关对互联网管理出台了一些限制性的行政法规，而对于如何促进电子交易、使用电子签名和电子支付还没有制定相关的法律。尽快建立有关网络安全、政府信息的加密以及公众知情权等方面的网络法规，是关系到“电子政务”能否真正落实计划的首要因素。比如，我们现在有信息保密法，但是没有信息公开法，保密局制定的原则是谁上网谁负责，所以，一旦某条信息出了问题，谁批准就由谁负责，如果出事，基本上就可以毁掉一个人的政治生命。发布信息的程序也非常复杂，层层签字、层层备案，能在网上看到的信息是非常有限的。中国的信息公开法若干年之后才能提上议事日程，从这个角度讲，电子政务要走的路还非常长，没有法制的保障是不可能顺利发展电子政务的。

5. 战略监控缺乏科学性

战略监控是战略实施的最后一个环节，它通过对原有战略中的缺陷进行修正、补充和完善，来保证战略的顺利实施。在这个环节容易出现三个方面的问题：一是没有建立起有效的评估机制。当前我国公共部门的战略控制缺乏客观科学的控制标准，对考核对象、测评内容、责任单位的控制点等，都没有明确而具体的衡量尺度，在内容、时间、质量、人员方面缺乏可衡量性。同时，控制标准缺乏弹性，不能及时、灵活地适应内部条件和外部环境的变化，与组织的长远发展结合不够。二是在控制过程中，缺乏必要的监督、检查。信息不对称、不足或过多且杂乱无章，都会造成事倍功半或事与愿违。从控制循环过程来说，偏重事中和事后控制而忽视了事前控制，这常常是重大事故发生的隐患。还有在控制中，检查评价工作的频率也存在不科学的问题。有时候，检查评价次数过少，间隔时间过长，使问题不能被及时发现和解决。由于拖延了时日，采取补救措施就付出了更大的代价。但有时候检查评价次数又过于频繁，不仅浪费了人力和时间，而且产生忽视控制目的，为检查而检查，以及厌烦情绪的副作用。三是反馈机制不健全。在执行过程中，信息不能及时提供给需要这种信息的使用者，或者管理者对信息的分析滞后，对偏差发生原因的分析也不到位，都使得战略实施的过程缺乏延续性，这在地方政府尤其明显。就电子政务这一战略而言，控制环节有着举足轻重的作用。据资料显示，通常信息化项目的成功率平均只有30%左右。① 因此，电子政务也是相当高风险的行业。而且由于更具复杂性，经验性更少，不确定性影响就更大。在实际运用中，最明显的问题就是关于电子政务中的信息安全问题。电子政务作为政务活动在信息时代的一种新的表现形式，在安全性方面有着很高的要求。政务活动不同于商务活动，它涉及国家机密、敏感信息和公民隐私，所以安全问题是电子政务建设中非常重要、也是十分紧迫和敏感的问题。很多政府平台在政务内网和公共信息网之间没有采取很好的物理方式隔离与逻辑隔离，导致信息安全和保密方面出现隐患。另外，很多政府网站在针对内部人员窃取机密和利用工作之便犯罪方面缺乏起码的认识与安全防范措施。要解决这类问题，控制政务系统中的权限是关键。另外，在对电子政务的评估上也有弊端：一方面，对于电子政务成功和失败的评价标准很模糊。一些只是在技术上成功的项目，尽管实际应用不大，也被认为是成功项目。另一方面，评价方

---

① 参见杨冰之：《电子政务项目：东方不败?》，见中国计算机用户—赛迪网，http://industry.ccidnet.com/pub/article/c356_a56120_p1.html，2003-07-24。

法对公众的需求和期望缺乏研究。到底有多少人愿意使用政府提供的在线服务？到底有多少公众在线和政府人员进行交流？在这个方面，几乎所有的评价体系只关注了电子政务服务的供给，而没有考虑终端用户的需求和期望。

除了上述几个主要的问题以外，我国公共部门在战略实施中还存在缺少有效的战略执行工具以及缺乏具有前瞻性的战略领导等弊端。前者使得战略无法有效地整合实施，无法兼顾利益相关者，因此无法取得良好的实施结果；后者表现为不重视对重大实际问题进行战略性的思考和研究，在提高战略思维能力的自觉意识上还有相当的差距，因而使得组织不能适应经济发展和改革创新的要求。

6.4.2 推进我国公共部门战略有效实施的思考

通过对影响公共部门战略有效实施因素和模型的分析，结合我国公共部门改革的理论和实践，探索和研究公共部门战略实施的解决思路，对于指导我国今后的战略实施具有重大的意义。

1. 树立现代意义上的战略管理意识

树立现代意义上的战略管理意识，是中国公共部门战略实施首先需要解决的问题。现在很多政府部门还没有这样一个完整的概念。很多人以为五年计划、十年规划之类的就是战略，而事实上战略本身所包含的意义更为深刻。它所要探讨的一个重要问题就是：组织如何定位以面对越来越不确定的未来。战略关注组织现时的方向及其包含的意义，关注这一方向所带来的威胁，也关注组织现在的行动所面临的挑战。① 所以，必须改变传统的思维定式，树立现代意义上的战略观。要做到这一点，应该从以下两个方面努力：

（1）传统观念的转化。关于培养和提高战略思维能力的问题，过去我们虽然对各级领导干部有这方面的要求，但是研究得还不多，强调得也不够。尤其是，对于许多刚走上领导岗位不久的年轻干部来说，什么是战略思维，应当具备怎样的战略思维能力，头脑里还比较陌生。而在具体的战略执行过程中，由于执行会对一些部门和工作人员的利益带来威胁，再加上工作人员固有的惰性，必然会遭到各方面的抵触和消极情绪。因此，观念转化的目的就是要让工作人员了解战略实施的含义和重要性，对过去传统的流程模式机制进行重新思考，彻底摆脱头脑中的旧框框，重新勾勒出一个全新的战略实施流程及相应的组织结构、运行机制。此外，政府工作人员还应该树立团队意识。

（2）组织文化的重塑。组织文化是组织内部、组织成员所共享的基本的假设、价值观、规范和信仰模式。这些共享的东西帮助成员理解组织存在的意义，暗示着如何做工作、评价工作、成员之间以及组织内部与外部之间的沟通方式，对战略实施具有深刻的意义。适应变革的文化促进了组织的战略变革，否则就阻碍了组织的变革。齐夫克曾提到，改变公共组织环境的“认知体系”是促使变革的手段。② 组织的领导者必须强烈地支持这些新的价值观，创造变革的持续动力，并通过自身的行为传递这些新的变化。首先要改变

① 参见陈振明：《公共部门战略管理》，33 页。

② 参见［美］B·盖伊·彼得斯：《政府未来的治理模式》，154 页，北京，中国人民大学出版社，2001。

公务员的官僚习性和僵化的组织文化，营造积极的创新思维和态度，服务于公众的战略管理文化氛围；其次要积极倡导学习增进能力，加强公务员专业化技能的培养；最后要树立良好的政府形象，给公众以信任感。

在电子政务的问题上，由于电子政务打破了传统的政府管理模式，政府部门的工作机制、工作方法、工作思路都有了很大的改变，因此对广大公务员来说，更新观念，主动接受电子政务这一新的管理手段，对公务员的权力观、利益观是一个严峻的考验。一方面，要深刻认识到电子政务的目标、价值、意义、时机、重要性及其利弊等，在许多问题上要达成基本的共识，想清楚再干，才能防止走弯路；另一方面，也要改变设备越新型、越高档，系统就越先进的错误观念，拥有昂贵的最新型、最高档设备完全不能说明系统的先进性，若在实际使用中发挥不出这些设备应有的高性能，则只能是浪费，只有花钱少、应用水平高的系统才是真正先进的系统。

2. 建立战略实施目标体系

实践证明，战略实施与战略目标的脱节，在很大程度上是由于战略实施目标体系没有建立起来。缺乏一个层次分明、导向清楚的目标，战略实施也很难有明晰的指导方针。鉴于预测未来的困难性，涉及长期目标的许多因素捉摸不定，人们的知识和预测技术的不足，战略计划目标只是一个总体方向，具有明显的笼统性、粗略性、综合性和弹性。它要变成现实，必须得到各部门短期计划目标的支持。

关于短期的实际目标和长期的战略目标，有不同的称谓，但大体的理解是一致的。这里借用加拿大 Carleton 大学的 Mose N. Kiggundu 的观点把目标分为两种，即 COTs 和 SMATs。两者构成了每个组织生存和发展以及满足相关利益者利益需要所必须完成的任务。①

COTs（critical operating tasks）：关键操作任务。它是一种即时、短期和实际的目标，并且受绩效或为满足相关利益者所需要的服务传送的压力所驱动。

SMATs（ strategic management tasks ）：战略管理任务。这是一种更长期的、分析性的目标，并且受未来或合作者期望以及合作者之间关系所驱动。

"有效的战略管理的整合需要认同和平衡这些竞争性的要求。对管理者来说，一种可能的战略就是确保 COTs 的有效实施同时也满足当前的利益相关者的要求。这样他们才可能愿意为战略管理漫长而不确定的行程付费，因为他们相信组织的实践能力。"②

在战略实施的过程中，有必要随时了解阶段目标的实现情况，并根据目标实现的难易程度以及环境条件和系统因素的变化，及时对战略方案作出必要的、有限度的调整。就电子政务来说，其制定和实施也要与我国具体的政体、国情相适应。各级政府在具体实施时，一定要根据当时、当地的具体情况，制定一套切实可行的实施规划（必须包括目标、费用、评价指标、软硬件比例和系统平台等），在经过专家和政府有关部门论证的基础上，通过地方人大或人大常务委员会批准执行，以确保其实施的严肃性和连续性，而不能因某一领导或几个官员的好恶而改变。

①② Mose N. Kiggundu, "Integrating Strategic Management Tasks into Implementing Agencies: From Firefighting to Prevention", *World Development*, Vol. 24, No. 9, 1996, pp. 1417-1430.

3. 建立与战略相匹配的组织结构

实施战略，必须考虑战略计划同组织结构的协调与配合问题。战略计划同组织结构的关系在于：第一，战略计划必须依托于一定的组织结构。要把战略计划变成现实，必须在具有一定结构的组织中才能进行。第二，组织结构对战略计划的实施具有促进或阻碍作用。适应战略计划的组织结构，就会促进战略计划的顺利实施；反之则会阻碍战略计划的实施。第三，组织结构必须随着战略计划的变化而变化。不同的战略计划，对组织结构有不同的要求和期望。实施新的战略计划，需要建立新的、与新战略相匹配的组织结构。

建立与战略相匹配的组织结构，首先要分析组织的结构类型。一般说来，行政组织可以分为四种类型：直线式结构；职能式结构；直线—职能式结构；矩阵式结构。这四种结构各有优劣（见表 6—3）。

表 6—3　　不同组织结构的优劣

组织形态	优点	缺陷
直线式	管理结构简单，管理成本低，指挥命令关系清晰、统一；决策迅速，责任明确，反应灵活，纪律和秩序的维护较为容易。	要求各级管理者有管理和具体操作的全面知识；成员之间和组织单位之间的横向联系较差，沟通周期长，对环境变化反应迟缓，专业化分工不足。
职能式	能充分发挥专业管理人才的作用；弥补各级行政管理领导人管理能力方面的某些不足。	易形成多头领导，削弱统一指挥；各职能部门的指挥有可能相互矛盾，使下级无所适从。
直线—职能式	既有利于保证集中统一指挥，又可以发挥各类专家的专业管理作用。	各职能部门自成体系，不重视横向信息沟通，加上本位主义，可能引发组织运行中的各种矛盾和不协调现象；若职能部门不被授权，则容易引起它们的不满；若授权过大、过宽，容易干扰直线指挥系统的运行；按职能分工的组织通常弹性不足，对环境的反应比较迟钝，不利于培养综合管理人才。
矩阵式	加强了横向联系，克服了职能部门相互脱节、各自为政的现象；专业人员和专用设备随用随调，机动灵活，不仅使资源保持了较高的利用率，也提高了组织的灵活性和应变能力；各种专业人员在一段时间为完成同一项任务一起工作，易于培养他们的合作精神和全局观念，且工作中不同角度的思想互相激发，容易取得创新性成果。	成员的工作位置不固定，容易产生临时观念，也不易树立责任心；组织中存在双重职权关系，出了问题，往往难以分清责任。

资料来源：陈继祥：《战略管理》，353 页。

组织结构的差异决定了它们对不同类型的战略影响是不一样的。对于特定的战略，存在着某种“最优”的结构形式，这就是结构与战略匹配的逻辑基础。① 在设计组织结构和

① 参见陈继祥：《战略管理》，361 页。

授权系统时，应尽可能地支持目标的实现和贯彻实施战略计划，同时还要注意发挥参谋分析人员和咨询人员的作用。

其次要根据不同的结构类型选择不同的沟通和协调方式。一般说来，沟通主要分为正式和非正式两种。正式的沟通又分为：上行沟通、下行沟通以及平行沟通。非正式沟通又分为：政府人员之间的私人往来，日常社交，个人友谊，非正式的聚会和闲谈，以及社会上或机构内各种留言和传闻。① 组织结构对于沟通有效性影响的机理在于，当两个岗位之间的沟通内容一定时，沟通的有效性与它们的"行政距离"有关。② 此时有必要建立"沟通最优化模型"，即通过一种岗位组合——机构设置方案来取得最佳的沟通效果。

协调的主要内容有利益协调、目标协调、态度协调以及行为协调。③ 总之，要把管理者和员工的创造性与能动性纳入一个畅通的渠道里，所有的能量才能转化为生产力。

最后要进行组织创新。④ 通过适时的创新，政府适应变化了的环境和条件，为战略实施提供强有力的组织保证。这就是组织变革与创新所必须遵循的一条基本原理——战略决定结构，结构为战略服务。例如《无缝隙政府：公共部门再造指南》所提出的"无缝隙组织"这一新概念。无缝隙组织是指一种行动快速并能够提供品种繁多的用户化和个性化产品与服务的组织，并以一种整体的而不是各自为政的方式提供服务。组织的顾客和服务提供者是一种直接的、人性化的关系，不存在繁文缛节和"踢皮球"现象；以跨职能团队代替目前公务员仅在一个职能领域内服务的孤立组织；强调以通才取代专才。为了实现提高政府部门竞争力的战略，还可以采用"签约外包"的形式把外部的私营企业组织变成政府组织的一个延伸部门。这也是"虚拟组织"的一种形式。类似的做法还有通过竞争性招标来安排市政服务等。

就电子政务而言，由于传统的政府组织的结构是金字塔式的，中间环节众多，导致机构臃肿，信息流、资金流、物流等在最高层与最底层间流动缓慢，且增加了传递成本，容易使传递的信息流发生偏差。而重组组织结构就意味着要建立扁平化的组织构架，即缩小中间管理层，增宽管理幅度，使最高层与最底层间实现直接沟通，免去烦冗的中间环节，加快信息流等传递的可靠、高效、快递，同时大大降低运作成本。

4. 积极推进公共部门制度创新

20 世纪 90 年代以后，政府面临着空前的转变。科技的迅速发展，促使公共服务不断推陈出新；交通电讯的便捷，缩短了地理上的差距；经济全球化的发展，使得管理上的国界逐渐消失；政府结构变迁加速，传统的经营方式和组织结构已不能适应时代的需要，因此组织创新已是大势所趋。而制度创新是公共部门战略实施和战略变革的关键。只有与时俱进，建立与战略相配套的一系列规章、制度，才能保障战略的顺利实施。

制度创新的作用在于使组织自身的结构制度与功能更加完善和合理，以提高组织的灵

---

① 参见李道平等：《公共关系协调原理与实务》，46～59 页，北京，中国商业出版社；上海，复旦大学出版社，1996。

② 参见李习彬、李亚：《政府管理创新与系统思维》，189 页，北京，北京大学出版社，2002。

③ 参见李道平等：《公共关系协调原理与实务》，46～59 页。

④ 参见王强、陈易难编：《学习型政府：政府管理创新读本》，196～205 页，北京，中国人民大学出版社，2002。

活性和适应性，创造出更和谐的组织环境和更高的社会经济效益。制度创新要坚持以下几条原则[①]：坚持开放性，提升学习力；坚持可行性，提升直觉力；坚持系统性，提升整合力；坚持公平性，提升洞察力；坚持交互性，提升凝聚力；坚持前瞻性，提升预见力；坚持实践性，提升持续力。一般说来，制度创新要注意以下几个问题：

首先，制度创新中的利益平衡问题。制度创新是对各种利益关系的调整、分化、组合的过程。根据有的国内学者的归纳，在经典的制度创新理论中，制度创新可以分为两类：一是中性制度创新，即改革创新本身至少使一个人受益而没有任何人受损的帕累托改进；二是非中性的制度创新，即在制度创新中只要对受损者的补偿低于改革的收益，从而具有正和博弈性质的卡尔多改进。大多数制度创新都是非中性的制度创新，也就是说大多数制度创新都是非帕累托改进。政府作为公共利益的代表要协调各方利益，必须在制度创新过程中确保各方利益的平衡，必须建立人民群众利益的输入机制，使人民群众的根本利益要求能够到达决策核心，使政府在进行制度创新过程中能够充分考虑到人民的利益。事实上，对利益相关者的管理也是战略实施的重要内容之一。公共利益是每一个政府进行制度创新、制定公共政策和执行公共政策的基础。要想改变目前群众利益输入的不利局面，就要实施以下措施，如：增加制度化输入渠道，构建多样性的群众利益输入机制；减少利益输入的中介环节，提高群众利益的输入功效；选择最接近于帕累托改进的卡尔多改进制度创新方式。

其次，制度结构中的相容和互补问题。在制度创新过程中，制度总体系统内部的各种制度能否保持相容和互补，就成为影响制度创新绩效的另一个突出问题。在一个制度结构中，由于各个制度安排之间存在着某种“共生关系”，部分制度安排的变迁就会影响到其他制度安排，并且直接影响到体制转变时间的长短及新体制的效率高低。各制度之间的共生互补性，使得单个的或局部的制度创新是不可能长期保持经济的持续增长的。任何制度创新都是在具体的制度环境中进行的，不存在也不可能有脱离现实社会环境的制度创新。因此，政府在制度创新过程中应注意制度安全中的相容和互补，减少制度之间的摩擦，缩短各项制度之间的“磨合期”，根据不同发展阶段的不同社会条件选择适宜的制度创新途径和方式。认识到这一点对制度创新的绩效的影响，对于适时地从全局出发，消除改革中制度结构的不协调，维护经济正常运行和社会有序发展，是至关重要的。

最后，要注意制度创新的目标取向必须与社会经济发展的目标一致。社会经济总目标总是借助一定的制度安排来实现的，而不同的制度安排导致各异的经济结果。因此，政府在制度创新中必须使制度安排的目标与社会经济发展的目标保持一致。但政府和其他人一样都是经济人，他们所做的一切都是为了自身效用最大化。制度创新是对现有体制的改革。作为现行体制的受益者，政府会使制度创新朝着有利于自己利益的方向发展，这可能会与我们社会主义市场经济体制的目标取向相悖。而且制度创新可能会降低统治者的权威，这时政府就可能维持一种无效的制度安排或不采取行动来消除制度不均衡。另外，政府作为一个组织，其统治者的偏好、有限理性、意识形态刚性、官僚主义利益集团等的冲突可能会使政府的制度创新偏离社会经济发展的目标，导致制度安排的无效。所以政府在

① 参见王晓宁：《制度创新应遵循的原则》，载《河南社会科学》，2003（3），111～112页。

制度创新过程中必须采取适当措施纠正这些偏差，确保它们在制度创新过程中协调一致，共同发展。

要解决电子政务中制度缺失的问题，就要求中央政府加紧出台一系列有利于电子政务发展的法律、法规和政策，以及出台中国电子政务发展规划指南等计划性纲要；要建立一套完整的技术评价方案和应用效果评价方案及标准体系；还应该尽快建立信息主管（CIO）制度，并形成整体的协调机制，这是电子政务成功的基本保证。

5. 优化公共部门战略实施的流程

优化战略实施流程的着眼点在于一个个的实施环节。把实施环节当做最基本的单位，以剖析组织的整体运作过程和管理模式。通过对实施流程的优化和重新设计，以实现公共部门战略运作模式的全面转变和绩效的提高。

在优化战略实施流程中需要首先考虑的是流程再造的能力（the BPR capacity），因为它是影响流程再造结果的重要因素。通常有三大要素，而每一个要素也说明了流程再造能够成功实施的必要条件①：第一个要素是对流程再造（BPR）的要求和含义的正确理解；第二个要素是运用和实施 BPR 的分析结果的能力；第三个要素是需要一种共同的意愿来面对 BPR 给组织文化带来的变革。

流程再造应该遵循以下七项基本原则②：

（1）围绕结果而不是任务来组织。设计一个人或一个部门的工作，要围绕目标和结果，而不是围绕单一或系列的任务。

（2）让需要这个流程产出的人执行该流程。通过运用计算机信息系统，流程再造已经可以做到让需要流程工作结果的人自己完成流程。

（3）把信息处理工作纳入产生该信息的实际工作中。产生信息的人员或部门也要处理这些信息并加以运用，而不是把原始数据交给部门中其他人来解释。

（4）对于地域分散的资源，要像它们是集中的一样来处理。为了达到协调一致的目的，组织可以运用现代信息系统，把实际资源集中在一个地点，从而灵活地为各地提供服务。

（5）把平行活动联结起来，而不是整合其结果。对于那些由分立部门执行而最终又要整合起来的不同活动，应该让它们在执行过程中就相互沟通，以利于整合。

（6）把决策点放在工作执行地点，把控制植入工作过程之中。执行人员应该作出决策并且自我控制。

（7）一次就在信息源头把信息捕捉住。不要每个部门都建立自己的数据库，信息应该放在网络上，以便所有人都能取得数据。

迈克尔·哈默（Michael Hammer）关于流程再造的七条原则对于公共部门是非常有借鉴意义的。传统的业务数据流按地理位置和人力分配被打碎至多个部门，从一个部门转到另一个部门，出现许多交叉环节，整个数据流无人全程控制。而进行工作流程的再造就

① Arie Halachmi，Tony Bovaird，"Process Reengineering in the Public Sector：Learning Some Private Sector Lessons"，*Techinovation*，Vol. 17，No. 5，1997，Great Britain：Elsevier Science Ltd.，p. 231.

② 参见［美］J·戴维·亨格、托马斯·L·惠伦：《战略管理精要》，146 页，北京，电子工业出版社，2002。

是要建立那种非官僚化的，富有创新精神和生机活力的，以公众利益为出发点，以流程为中心的“具有企业家精神的政府”。因此，在改进工作流程的时候就要对阻碍战略实施的不必要的流程进行铲除，对破碎的流程进行整合，同时对重叠的流程进行合并。除此之外，还应特别注意监控环节。战略控制的关键问题在于及时获取关于组织及其环境的简单的、有效的和有用的信息。一个有效的战略控制系统应该具有灵活性、真实性以及及时高效性。

政府业务流程再造与电子政务的建设也是同步进行的。一方面，要对过去形成的传统业务流程进行彻底的改造，使政府管理和服务更加符合电子政务“简便、透明、高效”的要求；另一方面，要准确选择需要进行再造的政府业务流程。应从政府所面临的危机、问题出发，考虑政府的承受能力和可承担的风险，优先选择简单的、易于获得成功的业务流程。否则，就会导致业务流程再造的失败。

6. 进行有效的资源配置

资源配置是战略管理的中心活动，是成功执行的保障。战略管理本身有时也被称为“资源配置的过程”，它使资源能够按照目标所确定的优先顺序进行配置。资源配置的核心问题是效率，资源配置的价值目标是最大限度地使用现有的稀缺资源。因此，战略实施中的资源配置必须以效率为标准，使资源配置具有产权明晰性、充分的流动性和可交易性、广泛的竞争性和普遍的有效性，并且符合公正、合理、进步性的要求。在分配资源时，有三个标准可以使用①：

(1) 要求的资源对于充实组织的行动和远景的贡献。在组织的总部，资源分配任务是引导资源远离那些不能表达组织目标的地方，而趋向于那些能表达的领域。

(2) 关键战略的支持。当遇到资源不足的情况时，就需要进行进一步的选择，而不仅仅是表达组织的使命和目标就可以的。

(3) 一个特定建议相关联的风险程度。很明显，如果风险很高，那么战略成功的可议性就小，一些组织会比另外一些更加能够接受高水平的风险。因而，在这种情况下，标准需要考虑组织接受风险的水平。

在所有的标准中，有利于战略目标的实现，应该是衡量资源配置效率的主要标准。但需要注意的是，资源配置有效率，只是实现战略目标的必要条件而不是充分条件。仅仅有配置效率是不够的。资源配置后，还需要通过计划、组织、领导、控制等一系列管理活动才能够得到充分利用。而在这一过程中，人力资源，即具有专业知识、技能和高度责任心的管理者，发挥着决定性的作用。

在我国具体的政府实践中，要建立科学规范的公共财政体系，强化税制改革，优化投资结构，加强基础设施的建设，合理调配人力和技术资源。需要注意的是，有效的资源配置并不能保证成功的战略实施，因为现有资源只有通过计划、人员、控制和责任心才能发挥作用。电子政务也是如此，必须有人员、资金及技术上的投入，但也要注意合理规划。

7. 完善公共部门战略实施的工具箱（tool kit）

战略规划与战略选择之后，战略管理的实施成为所设计的方案能否成功的关键。实施

① 参见［英］林奇：《公司战略》，729页，昆明，云南大学出版社，2001。

阶段主要着眼于把方案付诸实践。因此，在这个过程中，对战略实施工具性方法的选择至关重要。选择有效的实施工具，即是提供有效的执行手段。笔者选取了平衡计分卡（balanced scorecard，BSC）和战略联盟（strategic alliance）这两种最具代表性的战略实施工具，它们被公认为是当代公共管理实践前沿中典型而有效的实施工具。

(1) 平衡计分卡。

平衡计分卡，是由美国哈佛商学院教授罗伯特·卡普兰和戴维·诺顿于 1992 年提出的，由财务、顾客、内部流程、学习与成长四个方面构成的绩效衡量系统。平衡计分卡理论被《哈佛商业评论》评为 75 年来最具影响力的管理学说。它不仅能有效克服传统的财务评估方法的滞后性、偏重短期利益和内部利益以及忽视无形资产收益等诸多缺陷，而且能够科学地集战略管理控制与战略管理的绩效评估于一体，因而在私人部门广受欢迎，是非常有效的战略实施的工具。

平衡计分卡整个系统包括了角度、目标、绩效指标、目标值、行动方案和任务六个要素，它具有以下主要的功能①：

第一，战略管理功能。借助它不仅可以进行有效的战略思考和资源配置，而且可以把组织战略或使命化为具体的目标和评估指标。

第二，可以有效地推动组织变革。借助它不仅可以有效处理组织内外部各种变量在变革中的相互关系，而且可以保证整个组织系统变革过程中的均衡性。

第三，是一套完整的组织评估系统，不仅克服了传统绩效评估体系的片面性、主观性，而且强化了目标制定、行为引导、绩效提升，使整个绩效改善得以系统管理。

第四，是一套管理的控制系统，不仅把组织财务性指标与非财务性指标控制联系起来，而且把组织短期目标与长期目标、组织目标和个人目标有效地进行连接。

第五，实现有效的激励。当平衡计分卡与报酬相连接的时候，不仅强化了所期望的行为和结果，而且也实现了对员工报酬的承诺。

公共部门由于精简机构、提高绩效的需要，也逐步采用了 BSC 方式来管理组织。最典型的是美国。早在 1993 年，克林顿政府就颁布了《政府绩效与结果法案》，规定所有的联邦机构必须开始评量绩效，开启了平衡计分卡在非营利组织和政府机关的使用。

该计分卡沿用企业平衡计分卡相同的四个方面，并加一个“员工被授权程度”，强调联邦雇员在这个新的、以顾客为重心的政府措施中扮演的核心角色。小布什总统也于 2001 年 4 月宣布，政府机构将被要求针对特定的计划，并于 2003 的预算年度中，提出以绩效为基础的预算，实行“支出与绩效目标一致”的绩效管理。②

平衡计分卡的观念已经在全世界的非营利组织中被接纳和使用，但在我国仍处于萌芽阶段。随着改革浪潮的推动，我们应该进一步实施平衡计分卡制度，提高政府效能。

政府组织的平衡计分卡与企业的架构有一定的区别，即要把顾客层面置于最上层，因为这类组织存在的目的是为顾客提供好的服务或产品，而不是以营利为目的。财务层面和

---

① 参见刘亚林、刘一凡：《平衡计分卡在公共部门管理中的运用》，载《人力资源》，2004 (6)，52～53 页。

② 参见郭福气：《警察机关适用平衡计分卡从事绩效评估可行性之研究》，40～42 页，南华大学管理研究所硕士论文，1993。

财务目标只是一项保健因子，是支持这类组织得以正常运作的基本条件。

公共部门的平衡计分卡模型如图 6—2 所示。在计分卡模型中，使命是激励公务机关采取行动的力量，也是沟通组织存在的理由以及组织所要达成的目标。从使命往下看，是组织的顾客，组织必须确定谁是服务的对象，以及如何完全满足他们的需求以达成使命。财务层面的衡量指标是顾客成就的驱动力量，也是组织所必须从事的范围。内部流程层面的指标，是要从顾客层面的价值定位中获取，并拥有牢固的愿景和令人心服的领导能力以获得顾客满意。最后，为实现上述三个层面所要求的目标，政府组织必须制定雇员学习与成长的指标，以促进雇员正面的发展。

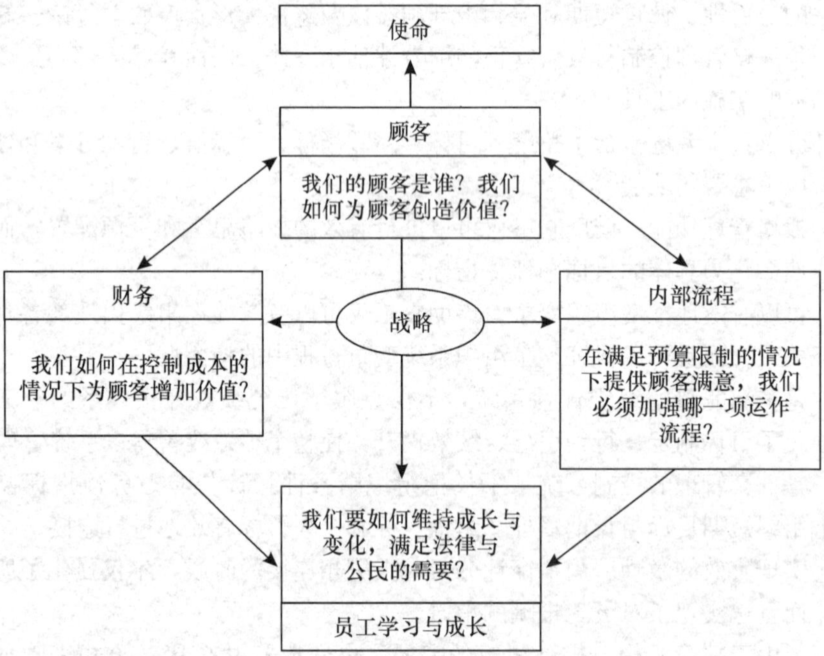

图 6—2 公共部门平衡计分卡的基本框架

资料来源：郭福气：《警察机关适用平衡计分卡从事绩效评估可行性之研究》，40～42 页，南华大学管理研究所硕士论文，1993。

平衡计分卡指标体系是组织绩效评估的重要参数，并为沟通和应用评估结果进行管理提供了可能性。公共部门传统的绩效评估制度通常带有主观判断的色彩，容易受到员工和管理者关系的影响，因而是一种非战略性的框架。而平衡计分卡使用比较量化的目标，加上一些定性的评估，使个人能力素质、业绩与组织目标能实现很好的整合，对组织绩效的战略化管理起着巨大的驱动作用。另外，作为实施战略的主要载体，平衡计分卡强调了绩效管理与组织战略之间的紧密关系，能够有效实现对组织战略目标的管理，因为制定战略与实施战略之间往往存在着差距，组织的战略目标和任务是非常笼统与概括的，需要进行一定的转化才能实施，平衡计分卡指标体系就能够将战略目标转化分解为分阶段的、具体的、可操作的运作目标，从而使得高级管理人员和每个职员都对自己的任务、组织的绩效目标非常明晰，同时也清楚为了达成组织共同的战略目标所需的关键要素。

“平衡”这个概念在中国是有一定的文化基础的。中国的公共组织可以在实施战略时先考虑组织的使命、愿景和目标，然后借助平衡计分卡的理论体系来设计和衡量这些目标，接下来再制定具体的行动方案以达到这些目标，同时辅以绩效考评系统加以提高和改进。

（2）战略联盟。

战略联盟的概念兴起于 20 世纪 80 年代，最早是由美国 DEC 公司总裁简·霍兰德和管理学家罗杰·奈格尔提出的，通常是指两个或多个公司之间为了实现一定的战略目的，在一定的时期内进行的一种合作安排。它在本质上是一种能力组织。史学家钱德勒在他的经典之作《战略与结构》中，系统地分析了企业组织结构的变迁历史，得出了“结构追随战略”结论，而战略又受企业经营管理环境制约。这种战略管理思想概括起来就是“环境—战略—结构”模式，这一模式到现代依然有效。作为一种从战略上考虑建立起来的特殊的组织形式，战略联盟正是企业为适应新的竞争环境而采取的一种结构策略，也是当今最重要的战略实施工具之一。

而在公共部门，由于目前的经济社会问题越来越呈现出跨区域的特征，一个部门或一个地方政府往往难以有效解决问题，这就需要部门间、地方政府间的跨职能、跨区域合作治理，即仿效企业的合作模式，建立以问题为导向的战略联盟。在横向联合中，由于各部门、各地区的地位和作用不同，难免会出现利益分配不均的情况。为减少部门和地区间的经济摩擦，促进区域经济的健康发展，必须建立一个有效的利益协调机制，通过各部门的相互协商和对话，合理地制定相关政策，统一安排部署，以协调各方利益，实现经济整体目标。

战略联盟是地方政府间合作，特别是跨区域治理合作模式可能采取的策略之一，在很多跨区域的行政业务或能力上有所体现，如垃圾和污水的处理、废土处理等。一般说来，战略联盟大致有五种形态：区域开发联盟，如区域联合开发合约、授权或共同开发协定；公共物品生产与运筹管理；政府营销与服务联盟；多重事业联盟；两个地方政府间或多地方政府间联盟。

作为一种组织创新，成功的战略联盟应该具备以下几点特征①：

首先，联盟行为是一种战略性合作行为，着眼于通过持续的合作增强自身的竞争优势。因此，它注重从战略的高度改善联盟共有的发展环境和合作条件，是一种长期行为而不是短期行为。

其次，联盟伙伴本身应具有自己特定的优势。双方各有所长，才是理想的伴侣。联盟的双方出发点都是为了“双赢”。通过资源共享，优势互补，相互信任协作，可以产生“1＋1＞2”的协同效应。同时，每个成员也都能获得与其在联盟中的地位和贡献相对应的收益。

最后，联盟的成员彼此都无能力或意愿强取对方的独有长处。这应是任何地方政府间战略联盟的关键性原则。如果一方企图获取另一方的独有之处，那么双方从一开始就很难坦诚合作。

通常，地方政府合作治理有几个方向：第一个是面向中央和地方政府合作模式；第二个是地方跟地方的合作模式；第三个是地方政府跟地方社区与企业领袖的合作模式，即公

① 参见李文星：《地方政府战略管理》，309 页，成都，四川人民出版社，2002。

私部门的协力关系。在这方面，美国政府的经验给我们提供了借鉴。美国的地方政府间跨区域合作采取了多种模式。例如“府际服务契约”，就是地方政府用签契约的方式，提供彼此所需的服务或其他合作。这在美国相当盛行。比如说旧金山湾就有地方政府协会，涵盖 101 个城市和 9 个县的会员，来解决地方问题。类似的合作机构还有“区域性的特区及公共管理局”等。这些地方间合作组织在提高公共服务质量和顾客参与度方面都起到了积极的作用。

关于公共部门战略联盟的模式，目前仍有诸多争议。普遍的模式通常有三种，即：契约模式、经纪模式和协作模式。

契约模式（contract model ）。就是指合作双方签订协议，根据协议向对方提供特定的服务。协约双方都有相应的权利和义务。一般在协议中规定了提供服务的内容，针对资金、设施等的投入也作出明确的规定。这种契约模式除了跨部门进行合作外，还可以超越国界，成为不同国家间公共部门和非营利性组织的联盟合作模式。

经纪模式（brokerage model)。它是“契约模式”的一种特殊形态。在契约模式中，不同部门可以就一个项目签订合同或协议，这种模式往往是双边的协议；而在经纪模式下，各方签订广泛的协议，形成关于这个项目的网络，并在网络范围内提供广泛的服务支持。在这一模式中，一些非项目内的机构也能得到充分发展的机会，为升格成战略伙伴奠定基础。

协作模式（collaborative model)。在这种模式下，不同部门或机构结成广泛的协作关系。各方的协作协议并不像契约模式那样正式，而更多地以各方签署谅解备忘录的形态出现。人们认为，通过共同开发、联合研究、信息和设备共享等诸方面的联合，参与合作的各方都能从中获益。

总而言之，公共部门间的战略联盟是很有必要的，只有这样，组织才能在未来继续发展。战略联盟具有环境适应性，它与传统组织理论中的分工思想神似，能够在新环境中有效且有效率地利用社会资源。它是一种协作创新，也是新时代重要的组织形式，其存在为组织管理增添了新的内容，也为公共部门更好地迎接时代的挑战提供了思路。

本章小结

1. 20 世纪 80 年代初，战略方法开始引起公共部门的重视。在最初的战略规划阶段，公共部门采用战略方法侧重于制定战略规划而非进行管理。直到 20 世纪 80 年代后期，战略实施才开始受到公共部门的关注。

2. 公共部门战略实施的含义：(1) 战略实施是指在战略制定完成后，将战略内容变为现实的过程；(2) 战略实施是组织为了实现战略目标，根据组织内外环境的变化调整组织行为模式的动态过程；(3) 战略实施是建立、发展组织的行动能力的过程。

3. 公共部门战略实施在公共部门战略管理过程中的作用：它是实现战略目标的基本途径；它是检验战略正确与否的唯一标准；它是增强组织权威和提高组织能力的捷径。

4. 公共部门战略实施是一个复杂的过程，它包括战略发动、制定行动计划、组织准备、资源准备、战略实验、全面实施、战略控制等一系列环节。

5. 战略实施手段：主要有行政手段、法律手段、思想诱导手段、物质和精神激励手段等几类。

6. 影响公共部门战略有效实施的主要因素：战略精确度的问题，资源的保证，实施的机构，外部组织，监督。

7. 公共部门战略实施的基本模式：主要有指挥型、变革型、合作型、文化型、增长型以及托马斯·J·彼得斯和小罗伯特·H·沃特曼提出的麦肯锡 7S 模型等。

8. 推进我国公共部门战略的有效实施的途径：包括战略管理意识的树立、战略实施目标体系的建构、组织结构与战略的匹配、制度的创新、战略实施流程的优化、资源的有效配置以及战略实施工具的完善等方面。

关键术语

1. 战略实施：是指在战略制定完成后，将战略内容变为现实的过程；组织为实现战略目标，根据组织内外部环境的变化调整组织行为模式的动态过程；建立、发展组织的行动能力的过程。

2. 战略发动：组织领导人调动组织内外的个人、团体的积极性，将组织的战略理想变为大多数成员的实际行动。

3. 行动计划：为实现一个或一组具体目标的各工作和项目的汇集，它一般包括具体目标、计划时间、预期产出和衡量标准。

4. 战略实验：为了验证战略或迅速展现实施结果，组织挑选实验对象，在自然状态下局部地实施战略，并全面分析战略实施过程和结果的行动。

5. 战略控制：为了对战略实施过程进行控制，公共组织追踪战略实施行为，及时发现偏差，分析偏差产生的原因，并采取纠偏行动的行为。

6. 麦肯锡 7S 模型：强调有效的战略实施既要考虑组织的战略、结构和制度三个硬要素，又要考虑风格、人员、技能和共同价值观四个软因素。

7. 利益相关者：与公共部门存在着利害关系，并企图对战略实施过程施加影响的个人或团体。

案　例

维卡市的抗污染之战[①]

1990 年夏天，堪萨斯州维卡市的中心商业区面临着市区衰败的老问题，同时也期待着复兴。该地区油气工业的低迷恶化了全国范围内的房地产下跌势头，使得维卡市市区的发展陷入停滞。同时，当地的商业首脑们正追求一项复兴的常规计划：一项依赖实质性的

① 参见竺乾威、马国泉编：《西方公共行政案例》，1～11 页，上海，复旦大学出版社，2002。

公共进步来拉动新的总计 3.75 亿美元的私人投资的计划。

然而，在维卡市的市区，一个特殊的问题正在酝酿着。在维卡市的中心地区的一些私人和工业用井中发现了已知将导致癌症和其他健康问题的危险化学物质。获悉这一消息后，银行变得更为小心，在同意放贷之前，它们要求现场调查，甚至要求提供水土样本。6 月，当地的制造商柯曼公司，即一家脆弱的手提油炉和其他户外用品的制造商，来到该市司法部门报告一个污染问题，该公司在 1988 年秋天的日常检查中就发现了这一问题。

8 月晚些时候，堪萨斯州健康与环境司代表环境保护署报告说，维卡市位于一个地下湖之上，这个地下湖已经被各种各样的商业和工业用化学物质给污染了。污染的区域——以临近的污染区域中心的一条街的十字路口的名字而命名的吉伯特—莫斯利地区——是广阔的，覆盖了一块大约 4 英里长和 1.5 英里宽的土地。在这 6 平方英里的地区拥有许多大银行、酒店、工业中心和住宅。在污染区北部的柯曼公司总部发现了由高浓度的三氯乙烯形成的最糟糕的污染。根据市政经理克里斯·丘切斯办公室的估计，净化含水土层要花费 2 000 万美元，耗时将长达 20 年。污染带来了一系列严重的附带结果。紧接着那惊人的报告，维卡市的银行家采取了突然行动，停止了在吉伯特—莫斯利地区的所有贷款活动。银行的歧视做法对商业和住宅财产所有者立即产生了影响。不确定的责任和银行所带来的房地产冻结对该市的税收基础造成了实质性的危害。市检察官托马斯·R·鲍威尔回忆说："当地下水问题出现时，似乎死亡的丧钟就要敲响了。"

衡量选择方案

面临着所处的严峻环境，市政经理丘切斯任命了一些骨干工作人员来研究健康与环境司的两项推荐方案：要么对污染负有责任的公司联合起来净化受污染地区；要么由州将该地区列入国家优先清单，这是通向超级基金的第一步。

（一）让对污染负有责任的公司净化该地区

商行对污染负有责任，它们就对清除污染负有基本的责任，特别是柯曼公司。不过，柯曼公司是否将予以合作值得怀疑。

（二）将地区列入可能的超级基金

就像成立一个潜在责任组织看来并不会有结果一样，丘切斯和其他工作人员很快得出结论：健康与环境司的第二方案——允许该地区被列入超级基金——吸引力不大。首先，如果环境保护署直接卷入，净化吉伯特—莫斯利地区的花费将大大增加。超级基金的有关法律允许环境保护署的工作人员向私人公司按时间收取费用。而且，环境保护署被允许收取高额费用，以作为补充其净化基金和惩罚不遵守法律的商行的一种手段。其次，冗长的多团体之间诉讼的威胁甚至是一种更大的威慑因素。由于被污染区域的任何商行都对净化费用负有责任，而不论其对污染是否负有责任，因此，当污染者寻求扩散受责范围以及未犯错误的财产所有者努力避免责任时，律师们在任何超级基金的解决过程中均扮演了重要角色。最后，诉讼和环境保护署要求的监督与行政措施都会使一项典型的超级基金的净化工作拖延数年。在净化一个地区通常所用的 10 年时间中，有 7 年被用在净化工作真正开始前的研究、评估、法律过程和精心制定补救办法上。

第三方案

丘切斯拒绝了健康与环境司的两个方案，他决定冒一下打破先例的风险。尽管没有人谴责维卡市是个污染者，尽管该市也没有被列为潜在责任团体，但丘切斯提议由该市承担净化吉伯特—莫斯利地区的所有责任。这样，维卡市可以回避消耗在与超级基金有关的诉讼上的时间和资源，并创造一些机制，使银行在被污染地区开始再次放贷。

由维卡市领头承担净化责任的一个最明显和最直接的障碍是融资的渠道。丘切斯坚决要求柯曼公司和其他对污染负有责任的团体就它们所造成的污染支付尽可能多的费用。但是该市不能依赖从负责任的污染者那里补足所有净化费用。为此，丘切斯的工作人员准备了一张融资的可选清单，并注明了清单上的每一条可能遭到的最有力的反对，清单如下：

——建立一个特别估税区：在这个区的所有财产所有者将被征收估定的税额以补偿净化的费用。此举可能引发一场因无辜的财产所有者为少数人的污染支付税收感觉不公而引起的骚乱。

——发行债券：在整个城市提高税收以帮助付清债券。这可能引发一场有关财产税的骚乱，它将要求修改州的法令，以允许为维持净化计划的进行而发行债券。

——建立一个税收增量财政区：用吉伯特—莫斯利地区增加的财产税——这是由净化计划带来的——来支付净化计划。这一想法未经实验，因而像发行债券一样，需要修改州的法规。

——在州的帮助下，由县来支付全部费用：这一方案基于下述的理由，即维卡市的经济正常发展对整个县来说是十分重要的。它可能遭到县的明确反对，县认为应该由污染者支付费用。县可能寻求州来偿付费用。

——在全州强征税收：将负担扩散到最广大选民的身上。它必然激起那些对解决维卡市工业问题毫无兴趣的乡村地区的强烈反对。

实施计划

维卡市市政经理克里斯·丘切斯迅速行动起来，开始加强对由该市主导吉伯特—莫斯利地区的净化工作的支持。首先，该市必须决定如何来支付费用。在衡量了选择方案后，丘切斯得出了结论：建立一个税收增量财政区将是增加基金的最公平和在政治上最易于获得好感的方法。然而，该市的方法是对传统的税收增量财政概念的一个奇异的改变。税收增量财政区通常建立在被定位为发展的地区。在市政府支持的改进到位后，旧的、降低了的财产估价和新的、源于改进的较高的财产价值之间的差别产生了一个税收增量，这个增量被用来支付努力复兴的花费。相比之下，维卡市提出一项可称之为税收“减量”的计划：作为污染的结果，该市将降低吉伯特—莫斯利地区所有财产的价值，然后立即把财产价值提升到它们在污染前的水平，其理由是这一市里的计划将恢复失去的价值。上述做法产生的财产价值差别将创造一个税收增量，这一增量每年都将被留出来作为资助净化工作之用。为了能够就长期的环境净化工作从税收增量财政区筹集资金，维卡市须被视为该法律的一个例外，税收增量财政法案也须获得修改。而让立法机关同意税收增量财政法案需要极大的努力。

同时，丘切斯开始就一项计划展开谈判，这项计划准备由州取代环境保护署来监督维卡市的净化工作，从而避免环境保护署通常所需的高昂的监督费用。丘切斯承诺说，维卡市遵守所有环境保护署的通常步骤和要求来净化吉伯特—莫斯利地区，在整个过程中，该市将定期向环境保护署报告进展情况。出乎意料的是，这一计划很快获得了环境保护署的支持。3月26日，维卡市同健康与环境司签署了一份许可法令，清楚地说明了该市的责任、健康与环境司的监督义务将是哪些，以及环境状况证明与豁免书计划将如何实施。

与柯曼公司的谈判是解决问题的最大障碍。但是该制造商实际上有很好的理由来解决问题。协议使得柯曼公司树立了一种对公众和环境负责的形象，而这是户外用品制造者很看重的。另外，如果吉伯特—莫斯利地区变成了一个超级基金地区，柯曼公司将面临事实上更大的支出，并且将容易受到几乎是没有尽头的、第三类团体的官司的伤害。基于上述理由，经过一系列协商，维卡市终于与柯曼公司达成协议。协议将污染地区划分为3个区域：对其作为主要污染者的区域，柯曼公司同意支付所有净化费用；在第二个区域，柯曼公司也是对污染负有责任者之一，它将与该市分担费用；在最后一个区域，大多数污染来自其他来源，该市将承担起责任来支付净化和恢复这一地区的费用。与柯曼公司的协议签署一周后，税收增量财政法案也获得了堪萨斯州立法机关的同意。第二天，丘切斯开始再次会见金融团体。由于维卡市收到环境保护署不接管该地区的保证、该市同健康与环境司和柯曼公司经过谈判达成了稳固的协议，以及税收增量财政法案的通过，该市很快和贷款人达成了协议。5月14日，维卡市与当地的几家大银行签署了一项协议，只要财产所有者获得了环境状况证明与豁免书，这些大银行将不会拒绝对吉伯特—莫斯利地区的安全的房地产进行放贷。

思考题

1. 公共部门战略实施的含义与作用是什么？
2. 公共部门战略实施包括哪些基本环节？
3. 影响有效的公共部门战略实施的因素主要有哪些？
4. 公共部门战略实施的基本模式有哪些？
5. 在当前如何推进公共部门有效战略的实施？
6. 在案例中，影响维卡市的抗污染战略成功的关键要素有哪些？假如你是该市的市长，为了保证抗污染战略的持续执行，你需要进一步考虑哪些方面的问题？

阅读书目

1. John M. Bryson. *Strategic Planning for Public and Non-profit Organization: A Guide to Strengthening and Sustaining Organization Achievement*. San Francisco: Jossey-Bass, 1995

2. Jack Koteen. *Strategic Management in Public and Non-profit Organizations: Managing Public Concerns in an era of Limits*. Greenwood Publishing Group, 1997

3. ［美］保罗·C·纳特，罗伯特·W·巴可夫. 公共和第三部门组织的战略管理. 北京：中国人民大学出版社，2001

4. ［美］史蒂文·科恩，威廉·埃米克. 新有效公共管理者. 北京：中国人民大学出版社，2001

5. [美] 戴维·奥斯本，彼得·普拉斯特里克. 摒弃官僚制：政府再造的五项战略. 北京：中国人民大学出版社，2002

6. [美] 戴维·奥斯本等. 政府改革手册：战略与工具. 北京：中国人民大学出版社，2004

7. [美] 亨利·明茨伯格等. 战略历程. 北京：机械工业出版社，2002

8. [美] 希特，爱尔兰，霍斯基森. 战略管理：竞争与全球化. 北京：北京机械工业出版社，2002

9. 杨锡怀. 企业战略管理：理论与案例. 北京：高等教育出版社，1999

10. 李剑锋，王珺之. 战略管理十大误区. 北京：中国经济出版社，2004

第7章

公共部门战略评价

本章要点

- 公私部门战略评价的含义
- 公共部门战略评价的标准
- 公共部门战略评价的作用
- 公共部门战略评价的过程
- 公共部门战略评价的方法
- 公共部门战略评价面临的困难
- 改善公共部门战略评价的思路

对战略的实施进行系统化的检查、评价和控制是战略家的一项重要工作，诚如彼得·德鲁克所说，“除非战略评价被认真地和系统地实施，也除非战略家决意致力于取得好的经营成果，否则一切精力将被用于为昨日而辩护，没有人会有时间和精力开拓今天，更不用说去创造明天”①。然而，在公共部门中，这样一项在私人部门备受重视的工作却成为战略管理过程的软肋。在理论上，很少有学者对公共部门的战略评价活动进行专题论述；在实践中，战略评价工作在公共部门中也往往是被一笔带过。有些组织和管理学者将私人部门的战略评价简单嫁接到公共部门，却忽略了公共部门自身的特性；也有些学者虽然认识到了公共部门和私人部门的不同之处，但在进行实际的战略评价时，也仅仅是局限于对其进行事前评价，整个过程缺乏完整性。我们认为，公共性是公共部门与私人部门之间的一个本质性区别，从这一前提出发，公共部门的战略评价在学习私人部门经验的同时，必须要有自己的独特性。

① ［美］弗雷德·R·戴维：《战略管理》，第6版，302页。

7.1　公共部门战略评价概述

战略评价是一项复杂而又敏感的工作，它对于所有类型和规模的组织都是必要的，因为一个好的战略评价能够做到：从管理的角度对预期和假设提出问题，引发对目标和价值观的审视，以及激发建立变通战略和判定评价标准的创造性。[①] 同时，战略评价活动应当连续地进行，而不只是在特定时期的期末或在发生了问题时才进行。战略评价活动的连续而不定期性决定了组织必须建立有效的考核基准，即战略评价标准。

7.1.1　公共部门战略评价的概念

对于公共部门而言，战略是其发展总目标的表现形式，它涉及一定时期内带动全局的方针、政策和任务，它决定着一个部门在一定时期管理的方向和所要达到的目标，它对组织政策的制定、组织结构的调整、资源的配置均产生广泛的影响。公共管理与传统行政的一个重要差异便在于强调战略管理的重要性，正如波齐曼和斯特劳斯曼指出的那样："当代公共管理与传统行政有些不同……主要差别是公共管理如果要成功地执行的话，不可避免地需要对战略的直觉……就某种程度而言，公共管理是组织外在环境的管理，公共行政则必须在组织内部的系统"[②]。

"评价"一词在一般汉语词典里的解释是"评定价值高低"。评价活动在我们日常生活中处处存在，经济领域、政治领域及公共领域都有评价活动。通常，人们对一项战略好坏的简单评判可以借助比较的方法。与过去相比，如果现在取得的成绩比过去大，表明战略的优越性；与预期目标比较，如果所取得的成绩达到了预期目标，则表明战略具有正确性；与所花费的代价比较，任何成绩的获取都要花费一定的时间、精力、财力或物力，如果所得远大于所费，则体现了战略的可行性。

由于认识角度的不同，学术界对公共部门战略评价的界定存在着一定的差异，概括起来主要有以下几种[③]：

一是认为战略评价主要是对战略方案的评价。持这种观点的学者将战略评价视为一种分析的过程，这个过程的重点在于确定战略实施的对象范围，选择适当的途径，搜集与分析相关信息，做成有用的摘要资料，从而为决策者提供选择适当的战略方案的基础。显然，这种观点将评价等同于评估，强调对战略方案的评价，目的在于分析、比较各种战略方案的可行性以及相对的优缺点。

二是认为战略评价是对战略实施全过程的评价，既包括对战略方案的评价，还强调对

---

① Dale Zand，"Reviewing the Policy Process"，*California Management Review* 21，1978，p. 37.

② Bozenman and J. D. Straussman，*Public Management Strategies*，San Francisco：Jossey-Bass，1990.

③ 参见陈振明主编：《政策科学》，334 页。

战略执行以及战略实施结果的评价。持这种观点的学者认为战略评价是一种对战略运行的全过程进行广博的分析与研究的社会科学活动。

三是认为战略评价就是发现误差、修正误差。持这种观点的学者认为战略管理是以未来为取向的，战略方案的制定依凭的是经验和知识。其实，这是一种假设，能否事如人愿是一个问题。他们认为战略评价的实质是发现问题、解决问题。

四是认为战略评价的着眼点应是战略实施的效果。持这种观点的学者认为战略评价就是对战略实施的效果进行研究。依这些学者的看法，战略评价的主要目的在于鉴定战略管理者所实施的战略在达其目标上的效果，确认该战略对问题的解决程度和影响程度，并运用研究设计的原则，通过对战略实施效果的透视和分析，辨识战略实施效果的成因，分析某种效果是战略本身的作用还是其他因素所致，以求通过改进战略运行机制的方式来强化和扩大战略实施的效果。评价战略效果当然也要涉及战略方案和战略实施诸多方面，但侧重点应是战略效果。

这些学者的观点虽然各有侧重，但从中不难发现公共部门战略评价的基本特性：一是客观性。评价要有一个客观的基础，这个基础建立于对公共部门战略实施效果的相关信息进行科学、系统和全面的搜集。二是科学性。对所搜集到的信息，运用科学的方法进行整理、处理、解释和分析，便于进行准确的判断。三是主观性。无论是何种评价，最终的评价结果都是通过人的大脑判断得到的，但是这种判断必须建立在对信息进行科学处理和分析的基础之上。四是普适性。公共部门战略评价的概念应适用于所有的公共部门。五是目的性。从战略管理整体来看，战略评价应着重于建立一种反馈机制。评价不是为了评价而评价，而是要把评价结果或结论反馈给决策者、被评价单位或个人等，使他们能有效地采取更佳的公共战略决策，从而提高工作效率和质量。

基于上述分析，我们可以将公共部门的战略评价界定为：依据一定的标准和程序，对战略实施的效益、效率、效果及价值进行判断的一种行政行为，它以系统地、科学地、全面地搜集、整理、处理和分析公共部门战略实施的相关信息为基础，目的在于促进公共部门的战略变革，提高公共部门的战略管理水平。

7.1.2 公共部门战略评价与私人部门战略评价的区别

虽然公共部门与私人部门皆为整个社会不可或缺的有机组成部分，公域与私域也往往是相连和互动的，但二者毕竟是两种不同类型的组织实体。这种组织性质的相对矛盾决定了公私部门在战略评价上不可避免地会出现差异。

1. 评价对象的性质不同

公共部门的战略评价以公共部门制定、执行的旨在解决公共问题的战略为评价对象。所谓公共问题，是指“社会成员在公共生活中共同受其广泛影响，具备不可分性，与公共利益密切相关的那些公共性社会问题”①。公共问题无疑是社会问题，但并非所有的社会问题都是公共问题。公共问题是社会问题中超越了“私域”，具有广泛影响的问题。例如，

① 张庆东：《公共问题：公共管理的逻辑起点》，载《南京社会科学》，2001（11）。

环境保护，维护交通安全，食品卫生监督，产品的质量和安全，等等，所影响的不仅仅是单个的个人或团体，而是对多数人甚至对所有人或团体产生普遍的影响，这种影响常常会超越地域或国界的限制，影响一个地区甚至影响全人类的生活。

此外，公共问题是社会中具备影响的不可分性和“社会共享性”，与公共利益密切相关的社会问题。公共问题既包括公益问题，也包括公害问题，无论公益问题还是公害问题，对所有个体或团体的影响都是相同的。例如环境污染、生态破坏、社会治安混乱等，没有人能置身其外而不受其影响。反之，当环境治理、社会治安治理取得成效时，所有的人不花钱也都能从中得到好处，难以排除某个人，不让其享受这一好处。①

显然，私人部门战略评价所指向的战略无法体现公共问题的不可分性和“社会共享性”，因为私人部门大多是从事生产、流通等经济活动，自主经营、独立核算并具有法人资格的营利性组织，其为社会提供的产品一般属于私人产品，具有同公共产品截然相反的性质——可分性和排他性。这意味着私人物品可以在消费者之间进行分割和独享，也即私人物品可以分别按市场竞争价格卖给不同的消费者，而且一般不会对他们产生外部效应。所以，如果说公共部门的战略评价服务于公共问题的解决，那么私人部门的战略评价则主要是检查其制定的战略是否在生产过程中实现了各种经济资源和生产要素的配置，企业是否因此获得了最大的利润。

2. 追求的价值目标不同

虽然公共选择理论认为“服务于公共利益的公仆”并不存在，政府官僚是理性经济人，他们也追求利益最大化，政府机构本身也有自身的利益，但我们不能因此否认公共管理追求的是公共利益。作为公共部门战略管理的重要一环，战略评价的最终目的在于帮助组织选择更符合公众要求的战略，从而真正成为公益的信托者。所以，对公共部门的战略加以评价不仅仅是看其效率，更重要的是要看它在多大程度上实现了公共利益，满足了社会大多数人的需要。从另一方面来看，公共部门处在社会各种力量作用的中心，事实上承担着社会价值权威性分配的职责。在这个变革的、多元发展的社会中，社会利益是多元的，社会的价值也是多元的，而且价值和利益之间往往是冲突的，这就要求公共部门在多元的甚至是冲突的利益和价值之间作出平衡与抉择。

因此，公共部门的战略评价始终坚持社会公平和社会公正的优先性，遵循多元理性，如效率与平等、改革与稳定、个人利益与公共利益的平衡，力求有效地增进公共利益，并且把增进的公共利益公平地分配给社会的每一个成员，从而促进社会福利的最大化。相反，私人部门的战略管理则是追求本企业利润、收益的最大化。18世纪英国经济学家亚当·斯密曾对企业主的“经济人”实质作过如下表述：“我们每天所需的食料和饮料，不是出自屠户、酿酒师和烙面师的恩惠，而是出于他们利己的打算。”② 可见，虽然私人企业提供了社会需要的产品，上交了利税，创造了有益于整个社会发展的价值，实现了其社会责任，但是就其基本动机而言，为社会提供产品只是手段，追求自身利润的最大化才是目的。诺贝尔经济学奖获得者密尔顿·费里德曼认为，“企业的社会责任就是使利润最大

① 参见［美］迈克尔·麦金尼斯：《多中心体制与地方公共经济》，99～100页，上海，上海三联书店，2000。
② ［英］亚当·斯密：《国民财富的性质和原因的研究》，上卷，176页，北京，商务印书馆，1972。

化。企业在公开自由的竞争中，充分利用资源能量去增加利润”①。从这一现实出发，私人部门的战略评价也就必然是围绕着个人利益的最大化展开。经济利润不仅仅是其管理的底线，而且往往被视为积极的经济和社会的善。② 此外，私人部门的管理，因其组织属性所定，加之职能有限，管理问题涉及的标的人口较少，影响面小，不易形成整体社会作用，所以其评价活动大多从工具的经济理性的考虑出发，往往不顾及或少顾及其他理性的考虑。

3. 评价的内容不同

公共部门战略评价和私人部门战略评价在目标上的不同，决定了两种性质不同的组织或机构在保证评价活动顺利进行方面必然存在着差异。

第一，从物质基础来看，既然公共部门是非营利性的，其生存主要不靠出售产品或服务，而是依赖立法机构授权和公共财政支撑，这就意味着其评价活动所需要的各种物质资源主要来自纳税人交纳的税收，其耗费的资源是公共的。但私人部门进行战略评价所需要的物质资源和人力资源不是来源于政府的财政拨款，而是来自投资的回报，来自所获得的利润，顾客购买企业生产的物品或享受企业提供的服务是企业生存的依据。这也从另一个侧面解释了为什么企业必须受“看不见的手”支配，在市场竞争中求生存、求发展的原因。

第二，从所依托的权力来看，如前所述，公共组织的权力是公共权力。之所以把政府组织用来从事公共管理的权力称为公共权力，是因为：（1）公共权力的主体属于社会全体成员，它的合法性来自公众的“公意”和法律程序的授权，是非自然获得的，在阶级社会中它总是表现为社会上占统治地位的那个阶级的权力，而不是某个人或小团体的权力；（2）公共权力的客体指向是社会公共事务，也就是说，公共权力是用来管理社会公共事务的，而不是用来谋私的；（3）公共权力的功能是服务于社会公共利益。

自从政府产生以来，几乎所有社会的政府权力，就其实质而言都是公共的，只不过在剥削阶级社会，这种公共权力被异化了，变成了支配公共的权力。③ 公共权力是政治权力、经济权力和社会权力的综合。因此，虽然公共部门战略评价的权力保障仅仅是社会权力和一定的经济权力的综合，但依然属于公共权力的范畴。

与公共部门相反，私人部门战略评价所依托和运行的权力是一种非公共权力，或称私权力。它首先来自企业作为一个组织所具有的力量。在社会生活中，人们为了实现个人独立所不能完成的工作，就联合起来成立一个组织。组织具有如下几个作用：聚集作用——把个人分散的力量集中起来；放大作用——作为一个系统，组织的整体力量大于个体（部门）力量之和；释放作用——把整体力量释放出去实现组织目标；约束作用——通过个人利益的奖惩约束组织中的个体的行为。④ 组织所具有的约束力为私人部门进行战略评价活动提供了基本权力保障。其次，产权是私人部门战略评价的主要权力来源。作为竞争性的

① ［美］密尔顿·弗里德曼：《弗里德曼文萃》，43～46 页，北京，北京经济学院出版社，1991。

② 参见张成福、党秀云：《公共管理学》，14 页。

③ 参见陈荣富：《公共管理学前沿问题研究》，44 页，哈尔滨，黑龙江人民出版社，2002。

④ 参见上书，45 页。

组织，企业的基本投资主体在西方国家主要是私人，在我国东部沿海的许多地区，如浙江温州，也主要是私人，其权益归私人所有，因而是一种非公共资源。当然，这里所说的“私人”不一定是某一个人，而可能是许多人的联合，但无论如何其产权是非常明确的。

第三，就战略评价所依据的衡量标准而言，公共部门追求公共利益，为公众服务。但在现实中，公共利益通常是一个较为抽象的概念，因而公共部门想通过确定一个或若干个指标来评价自己的战略行为是否增进了公共利益，还是较为困难的。再加上公共部门目标的多重性和长短期目标的不断变化，大多数的公共部门在进行战略评价时都不存在一个可以衡量其成功与否的“底线”。对于公共部门来说，公平对待每个委托人并为其提供服务比效率更重要。相反，私人部门由于其生存的基本要求，始终把经济效益作为战略评价的首要指标。私人部门的评价指标主要包括销售额、净收益率、资本的净收益以及生产规模的扩大程度、市场占有率的提高等。因此，可以说，在衡量战略绩效评估方面，公共部门首先看社会效益，而私人部门则强调经济效益。

4. 受影响的因素不同

私人部门形成并发展于成熟完善的经济市场中，拥有高度的管理裁量权，其运作主要受市场因素而非政治因素的干扰，即使有政治干涉的存在，私人部门也可以对其不予理睬或通过法律手段寻求保护，把这些政治影响化解。公共组织则正好相反，在战略评价过程中，公共部门始终要面临更多政治实体的更多约束和压力。这主要是因为，一方面，公共组织的环境充满了政治因素的影响。政治精英、利益团体、政党等都能够直接或间接地操纵并影响公共组织的正常管理活动。而且，随着外部非官方政治势力的多样性和数量的不断增加，这种影响将越来越强烈。另一方面，公共部门为了获得更多的拨款和对其行动的授权与支持，对这些来自外界的官方与非官方的政治支持的需求也不断增多。因此，公共部门的战略评价活动不可避免地要接受公众舆论、利益团体、院外游说、民选官员和签约方的干涉。

此外，与私人部门相比，公共部门的战略评价活动受公众的监督较多，这种受监督的程度与其公共性的程度是呈正比性增长的。公共部门实施的战略影响范围越广，象征意义越大，这就意味着公众对其期望值越高，就像布卢门撒尔提出的“玻璃鱼缸管理”一样，公众希望这种战略评价活动能够保持较高的透明度，在外界的监督下进行，以确保自身的利益。而私人部门由于存在着各种各样的随机做法，受公众监督的程度较轻，而且除了股东之外，几乎没有利益相关者，它所承担的义务并不多，因此，人们对它的要求和期望也不多。

7.1.3　公共部门战略评价的基本标准

战略评价标准的制定是有效战略评价的基础。一个完善的评价指标体系可以迅速、准确地发现组织的优势所在和致命缺点。对于指标体系的具体内容，中外学者的观点各有侧重。日本战略学家伊丹敬之认为，一个优秀的战略应该是一种适应战略，既要适应外部环境因素，又要适应组织的内部资源，同时还要与组织本身的结构体系相配套。

美国的斯坦纳和麦纳则提出在评价战略时应该考虑以下这六个要素①：（1）环境的适应性。部门所选的战略必须和外部环境及其发展趋势相适应。（2）目标的一致性。部门所选的战略必须能保证组织战略目标的实现。（3）竞争的优势性。组织所选的战略方案必须能够充分发挥本部门的优势，保证其在竞争中取得优势地位。（4）预期的收益性。组织要选择能够获取最大收益的战略方案。需要注意的是，这里所说的战略利润是长期利益而不是短期利益。（5）资源的配套性。战略的实现必须有一系列战略资源作保证，这些资源不仅要具备，而且要配套，暂时不具备而经过努力能够具备的资源也是可取的。（6）战略的风险性。未来具有不确定性，战略具有风险性，在决策时要适当对待风险。一方面，在态度上要有敢于承担风险的勇气；另一方面，在手段上要事先科学地预测风险，并制定出应变的对策，尽量避免孤注一掷。

还有学者将评价标准分成三类：适用性、可行性和可接受性。适用性主要评估所提出的战略对在战略分析中所确定的组织情况的适应程度，以及它如何保持或改进组织的竞争地位。可行性则是分析组织能否成功地实施该战略，该战略所提出的变化的范围是否在组织能够承受的范围之内。可接受性则带有更多的主观性，它与人们的期望密切相关。②

综合以上各种观点，公共部门的战略评价标准应该体现为目标的一致性、环境的协调性、经济的可行性和战略的可接受性这四个方面。下面分别介绍这四种基本标准。

1. 目标的一致性

一个战略方案中不应出现不一致的目标和政策。组织内部的冲突和部门间的争执往往是管理失序的表现，但它们也可能是各战略不一致的征兆。理查德·鲁梅特曾提出三条准则以确定组织内出现的问题是否由战略间的不一致所引起③：一是尽管更换了人员，管理问题仍然持续不断，以及如果这一问题像是因事而发生，而不是因人而发生的，那么便可能存在战略的不一致；二是如果一个组织部门的成功意味着或被理解为另一个部门的失败，那么战略间便可能存在不一致；三是如果政策问题不断地被上交到最高领导层来解决，那么便可能存在战略上的不一致。

一旦组织的战略存在不一致，其发展的方向就有可能与组织的初衷背道而驰。因此，对一项战略进行评价，首先就是要确定其目标是否一致。传统的观点把目标一致性的重心放在组织确定的战略目标本身。横向上，要求各职能部门之间及上下级之间的密切配合与协调，使战略规划成为一个统一的目标整体与行为整体；纵向上，则要求长期目标和短期目标的配合与衔接，战略在不同阶段的目标和任务的衔接与连续性。但随着评价过程的深化，评价标准、评价目的也应该被包括到一致性的外延当中。从广义上讲，目标一致性应当指的是在评价系统中，在战略目标内部以及战略目标与评价标准、评价目的三者之间取得一致，这是建立有效的评价指标体系的前提条件。三者的关系如图 7—1 所示：

---

① 见 http://www.beidabiz.com/bbdd/kmsjk/kmsjk_zlgl/1010/10103/index1.htm。

② 参见金占明编著：《战略管理——超竞争环境下的选择》，330 页，北京，清华大学出版社，1999。

③ 参见［美］弗雷德·R·戴维：《战略管理》，第 6 版，304 页。

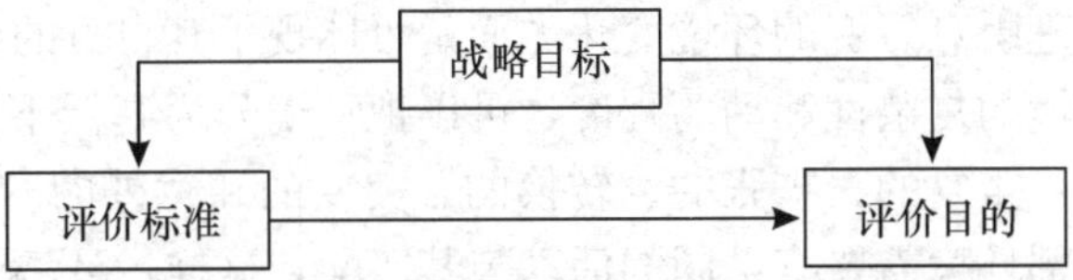

图 7—1　战略目标与评价标准、评价目的之间的关系

具体来说，一致性包括这几个方面：

（1）评价标准与战略目标的一致性。公共部门在实施任何一项战略时都确立了一定的目标。从量化的角度看，战略目标是指人们期望通过该项战略的实施所实现的内容及其数量值。评价系统输出的结果均体现为目标实现的程度，这就决定了战略评价必须和战略目标相联系，而评价标准表达的是评价的要求，必然要与战略目标相一致。这体现在两个方面：

一是内容是否一致，即评价标准的内容是否反映了目标的实质含义，做到一致性。评价目标的内容不仅能够正确反映评价系统输出对目标值的实现程度，而且能够引导整个组织朝正确的方向发展。

二是内容是否反映了目标的整体性，即评价标准的内容是否反映了系统总目标的整体和各个侧面。综合评价要求评价标准不应该是单一的，而是根据系统的总目标进行科学的分析、系统的了解，建立一套能够反映系统总目标和整体效率的多方面、多层次有机联系的评价指标体系。

（2）评价标准与评价目的的一致性。评价指标体系是一组既独立又相关，并能较完整地表达评价要求的评价因子。也就是说，评价标准体现的是评价要求和评价目的。由于评价目的的不同，评价指标也应该有所变动。

（3）评价目的与战略目标的一致性。一方面，评价标准既要与战略目标一致，又要与评价目的一致，这就要求评价目的与战略目标具有良好的一致性。否则，设计评价指标体系过程将遇到难以两相适应的局面，导致评价工作的失败。另一方面，战略目标决定了一切活动，评价工作必须服务于战略目标。评价只是一种手段，为评价而评价的活动是毫无价值的。因此，评价的目的和战略目标的一致性也是目标一致性原理所要求的。

2. 环境的协调性

理查德·鲁梅特认为，协调是指在评价战略时既要考察单个趋势，又要考察组合趋势。一项战略在实施的过程中必须对外部环境和组织内部的关键变化作出适应性反应。① 因此，协调包括组织内部协调和组织与环境的外部协调两个方面。内部协调主要是与目标的一致性相配合，强调公共部门在制定和实施战略时，要将组织内部不同的位置和相应的路径连接起来，将各个部门的决策和行动编织成一个统一的、协调的整体。其中，这些位置和路径，不单指整个组织的位置和路径，还指各部门、各子系统、各层次以及各类人员的位置和路径。在组织与环境的外部协调上，则强调外部环境与组织战略的匹配。通常，公共部门在衡量环境的协调性上需要回答以下三个问题：一是这项战略方案在多大程度上处理了战略分析过程中发现的问题；二是这项战略在实施的过程中是否善用组织的优势和

---

① 参见［美］弗雷德·R·戴维：《战略管理》，第 6 版，304 页。

机会；三是战略在处理瞬息万变的环境变化方面是否体现了其自身的灵活性。

根据组织外部环境的复杂性和动荡程度，可以把环境分为高低不同的五等，按从低到高的动荡顺序依次为：重复的、扩张的、转换的、突变的和意外的。① 依照环境与战略的关系要求，不同的外部环境需要有不同的活动与其匹配，这样，环境便成了影响公共部门战略实施的关键因素。当环境发生变化时，为了适应这种变化，组织必须对其战略进行必要的调整和改进。分析战略是否与环境相匹配，主要是看战略的进取性，即战略攻势。公共部门的战略攻势主要体现在创新攻势上，即公共部门在服务方向和服务范围上偏离原来低水平状况的程度，偏离的程度越大，创新攻势就越大。以战略攻势为标准，与环境水平相对应，公共部门的战略也可以分为五个等级：稳定的、反应的、预见的、探索的和创新的。不同环境下对应的战略类型如表 7—1 所示。② 每一种动荡水平的环境需要相应的进攻性的战略，如果战略的进攻性低于环境动荡水平的要求，无论组织采用什么样的战略措施，也都难以满足要求。相反，如果战略的进攻性超过了环境水平的要求，战略的发挥要受到环境的制约，也可能要以失败而告终。

表 7—1　　环境与战略的匹配关系

等级		1	2	3	4	5
环境动荡程度	名称	重复的	扩张的	转换的	突变的	意外的
	对未来事件的熟悉程度	熟悉的	运用经验可以推断	突发的，但与经验有关	突发的，只与部分经验有关	突发的，并且以前未遇到过
	未来的可预测性	重复出现，不需要预测	通过推断可以预知	可以预测威胁和机会	可以预言	部分可以预言
战略类型	名称	稳定的	反应的	预见的	探索的	创新的
	创新攻势	保持原来服务范围	向相似服务领域扩张	向相关服务领域扩张	向非相关服务领域扩张	开创全新服务领域

3. 经济的可行性

一个好的战略必须做到既不过度耗费可利用资源，也不造成无法解决的派生问题。对战略的最终和主要的检验标准是其可行性，即是否依靠组织自身的物力、人力及财力资源实施这一战略。在评价战略的可行性时，尤其需要注意以下一些问题③：第一，在实施该战略的过程中，组织的物力和财力是否充分；第二，是否具备了有效竞争的技术和手段；第三，是否有相应的管理能力作为保证；第四，是否达到了所要求的水平；第五，是否取得了所需的相对竞争地位；第六，当环境突然发生变化时，是否有能力处理危机事件。

具体来说，首先，经济可行性要衡量战略实施的结果是否达到了组织的预期目的，在多大程度上实现了既定目标；现实中的变化是战略本身，还是其他因素作用的结果；战略的结果通常可分为直接还是间接的、长期还是短期的、可量化还是不可量化的，以及是充分的还是不充分的。如果一项战略的影响与一个明确的战略目标的实现正相关，那么就可

①② 参见杨锡怀：《企业战略管理：理论与案例》，97 页，北京，高等教育出版社，1999。

③ 参见金占明编著：《战略管理——超竞争环境下的选择》，330 页。

以说它是直接的；反之，如果战略实施的结果与既定的目标没有什么联系，那么它就是间接的。战略的长期影响是指那些在将来的某一时刻还会再现的影响；而短期影响是即时性的，通常是直接的、缓和的。战略的结果有一部分可以通过量化予以体现，剩下的另一些则不得不通过其他途径进行描述。另外，一项战略实施的结果有可能是充分的，也可能是不充分的，即战略的实施可能无法完全解决既存的问题，或者难以全部实现既定的目标。

其次，经济可行性衡量的是战略实施成本的大小和收益的多少。在衡量一项战略的经济可行性时，公共部门通常需要借助成本—利益分析和成本—效能分析这两个分析工具。成本—利益分析是一个有很多功能的衡量效率的分析工具，它可以帮助提供一些不同的度量标准。无论何时，只有利益超过成本或至少利益等于成本时，才是经济上可行的。成本—利益分析被广泛地应用于私人企业和公共部门。如果主体是私人企业，其目的是获利，则它所要求的成本与利益一般是货币的成本与利益，即商业管理上的成本—利益分析。如果分析对象是公共部门，其目的是追求最大的社会福利，则它所要求的成本与利益更多的是社会成本与社会利益。公共部门战略评价中的成本—利益分析就属于后者。但成本—利益分析通常在实际操作中遇到很大的困难，因为成本—利益分析的要点就在于比较多种利益，比较各种成本，以及将利益与成本比较。如果利益和成本都能量化，则就容易进行；如果不能按同一单位去量化，就难以作精确的比较分析，而公共部门战略实施的成果往往难以量化。

所以，针对成本—利益分析的这一局限性，公共部门在对已实施的战略进行评价的时候，还要运用成本—效能这一评价标准。按经济学的解释，效率是以货币（成本）与单位产出（收益）之比来衡量的，但效能不同，它不是一个持续的变量，相反，它一般都是二分的，战略要么有效能，要么无效能。成本—效能就是衡量一项战略是否是以最小的成本完成的，更确切地说，成本—效能评价力图确定的是以最小成本实现既定目标的战略，它的一个重要优点就在于只需要考虑到成本的量化，而不用将收益货币化，这适应了公共部门战略的特点。

4. 战略的可接受性

可接受性是指一项战略实施后是否能被人们所接受，是否满足了特定社会团体的需求。通常它要回答的问题是战略目标与共同体或社会的价值观是否相协调，这显然与人类价值、权利、再分配等问题相关，因此，与其他标准相比，可接受性带有更多的主观性。

公共部门可以借用回应度和公正这两个政治标准来衡量一项战略的可接受性。回应度向公共部门传递了公众对战略实施结果是否符合其需求的认识的信息，它反映了组织战略满足特定社会团体需求的程度。① 确立这一标准，目的是要从总体上衡量一项战略对社会的宏观影响。一项战略不论关系到全体公众还是关系到一部分公民，只要实施对象认为满足了自己的利益，焕发出较高的热情和积极性来促使社会进步，这就可以说战略的回应度高；相反，一项战略或许是实用有效的，但如果它不是社会公众需求、希望的对象，则说明其回应度不高，就不能被认定是一项成功的战略。由此可见，应该把研究战略回应度的着重点放在战略实施的内容和实际结果上。

---

① 参见陈振明主编：《政策科学》，350 页。

公正标准则体现了在战略实施后与该战略有关的社会资源、利益及成本公平分配的程度。一项好的战略应该是努力实现公平、合理分配的战略，公正是衡量战略的一项重要标准。就某项战略而言，它也许符合上述可行性、一致性、协调性的标准，但是它却造成了不公平的利益分配，那么这项战略便不是一项成功的战略。在这里实质上存在着公平与效率的关系问题。只有建立在公平基础上的效率才是真正的高效率。

7.1.4 公共部门战略评价的作用

从字面上看，“评价”这个字眼似乎传递的是一种否定的意义，事实上，公共部门的战略评价也的确给那些执行了不符合期望要求的战略的组织或个人带来了不利的或否定的影响，但评价工作本身的重要性不能一并加以否定。作为一项有建设性的工作，公共部门的战略评价力图通过获取相关信息和知识，为改善公共部门的战略行动提供指导。

1. 公共部门战略评价是保证公共部门既定战略目标实现的必要条件

战略评价在战略管理过程中具有计划辅助和监控支持的功能。一个具体的公共部门战略目标或指标的制定至少要参照三个方面的信息：有关组织前一阶段的表现状况；组织内部工作条件、工作程序及环境方面的变化；社会需求与社会环境变化的预测。所有这些信息的获取都要求战略评价的存在。在战略工作进入实施阶段后，评价工作通过密切监控战略的实施，使组织能够及时发现实际情况同目标、标准之间的差异，从而有助于管理者迅速采取相应的控制调整措施，为原定战略目标的实现提供了有力的保证。可见，战略评价是实现战略目标不可缺少的活动。

2. 公共部门战略评价使公共部门能更好地适应越来越复杂的环境变化

公共管理受到由政治、经济、文化、生态等因素所构成的公共管理环境的影响。在现代社会，不仅政治、经济、技术、文化和社会都发生了巨大的变化，而且各个因素间的相互作用也更为频繁和复杂，这就意味着公共部门面临的环境将更加动态化和不确定。从管理的角度看，在各方面降低或减少环境的不确定性是实现组织目标的一个基本要求。在相对平衡的环境中，环境的相对稳定使管理更多地体现为一种日常管理，即不必太多地关注环境，只要考虑组织内部的条件和要求，通过制定具体的政策、规章、条例等，按部就班地实施日常管理，就能完成管理任务。但在更为动态化和不确定的环境中，这种注重内部的、以处理日常事务为形式的管理难以达成管理的目标，管理部门必须具备一个更有适应性的反应系统，通过相应的管理工具予以应对。显然，战略评价的基本特性使公共部门与其环境之间有了一个良好的适应关系，战略评价将组织内外部环境变化的相关信息及时传递给组织，促使组织从环境的要求出发，制定合理的规划，从而发挥出组织的最大能力。

3. 公共部门战略评价是以结果为本的现代管理理念实施的前提和保证

既然战略管理是实现公共组织使命与目标的一系列决策和行动计划，那么任何行动从语义学的角度分析都会包含这样几个问题：做什么（行为的内容）、由谁做和为谁做（行为的主体和客体）、怎么做（行为的方法）、在哪里做和何时做（行为的时空范围）。在以往的战略策划中，无论是国外还是国内的实践，这几个方面基本都被予以考虑了，但却忽视了一个很重要的问题，即行为的效果或后果是什么，也就是做得怎么样的问题。战略评价恰恰就是强调对行为过程及所产生的效果进行管理。实际上，是否对行为的过程及效果加以监控和管理，已经成为传统战略规划与现代战略管理的本质区别。仅就政府而言，传统行政管理模式“注重的是投入，而不是结果”，而现代政府则是以结果为本的“讲究效果的政府”。政府活动的目的是产出令人满意的结果，政府管理的重点也应该由“投入”转向“产出”和“结果”。换而言之，现代管理要想取得效果，就必须对结果进行科学的量度。同时，现代公共管理要求公共组织能够主动、灵活、低成本地对外界情况的变化以及不同的利益需求作出富有成效的反应，这就更离不开对组织战略绩效的评估。

7.2 公共部门战略评价的步骤

公共部门的战略评价由于评价对象的不同，在具体的操作过程中，其步骤各有侧重，但一般来说，包括三项基本活动：考察公共部门战略的内在基础；将预期结果与实际结果进行比较；采取纠正措施以保证行动与计划的一致。具体的评价步骤可分为：检查战略基础；考核组织绩效；采取纠正措施（如图 7—2 所示）。

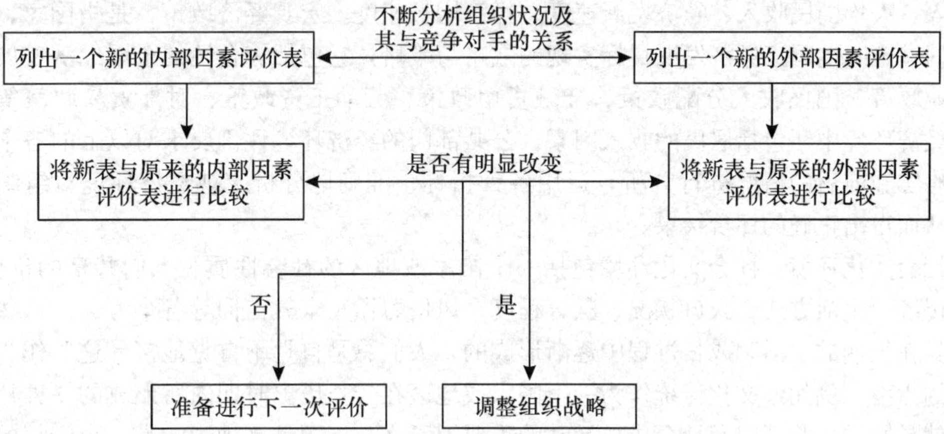

图 7—2　公共部门战略评价的过程

资料来源：宋云、陈超：《企业战略管理》，194 页，北京，首都经济贸易大学出版社，2000。

7.2.1 检查战略基础

检查战略基础是指公共部门在实施一项战略之后，要重新审视组织所处的内外部环境。战略管理者应经常注意和回答以下问题，以评价环境的变化状况：组织内部的长处是否仍是长处？组织是否有新的长处出现？如果有，有哪些？公共部门内部的短处是否仍是短处？在战略实施的过程中是否出现了新的短处？如果有，又有哪些？组织外部的机会是否仍然是机会？有新的机会吗？组织外部的威胁是否仍然是威胁，有无增加？如果是，是什么威胁？所以，公共部门在进行战略评价时，首先要分析组织的内外部环境。

1. 外部环境分析

外部环境分析的目的是确认有限的、可以使公共部门受益的机会和公共部门应当回避的威胁。通常，影响公共部门战略行为的外部环境因素包括政治环境、经济环境、社会文化环境、价值观、科技环境等方面：

政治环境。政治环境是指对公共部门的战略管理活动具有现实和潜在作用与影响的政治力量、政治制度、体制、方针政策，同时也包括对组织加以限制和要求的法律与法规等。① 公共部门所在地区政治局势的稳定状况，执政党所要推行的基本政策以及这些政策的连续性和稳定性，立法机关通过的各项法律、法规、法令以及各种政治利益集团对公共部门活动的影响都属于政治环境的范畴。应当指出，政治环境对公共部门的影响具有直接性、不可逆转性的特点。

经济环境。经济环境是指一个国家或地区的经济制度、经济结构、物质资源状况、经济发展水平、消费结构与消费水平，以及未来的发展趋势等状况。公共部门的经济环境主要由社会经济结构、经济发展水平、宏观经济政策等要素构成②：社会经济结构，是指国民经济中不同的经济成分、不同的产业部门以及社会再生产各个方面在组成国民经济整体时相互的适应性、量的比例及排列关联的状况。经济发展水平，是指一个国家经济发展的规模、速度和所达到的水准。反映一个国家经济发展水平的常用指标有国民生产总值、国民收入、人均国民收入、经济发展速度、经济增长速度。宏观经济政策，是指国家、政党制定的一定时期国家经济发展目标实现的战略与策略，它包括综合性的全国经济发展战略和产业政策、国民收入分配政策、金融货币政策、劳动工资政策、对外贸易政策等。另外，经济环境中还包括居民的收入因素。公共部门的经济环境评价要求对以上的各个要素在战略实施前后的情况进行分析，运用各种指标，准确地分析宏观经济环境对组织的影响，从而得出正确的评价结果。

社会文化环境。社会文化环境包括一个国家或地区的社会性质、人们共享的价值观、文化传统、生活方式、人口状况、教育程度、风俗习惯、宗教信仰等各个方面。这些因素是人类在长期的生活和成长过程中逐渐形成的，人们总是自觉不自觉地接受这些作为自己行动的指南。例如，文化传统作为一个国家或地区在较长历史时期内所形成的一种社会习惯，就是影响公共部门及社会成员活动的重要因素之一，而且这种影响是一个间接的、潜在的和持久的过程。文化的基本要素包括哲学、宗教、语言文字、文学艺术等。其中，哲学是文化的核心部分，在整个文化中起着主导作用；宗教作为文化的一个侧面，在长期发展过程中与传统文化有着密切的联系；语言文字和文学艺术是文化的具体表现，是社会现实生活的反映。它们对战略管理者及社会公众的心理、人生观、价值观、道德及审美观点的影响及导向作用是不容忽视的，它们共同构筑成文化系统，对组织文化有重大影响。

价值观。价值观是指社会公众评价各种行为的观念标准。不同的国家和地区，其价值观是不同的。即使在同一个地区，人们的观念也会随着时间的推移而有所变化。近一二十年来，社会环境方面的变化日趋增加，这些变化打破了传统习惯，使人们开始重新审视自

① 参见邵一明、蔡启明、刘松先编著：《企业战略管理》，30页，上海，立信会计出版社，2002。
② 参见上书，31页。

己的信仰、追求。从最初被动地接受公共部门的服务到强调要增加自身的主动性，人们的思想观念发生了重大的转变，这种转变对公共部门的活动提出了更高的要求。

科技环境。科技环境主要是指公共部门所处的环境中的科技要素及与该要素直接相关的各种社会现象的集合，包括国家科技体制、科技政策、科技水平和科技发展趋势等。随着国家科学技术的发展，新技术的运用也渗透到公共服务领域，公共部门要想在战略管理上处于优势地位，就应当顺应这种趋势，作出相应的战略调整。

公共部门的外部环境分析以评价矩阵为主要的分析工具。例如，电子科技大学在对其 MBA 发展战略进行评价时，就建立了一个外部因素评价矩阵（如表 7—2 所示）。首先列出关键的外部因素，包括影响电子科大 MBA 教育发展和整个社会 MBA 产业的各种机会与威胁，如加入 WTO、西部大开发、MBA 热等，总数确定为 10 个，机会和威胁各 5 个。其次，根据各因素对于电子科大 MBA 在我国 MBA 教育产业中取得成功的影响大小，赋予各因素权重。其权重应以 MBA 教育产业为基础，数值从 0.0（不重要）到 1.0（非常重要）。如机会中的“西部大开发，国家政策支持”这一政策因素，对西部地区的政治、经济发展产生了深远的影响，对于西部 MBA 院校发展极为有利且影响重大，因此，综合权衡，赋予其 0.15 这一个较高的权数，其他类推。所有因素的权数之和等于 1。再次，按照电子科大既定的 MBA 教育走 IT 技术 MBA 之路的战略对各关键因素的有效反映程度，为各关键因素进行评分，范围为 1～4 分，“4”代表反映很好，“3”代表反映超过平均水平，“2”代表反映为平均水平，“1”则代表反映很差。评分反映了学校 MBA 发展战略的有效性，所以为了避免受评价人主观因素的影响，通常采取征询专家意见的方法。最后，用每个因素的权重乘以它的评分，得到每个因素的加权分数，再将所有因素的加权分数相加，就得到了电子科大 MBA 战略评价的加权分数。

表 7—2　　外部因素评价矩阵

关键外部因素	权重	评分	加权分数
机会			
1. 西部大开发，国家政策支持	0.15	4	0.60
2. 信息产业发展迅速，四川省立为一号工程	0.10	3	0.30
3. 电子科大在社会乃至国际上有一定知名度，社会认同感较高	0.10	2	0.20
4. 中国入世及市场经济改革，需要大量高级经理人	0.08	2	0.16
5. 社会掀起了 MBA 热	0.06	4	0.24
威胁			
1. 社会上有人给中国 MBA 泼冷水	0.06	1	0.06
2. MBA 培养方向划分越来越细，导致专业间的竞争和分流	0.10	2	0.20
3. 培养技术 MBA 的院校不少于 20 所，电子商务方向的 MBA 院校不少于 10 所	0.10	2	0.20
4. IMBA 更受社会欢迎和追捧	0.15	1	0.15
5. 网络经济的泡沫影响还没有消除	0.10	1	0.10
总计	1.00		2.21

资料来源：郭炳福：《电子科技大学 MBA 发展战略评价》，载《电子科技大学学报》（社科版），2002（3），69 页。

从表 7—2 可以看出，学校在对关键外部因素的反映中，对机会的反映加权分值和为 1.50，而对威胁的反映加权分值和仅为 0.71，总加权平均分数为 2.21，略低于平均水平数 2.5。表明电子科大 MBA 对外部因素的反映不太好，主要体现在既定战略不能有效避开外部的威胁。

2. 内部环境分析

内部环境也可称为内部条件。与外部环境相比，内部条件具有内在的“可控性”。通常，外部环境是组织的不可控因素，而内部条件中诸因素的形成、发展、变化是在组织的影响和控制下进行的，组织可根据环境的要求来进行内部条件发展和变化的决策。因此，对于公共部门来说，内部条件基本上属于内生确定性的变量，在适应环境的过程中，组织主要通过控制内部条件的行为来实现。同时，内部条件是一个“动态”的概念。组织内部条件具有相对性，随时间、环境的变化而变化。科技在进步，观念在改变，内部条件诸要素的素质也不会停留在一个水平上，这是由要素自身属性所决定的。此外，组织内部条件的“优劣”或“强弱”评价，通常可以用组织素质的高低来说明。这种素质是一种潜在的能力，是存在于组织机体之中的固有的素养、品质。它只有在外部环境的作用下才能转化为现实的能力，而潜在的能力正是组织内部条件诸要素的综合所构成的能量。①

通常公共部门的内部条件可分为有形条件和无形条件（如表 7—3 所示）。有形条件主要指一个组织所拥有的财务资源、物质资源、人力资源以及组织资源的情况，无形条件则包括组织实施战略所必须具备的技术资源、创新资源以及组织的信誉。

表 7—3　　公共部门的内部条件

有形条件

财务资源	组织内部资金的再生能力
物质资源	组织拥有的设备数量及精良程度
人力资源	战略管理者和执行人员的判断力、智力、洞察力、适应性、承担义务及忠诚
组织资源	组织的计划、控制和协调机制

无形条件

技术资源	技术的贮存及成功运用它们所需要的知识
创新资源	技术工人、研究设备
信　誉	在社会公众中的声誉，对提高自身服务重要性的认识

资料来源：邵一明、蔡启明、刘松先编著：《企业战略管理》，102 页。

同样，内部因素评价矩阵对于内部环境分析来说也是不可或缺的，而且其建立过程和外部因素评价矩阵有一定的相似性。仍然以电子科技大学的 MBA 战略评价为例，先确立关键的内部因素，并给每个因素以权重，然后对每个因素评分，并计算出每一因素的加权分数，最后得出学校的总加权分数，结果见表 7—4。需要说明的是，对于电子科大来说，拥有丰富的 IT 资源既构成了优势，但在 MBA 培养知识层面上又体现为一大弱势，即只对 IT 行业熟悉。为此，在评分中赋予了不同因素以不同的权重和评分。

① 参见孙海鸣、刘乃全：《企业战略高级教程》，144 页，上海，上海人民出版社，2002。

表 7—4 内部因素评价矩阵

关键内部因素	权重	评分	加权分数
优势			
1. 拥有丰富的 IT 资源（科研、师资、图书馆等）	0.12	4	0.48
2. 有严谨治学的校园文化	0.08	3	0.24
3. 教师敬业	0.10	3	0.30
4. 强于计量分析	0.06	3	0.18
5. IT 信息技术研究和教育在国内外均有一定知名度	0.08	3	0.24
弱点			
1. 在电子商务方向的研究成果，成功案例较少	0.14	1	0.14
2. 只对 IT 行业熟悉	0.10	2	0.20
3. 课堂管理中缺乏对学生的专业指导	0.10	1	0.10
4. MBA 教育项目缺少一个战略管理系统	0.10	1	0.10
5. MBA 教育的国际化程度很低	0.12	2	0.24
总计	1.00		2.22

说明：评分值含义：1=重要弱点，2=次要弱点，3=次要优势，4=重要优势。

资料来源：郭炳福：《电子科技大学 MBA 发展战略评价》，载《电子科技大学学报》（社科版），2002（3），69 页。

当然，公共部门也可以将战略的实施作为公共部门内外部环境因素评价表的分水岭，并依此进行比较。如果与战略实施之前的情况相比，组织的内外部环境没有发生变化，那么公共部门就不需要采取调整措施。但如果差异出现了，公共部门就必须按照战略制定的过程重新考虑现行战略。表 7—5 描述了各种战略评价活动之间的关系。

表 7—5 各种战略评价活动之间的关系

组织内部战略环境是否已发生重大变化？	组织外部战略环境是否已发生重大变化？	组织是否已令人满意地朝既定目标前进	结果
否	否	否	采取纠正措施
是	是	是	采取纠正措施
是	是	否	采取纠正措施
是	否	是	采取纠正措施
是	否	否	采取纠正措施
否	是	是	采取纠正措施
否	是	否	采取纠正措施
否	否	是	继续目前的战略进程

资料来源：[美] 弗雷德·R·戴维：《战略管理》，第 6 版，308 页。

7.2.2 考核组织绩效

绩效概念最早是在工商企业中使用。由于当今企业所面临的外部环境瞬息万变、组织规模日益庞大、组织结构日趋复杂，因此，早期科学管理时代的机械效率方法已无法完全表征企业的表现、行为及成就。绩效概念，实际上可以综合代表效率、财务指标、市场占有率、内部激励结构、企业文化等各种指标，可以通过一定的有效途径整合为可以衡量或评价企业行为的指标体系。通过这一指标体系，基本上可以反映出一个企业的整体表现和状况。因此，自 20 世纪 80 年代后期和 90 年代早期以来，“绩效”以及“绩效管理”开始成为管理实践中非常流行的词语。[①] 在人类即将进入信息社会的今天，企业的经验和做法为公共部门所借鉴已成为一种时尚，况且，公共部门的目标远比私人部门的目标复杂，因此，用更加全面的“绩效”概念替代狭窄的“效率”概念，来真实反映和全面评价公共部门在战略管理活动中的表现与状况，就成为一件顺理成章的事情。

大量论述绩效管理的文献对绩效概念的理解经常是不一致的，不同领域甚至是相同领域的人，似乎都可以按照自己的理解和兴趣爱好对绩效进行界定。而在更多研究文献中，绩效概念经常被视为无须界定的“前提”或“常识”而予以忽略。对于这种现象，威廉姆斯认为，这或许正是一种开创性研究所存在的必然现象。[②] 但我们仍然可以从绩效的诸多解释中寻找到一种普遍性的共识，即绩效是一种“系统表征管理领域中的成就和效果”的概念工具。[③] 美国国家绩效衡量小组为绩效管理给出了一个经典性的定义：所谓绩效管理，是“利用绩效信息协助设定统一的绩效目标，进行资源配置与优先顺序的安排，以告知管理者维持或改变既定目标计划，并且报告成功符合目标的管理过程”。简言之，绩效管理是对公共服务或计划目标进行设定与实现，并对实现结果进行系统评估的过程。

1. 绩效考核的过程

作为战略评价过程中的重要一环，组织绩效考核的具体任务就是将预期结果与实际结果进行比较，研究实际进程对计划的偏离，从而评价个人绩效以及组织在实现既定目标过程中已取得的成绩和存在的偏差。由于组织自身、战略特性、实施过程、影响因素等诸多方面的差异，各部门在进行组织绩效考核时，其步骤并不存在完全一致性，但是通过对雷纳评审活动的重新审视，我们对组织绩效考核的流程也有了一个概括性的认识。

雷纳评审开始于 1979 年撒切尔夫人上台之后，它以经济和效率为重点，以“解决问题为导向”，旨在通过问题诊断的方式找出导致政府效率不佳的各种因素，从而降低公共部门的运营成本。[④] 其步骤主要包括：选择评审对象，对现有活动提出质疑，推动争论或辩论，达成共识以及改革措施的实施（见表 7—6）。

表 7—6　　雷纳评审的主要步骤

步骤	内容
第一步：选择评审对象	由各部门自行确定，报效率小组批准；派评审员指导和协调部门的调查
第二步：对现有活动提出质疑	（1）为什么要从事正在从事的工作？ （2）为什么要按照目前的方式从事这些工作？ （3）怎样才能使这些工作更富有成效或降低成本？
第三步：推动争论或辩论	评审员向效率小组提交建议报告，并反馈给被评审单位进行评论和辩论
第四步：达成共识	在评审员与被评审单位有关人员充分协商和讨论的基础上，对必要的改革措施达成共识
第五步：改革措施的实施	由被评审单位具体落实评审结论和有关改革措施

资料来源：周志忍：《当代国外行政改革比较研究》，58～63 页，北京，国家行政学院出版社，1999。

① 参见［英］理查德·威廉姆斯：《组织绩效管理》，1 页，北京，清华大学出版社，2002。

② 参见上书，13 页。

③ 参见刘旭涛：《政府绩效管理制度、战略与方法》，96 页，北京，机械工业出版社，2003。

④ 参见周志忍：《当代国外行政改革比较研究》，59～75 页。

这项活动历时十多年时间，涉及多个部门和不同的管理服务工作，对提高政府和公共部门的经济与效率水平发挥了巨大作用。据统计，从 1979 年到 1985 年的 6 年里，雷纳评审小组共进行了 266 项调查，发现并确定了 6 亿英镑的年度开支领域和 6 700 万英镑的一次性节支领域。截至 1986 年年底，评审共支出了 500 万英镑，而它所带来的直接经济效益却高达 9.5 亿英镑。① 通过了解雷纳评审的主要步骤，我们可以将组织绩效的考核过程划分为：制定计划、技术准备、收集资料信息、分析评价、绩效反馈五个环节，其流程见图 7—3。其中，在建立指标体系时，应注意“硬指标”和“软指标”的相容并进。所谓“硬指标”是指可量化的指标，以经济审计为主要内容和主要途径；“软指标”则是难以具体量化的公众的满意度，以社会评价为主要内容。

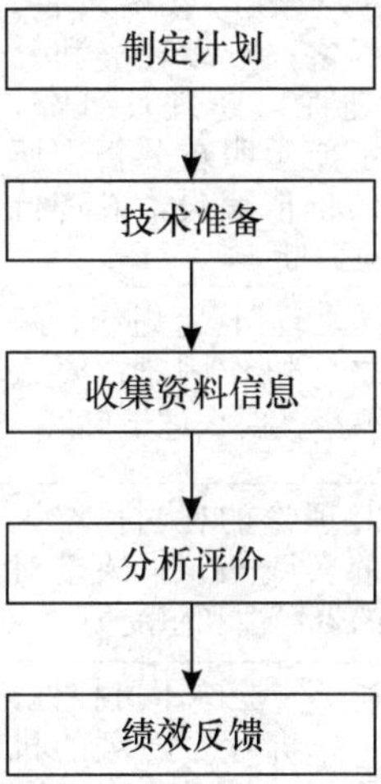

图 7—3　绩效考核的过程

2. 绩效考核的模式

绩效考核的模式因考核对象的不同而各有特点，但近 20 年来，公共部门在评价战略效果时，所设计的绩效考核模式大多衍生于两种政府绩效评估设计模式：理性设计模式和社会互动设计模式。理性设计模式，确切地说，应表述为理性支配下的设计模式，在这种模式里，整个设计系统的各项要素，包括信念和价值、设计者和设计机构、设计的规则和过程、设计结果及其评判标准，都以理性为最终的价值取向。社会互动设计模式则是建立在对理性设计模式的批判之上，以美国行政学者林布隆的“渐进主义决策”模式为设计蓝本。表 7—7 从设计活动的本质界定、设计主体、设计依据、设计方式、设计指标的价值等几个方面对这两种模式的优劣分别进行了描述。由此可以断定，无论是理性设计模式还是社会互动设计模式都存在先天的不足。因而，公共部门在据此设计绩效考核的模式时，应打破传统的分工神话，重新划分理论与实践的角色，拓展各种制度化和非制度化的渠道，力求建立一种新型的理论与实务的整合机制，以取得整体优势。

① 参见周志忍：《当代国外行政改革比较研究》，75 页。

表 7—7　　理性设计模式和社会互动设计模式的优劣分析

分析 \ 模式		理性设计模式	社会互动设计模式
特点分析	本质界定	科学活动	行政活动或政治活动
	主体	科学家	行政人员及利益相关者
	依据	科学假说、理论和概念	各方意见的综合协调
	方式	“理论—实验—理论”	“分散的意见—社会互动—综合的意见”
	指标的价值	工具性价值或经济价值	多种价值组成的综合体
缺陷分析	本质界定	忽视可行性；忽视政治、文化因素；不能理解和处理非理性与超理性现象；大多不能阐明在分析中所使用的价值假设，或者价值假设武断	实用主义取向；忽视行政活动自身可能存在的规律
	主体	垄断“真理”；跨组织、跨学科之间协作困难；要么视野狭窄，要么过于自信	缺乏全局考虑；缺乏系统知识；意见不能自由表达传播；易受他人（组织）和时尚的影响
	依据	忽视对理论的检讨；忽视有用的实践知识；缺乏对现实的警惕性和感受力	不定且模糊；缺乏一致性
	方式	社会科学实验的不可控性；推理、分析背后隐藏的机械世界观；忽视非理性和超理性的作用	不充分的社会互动；可能实现不了最终结果；成本大，效率低
	指标的价值	忽视多元价值	充满矛盾和冲突，模糊不清

资料来源：张璋：《政府绩效评估的元设计理论：两种模式及其批判》，载《中国行政管理》，2000（6），46页。

7.2.3　采取纠正措施

作为战略评价的最后一项行动，采取纠正措施要求通过变革使公共部门重新进行定位。“当人员数量按算术级数增加时，发生错误及不当行动的可能性将按几何级数增长。任何对某项业务全面负责的人必须同时检查参与者的行动及其结果。这两者中如果有任何一项与预期可计划目标不符，都需要采取纠正措施。”① 采取纠正措施是保证组织按既定目标前进的必要措施。虽然这一行为并不一定意味着放弃现行战略或必须制定新战略，但它应当能够使公共部门更好地发挥内部优势，更好地利用外部机会，更好地回避、减少或缓和外部威胁以及更好地弥补内部弱点。因此，在对现行战略采取纠正措施的时候，要制

① Claude George, Jr., *The History of Management Thought* (Engle-wood Cliffs, N. J.: Prentice-Hall, 1968), pp. 165-166.

定明确的实施时间表和适当的风险允许度。这些措施既应当同组织的既定目标保持一致，又要向社会负责。具体地说，采取纠正措施包括分析差异和采取纠偏措施两个环节。

1. 分析差异

任何一个公共部门的活动都会受到外部环境、内部条件的变化和人们的认识能力、解决问题的能力等诸多方面的限制，实际绩效和预定目标完全一致的情况是极为少见的。对战略管理者来说，重要的问题不是工作有无差异或是否可能出现差异，而是能否及时发现已出现的超过容许范围的差异，或通过对正在进行的工作的深入了解，预测未来可能出现的差异。

利用上述衡量绩效的方法发现差异之后，首先要查明差异产生的原因，以便对症下药，采取纠正措施。差异的产生可能有多方面的原因，概括起来可分为这几类：

(1) 战略实施中的原因。如组织结构调整不合适、主要执行者挑选不恰当、资源分配不合理、思想教育和组织领导工作不得力、职能性战略安排有问题、预定措施未实现等。

(2) 战略规划阶段的原因。如因外部环境发生重大变化，原来选择的服务范围和制定的方针、目标与战略已严重脱离实际，或者原来为可能出现的多种情况而制定的应变战略未能付诸实施，或者外部环境并未发生多大变化，但因过去对外部环境和内部状况的调研分析过于乐观或悲观，而使原制定的目标过高或过低，选择的战略不够适当，等等。

(3) 既有战略实施中的原因，又有战略规划中的原因，问题比较复杂。由于人们所处的地位和承担的责任不同，在分析差异产生的原因和性质时，难免有不同的看法，引起矛盾和冲突。对此，公共部门的领导者必须从全局出发，实事求是地分析问题，有时尚需亲自做一些调查研究，掌握第一手材料；还要善于沟通和协调，统一各有关部门和人员的认识，共同设法消除差异。

2. 采取纠偏措施

在寻找到偏差产生的原因后，就要对症下药，进行纠偏行动。差异有已经出现的和据预测未来将出现的两种。对于已出现的差异，如产生的原因比较简单，可直接研究和采取纠正措施；倘若产生原因较为复杂，一般可先采取临时性措施，使问题暂时得不到进一步的扩大，待原因查明后再采取有针对性的纠正措施。对于预计将出现的差异，则需立即采取预防措施。由于差异产生的原因不同，纠正措施一般也可以分成三类：如原定目标、战略并无不当之处，只是战略实施阶段中出现了问题，则应针对问题采取相应措施，消除产生差异的根源或可能出现的差异，保证原定目标和标准的实现；如因外部环境的重大变化或原来制定战略时的失误，导致目标和战略严重脱离实际，则应根据新情况建立新目标，修改或调整战略，为实现新目标而努力；如上述两种原因兼而有之，就要同时采用上述两类措施，既解决实施中的问题，又适当调整目标和战略。

此外，公共部门在采取纠偏行为时还须注意以下几点①：第一点是偏差的度量问题。纠偏者必须准确地认识偏差的程度——偏差过大，则要考虑考核标准的调整；偏差过小，则主要考虑调整资源分配和组织机构。偏差度量的方法一般有两种：一为静态度量法，即

① 参见孙海鸣、刘乃全：《企业战略高级教程》，380 页。

根据事先确定的评价间隔期，在某个评价部位，将实际战略活动的结果与战略评价标准进行比较；二是动态度量法，即在一个评价周期中，综合分析实际战略活动的运动轨迹，并与战略评价标准的轨迹进行比较。

第二点，战略性纠偏行动的质量既取决于合理的战略评价指标体系，又取决于健全的战略纠偏组织体系。如果组织机构的各层次和各部门能够找到并承担自己的战略责任，并且实际工作成效是按照这个责任标准来计量的，那么，公共部门就能够通过自己的组织机构体系对偏差作出迅速的纠正。因此，公共部门应明确知道纠偏责任将由什么人、什么部门和哪级层次来承担，纠偏的措施和对策将由谁制定，调节偏差行为的指令将由谁发出。

第三点，管理信息系统的工作状态对战略纠偏的工作质量也有很大影响。良好的管理信息系统能够将战略实施的实际结果迅速准确地传递到负责纠偏的工作人员手中，成为其作出准确判断的依据。管理信息系统的低效率或者失灵，就会导致战略管理者不能迅速得到准确的反馈信息，就很可能延误了纠偏或作出快速反应的时机，甚至可能由于管理信息系统的质量不高而导致战略管理者的判断失误与决策失误，而这对公共部门整体战略的实现将是一个灾难。信息资料传输的关键在于提高电脑系统的可获性及主要机能的可靠性，此外，还要考虑机器反应的快慢、本身的性能、每条线路使用的程度以及相应的成本问题，因为很难设计出一条利用率100%的线路，原则上大都以70%的利用率为标准。这就是为什么管理信息系统在战略管理、战略评价中极为重要的原因。

7.3 公共部门战略评价的方法

战略评价方法是战略管理者在进行战略评价过程中所采用的方法的总称。近十几年来，随着公共部门战略管理的发展，各种新的评价方法不断涌现，极大地丰富了评价的实践活动。目前常见的评价方法有前后比较法、专家评分法、模糊评估法、效益成本法以及自评法。

7.3.1 前后比较法①

前后比较法是战略评价活动中最常用的一种方法，是评价活动的基本思维框架，其他一切方法都是在这种方法的指导下进行的。前后比较法通过对战略实施前后的有关情况进行对比，测度出战略实施的效果及价值。借助大量的参数对比，前后比较法使战略实施前后情况的变化一目了然，不仅可以帮助人们了解战略实施的准确效果，还可以帮助人们认识该项战略存在的误差。它可分为简单“前—后”比较法、“投射—实施后”比较法、“有—无”比较法以及“控制对象—实验对象”比较法。

① 参见陈振明主编：《政策科学》，356页。

1. 简单“前—后”比较法

如图 7—4 所示。这种方法是用公共部门在接受战略实施后可以衡量出的变化值减去战略实施之前可以衡量出的值。图 7—4 中 A_1 表示战略实施前的值，A_2 表示战略实施后的值，则“A_2-A_1”就是战略实施的效果。这种方法的优点是简单、方便、明了；缺点是不够精确，无法将战略实施所产生的效果和其他因素如公共部门自身内在因素、外在因素、偶发事件、社会变动等所造成的效果加以明确区分。

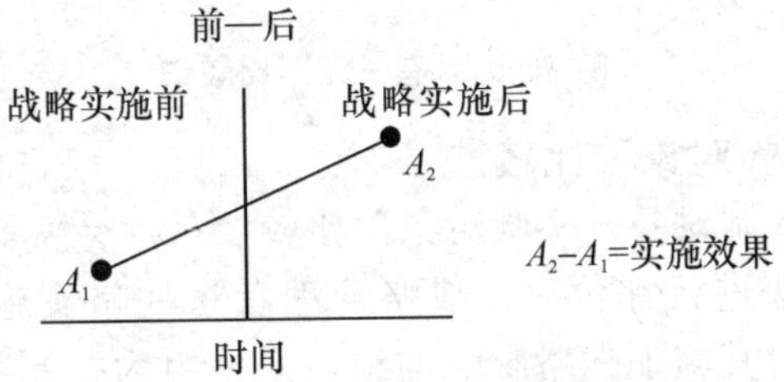

图 7—4 简单“前—后”比较法

2. “投射—实施后”比较法

如图 7—5 所示。这种方法将战略实施的趋向线 Q_1Q_2 投射到战略实施后的某一点 A_1 上，并将这一点同战略实施后的 A_2 点对比，以确定战略实施的效果。这种方法由于考虑到了战略以外的因素的影响，结果更加精确，因而较简单的“前—后”比较分析方法前进了一步。困难在于如何详尽地收集战略实施前内外环境的数据、资料，以确定在某一点会发生的情况。

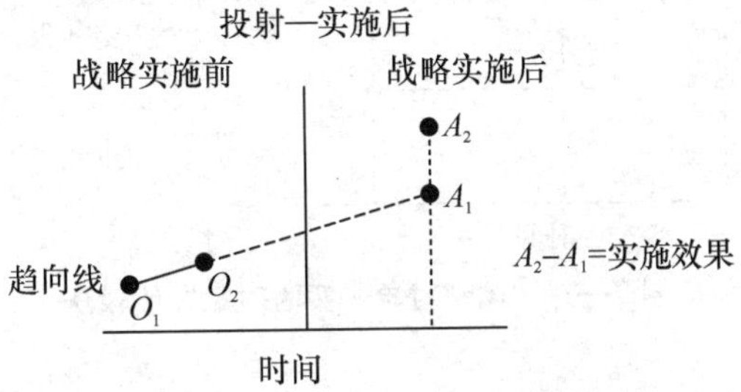

图 7—5 “投射—实施后”比较法

3. “有—无”比较法

如图 7—6 所示。这种比较法是在战略实施前和战略实施后这两个时间点上，分别就有战略和无战略两种情况进行前后比较，然后再比较两次对比的结果，以确定战略实施的效果。图 7—6 中 A_1 和 B_1 分别代表战略实施前有战略和无战略的两种情况，A_2 和 B_2 分别代表战略实施后有无战略的两种情况，“A_2-A_1”为有战略条件下的变化结果，“B_2-B_1”为无战略条件下的变化结果。“$(A_2-A_1)-(B_2-B_1)$”便是战略实施的实际效果。这种比较法的长处是排除了非战略因素的作用，较精确地测度出一项战略的效果，因此是测量战略净影响的主要方法。

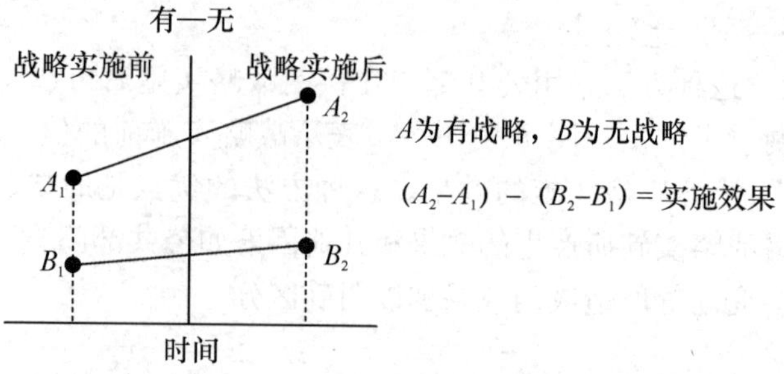

图 7—6 “有—无”比较法

4. “控制对象—实验对象”比较法

如图 7—7 所示。“控制对象—实验对象”比较法是社会实验法在战略评价中的具体运用。在运用这种比较法进行评价时，战略管理者将战略实施前同一评价对象分为两组，一组为实验组，即对其施加战略影响的组，另一组为控制组，即不对其施加战略影响的组，然后比较这两组在战略实施后的情况，以确定战略实施的效果。图 7—7 中，A_1 和 B_1 分别是实验前的实验组和控制组的情况，A_2 和 B_2 为实验后的实验组和控制组的情况，“A_2-B_2”便是战略实施的效果。

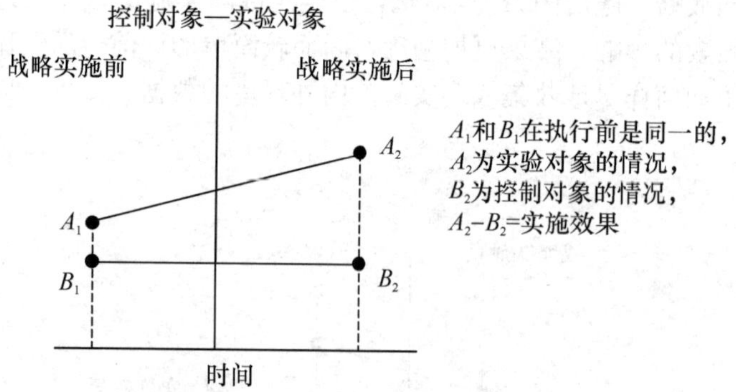

图 7—7 “控制对象—实验对象”比较法

7.3.2 专家评分法

所谓专家评分法，就是组织专家审定各项关于战略实施的记录，通过量化战略实施的结果，鉴定战略实施的成效。这种方法的优点是简便、直观性强、计算方法简单、选择余地比较大，并且能够对进行定量计算的评价项目和无法进行计算的评价项目都加以考虑。具体的计算方法有以下几种①：

1. 加法评价型

将评价各指标项目所得的分值加法求和，按总分来表示评价结果。此法用于指标间关系简单者。公式为：

① 参见廖泉文：《人力资源考评系统》，171 页，济南，山东人民出版社，1999。

$$W = \sum_{i=1}^{n} W_i$$

其中，W 指评价对象总分值；Wi 指第 i 项指标得分值；n 为指标项目数。该法有两种方式：连加评分法和分计加法评价法（如表 7—8、表 7—9 所示）。

表 7—8　　连加评分法

评价项目	评价分数				
	标准分数	可行方案得分			
		Ⅰ	Ⅱ	Ⅲ	Ⅳ
A	40	40	35	30	40
B	30	25	30	30	30
C	20	15	15	10	15
D	10	5	10	5	10
总分	100	85	90	75	95

表 7—9　　分计加法评价法

评价项目	评价等级	评价分数				
		标准分数	可行方案得分			
			Ⅰ	Ⅱ	Ⅲ	Ⅳ
A	（1）级	40	40		40	40
	（2）级	30		30		
	（3）级	20				
	（4）级	10				
B	（1）级	30		30		30
	（2）级	20	20		20	
	（3）级	10				
C	（1）级	20	20	20		
	（2）级	15				15
	（3）级	10			10	
D	（1）级	10		10		10
	（2）级	5	5		5	
总分		100～35	85	90	75	95

2. 连积评价型

将各个项目的分值连乘，并按其乘积大小来表现业绩结果。这种方法灵敏度很高，被评价对象各指标间的关系特别密切，其中一项的分数连带影响到其他各项的总结果，即具有某项指标不合格，就对整体起否定作用的特点。公式为：

$$W = \prod_{i=1}^{n} W_i$$

其中，W 指评价对象总分值，Wi 指 i 项目得分值，n 为指标项目数。

3. 加权评价型

将评价对象中的各项指标项目依照评价指标的重要程度，给予不同的权重，即对各因素的重要程度作区别对待。则：

$$W = \sum_{i=1}^{n} A_i W_i$$

上式中，W 指评价对象总分值；Wi 指评价对象的 i 指标项得分值；Ai 是 i 指标项的权值。且

(1) $\sum_{i=1}^{n} A_i = 1$　　　　(2) $0 < A_i \leqslant 1$

4. 功效系数法

这是化多目标为单目标的方法，由评价者对不同的评价指标分别给予不同的功效系数，则总功效系数 d 为：

$d = \sqrt[n]{d_1 d_2 d_2 \cdots d_n}$

$d_n = 1$ 表示第 n 个目标效果最好；

$d_n = 0$ 表示第 n 个目标效果最差；

$0 \leqslant d_n \leqslant 0.3$ 是不可接受的范围；

$0.3 < d_n \leqslant 0.4$ 是边缘范围；

$0.4 < d_n \leqslant 0.7$ 是次优范围；

$0.7 < d_n \leqslant 1$ 是最优范围。

7.3.3 模糊评估法①

模糊评估法可以用来对人、事、物进行全面、正确而又定量的评估，因此它是提高战略管理者管理水平的一种有效方法。一些管理者在面对多种复杂的战略方案、褒贬不一的人才、众说纷纭的成果时，常常会感到不知所措，以致由于主观决策失误，给工作带来损失，但是，此时若能运用模糊评估法，就有可能避免上述情况的发生。

对于方案、人才、成果的评估，人们的考虑往往是从多种因素出发的，而且这些考虑一般只能用模糊语言来描述。例如，评估者从考虑问题的诸因素出发，参照有关的数据和情况，根据他们的判断对复杂问题分别作出“大、中、小”、“高、中、低”、“优、良、可、劣”、“好、较好、一般、较差、差”等程度的模糊评估，然后通过模糊数学提供的方法进行运算，就能得出定量的综合评估结果，从而为正确决策提供依据。

模糊评估的数学模型如下：

对某一事物进行评估，若评估的指标因素（着眼点）为 n 个，分别记为 u_1，u_2，u_3，…，u_n，则这 n 个评估因素便构成一个评估因素的有限集合：

$$U = \{u_1, u_2, u_3, \cdots, u_n\}$$

若根据实际需要将评语划分为 m 个等级，分别记为 v_1，v_2，v_3，…，v_m，则又构成一个评语的有限集合：

① 参见冯之浚：《战略研究与中国发展》，161页，北京，中共中央党校出版社，2002。

$V=\{v_1,v_2,v_3,\cdots,v_m\}$

例如，对某项战略进行评价，假如可从科学性（u_1）、小实践性（u_2）、适应性（u_3）、先进性（u_4）、专业性（u_5）等方面着眼，则其评估因素集合便为：

$U=\{u_1,u_2,u_3,u_4,u_5\}$

若评估结果划分为“很好”（v_1）、“好”（v_2）、“一般”（v_3）、“差”（v_4）4 个等级，则其评语集合便为：

$V=\{v_1,v_2,v_3,v_4\}$

若我们只着眼于科学性（u_1）一个因素来评定该战略，采用“民意测验”的办法，结果是 16%的人说它“很好”，42%的人说它“好”，39%的人说它“一般”，3%的人说它“差”，则这个结果可用模糊集合 B_1 来描述。

$B_1=0.16/$很好$+0.42/$好$+0.39/$一般$+0.03/$差

B_1 也可简记为向量的形式：

$B_1=\{0.16,0.42,0.39,0.03\}$

评估结果 B_1 是评语集合 V 这一论域上的模糊子集。B_1 就是对被评对象所做的单因素评估。

然而，一般往往需要从几个不同方面来综合地评估某一事物，从而得到一个综合的评估结果，该结果仍是评语集合 V 这一论域上的一个模糊子集，这便是综合评估问题。通常，V 为一有限集合，则 B 也为相应的有限模糊集合。

$B=b_1/v_1+b_2/v_2+b_3/v_3+\cdots+b_m/v_m$

在实际评估工作中，各个评估因素的重要程度往往是不相同的，考虑到这个客观存在的事实，评估因素集合实际上是因素集合 U 中的一个模糊集合 V，实际上亦为一有限集，即因素集合也为一相应的有限模糊集合：

$A=a_1/u_1+a_2/u_2+\cdots+a_n/u_n$

一个模糊评估问题，就是将评估因素集合 U 这一论域上的一个模糊集合 A 通过模糊关系 R 变换为评语集合 V 这一论域上的一个模糊集合 B，即：

$B=A\times R$

此式即为模糊评估的数学模型。其中：B 为模糊评估的结果，多为 m 维的模糊行向量；A 为模糊评估因素权重集合，为 n 维模糊行向量；R 为从 U 到 V 的一个模糊关系，它是一个（$n\times m$）的矩阵。

7.3.4　效益成本法[①]

在战略评价中，所有的评价指标可以划分为两类：一类是效益，一类是成本。前者是

① 参见冯之浚：《战略研究与中国发展》，160 页。

我们实现方案后能获得的结果，后者是为了实现方案所必须支付的投资。将每个方案的效益与成本分别计算后，再比较其效益/成本，就可以评估方案的优劣，显然，效益/成本愈大，方案愈好。这种效益成本法没有严格的步骤，随评估的问题不同，分析的内容和方法也不相同。为了使多种指标评估问题的解决能够尽量规范化，罗马尼亚人曾采用所谓选择法，即罗马尼亚选择法。这种选择法是一种比较简便的规范化方法。此法的进行过程如下：

首先，把表征各个指标的具体数值化为以 100 分为满分的分数，这一步称为标准化。标准化时，从各个指标比较方案的得分，最好的方案得 100 分，最差的方案得 1 分，居中的方案按下式计算得分数：

$$X=[99\times(C-B)]/[(A-B)+1]$$

上式中：A 为最好方案的变量值；B 为最差方案的变量值；C 为居中方案的变量值；X 为居中方案的得分数。

7.3.5 自评法[①]

战略评价的第五种方法是战略执行者自行对战略的影响和实现预期目标的进展情况进行评价。由于战略执行者亲身参与战略实施的过程，对战略产生、制定和实施的全过程比较了解，对战略环境、实施对象、实施过程也比较清楚，掌握比较充分的信息和第一手资料，因此有可能及时而充分地评价、判断一项战略的效果。同时，由于战略执行者直接参与了实施过程，有条件根据自己的评价结论，迅速调整自己的战略目标与措施，因此评价活动往往可以得到立竿见影的效果。但这种方法也有缺点，首先主要是执行人员因为参与了战略的实施过程，战略效果的好坏直接影响其声誉和工作，因而不免带有浓厚的感情色彩，往往会隐恶扬善、夸大成绩，失去客观公正性，这不仅违背战略评价的初衷，也势必影响评价的准确性和客观性。其次，作为执行者从事评价工作，往往代表公共部门内部某一方面的局部利益，这使得评价活动容易片面化，并蒙上浓厚的主观随意性。最后，战略评价是一项繁杂的工作，要求评价者具备理论知识，熟悉某些专业的系统训练，这往往是执行者所不具备的。

7.4 公共部门战略评价的改进

战略管理包括三个主要环节：战略设计、战略实施和战略评价。与私人部门相比，公共组织的优势在前两个环节上体现得较为突出，而在最后一个环节即战略评价上则明显不利。在实际运作过程中，战略评价也一直完成得不尽如人意，甚至成为公共部门的行动缺乏成效的根源所在。因此，能否克服诸多障碍，成功地进行战略评价，成为公共部门改革

① 参见陈振明主编：《政策科学》，360 页。

的一个有效突破口。

7.4.1　公共部门战略评价面临的困难

1. 评价主体的价值取向

所谓评价主体的价值取向，是认识主体在长期的生活、生产实践过程中和具体环境中形成的有关价值的观点、看法和态度，是人们进行价值评价的内在依据。① 戴维·L·韦默和艾丹·R·维宁曾在《政策分析——理论与实践》一书中指出分析家应该具备三种最重要的价值：分析的完整性、对客户负责②和坚持个人关于良好社会的概念。③ 为了更好地理解这些价值的本质，该书还照此构想了三种分析家角色：客观的技术员、客户的拥护者和问题的拥护者（见表 7—10）。不同的价值取向把分析家与不同的角色定位联系在一起：客观的技术员将分析的整体性当做自身的基本价值；客户的拥护者主要强调对客户负责；问题的拥护者则关注政策结果的内在价值，认为分析应该是迈向他们构想的良好社会的一种工具。

表 7—10　　对政策分析家的适合角色的三种观点

	分析整体性	对客户的责任	坚持个人关于良好社会的概念
客观的技术员	让政策分析自己说话。主要焦点应该是预测备选方案的后果	客户的政治命运应该是次要考虑因素。与客户保持距离；尽可能选择公共机构客户	应该确定相关价值标准，但价值间的权衡应该留给客户。从长远来看，客观的建议促进社会朝良好社会发展
客户的拥护者	分析很少给出确定结论。利用不确定性提高客户地位	客户给予分析家合法性。由于分析家有权使用特许信息和接近政治程序，作为报答，分析家应对客户忠诚	以一致的价值体系为依据选择客户；通过与客户间建立起来的长期关系来影响客户，改变其关于良好社会的概念
问题的拥护者	分析很少给出确定结论。当分析不支持个人偏好时，强调不确定性和排他的价值标准	机会主义地选择客户；改变客户，以推进个人的政策议程	分析应该是迈向分析者所构想的良好社会所借助的一种工具

资料来源：[美] 戴维·L·韦默、[加] 艾丹·R·维宁：《政策分析——理论与实践》，43 页，上海，上海译文出版社，2003。

虽然这三种角色是针对政策问题提出的，但如果将其剥离政策分析的框架限制，放入

① 参见陈绍芳：《主体价值取向在政策评价中的作用》，68 页，载《理论探讨》，2002 (2)。

② 这里的客户主要指负责制定和提供政策方案的公共部门。

③ 参见 [美] 戴维·L·韦默、[加] 艾丹·R·维宁：《政策分析——理论与实践》，41 页。

战略评价的思考范围内进行考量，不难发现，评价主体的价值取向仍然会对评价活动的有效性和客观性产生重要影响。这种影响主要通过以下几个方面体现出来：

（1）评价主体的价值取向影响评价指标体系的确定。所谓评价指标体系，指的是被评价的战略列入评价范围的项目和各项目的权重指数，它体现的是评价主体要评价什么、侧重什么问题。对于战略评价来说，评价指标体系的确定起着关键作用。一旦评价指标体系确定，整个评价活动的指向、重点及评价活动的性质、内涵、外延等均已被规定。在确立具体的评价指标时，价值取向不同，指标确定的指向性和侧重点就可能不同，或倾向于社会功能，或侧重效率功能，或倾向于民主功能，等等。

（2）评价主体的价值取向影响评价主体对评价结果的处理态度。战略评价要求评价主体对战略实施的结果加以解释和处理。一般而言，这种解释和处理应该根据既定的客观标准进行，但实际工作往往要复杂得多。影响战略实施效果的因素有很多，它们可能是战略设计本身的问题，也可能是社会环境造成的问题；可能是现实因素，也可能是历史因素。价值取向的不同往往会导致评价主体作出不同的选择。

战略评价主体价值取向的作用，使得战略评价问题表现出极大的复杂性。这种复杂性的存在，直接影响到战略评价的客观性和正确性。美国学者杜恩指出，如果评价主体将自以为是的价值标准等同于社会公认的价值观并应用于战略评价，那么无论使用多么精确的评价方法，其结论必然是与公众的感觉大相径庭的。此外，如果评价主体从自己的立场出发，故意夸大或缩小、掩盖或曲解评价中的某些事实，以求实现某种特殊的目的，就会使评价从一开始就背离了实事求是的真实原则。

2. 公共部门多元化的组织目标

一般而言，通过对组织目标的清晰阐述，并构造出表示这些目标实现程度的各种指标，我们就可以进一步衡量和评价组织实现目标的程度。① 也就是说，一项战略的成效是可以通过对组织目标的衡量来加以体现的。对私人部门而言，目标的确立和衡量相对比较容易。通常，私人部门的主要目标是追求最大的利润。虽然，随着各种组织规模的日益扩大、组织结构的日趋复杂以及面临多变的环境因素，几乎所有组织的目标都具有模糊性、多重性和难以把握的特征，在现实中，许多私人企业也宣称自己具有对社会的使命感和责任，但从长远的角度来看，企业要以盈利为目标，这是企业的立身之本。

与私人部门相比，公共部门的目标更加复杂而多样化，而且在公共部门的目标内部还存在着诸多矛盾和冲突。

其一，公共部门的目标经常是多元的，在某一特定时期或针对某些特定的管理者而言，可能会有不同价值的优先选择，例如：政府对于经济增长速度和经济增长质量的取舍问题；一所大学教育的主要目的是鼓励学生发明创造，还是培养职业人才，或是塑造具有深厚思想文化底蕴的人才，等等。

其二，对于一个具体的公共组织而言，目标一般较为笼统，难以清晰地确定，经常是

① 参见［美］赫伯特·西蒙：《管理行为：管理组织决策过程的研究》，169 页，北京，北京经济学院出版社，1988。

定性而模糊地加以描述。因为公共部门一般不是直接生产部门，而是通过各项战略、政策的制定和实施来控制其他部门的生产，因而在信息收集方面可能更加不完备。控制公共行政部门的政治家们，受到来自各方的利益集团的左右，难以确定管理上的"优先权"；同样，公共部门中的高层官员也受到来自组织外部和内部的各种竞争性价值的影响，无法形成清晰、稳定、有序的目标集。

其三，即使某一个公共部门的目标能够确定，但由于目标的多样性，也会导致不同公共部门战略之间的相互冲突和矛盾。例如：环境保护部门对大气污染的控制目标，可能会和主张大力发展私人汽车的工业管理部门的目标发生冲突；农业部门鼓励农民种植烟草的主张和卫生部门保护大众健康的目标相矛盾。

公共部门确立的目标必须通过其制定、实施的各项战略来达成，反过来，评价一项战略的成效也应该以公共部门的目标为根本的参照。因此，公共部门目标的多元化必定会给战略评价带来多方面的影响。

首先是价值的衡量问题。赫伯特·西蒙认为，公共部门的目标价值表述应该体现出相对的终极目的，而这种终极目的往往是通过价值形式来表述的。但是，能够清晰表达和衡量的往往是有形的与客观的东西，而价值很难具体地表述出来。这种现象往往使公共部门陷入进退两难的境地。一方面，公共部门所应当关心的价值，并没有提供适于特定战略问题的充分具体的指标；另一方面，如果用中间指标取代价值本身，"目的"就很可能被更具体的手段所代替。①

其次是价值排序问题。如果组织追求多种目标，回应多种不同的利益要求，这就使得组织不得不在各个目标中作出选择、有所取舍或者进行优先排序。一方面，这种价值的多样性来自组织内部或外部的各种各样的相关利益群体，如立法机关、利益集团、各种职业协会等。例如，在评价某项公共基础设施建设的成效时，是关注其是否使用先进技术提高了时间效率，还是重视其对缓解就业问题的帮助，不同的群体会给出不同的答案。另一方面，还存在着西蒙所提出的"分布价值"问题，即由于地理分布上的差异（也有社会上、经济上及无数其他"类别"上的差异），可能会导致不同的价值偏好。② 总之，不同的价值标准指向的是不同的评判准则，因此，公共部门依此进行战略评价，所得出的结论也很有可能是截然相反的。

3. 产出的量化

如何将战略的所有产出或后果加以物化，是公共部门在进行战略评价活动时首先要面临的问题。通常，战略活动的效果并不表现在公共部门自身获取了多少价值或利益，而是体现为"社会—企业—公众"因公共部门的战略行为而在多大程度上实现了自身的利益。在这里，公共部门的战略行为与"社会—企业—公众"所实现的利益之间以利益主体的自主行为为中介，发生明显可见的间接相关性，而这种利益又具有无法想象的多样性、复杂性。由此可见，公共部门要对其战略行为的产出加以测量，还存在着相当的困难。同时，对于公共部门的效率衡量，投入方面一般较容易操作，无论是劳动力、资本、土地、设

---

① 参见［美］赫伯特·西蒙：《管理行为：管理组织决策过程的研究》，169～170页。

② 参见上书，171～172页。

备，还是其他投入的资源，例如信息、时间等，基本上都可以转换成金钱来衡量。这也是赫伯特·西蒙所说的“公分母”，可以建立统一的费用衡量标准。再加上效果来自必要的投入和合理的行动这一常识性逻辑，人们很自然地把测评的眼光转向投入活动。因此，在进行战略评价时，公共部门往往只是统计它们投入了多少钱，动用了多少人力，在哪些方面开展了工作，处理了多少问题，但实质上它们所测算的充其量只是实现战略目标的努力，而非此种努力所应达到的效果。应该说，这种以过程测量代替结果测量的做法最终将影响评价结论的得出。

其次，对公共部门战略后果的衡量缺乏常规的信息。对于一般的私人物品而言，通过竞争的市场便可掌握充足的信息，譬如价格、市场份额、企业声誉、宣传广告等。据此，消费者可以作出自己的购买选择，而生产商则可以根据这些信息来调整自己的产品或服务的种类或数量。但是，由于公共物品的非排他性和非竞争性特征，公共部门通常对自己战略行为的结果缺少来自市场上的反馈信息，虽然这也可以通过完善公共部门自身的信息管理系统建设来获取，但这种信息常常来自公共部门自身的评价，而不是像私人部门那样主要来自外部的市场，譬如价格信号、市场份额、顾客的满意度等。对于公共部门的产出衡量信息来源问题，埃利诺·奥斯特罗姆曾提出了一条成本较低而又被证明是行之有效的方案：采用个别访谈的公民调查方式。这尽管是一种主观的评价方式，却可以证明，它与物理测量得到的数据保持着正相关性。但是，这一方式对于大规模的公共部门而言，却存在着相当大的困难。①

7.4.2 改进公共部门战略评价的思路

1. 制定多重的价值评价标准

公共部门战略评价的一项重要内容是考核组织绩效。之所以用绩效代替早期的效率测量，是因为绩效体现了一种更加系统、全面和多层次的价值内涵。所以，如果期望绩效最终能够起到评价战略结果的作用，首先要从改革价值评价标准入手，建立一套能够反映公共部门多元战略管理目标的价值标准体系。

早在 20 世纪 80 年代初，英国的效率小组就建议在财务管理新方案的改革中设立“经济”（economy）、“效率”（efficiency）、“效益”（effectiveness）的“3E”标准体系（见表 7—11），以取代传统的效率标准（如财务、会计指标等）。不久，英国审计委员会就将“3E”标准纳入绩效审计的框架中，并运用于地方政府以及国家健康服务系统的管理实践当中。“3E”实际上是一种包含不同价值观点的标准体系。用这种多元价值的标准体系来取代传统模式下的单一财务和预算指标，进而可以更好地体现“管理的责任”，从而使“被授权的管理者根据既定的绩效标准完成既定的任务”②。

---

① 参见刘旭涛：《政府绩效管理制度、战略与方法》，171 页。

② Issac-Henry，Kester，Chris Painter and Chris Barnes（ed.），*Management in the Public Sector：Challenge and Change*（Second edition），London：Thomson Business Press，1997，p. 83.

表 7—11 "3E"标准的含义

经济（economy）：	表示投入成本的最小化程度，即在维持特定水平的投入时，尽可能降低成本，或者说，充分使用已有的资源以获得最大和最佳比例的投入，即"做事情要尽可能节约"。经济性指标一般涉及成本与投入之间的关系。
效率（efficiency）：	表示在既定的投入水平下使产出水平最大化，或者说，在既定的产出水平下使投入水平最小化，即"把事情做好"。效率指标一般通过投入与产出之间的比例关系来衡量。
效益（effectiveness）：	表示产出最终对实现组织战略目标的影响程度，包括产出的质量、期望得到的社会效果、公众的满意程度等，即"做正确的事，并且把它做好"。效益指标一般涉及产出与效果之间的关系。

资料来源：Henkel，Mary（1992），"The Audit Commission"，in Pollitt，Christopher，and Stephen Harrison（ed.），*Handbook of Public Service Management*，Oxford：Blackwell Publishers。

在战略评价过程中，公共部门对经济、效率和效益三者之间的关系应始终坚持缺一不可的原则。这是因为，如果不考虑质量、消费者满意等效益因素而一味地去追求经济、效率，会导致公共部门偏离自己的目标；而如果为了取得目标而不计成本、不惜任何代价、不考虑效率，将最终导致公共部门资源的浪费和不足。当然，"3E"标准只是反映公共部门战略评价的多元价值标准的一种方式。在理论和实践中，有些人建议增加更多"E"，以便更充分地反映公共部门战略评价的复杂性，如"公正"、"卓越"、"企业家精神"、"专业技术"等。① 因此，在实际应用时，应根据各公共部门的具体特点以及评价工作的各个阶段来有所侧重地选择价值标准体系，并对各种表征不同价值的概念予以准确的界定。

2. 确立战略评价的多向维度

在公共领域，战略评价不仅存在着多重的价值标准，还存在着从各种专业角度出发所带来的不同理解和判断。这就涉及战略评价的维度问题。拉森和斯图尔特指出，与私人部门相比，对公共部门的绩效进行测量会存在许多困难，包括：（1）任何一套测量方法都可能是不完全的，并可能会引起公众的争议；（2）公共领域的绩效存在着多向维度，并且彼此存在着相关性；（3）在确定不同测量方法的权重方面存在困境；（4）与私人部门的销售指标相比，公共服务提供方面存在显著的技术困难；（5）最终的产出超出了组织自身的界限，只能通过公众舆论来判断社会生活的质量；（6）不同的群体有不同侧重点，不能假设所有人都有着同样的绩效要求。②

因此，拉森和斯图尔特建议公共部门的绩效评价应当建立在更广泛的维度上。③ 这些维度包括：（1）经济维度，如产品的单位成本、事务的处理时间、预算的变化、审计等；（2）民主维度，如政治团体和公众舆论、新"运动"、合法性危机等；（3）法律维度，如申诉、控告、行政裁决、议会监察官和法律检察官的检察等；（4）职业维度，如职业人士发表的意见、研究成果、职业协会的声明、职业标准等。

---

① Issac-Henry，Kester，Chris Painter and Chris Barnes（ed.），*Management in the Public Sector：Challenge and Change*（Second edition），London：Thomson Business Press，1997，p. 84.

② Ranson，Stewart and John Stewart，*Management for the Public Domain：Enabling the Learning Society*，London：The Macmillan Press Ltd.，1994，p. 228.

③ Ibid.，p. 229.

这些维度在公共部门的战略评价过程中仍然具有可适用性，这是因为它们同样反映了公共管理领域的复杂性和多样性。不同的维度反映出公共领域中不同的价值取向，这或许带来了对公共部门的战略绩效的不同解释以及在寻找相应可操作评价指标上存在的困难。因此，公共部门的战略评价很少用定量化的数据来表达，而是在很大程度上依靠定性化的描述和说明。拉森和斯图尔特认为，测量的危险性在于它很容易取代公众的判断，测量语言有可能取代公众的语言；公共组织可能会通过测量谋取自身利益而欺骗公众。因此，公共部门战略评价的最好方法是定性的“判断”而不是定量的“测量”，测量方法只能起到辅助性作用，而最终结果必须依赖公众的判断。[①] 这也意味着在选择各种评价工具时要采取慎重的态度，评价工具必须要与评价主体、评价内容、评价对象、评价标准等紧密相关。

3. 实现评价主体的多元化[②]

在传统模式下，组织绩效的评价活动属于管理过程中的控制环节，主要由上级部门或本单位来操作，但随着分权化管理、结果管理、导向、工作团队、组织与雇员发展等新管理主义理念和实践活动的大量出现，这种自上而下的单向结构已经出现全方位的发展趋向。近年来，在人力资源管理领域，在个人绩效的评估方面普遍采用的“360°个人绩效评价体系”（见图 7—8），被认为能够为个人绩效提供更全面、准确、可靠、可信的评价。

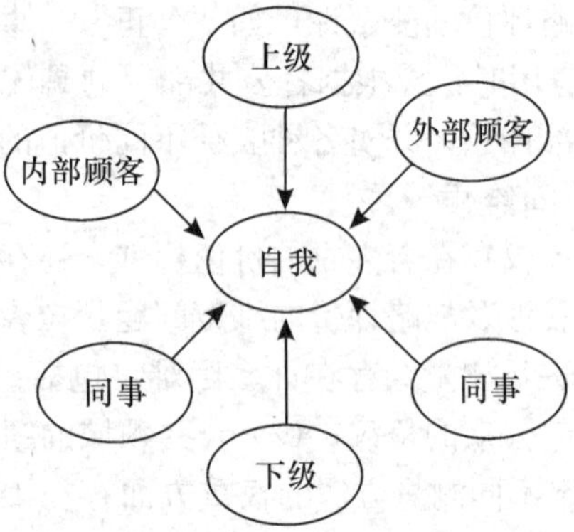

图 7—8　360°个人绩效评价体系

资料来源：刘旭涛：《政府绩效管理制度、战略与方法》，175 页。

公共部门在考核组织绩效时，同样也存在着评价主体多元化的趋势。因为，随着各种类型的公共组织日益获得更加广泛的管理自主权和资源控制权，它们已不再单一而机械地执行上级的指令，它们还必须考虑立法部门、利益集团、政治领导人、专业人士、公众以及其他相关业务部门对它们提出的各种要求，并作出及时的回应。公共部门的责任机制，开始从自上而下的单一链条形式转变为面向多元利益群体的网络形式；公共部门的责任性已体现在政治、法律、专业技术、管理等各个方面。这种责任机制的实现，在很大程度上

① Ranson，Stewart and John Stewart，*Management for the Public Domain*：*Enabling the Learning Society*，London：The Macmillan Press Ltd.，1994，pp. 231-232.

② 参见刘旭涛：《政府绩效管理制度、战略与方法》，175 页。

必须依赖相关利益群体对它们所作出的评价。因此，公共部门的战略评价主体也应当实现多元化。

4. 提供多种的评价工具

由于公共管理的复杂性，公共部门在选择战略评价的工具时，通常面临着一定的难度。采用何种评价方法以检验公共部门各项战略目标的实现程度，无疑需要考虑到各种目标所反映的价值标准、领域维度以及相关利益群体的状况。美国行政学会的“责任和绩效中心”（CAP）认为，所运用的工具应当能够表征出公共组织的基于特定结果的各种目标，并显示出该公共部门获得成功的程度。一般来说，评价工具可以分为以下几种类型：

（1）产出测量。主要是测量所提供产品或服务的数量。这种类型的测量，只要选择好合适的数量单位（如处理交通事故次数、控制污染源个数等），测量方法一般比较简单。

（2）效率测量。主要是测量所提供产品或服务的单位成本。效率测量有时也可以通过测量程序或过程来体现，如在实施流程再造之后，完全可以通过了解一项申请的平均审批天数来检查该战略的成效。一般在比较那些提供“同质性”产品或服务的公共部门的战略绩效时，效率测量具有一定的可行性和合理性。

（3）结果测量。主要测量所提供产品或服务对顾客或委托人产生的影响或效果。结果测量的难度较大，其测量对象往往是无形的、抽象的内容，如实效性、服务质量等，因此，其测量主体一般应由接受服务结果的各类内部或外部的“顾客”来担当。目前，比较流行的结果测量方法主要有顾客满意度调查。此外，新闻媒体和中介性的调查公司所进行的公众舆论调查也是一种非常有效的方法。

（4）标杆评估。标杆评估，就是根据其他类似单位的实践，或者本单位以往的实践，找到“最佳实践”的标准，并依照这些标准来衡量本单位现行战略的绩效。标杆评估不仅为公共部门的战略评价提供了最佳样板，而且为组织描绘了一幅该从哪些方面进行改进的蓝图。① 当然，由于标杆评估更具有系统性和复杂性，其实施的难度也更大。例如，寻找可以比较的相关单位或程序、收集相关数据信息、分析比较，等等，都需要组织坚持不懈的努力。

（5）成本—效益测量。主要是测量组织实现最终战略目标所花费的成本。这种测量方法有别于一般的效率测量，后者只是衡量单位产出的成本，而前者是衡量成本与结果的关系。例如，公共部门提供的产品或服务只有50％获得顾客的满意评价，那么使用成本—效益测量法得到的数据就只有效率测量结果的一半。因此，成本—效益测量法更能体现公共部门战略实施的真实状况。

7.5　公共部门战略评价的一个实例
——中国反贫困战略的分析

从某种意义上说，在新中国成立后，我国政府即开始了反贫困的历程，但这一时期的

---

① 参见［美］帕特里夏·基利、史蒂文·梅德林、休·麦克布赖德、劳拉·朗迈尔：《公共部门标杆管理：突破政府绩效的瓶颈》，北京，中国人民大学出版社，2002。

反贫困是在总体经济发展水平较低，社会存在普遍贫困的宏观背景下实施的以平均分配加社会经济救济为特征的战略，这种在高度计划经济体制时期的扶贫战略，一方面保障了普遍贫困状态下大多数人的临界生存需要，但另一方面也阻碍了生产力的快速发展，使普遍贫困得以延续化。真正意义上地实施具有针对性的扶贫战略，始于20世纪80年代中期，成型于20世纪90年代中后期。这一战略集中体现在20世纪80年代中期和90年代中后期的具有代表性的三个纲领性文献中：其一是中共中央、国务院于1984年联合发出的《关于帮助贫困地区尽快改变面貌的通知》。该文件明确指出“七五”期间贫困地区的发展目标，即解决大多数贫困地区人民的温饱问题，使贫困地区初步形成依靠自己力量发展商品经济的能力，中国扶贫战略的轮廓初步形成。其二是国务院于1994年3月正式公布实施的《国家八七扶贫攻坚计划》，该计划明确要求集中财力、物力、人力，用7年时间基本解决8 000万贫困人口的温饱问题，并提出具体微观目标。其三是中共中央、国务院于1996年10月颁布的《中共中央国务院关于尽快解决农村贫困人口温饱问题的决定》，该文件进一步完善了扶贫战略，提出通过信贷资金扶持微观扶贫产业的思路，即从1997年开始，“在现有扶贫信贷资金基础上，每年再增加30亿元扶贫贷款，重点支持效益好、能还贷，能带动千家万户脱贫致富的种植业、养殖业、林果业和农产品加工项目”[①]。至此，中国的扶贫战略框架基本形成。

7.5.1 中国反贫困战略的环境分析

反贫困战略的实施使我国人民的生活水平有了大幅度的提高。据资料显示，我国的贫困人口已从1985年的1.25亿下降到2002年的3 300万，下降速度超过了60%[②]，其中农村贫困人口由1994年的8 000万下降到2001年的3 000万以下，大约占农村人口的3%。[③]这样的成绩在全世界贫困规模居高不下，甚至贫困状况恶化的大背景下实属难得。但从另一方面来看，整个社会面貌的改善意味着现行反贫困战略所面临的环境也发生了很大的变化。在反贫困战略实施的20年时间里，我国的国民经济战略“三步走”已走完了第二步，人民生活从总体上看也基本达到了小康水平，这些变化的存在要求我们在评价反贫困战略的时候，必须重新审视其战略基础。概括地说，影响中国现行反贫困战略的环境因素主要有：

1. 全社会的市场化

由计划经济体制向市场经济体制的转变，意味着市场化成为整个国民经济的主要发展趋向。所谓市场化，从微观层次上讲，就是任何一个实现资源配置的行动，从政府与其他经济当事人之间的命令、服从关系转变为平等人之间的自愿交易。对反贫困战略而言，市场化的有利方面在于市场经济促进了生产要素的合理流动，打破了计划体制下的人为封闭状态，在开放的环境中，能够加速落后地区与发达地区物力、财力、人才的相互交流和转

① 赵春艳、叶普万：《中国反贫困战略简评》，载《西南交通大学学报》（社会科学版），2003（3），54页。
② 参见上文，53页。
③ 参见安树伟、崔宏义：《跨世纪中国反贫困战略研究》，载《中国软科学》，1999（7），60页。

移，达到经济发展的相对平衡。但由于市场经济的基本规则之一是竞争，竞争遵循的又是平等和公开的原则，而贫困者长期以来由于自然的、历史的、社会的、体制的各种原因，本来就“先天不足”，因此，他们的利益在“适者生存，优胜劣汰”的市场法则面前必然会受到损害，其拥有的资源、资金、人才在“效益第一”观念的驱动下，很可能会大量地流向发达地区，从而使反贫困工作更加难以推行。

2. “绝对贫困”向“相对贫困”过渡

绝对贫困人口主要包括不发达地区的乡村贫困人口、没有收入来源或收入水平低于现阶段政府最低生活保障线的城镇贫困人口，这些人面临的最大问题是缺乏食物保障；相对贫困人口则是指发达地区的乡村与居住在城镇的部分低收入家庭，其收入能够维持其食物保障，但无法满足在当地条件下被认为是最基本的其他生活需求。① 随着国民经济的持续发展和国民收入水平的提高，绝大多数赤贫人口都可以在不长的时期内脱离贫困，过上温饱水平的生活，但同时，衡量贫困的标准也会持续提高，这是贫困水平刚性发展使然，也是贫困人口分享经济发展成果的具体体现。以美国为例，1998 年采用的贫困线为四口之家收入 16 600 美元，到 2002 年就提高到了 18 244 美元；再以香港为例，1993 年的贫困线为 3 500 港元，1997 年提高到了 5 000 港元，5 年间增长近 43 %。在武汉市，1995 年政府确定的救济线是居民人均月收入低于 120 元，1998 年这一标准提高到 150 元，1999 年又提高到 195 元。这一规律带来的另一规律就是在绝对贫困人口持续减少的同时，一些原来不属于贫困人口的低收入者在收入增长不快的情况下将迅速落入贫困阶层，从而使相对贫困人口规模扩大。这种由“绝对贫困”向“相对贫困”的大规模转移无疑会加重反贫困战略的救济任务。

7.5.2　中国反贫困战略的绩效评价

反贫困战略的实施使我国的贫困问题得到了有效的控制。截至 2000 年年底，全国 667 座城市和 1 638 个有建制镇的县人民政府所在地全部建立了城市居民最低生活保障制度，全国领取最低生活保障金的居民已达 382 万人。2000 年度，各级财政共投入最低生活保障资金 29.6 亿元，保障对象月人均领取保障金 65 元。② 农村方面，中央一向重视对其的扶贫投资：1997 年 150 亿元，1998 年 183 亿元；到了 1999 年，中央扶贫资金的年度额达到了 248 亿元。于是，在 1997 年至 1999 年这三年中，中国每年有 800 万贫困人口解决了温饱问题，达到进入 20 世纪 90 年代以来中国解决农村贫困人口年度最高水平。到 2000 年年底，国家“八七”扶贫攻坚目标基本实现。③ 可见，反贫困战略的确使我国的治贫工作取得了前所未有的成就，开创了前所未有的局面。但在实施过程中出现的偏差也不容忽视④：

① 参见许飞琼：《中国的贫困问题与缓贫对策》，载《中国软科学》，2000（10），18 页。
② 参见高华俊：《城镇反贫困工作的进展和存在的问题》，载《中国民政》，2001（8），20 页。
③ 参见《中国的农村扶贫开发白皮书》，新华网，2001-10-15。
④ 参见赵春艳、叶普万：《中国反贫困战略简评》，载《西南交通大学学报》（社会科学版），2003（3），55 页。

1. 在主体的确定上，过高估计了政府在地区经济增长成果分配中的作用

一是过分倚重政府和行政行为。始于20世纪80年代的扶贫工作“多数是政府行为而不是社会行为”①。各种投资、扶贫拨款等也均由政府划拨，没有发挥市场的作用。二是过分强调了中央政府和地方政府目标的一致性，没有充分考虑到二者之间的目标偏差。特别是当地方政府追求的主要目标和中央政府确定的扶贫战略目标发生抵触或冲突时，中央政府希望主要依靠政府系统来保证地区经济增长的利益主要流向贫困人口的设想可能落空。中国反贫困战略的实施实践表明，发展农业和开展劳务输出是减缓贫困的两个主要途径，但它们对增加地方财政收入的贡献非常小。因而贫困地区的政府在财政赤字的严峻压力下，往往倾向于选择以县办工业、乡镇企业为主要支持对象的区域经济增长战略，结果是中央政府确定的开发式扶贫战略转变为促进区域经济增长的扶贫战略，进而又演化为贫困地区的工业投资战略。② 这种战略导致只有极少一部分扶贫资金流入贫困户，从而使中央政府设定的扶贫战略难以奏效。三是对政府行为和市场行为的冲突重视不够，较多地强调了政府的作用，忽视了市场在资源配置中的主体作用，从而既造成扶贫资源的浪费和不合理使用，又在很大程度上导致银行无法完整有效地参与反贫困战略实施。

2. 在客体的确定上，注重宏观区域贫困，对微观层次的贫困村、贫困户重视不够

毫无疑问，在全国贫困呈现高度集中的地区分布的情况下，贫困县的设立对于政府反贫困战略的实施和扶贫资金的集中使用发挥了重要作用。但是，随着时间的推移，以县为扶贫目标的瞄准机制存在的一些弊端便越来越明显地暴露出来。

其一，是在实施地区优先的扶贫政策时，国家将其用于扶贫的资源重点甚至全部转移至国家确定的贫困地区，容易造成对非贫困地区贫困人口的忽视。即使是所调查的样本贫困县内各乡镇间的经济发展水平和农民收入也存在一定的差异，贫困县的农民并不都是贫困人口。事实上，在国家确定的贫困县当中，平均只有27.8%的农村人口生活在贫困线之下。③

其二，是在中国农村贫困人口比较集中的地区中，有一部分自然条件极其恶劣，从经济学角度看，在这些生产和生存条件极差的地区投资，效率无疑是很低的。即使是作为对瞄准机制偏差校正或补充的小额信贷资金，虽具有精度高、还款率高等区域瞄准机制所无法比拟的优点，但就其本身性质而言，是根本无法满足绝对贫困人口的需求的。这主要是基于两个方面的考虑：一是项目的管理成本过高。小额信贷要进行经常性的小组会议商议，这无论对贫困者还是管理者而言，管理成本都很高。二是目前大多数小额信贷项目瞄准的并不是真正意义上的穷人，而是只能称之为“亚穷人”的一类群体。出于项目成功率的考虑，目前的小额信贷项目在区域选择上往往倾向于选取那些交通比较便利、市场发育程度较好的地区，即使在一些真正落后的贫困地区进行的项目，所选择的“穷人”也并不是最贫穷的群体，而是一些具有其他收入来源，具备还款能力的“亚穷人”。

3. 在方式的运用上，注重物质资本的输入，相对忽视人力资本的开发和塑造

西方国家曾提出以发展理论为指导，通过制定优惠的投资政策，刺激投资者对落后地

---

① 朱玲：《制度安排在扶贫计划实施中的作用》，载《经济研究》，1996（4），64页。

② 参见《世界银行1990年发展报告》，128页，北京，中国财政经济出版社，1990。

③ 参见陈凡：《中国反贫困战略的矛盾分析与重新构建》，载《中国农村经济》，1998（9），17页。

区进行投资开发，以调整生产力的地区布局。在实施这种地区发展战略时，它们经历了一个从重视有形资本投资向重视人力资本投资的转变，即着重于培养创新精神，改造文化环境，通过一定的激励机制，促进物质资本和人力资本的双向流动，以提高资源的配置效率。而我国现行的反贫困战略则以区域开发为主要实现形式，强调的是以当地的自然资源开发为依托，以增加基础设施、改善生产条件为手段，以产业开发为中心，并由外部输入短缺的生产要素（资金、物质），通过发展当地经济来摆脱贫困。从本质上说，它仍是一种以物质资源（主要是自然资源）开发为中心的发展援助形式，注重物质资源的开发利用，相对忽视人力资源的开发和重新配置；注重短缺要素的单向输入，忽视生产要素的双向流动。一般说来，生产要素的流动范围越大，配置效率越高。而我国的区域开发战略是在一个较小的范围内配置生产要素特别是劳动力，这必然会降低配置效率，从更深层次上说，降低了贫困减缓的速度。

此外，在内容上，重视改善供给，贫困地区的内部需求和地区经济的拉动却遭到冷遇；在目标上，重数量，轻质量，一味追求脱贫的数量，而忽视脱贫的质量，不注重对扶贫成果的巩固，返贫率高。

7.5.3　中国反贫困战略的调整

反贫困战略在实施过程中出现的偏差说明了贫困是经济、社会、文化、环境等多种因素综合作用的结果，不存在简单、通用的扶贫蓝图，也不存在一劳永逸的战略规划，充其量，我们目前也只是取得了反贫困战略的阶段性成果。当前，我国的反贫困工作面临着新的势态和新的任务，这就需要我们依据新的原则、目标对现行的反贫困战略进行全方位的战略调整。

1. 制定新原则

（1）理性原则。这是反贫困战略选择的一个基本前提，它包括决策者的理性和贫困者的理性。应该相信贫困者与非贫困者作为人都具有理性。对于贫困的成因，不能解释为是贫困者的想不通，更不能一概解释为他们懒惰和自甘贫穷。决策人应该意识到，如同政治平等一样，贫困者也需要经济上的平等。政治上翻了身，经济上不能翻身，这不仅是一个与经济发展联系在一起的经济问题，还是一个与社会机制联系在一起的政治问题。土地级差造成的贫困，需要包括政府在内的整个社会去援助，而对贫困者的补偿不应带有任何恩赐、怜悯的意味。这是整个社会应尽的义务，是包括决策人在内的整个社会理性思考的必然结果。

（2）上下结合的原则。传统的反贫困战略突出政府的干预作用，突出“扶”的意义，实践证明，这具有很大局限性。由于没有专门传递渠道，利用的是政府的原有部门，这在反贫困计划的实施中常常造成阻碍和歪曲，使反贫困变成了一般意识上的赈济行为。所谓上下结合的原则，就是在政府机构的干预之下，要让受益的贫困者最大限度地参与到贫困地区开发的进程中来，参与的方式可以是要求贫困者及其组成的社区充当开发的发起人、主人公和管理者，对开发项目的选择、设计、执行、监督进行表决，对自身需求、发展机制、制约因素和解决途径作出自我的理解与分析。如果没有自下而上的贫困者的行动和参与，任何反贫困战略都会变成无本之木、无源之水。

（3）以贫困者为中心的原则。任何反贫困战略首先都要解决一个反贫困的主体问题。是以政府机构、专家、志愿者为主体，还是以贫困者为主体？不同的回答将会产生不同的战略思想。如果说“扶”贫要以前者为主体，那么反贫困则要以后者为主体。从这一指导思想出发，我们的一切反贫困工作都要以贫困者为基点来计划和展开；一切反贫困工作都要深入基层，到村、到户；也只有以贫困者为中心，才能最终避免反贫困工作收益外漏的问题，做到“真扶贫，扶真贫”。

（4）间接反贫困与直接反贫困并重的原则。反贫困是一项系统性的社会工程，需要社会各阶层、各部门的合力推动。它既需要资金、人力、技术、设施的直接投入，也需要宣传、信息、政策指导的间接投入。换句话说，反贫困不能只靠力量有限的专门机构来完全承担，它需要动员整个社会参与实施。只重视直接投入，虽然短时间内会在某个地区、某个方面收到效果，但从长远来看，就会产生后劲不足，难以持续发展的症结。如果只重视间接投入，把普遍性的工作当做重点，势必造成反贫困工作难以深入、难以落实的问题。因此，只有间接反贫困与直接反贫困并重，才可以使反贫困工作健康发展。

2. 确立新目标

当前，我国反贫困战略依旧面临着如下一些目标：

（1）提高贫困农民人均收入水平。

（2）保证贫困农民解决吃饭问题，保证其基本食物消费需求，每人每日2 150 大卡。既要提高贫困农民生产粮食的能力，更要通过提高他们的人均收入水平，进而提高他们购买口粮和其他食品的能力。

（3）为贫困农民创造更多的就业机会。国家投资的“以工代赈”、改善农村基础设施条件的项目，应优先安排贫困劳动力；鼓励和帮助贫困农民外出打工，促进农村剩余劳动力转移；打破妨碍劳动力流动的制度性障碍，建立竞争性的劳动力市场；对农民进行各类技术培训和文化教育服务。

（4）为贫困人口提供基本公共服务，扩大他们的发展机会，提高他们的发展能力。这包括：提供基本计划生育服务；提供基本公共卫生服务，制定该服务的国家最低标准，使每个人都能享受基本卫生保健；提供基础教育服务，保证所有的孩子都能获得受教育的权利和机会；提高广播电视人口覆盖率，为贫困地区提供更为方便的通信服务；为贫困地区提供供水、供电的基础条件。

（5）实现生态环境建设与基础设施目标。这包括：在缺水地区发展节水农业；兴修水利设施建设；进行农田水利建设；植树造林；兴修农村道路和桥梁；兴修农村电网和自来水网；治理水土流失；对大于25度的坡地退耕还林还草；政府采取“以工代赈”的形式支付农民劳务。

上述目标的实现要求政府制定一个综合性的反贫困战略框架，从多方面来综合解决贫困问题，从而保证国家宏观经济的稳定发展。

3. 采取新措施

（1）重组战略实施主体，实现由政府主导一元化向政府、企业和非政府组织多元化的格局转化。动态调整扶贫客体，使扶贫政策更加微观化，实现扶贫目标从贫困地区向贫困村进而向最贫困人口转化，提高瞄准的精确度。

(2) 加大对人力资本的投资力度，提高贫困人口的人力资本水平，尤其要克服“个人由于外部性、厌恶风险和目光短浅而对自己的教育投资不足”的缺陷。① 通过政府的义务教育等多种方式，提高贫困人口的素质，彻底解决能力贫困和精神贫困。②

(3) 规范政策，克服扶贫实践中的工业投资倾向，将扶贫资源投向投资少、见效快、市场前景广阔的种植业、养殖业等农业产业上。同时，在宏观上通过政策倾斜，诱导发达地区的投资者将资金、技术、人才以嫁接的方式向贫困地区转移，鼓励各种社会组织帮助贫困群体。

(4) 拓宽视野，进行异地开发。将那些资源贫乏、自然条件恶劣甚至不具备人类生存最起码条件的地区的贫困人口进行迁移，进行异地开发。

(5) 加大投资力度，加强资金管理。据我国典型调查测算，解决一个贫困人口脱贫的最少临界投资是 1 500 元，国际标准是 4 000～5 000 元③，所以资金投入不足也是制约扶贫的一个重要因素。国家应根据 GDP 的增长速度，加大资金的投入力度，使其占到 GDP 的一定比例，同时加强对扶贫资金的管理，杜绝扶贫资金的分散使用和偏离扶贫轨道。

总之，战略评价是当代公共部门战略管理研究的一个重要主题，由于部门特性、实施环境、影响因素等诸多条件的不同，各部门在进行实际的战略评价活动时可能会有所不同，但检查战略基础、考核组织绩效、采取纠正措施这三个基本的环节不会也不应该缺失，从这一点来看，中国反贫困战略的评价分析无疑为公共部门战略评价的框架设计提供了一个有益的尝试。因此，唯有从公共性的前提出发，将私人部门发展起来并使用的战略评价方法和模式与公共背景的特殊性相结合，公共部门才能真正实现从传统范式向新公共管理范式的转变。

本章小结 »

本章探讨公共部门战略评价的特征，描述战略评价的过程和方法，并以中国反贫困战略为例进行实证分析。笔者旨在通过阐述公共部门战略评价的特征、过程和面临的困境及解决思路，为公共部门战略评价运作框架的设计提供参考思路。

1. 公共部门战略评价的基本内涵。涉及公共部门战略评价的概念界定、公共部门战略评价的基本标准、公共部门战略评价重要性的分析、公共部门战略评价与私人部门战略评价的不同之处。

2. 公共部门战略评价的过程。公共部门的战略评价是一种有计划、按步骤进行的活动。虽然具体的评价活动各有侧重，但一般都包括检查战略基础、考核组织绩效、采取纠正措施这三个环节。

3. 公共部门战略评价方法。主要有前后比较法、专家评分法、模糊评估法、效益成

---

① 参见［英］V. N. 巴拉舒伯拉曼雅姆、桑加亚·拉尔主编：《发展经济学前沿问题》，155 页，北京，中国税务出版社；北京腾图电子出版社，2000。

② Sen Amartya，*Commodities and Capacities*，Amsterdam：North-Holland，1985，p. 56.

③ 参见艾路明：《小额贷款与缓解贫困》，88 页，北京，经济科学出版社，2000。

本法以及自评法。

4. 公共部门战略评价的改进。在全面介绍公共部门战略评价的过程及困境的基础之上，从评价主体、评价标准、评价维度和评价工具四个方面提出改善公共部门战略评价的思路。

5. 案例分析。以中国反贫困战略为例，将公共部门战略评价的过程分析运用到实践中，旨在把握公共部门战略评价的实际运作成效，并为其他部门开展战略评价活动提供借鉴。

关键术语

公共部门的战略评价：依据一定的标准和程序，对战略实施的效益、效率、效果及价值进行判断的一种行政行为，它以系统地、科学地、全面地搜集、整理、处理和分析公共部门战略实施的相关信息为基础，目的在于促进公共部门的战略变革，提高公共部门的战略管理水平。

目标一致性：指的是在评价系统中，在战略目标内部以及战略目标与评价标准、评价目的三者之间取得一致。

雷纳评审：开始于1979年撒切尔夫人上台之后，它以经济和效率为重点，以"解决问题为导向"，旨在通过问题诊断的方式找出导致政府效率不佳的各种因素，从而降低公共部门的运营成本。其步骤主要包括：选择评审对象，对现有活动提出质疑，推动争论或辩论，达成共识以及改革措施的实施。

专家评分法：组织专家审定各项关于战略实施的记录，通过量化战略实施的结果，鉴定战略实施的成效的评价方法。

自评法：战略执行者自行对战略的影响和实现预期目标的进展情况进行评价的方法。

案　例

国家自然科学基金项目后期管理的绩效评估

国家自然科学基金的设立为促进我国的科学研究，特别是基础研究和应用基础研究的发展，起了决定性的作用。10年来，随着我国科学基金事业的不断发展，科学基金的管理办法也日趋完善，国家基金委员会新近制定、修订的一系列管理办法，预示着我国科学基金的管理更加规范化、制度化和法制化，保证了科学基金制的健康发展。广大科学基金管理工作者，在不断探索、改进和完善科学基金管理办法的同时，又提出了开展科学基金绩效评估的管理新课题。现结合我院国家自然科学基金管理工作的实践，谈谈国家自然科学基金项目（以下简称基金项目）后期管理绩效评估的一些想法和做法。

一、基金项目后期管理绩效评估的内容

1. 基金项目后期管理内容

基金项目后期管理的绩效评估内容是由后期管理内容所决定的。根据基金项目不同阶段的管理，可将其划分为：期前管理、前期管理、后期管理、期后管理四个阶段（如下图所示）。

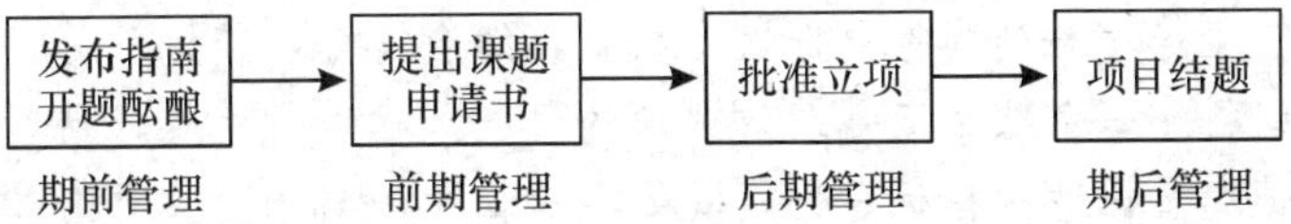

从图中可以看出，从批准立项到项目结题过程中的管理称为科学基金项目的后期管理，根据《国家自然科学基金面上资助项目管理办法》的规定，后期管理的具体内容应包括：(1) 项目研究计划管理；(2) 项目年度进展报告管理；(3) 项目总结报告管理；(4) 项目管理工作年度报告管理；(5) 基金资助项目实施中的执行情况、学术交流、阶段成果、人才培养、经费使用、存在问题等情况的检查、协调管理。

2. 基金项目后期管理绩效评估内容

根据科学基金项目后期管理的内容，基金项目后期管理绩效评估的内容应包括：(1) 基金项目研究计划的绩效评估；(2) 年度进展的绩效评估；(3) 研究总结报告的绩效评估。绩效评估工作可分别由国家自然科学基金委员会和基金项目承担单位完成。

3. 基金项目承担单位开展项目绩效评估的重点

基金项目承担单位开展项目绩效评估的目的，在于鼓励基金项目研究人员出创新性的研究成果和高层次的人才，督促项目承担单位和主持人遵守国家基金委的各项管理规定，对发现的问题及时进行整改和协调，使基金项目的后期管理更加科学化、制度化、动态化和定量化。因此，项目承担单位在开展绩效评估时应将其重点放在项目的年度进展、总结报告和最终成果的绩效评估上。尤其是对项目研究人员的素质、数量，取得基础数据量（特别是野外地质资料）的可靠性和科学性，研究成果的创新性，项目年度目标和最终目标的实现程度，研究成果的发表、出版、被引用及影响性，各项管理规章制度的遵守情况等评估内容给予特别重视。

二、基金项目绩效评估方法

1. 定性绩效评估法

鉴于科学基金项目的研究过程、研究成果的不确定性，目前开展基金项目绩效评估仍主要采用定性绩效评估。定性绩效评估的关键是依靠同行评议。同行评议是我国科学基金制的核心，同行评议意见在科学基金的前期管理中起着至关重要的作用，而在项目后期管理中所起的作用却甚微。应该让同行评议这一有效的基金管理措施在项目的后期管理，特别是在绩效评估工作中发挥更重要的作用。但鉴于目前基金项目承担单位项目管理现状和条件，在开展基金项目绩效评估时可采取同行专家评议与基金管理专家评议相结合的方式。

2. 定量绩效评估

为使基金项目绩效评估更加科学化、现代化、定量化，建立一套科学、合理、实用的科学基金项目绩效评估指标体系是十分必要的。然而，有鉴于基金项目绩效评估所涉及的评估指标繁杂、权重各异、量化难度大等特点，建立一套科学、合理、系统、完善的基金项目绩效评估指标体系是十分困难的，这需要较长时间的努力才能实现。在实际管理工作中可以采取循序渐进的方式建立项目绩效评估指标体系。采取先简单、后复杂，先重点、后全面，先半定量、后定量，先试点检验、后全面推广的程序建立绩效评估的指标体系。对基金项目所涉及的诸如论文发表、检索率、引用率、专著出版、专利申请、人才培养、获奖情况、成果转化等一系列指标分别设定权重，综合评分，统计计算，得出项目的定量评估得分，以达到科学基金项目定量绩效评估的目的。在进行定量评估时，要处理好两个方面的问题：一是定量评估的指标评判，既要有“量”的概念，又要有“质”的概念；二是定量评估必须与定性评估相结合。

资料来源：《地质科技管理》，1998（4），21～24页。

思考题

1. 什么是公共部门的战略评价？
2. 公共部门战略评价有哪些基本标准？
3. 简述公共部门战略评价的作用。
4. 简述公共部门战略评价过程的基本环节。
5. 公共部门战略评价面临哪些困难？
6. 联系实际谈谈如何改善公共部门的战略评价。
7. 前述案例中，国家自然科学基金项目后期管理在进行绩效评价时运用了哪些评价方法？

阅读书目

1. ［美］保罗·C·纳特，罗伯特·W·巴可夫．公共和第三部门组织的战略管理．北京：中国人民大学出版社，2001
2. ［美］帕特里夏·基利，史蒂文·梅德林，休·麦克布赖德，劳拉·朗迈尔．公共部门标杆管理：突破政府绩效的瓶颈．北京：中国人民大学出版社，2002
3. 金占明编著．战略管理——超竞争环境下的选择．北京：清华大学出版社，1999
4. 杨锡怀．企业战略管理：理论与案例．北京：高等教育出版社，1999
5. ［美］弗雷德·R·戴维．战略管理．第6版．北京：经济科学出版社，1998
6. 孙海鸣，刘乃全．企业战略高级教程．上海：上海人民出版社，2002
7. 邵一明，蔡启明，刘松先编著．企业战略管理．上海：立信会计出版社，2002

第8章

公共部门战略变革

本章要点

- 战略变革的理论基础
- 战略变革的方式
- 战略变革的原则
- 战略变革意愿的确认
- 战略变革的力场分析
- 战略变革管理机构的特点
- 战略变革的方案规划
- 持续变革的战略管理
- 组织发展的干预手段

我们生活在一个变革的时代，而且“变革的幅度、速度、不可预测性比以往任何时候都更加剧烈”①。变革的冲击波已经蔓延到各个领域：政治、经济、文化、教育、科技……任何组织必然进行战略变革，“因为组织是一个不断与其环境发生作用的开放系统”②。公共部门作为公共性、行政性、政治性组织机构，只有通过战略变革，才能应对动荡的环境的挑战，才能重振机构能力，才能提高行政管理水平。了解和掌握公共部门战略变革理念、方法、技巧，对于每一个公共管理者来说都具有十分重要的意义。

8.1 公共部门战略变革概述

公共部门是一个开放的系统，不断与环境发生物质、信息和能量交换。这就要求公共

① ［英］伯恩斯：《变革时代的管理》，256页，昆明，云南大学出版社，2001。

② ［美］卡斯特、罗森茨韦克：《组织与管理》，660页，北京，中国社会科学出版社，1985。

部门以战略变革求发展，从而实现与环境之间的良性互动。战略变革既是对公共部门外部环境的机会和威胁的反应，也是对公共部门内部优势和劣势的反应。公共部门战略变革是指公共部门在战略管理过程中，根据内部环境和外部环境的变化判断变革的需要，调整组织战略，优化战略管理过程，变革组织结构、组织文化、管理行为和管理技术等方面，从而实现战略目标的过程。

8.1.1 公共部门战略变革的理论基础与框架

战略变革是组织生存和发展的重要手段。组织只有通过战略变革才能适应环境变化的需要，才能保持自身的稳定性、适应性、革新性和持续性。公共部门战略变革吸收了组织战略变革理论的合理内核，并结合公共部门特质，形成了自身的理论框架。

1. 公共部门战略变革理论基础

当代社会科学发展的一个重要趋势就是跨学科研究的兴起。任何模型或理论框架的建构都需要对相关领域的知识进行整理、分析、借鉴和利用。公共部门战略变革以组织战略变革理论为基础，并对其加以发展。组织战略变革主要有以下几种模型：

（1）计划变革模型。该模型发端于勒温的“解冻—变革—再冻结”三步模型。按照勒温的说法，成功的变革需要经历三个阶段：解冻现状；变革以达到新的状态；将新的状态重新冻结，使之持久。这种模型被许多学者加以发展和深化。布洛克和巴腾在综合 30 多个计划变革模型之后，提出四阶段模型。一是探索阶段。在这一阶段，组织必须探索并决定是否变革，是否为变革调配资源。这就要求判断变革的需要，寻求外部顾问的支持。二是规划阶段。要求进行组织诊断，确立变革目标，设计行动方案，鼓动主要的决策者同意并支持有计划的变革。三是行动阶段。要求组织实施变革过程并争取获得支持，然后评估行动并反馈结果。四是整合阶段。要求采取积极措施来巩固和加强变革，如利用奖励和反馈系统来强化新的行为。总的来说，计划变革模型把变革当做一个持续性、重复性、周期性的过程，并将管理者、员工和外部顾问结合起来以提高组织绩效。

（2）干预战略模型。干预战略模型由迈克尔曼和帕顿提出，它“以结构化的方式，采用系统化的步骤，处理对变革状况的分析和执行”[①]。该模型包含三个阶段。一是定义阶段。要求对变革状况进行认真分类和研究，具体涉及问题或系统分类、阐述成功的标准、识别绩效指标。二是评估阶段。该阶段旨在形成并评估战略变革备选方案，具体涉及提出并确定备选方案、精选评估技术、方案编撰、方案评估、方案决策。三是执行阶段。该阶段旨在成功地实施既定的战略变革方案，具体涉及执行战略、巩固战略变革成果。

（3）紧急变革模型。该模型把变革当做一个永无止境的、连续的、不可预测的政治过程，组织只有通过变革才能适应环境的变化。该模型强调组织结构、组织文化、组织学习、管理行为、权力和政治。佩蒂格鲁和威普提出的紧急战略变革模型包含五个因素：环境评估、领导变革、战略性变革和操作性变革的融合、作为资产或负债的人力资源、目标的内在连续性。哈佛大学商学院教授科特则提出成功进行组织变革的几大步骤：创造变革的气

① ［英］维吉·吉尔斯：《运营与变革管理》，27 页，昆明，云南大学出版社，2002。

氛，建立联合委员会，构建远景和战略，将战略变革远景传达给组织中的每一个人，组织授权，获得短期收益，巩固变革成果并实施新的变革，把变革方法扎根于组织文化之中。

(4) 选择管理—变革管理模型。这是由伯恩斯（Bernard Burnes）提出的模型。伯恩斯认为，管理者有自己的选择，而其选择的范围和性质受组织外部因素与内部特征影响，管理者通过实施管理行为可以改变选择约束。组织变革是选择过程、投射过程、变革过程的产物。选择过程与组织决策的性质、范围和重点相关，涉及三个基本要素：组织情景、选择重点、投射轨道；投射过程与组织的过去以及将来的战略方向有关，涉及三个要素：远景、战略和变革；变革过程与变革的方法、成功变革的机制、变革结果相关，涉及三个要素：目标和结果、计划变革、人。总的说来，这种模型包含并突破了计划变革方法和紧急变革方法。

2. 公共部门战略变革理论框架

借鉴组织战略变革理论，我们可以构建公共部门战略变革理论框架。公共部门战略变革大体可以分为三个阶段：准备阶段、判断战略变革的需要阶段和实施战略变革管理阶段（如图 8—1 所示）。

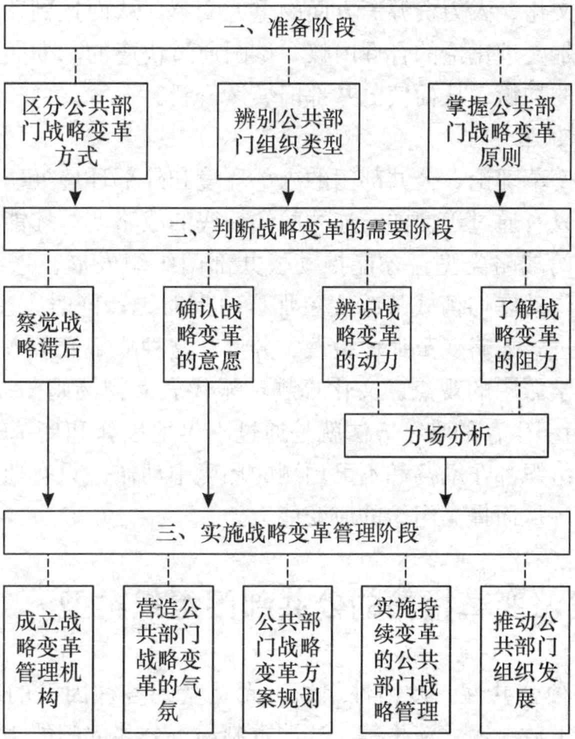

图 8—1 公共部门战略变革理论框架

8.1.2 公共部门战略变革的方式

公共部门战略变革是公共部门战略管理的重要内容，也是优化公共部门战略规划、战略实施和战略评估的客观要求。按照公共部门战略变革的频率、幅度、连续性，并借鉴组织战略变革理论，我们可以将公共部门战略变革分为三种方式：渐进式战略变革、动态均衡式战略变革和连续式战略变革。

1. 渐进式战略变革

渐进式战略变革方式将公共部门战略变革当做一个渐进的过程，即公共部门各组成部分在一定时期内以渐进或分离的方式处理战略议题、实施战略变革管理，从而实现战略目标，提高公共部门绩效。公共管理者在较长时间内以渐进的方式对内部环境和外部环境的压力作出反应，无疑有助于确保公共部门战略变革稳步、有序地进行。渐进式战略变革理论起源于林布隆、奎因、佩蒂格鲁等人的观点。奎因认为："战略变革最好被看作是通过一种连续发展和一致认同的方法，带着目的地使组织发展。"① 佩蒂格鲁则认为："被接受的格言也就是变革将通过连续、有限和渐进的转变而完成。"②

2. 动态均衡式战略变革

根据动态均衡式战略变革理论，公共部门在较长时期内处于稳定和发展的均衡状态。公共部门的发展按固有模式进行，并不断采取战略变革活动，以增强公共部门的活力。在突变时期，公共部门改变既定的活动模式和行动规则，调整战略，实现管理行为、管理技术、组织结构、组织文化、人力资源等方面的重大变革，从而达到一种新的状态。这种战略变革方式吸收了达尔文进化论的合理内核，试图通过快速的、彻底的战略变革不断打破原有均衡，并促成新的均衡，从而使公共部门焕然一新。

3. 连续式战略变革

依照连续式战略变革理论，公共部门的内部环境和外部环境处于快速的、剧烈的、不可预测的变化之中，只有通过迅捷的、连续的和彻底的战略变革才能应对环境的挑战，才能匹配环境和公共部门战略类型，才能推动公共部门组织发展。连续式战略变革是普遍的、经常的现象，不像动态均衡式战略变革那样时有时无；同时，连续式变革是快速的、连续的过程，不像渐进式战略变革那样缓慢、分离。这种战略变革方式吸收了"文化卓越学派"和"混乱理论学派"的观点。文化卓越学派代表人物汤姆·彼得斯在《创新循环》一书中指出："任何组织生存的唯一方法就是通过不停地创新和变革来重塑自身。"③ 混乱理论学派则假定所有组织都在动荡和不可预测的环境中动作，只有通过刺激连续的内在混乱才能应付外在混乱，从而提高组织的应变能力。

8.1.3 与战略变革相关的公共部门组织类型

公共部门作为一种公共性、政治性组织，无疑受到各种因素的影响：法律和法规限制、预算削减、责权下放、人才流失等。这严重制约了公共部门能力的提高，影响了公共部门对环境的反应的灵敏度。当公共部门组织的能力低下时，组织会形成一种惰性，安于现状，忽视社会公众需求的变化，导致行政管理效率低下。当公共部门受到突发事件冲击时，其外部控制力很低，导致公共部门不能迅速应对外部环境的变化，不能满足社会公众

①② 转引自［英］伯恩斯：《变革时代的管理》，339 页。

③ 转引自上书，129 页。

日益多样化的要求。公共部门战略变革旨在提高公共部门对环境的回应能力，加强外部控制力，进而提高公共部门绩效。根据组织对战略变革的回应度，我们可以把公共部门组织分为两种类型：一是排斥变革的组织，包括专业组织和政治组织；二是容易接受变革的组织，包括受挫组织和主动组织。

1. 排斥变革的组织

如图 8—2 所示，当公共部门内部能力和外部控制严重不平衡时，便出现稳定的组织——专业组织和政治组织。这两种组织缺乏战略变革动机，因此，它们排斥战略变革。由于公共部门的内部能力和外部控制力都不占支配地位，所以，组织致力于维持现有的能力或控制水平，而不是靠增强内部能力来进行有效的控制。

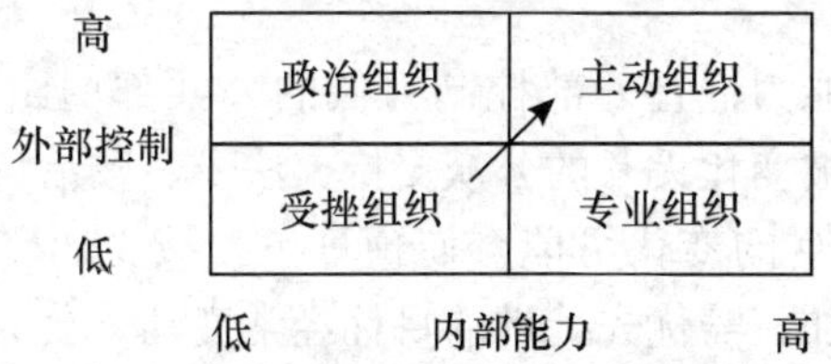

图 8—2　公共部门组织类型

资料来源：［美］保罗·C·纳特、罗伯特·W·巴可夫：《公共和第三部门组织的战略管理》，93 页。

(1) 专业组织。专业组织具有较高的内部能力，其行动由内在专业价值观引导。由于用于规范和引导组织活动并促使其承担责任的政治、经济、法律和行政等方面的监督机制不健全，所以这类组织所受到的外部控制程度比较低。这类组织往往能够成功地保证自己的预算和资源基础，并享有一定的特权（如美国里根政府的国防部就属于专业组织）。实行自我管理的公共服务组织也可以成为专业组织（如社区管理机构、大学行政机构等）。这些组织由职业精英控制，战略变革往往难以顺利实施。专业组织经常忽略利益相关者的偏好、改革派的政治议程、社会公众需求、立法机关和司法机关的命令等。由于缺乏战略变革的动机，所以专业组织通常采取流浪者战略：组织外部环境稳定，公共管理者习惯于做表面文章，敷衍塞责，无所事事。这种战略旨在维持公共部门组织的内部能力。然而，一旦其内部能力受到严重削弱，流浪者战略便难以维持。这时，需要对公共部门组织进行重新定位，以维持公共部门的竞争力。这时，官僚制战略应运而生。由于组织处于平静的环境中，且顾客的需求非常明确，所以官僚制战略要求组织按着既定的工作流程和服务标准对特定的顾客需求作出反应，并通过预算最大化等手段来维护工作规则和流程标准。总体说来，要在专业组织中实施战略变革比较困难，除非组织内部能力下降或外部控制加强。这样，专业组织才有可能沿图 8—2 中的对角线方向向上移动，从而使战略变革成为可能。

(2) 政治组织。外部控制力高而内部能力低的组织可被称为政治组织，这类组织往往依照立法机关的授权或法律法规的规定而在某一特定领域单独享有行动权力。政治组织以“政治”为导向，注重社会关系网络的培养和维护，并以此来削弱外部监控力量。当组织新领导人上台或利益相关者权力变更时，政治组织必须采取应对措施，以增强组织的内部能力，提供更优质的公共服务。一般说来，外部控制以及环境的变化会加深组织对内部能力不足的认识，增加组织实行战略管理的愿望和需要，从而促使政治组织采取行动以提高组织能力，并适当减少外部控制。在图 8—2 中，政治组织需要沿对角线方向向上移动。

2. 容易接受变革的组织

当公共部门内部能力和外部控制力达到平衡时，组织环境便处于稳定状态，容易接受战略变革。因为内部能力和外部控制力的平衡会使人们怀疑组织的发展能否带来预期结果，这种怀疑可能起源于多种因素的变化：外部利益相关者的偏好变化，政治议程的变化，公众支持的弱化，预算突然削减，内部意见冲突和领导者变更等。主张实施战略变革的内部压力和外部压力减弱了政治因素以及职业行为的阻碍，从而使战略变革更加切实可行。

（1）受挫组织。内部能力低且外部控制力低的公共部门组织机构可被称为“受挫组织”。“这类组织机构经常被变化无常的公众支持、法令、政治议程以及委托人或赞助人的偏好所左右。”[①] 比如，法令的变化可能会使预算拨款减少，资源配置制约因素增加。这无疑导致组织不确定性增加，需优先处理的目标经常变动，公共管理者无所适从，产生一种受挫的感觉，进而对工作厌烦，久而久之，可能造成人才流失和资源浪费。受挫组织对环境变化的反应比较灵敏。当组织内外环境中出现新情况、新问题的时候，可以采取“共生者战略”，以增加组织对环境的控制能力以及组织自身的行动能力。组织能力的增加会使公共管理者更加满意现有工作，增强工作积极性、主动性和创造性，并对战略变革产生浓厚兴趣。共生者战略的实施大大增强了受挫组织的能力。该战略是所有公共部门战略中最主动的类型，它要求公共部门组织之间相互合作，并建立协会之类的统一机构，合并那些指令和使命交叉重复的组织，协调各自利益。

（2）主动组织。内部能力高和外部控制力高、公共责任意识强的公共部门组织可以称为主动组织。这种组织时刻关注环境的变化，及时了解和掌握公众及团体的需求利益，从而调整自己的战略，推动组织变革。这类组织通常采取妥协者战略或共生者战略。就妥协者战略而言，由于公共部门组织需要应付动荡环境中的多个局部领域，而每一局部领域都有一些重要的利益相关者，这就要求组织根据一定规则来选择顾客，以满足社会公众的需要和实现组织与环境之间的动态平衡；同时，有必要将各局部需要和组织的回应措施相匹配。组织积极关注发生变动的局部领域的强烈信号，这无疑有助于促使战略变革长期奏效。由于公共部门组织处于动荡的环境中，所以有必要迅速关注紧急需要，并通过重新配置资源、调适战略来满足这些需要。如果新需要以更快的速度出现，妨碍资源优化配置，则只有采取共生者战略才能提高公共服务水平，更好地满足这些需要。共生者战略能兼顾利益相关者的需要，提高公共部门的行动能力。如果某环保局希望通过战略变革来建构一个更加主动的、能迅速提供回应性服务的公共组织，则有必要采取共生者战略，吸收一些利益相关者来共同处理环境保护问题——野生动物保护、环境污染治理、防治沙漠化、禁止随意捕捞等。

---

① ［美］保罗·C·纳特、罗伯特·W·巴可夫：《公共和第三部门组织的战略管理》，95 页。

8.1.4 公共部门战略变革的原则

公共部门战略变革贯穿于公共部门战略管理全过程，并影响到公共部门绩效水平。战略变革的成功与否离不开变革的原则的指导。科学、合理、恰当的变革原则为战略变革指明了正确的方向，有助于推动战略变革进程，提高战略变革的成效，从而提高公共部门的行政管理水平。

一般而言，公共部门战略变革遵循以下几条原则：

1. 辨析组织对战略变革的敏感性

当代社会到处充斥着不确定性，在政治生活领域中尤其如此。正如达尔所说：“在可以预见的未来，关于政治生活的唯一的确定性或许就是它的不确定性。”① 由于公共部门本身是一个开放的系统，公共部门组织势必面临着许多不确定性因素的冲击，而不确定性本身孕育着变革的机会。公共部门组织只有通过战略变革才能应对不确定的环境的挑战，并增强自身活动能力。然而，如前所述，不同的公共部门组织对战略变革的敏感性迥然不同。政治组织和专业组织缺乏变革的动力，当公共部门内部能力受损或公共责任增加的时候，这些组织往往会受到剧烈的冲击，只有促使二者向主动组织转型，才能推动战略变革。受挫组织由于外部控制力低、内部能力低，所以容易接受战略变革，并通过变革来提高自身能力，巩固外部控制。主动组织对战略变革的反应最灵敏，它能迅速根据环境的变化调整自身战略，并吸收利益相关者参与战略变革过程。总的说来，要识别组织对变革的敏感性，要求公共管理者具备高超的战略思维能力，以辨析公共部门组织类型，判断战略变革的需要，从而了解和把握每一个战略变革机会。

2. 注重战略议题

战略议题作为公共部门组织内部和外部出现的事件或趋势，在公共部门战略变革中扮演着十分重要的角色，因为“这些趋势或事件极大地影响了组织达到其理想未来的能力”②。战略议题为战略回应方式划定了范围，有助于明确战略变革的方向。在战略管理实践中，战略议题实际上就是两种“新情况”之间的张力，它反映了公共部门组织内部或组织之间的矛盾和冲突。如果公共管理者采取灵活和开放的反应方式，他们就能透过新情况去识别潜在的战略变革机会，推动公共部门战略变革顺利进行；如果公共管理者将视角投向公共部门内部，并采取灵活的回应方式，则可以加大人力资源开发力度，实施战略性人力资源管理。战略议题可用来探寻战略回应方式，但那些没有反映重要趋势和事件的议题往往会误导这种探寻。这就要求人们审慎分析战略议题所涉及的趋势或事件，避免其误导作用。这可从以下两点入手：一是对比突发事件的发展和其他事件的发展，以建构恰当的议题张力；二是用一般的张力对议题张力进行归类以确保包容力，这些一般的张力包括生产力—公平张力、生产力—转变张力、生产力—保存张力、公正—转变张力、公正—保存张力、转变—保存张力。

① [美] 罗伯特·A·达尔：《现代政治分析》，13 页，上海，上海译文出版社，1982。

② [美] 保罗·C·纳特、罗伯特·W·巴可夫：《公共和第三部门组织的战略管理》，99 页。

3. 认识战略变革的意图

公共部门战略变革旨在实现公共部门的愿景，匹配环境与公共部门战略类型，重构并优化公共部门战略管理过程，推动公共部门组织发展。这样，才能使公共部门适应外部环境和内部环境的变化，提高公共服务和公共产品的质量，进而提高公共部门绩效。在战略变革过程中，各种趋势和事件，导致战略议题产生的公共部门外部机会和威胁、内部优势和劣势，为应付议题张力而采取的战略变革行动，战略变革的动力和阻力等因素，都是公共部门在实现远景目标的过程中必须考虑到的因素。

4. 鼓励人们参与战略变革

虽然有些公共部门的战略变革方案是短期的，并容易取得成功，但大部分成功的变革是“一个很复杂而长期的任务”①。公共部门处于复杂多变的动态环境中，所以公共部门战略变革将面临许多困难。为了应对这些困难，确保战略变革成功，有必要使将会受到战略变革影响的人员参与公共部门战略变革。这就需要在战略变革领导机构与普通公共管理者、利益相关者和社会公众之间建立畅通的沟通渠道，使他们了解战略变革方案、过程和结果，及时了解并满足他们对战略变革的要求和期望，提高他们的参与意识和责任意识。

8.2 判断战略变革的需要

公共部门战略管理并不是一劳永逸的。由于公共部门处于瞬息万变的动态环境中，环境的变化势必对其提出新的期望和要求。公共部门只有通过实行持续的战略变革，才能适应新情况、解决新问题。这就要求公共管理者保持清醒的头脑，随时关注变动的环境，进行深入细致的战略性思考，从而准确地判断战略变革的需要。

8.2.1 察觉战略滞后

众所周知，适应性是公共部门战略变革的重要特征。公共部门只有经过审慎的SWOT分析并采取与环境相匹配的战略类型，才能取得良好的变革绩效，提高公共部门行政管理水平。随着环境的变化和人们对公共部门期望值的提高，公共部门可能出现战略滞后。战略滞后的主要迹象有：

1. 高度一致的组织文化和范式②

高度一致的组织文化和范式具体表现在：公共管理者的信仰、价值观、理想和思维方式等几乎雷同，其行为方式与既定的日常惯例相差无几；公共部门组织传统根深蒂固；公共管理者因循守旧，不愿意接受挑战，对环境变化无所适从；公共管理者偏好原有管理模

① ［英］伯恩斯：《变革时代的管理》，643页。

② 参见［英］格里·约翰逊、凯万·斯科尔斯：《公司战略教程》，251页。

式，排斥新的管理理念、管理方法和管理手段。

2. 公共部门环境中出现“新情况”

“新情况是引发战略议题的诱因”①。在战略管理过程中，当重大趋势和事件引发新情况时，公共管理者必须对各种新情况进行归纳整理，然后将其与其他新情况相匹配，以构建合理的议题张力框架，探求新的战略。总的说来，当出现重大的新情况时，原有公共部门战略明显滞后，战略变革在所难免。

3. 环境与战略不匹配

实现环境和公共部门战略类型相匹配，这是公共部门战略变革的重要内容。公共部门环境的类型有骚动的环境、平静的环境、动荡的环境和局部平静的环境，分别对应支配战略和指导者战略、流浪者战略和官僚战略、共生者战略和妥协者战略、适应者战略和造势者战略。

8.2.2 确认战略变革的意愿

公共部门战略变革意味着要改变现状态：调整战略，变革组织结构、组织文化、组织任务和技术、管理行为等。公共部门战略变革本身带有明显的不确定性，并影响到公共管理者的切身利益，公共管理者接受战略变革的意愿也各不相同。确认公共管理者接受战略变革的意愿有助于推动战略变革的顺利实施。

如图8—3所示，评估公共管理者接受战略变革的指标主要有两个：一是公共管理者对目前情况的不满程度；二是公共管理者所觉察到的变革的个人风险。这就形成了四种组合：

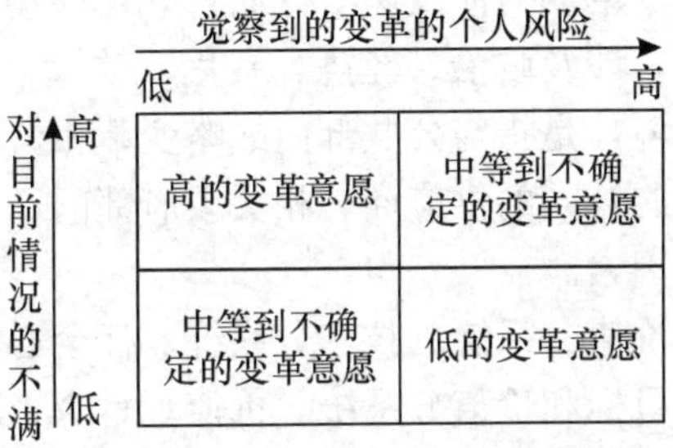

图8—3　公共管理者的战略变革意愿

资料来源：Y. Zeira and J. Avedisian，“Organizational Planned Change：Assessing the Changes for Success”，*Organizational Dynamics*，Spring 1989，37。

（1）当公共管理者对目前情况很不满意而他所觉察到的战略变革所带来的个人风险很低时，公共管理者接受战略变革的意愿就高。因为公共管理者对现状极度不满，经过充分地权衡利弊得失之后，他们希望通过战略变革来改变现状，获得更多的利益。

（2）当公共管理者对目前情况很不满意而觉察到的个人风险较高时，公共管理者接受战略变革的意愿可能保持中等水平，也可能不确定。因为过高的个人风险往往使公共管理

① ［美］保罗·C·纳特、罗伯特·W·巴可夫：《公共和第三部门组织的战略管理》，100页。

者患得患失、无所适从，害怕变革给自己造成过多的损失。这样，他们往往只愿意接受渐进的、小规模的战略变革。

（3）当公共管理者对目前情况的不满程度较低而觉察到的个人风险也低时，公共管理者也会保持中等到不确定的变革意愿。这时，公共管理者一方面安于现状，另一方面希望通过略微的战略变革来稍微改革公共部门，提高公共部门绩效水平。

（4）当公共管理者对目前情况的不满水平低而觉察到的个人风险较高时，公共管理者接受战略变革的意愿就低。公共部门面临动荡的环境，战略变革会给公共部门带来巨大的冲击，影响公共管理者的切身利益。所以公共管理者虽然对现状不满，但他们并不希望通过战略变革来改变现状，他们害怕会带来适得其反的后果。

公共管理者对战略变革成果的期望也是衡量其变革意愿的重要指标。“期望在行为中扮演着至关重要的角色。”① 如果公共管理者预期战略变革能带来有利于自己的成果，则他们会致力于促进战略变革，并积极参与到战略变革过程中去。当然，期望本身必然有一定的限度。如果公共管理者预期的战略变革的效果严重脱离实际，往往会误导公共管理者的个人行为，影响公共部门战略变革的绩效。因此，理想的情况是：“对变革的期望应该是积极的和现实的。”②

8.2.3 辨识公共部门战略变革的动力

公共部门战略变革的动力是指有助于公共部门战略变革的环境因素。按照罗森茨韦克和卡斯特的观点，“组织是范围更广的超系统的分系统，即环境的分系统”③。因此，组织变革的动力来自环境超系统和组织分系统。

环境超系统方面的战略变革动力涉及两个方面：一是社会一般环境，它影响某一特定社会的一切组织的战略变革，涉及政治、经济、文化、教育、科技、法制、人口、自然资源等因素；二是工作具体环境，是指与公共部门战略变革相关联的具体力量，涉及公共部门服务对象、与政府签订采购合同的供应商、相关政府部门、社会大众对公共部门的政治态度、行政体制改革力度等因素。

组织分系统包括目标和价值分系统、技术分系统、社会心理分系统、管理分系统、结构分系统五个分系统。（1）目标和价值分系统。价值观是个人对好的和所期望的事物所持的标准观念，它反映了人们对向往的目标和对人的行为规范所抱的一系列共同信念；目标则是公共部门组织希望通过战略变革而达到的未来状况，涉及公共部门战略变革的任务、变革的对象、变革绩效衡量指标、变革的期限。（2）技术分系统。技术分系统由公共部门行政管理任务决定，表现形式为完成特定任务所要求的知识技能、技术设备、手段等。（3）社会心理分系统。由相互作用的个人和群体组成，涉及个人行为和动机、地位与作用之间的关系、群体动力和影响；同时，公共部门战略变革也受到公共管理者的感情、态

① Woodman，“Organizational Change and Development：New Arenas for Inquiry and Action”，*Journal of Management*，1989，15，pp. 209-210.

② ［美］D. 赫尔雷格尔等：《组织行为学》，882页，上海，华东师范大学出版社，2001。

③ ［美］卡斯特、罗森茨韦克：《组织与管理》，148页。

度、期望等因素的影响。(4) 管理分系统。管理分系统主要与公共部门战略变革决策相关，涉及确立战略变革目标，拟订战略变革备选方案，评估和选择方案及实施战略变革管理。欲实现公共部门战略变革，有必要优化管理决策信息系统，充分利用先进的管理方法和管理手段。(5) 结构分系统。结构关系到组织工作任务分工和协作的方式方法，并通过组织图、职位、工作说明、规划和程序等表现出来，也与权威、信息沟通和工作流程有关。①

环境超系统和组织分系统都影响公共部门战略变革过程。在公共部门战略变革过程中，要及时了解组织内部环境和外部环境发展动态，掌握环境超系统和组织分系统相关信息资料，以及时辨识战略变革的动力。总的来说，有助于公共部门战略变革的主要因素有：

(1) 社会安宁，政治秩序稳定，百姓安居乐业。

(2) 公民政治参与意识强烈，政治思想觉悟高。

(3) 国家经济实力强，经济发展迅速，创造了丰富的物质财富，为公共部门战略变革奠定了坚实的物质基础。

(4) 科教事业发达，不仅为公共部门战略变革提供了先进的技术条件，也有助于加强对公共管理者的培训和教育，提高公共管理者的素质。

(5) 公共组织属于容易接受变革的主动组织，能根据环境变化调整战略、优化战略管理过程、推动公共部门组织发展。

(6) 公共部门实行开放的人才聘选制定，不断从外界吸收观点新颖、精明能干、富有开拓精神和创新意识、不墨守成规的优秀人才，壮大公共管理者队伍。

(7) 公共部门由一批年富力强、认真负责、真抓实干、敢作敢为的人才担任组织的领导，以带动组织成员进行公共部门战略变革。

(8) 公共部门组织结构扁平化，决策权力分散，具有完备的信息沟通系统和行政决策机制。

(9) 公共部门监督机制比较完善，能有效防止权力滥用，并确保公共管理者主动承担战略变革责任。

(10) 公共管理者地位相对牢固，受战略变革的冲击不大。

(11) 战略变革能给公共管理者带来更高的收入，满足其物质利益要求。

8.2.4　了解战略变革的阻力

在公共部门战略变革过程中，“某种阻止变革的阻力不但是自然的，而且是为人们所期望的”②。因为阻力的存在能促使人们采取针对性的措施去克服阻力，从而推动公共部门战略变革，实现公共部门与环境之间的动态平衡，保持组织的稳定性、持续性、适应性和革新性。从某种意义上讲，“组织及其成员抵制变革……是积极的，它使行为具有一定程度

---

① 参见 [美] 卡斯特、罗森茨韦克：《组织与管理》，134 页。

② 同上书，677 页。

的稳定性和可预见性”①。公共部门战略变革的阻力多种多样，但大体可以归纳为公共管理者个体阻力和公共部门组织阻力（见图 8—4）。

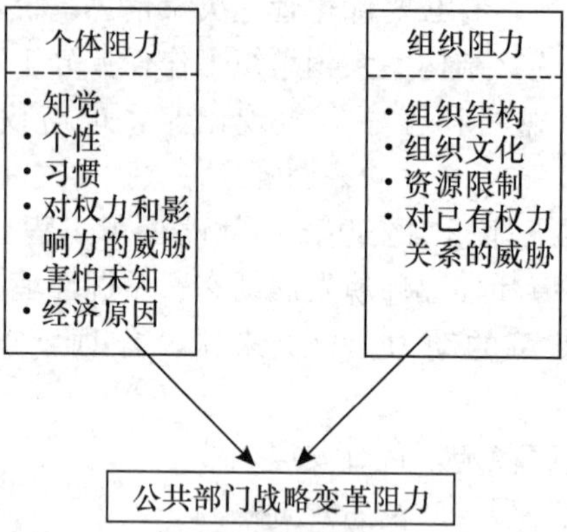

图 8—4　公共部门战略变革阻力的源头

资料来源：［美］D. 赫尔雷格尔等：《组织行为学》，884 页。

1. 个体阻力

图 8—4 列出了公共部门战略变革的个体阻力的源头。公共管理者对战略变革的抵制根植于人类本性中，具体表现在：

（1）知觉。心理学家认为，人们持有一种“知觉防御”心理——一种知觉错误，即人们经常有选择性地感知与其世界观和价值观相吻合的事物，并有选择性地接受信息。所以，一旦公共管理者形成对公共部门现状的理解，他们可能会拒绝改变它。公共部门战略变革意味着调整公共部门既定战略，意味着公共部门组织结构、组织文化、管理行为、管理技术等的改变，这无疑将受到公共管理者的知觉防御。

（2）个性。个体个性中的某些东西（如教条主义和依赖性），会使人产生抗拒变革的倾向。② 在公共部门内部，教条主义者固执己见、思想封闭、墨守成规，他们很难接受公共部门战略变革；而高度依赖他人的公共管理者则经常缺乏自信，对战略变革无所适从，不愿接受新的战略、管理技术、管理方法、组织文化和管理行为等。

（3）习惯。公共管理者习惯于以固有的行为方式对外界刺激作出反应。习惯可能是合适、安全、满意感的源泉。习惯是否成为公共部门战略变革的阻力，取决于公共管理者能否从变革中获得好处。

（4）对权力和影响力的威胁。公共部门战略变革要求匹配的环境和战略类型，并推动公共部门组织发展，这无疑将影响到公共管理者个体的权力和影响力。公共管理者可能会抗拒战略变革，以维持自身的权力和影响力。

（5）害怕未知。多数公共管理者在面对未知的时候都会感到焦虑。公共部门战略变革与不确定性相依相随，这势必影响到公共管理者的职务、地位、培训机会和人际关系等，

① ［美］史蒂芬·P·罗宾斯：《组织行为学精要》，387 页，北京，机械工业出版社，2000。

② Judge, Thoreson, Pucik, and Welbourne, “Managerial Coping with Organizational Change: A Dispositional Perspective”, *Journal of Applied Psychology*, 1999, 84, pp. 107-122.

从而使公共管理者产生不安的情绪，并从心理上抵制变革。

(6) 经济原因。经济因素是人们重要的衡量标准。公共管理者由于担心战略变革会降低其工资、奖金和福利等经济收入而阻碍战略变革。

2. 组织阻力

公共部门组织在一定程度上抗拒战略变革，因为战略变革会给组织带来一定的冲击。组织习惯于按既定模式运作，而公共部门战略变革要求对传统模式作出调整、变革和创新，这势必引起组织对变革的阻力。

(1) 组织结构。公共部门组织有自己特定的结构，组织以其内部固有的机制保持结构稳定性。组织具有明确的权力和责任的界限，有固定的信息沟通渠道，有特定的职位分类体系。组织结构具有一定的惯性，一旦形成就比较难以改变。而且，组织由内部相互依赖、相互联系和相互作用的子系统组成，不可能只对一个子系统变革而不影响其他子系统。这些都构成了对公共部门战略变革的阻力。

(2) 组织文化。公共部门组织文化在变革中至关重要。“文化不容易修正，且有可能成为抗拒变革的一个源头。”① 有效的公共部门组织文化的一个特点就是它具备弹性和创新性，以便及时利用战略变革机会来提高公共部门绩效；无效的公共部门组织文化将公共管理者禁锢于陈旧的文化中，使其恪守陈规陋习。

(3) 资源限制。公共部门战略变革需要投入一定的物力、人力、财力、信息等资源。在特定的时间和范围内，公共部门组织由于受到资源限制，不得不延期或放弃实施既定的战略变革计划。

(4) 对已有权力关系的威胁。公共部门战略变革要求调整战略，重构战略管理过程，变革管理行为、管理技术、组织文化、组织结构等，这些都威胁到组织内部长期以来所形成的权力关系。比如说，在公共部门引入参与性决策和自治管理的战略变革，可能会威胁到基层或中层管理者的权力。

8.2.5　公共部门战略变革的力场分析

美国著名的社会心理学家勒温曾经提出一个变革分析方法，即力场分析法。这种方法“对于面临变革挑战的管理者和员工非常有用”②，也有助于分析公共部门战略变革。勒温认为，变革不是事件，而是一种反方向起作用的动力平衡。任何情境都可以认为是一种彼此推动的力量之间的平衡状态。情境中的某些力量——变革的阻力——倾向于保持现状，而变革的动力则推动变革以改变现状。勒温的力场分析法得到罗森茨韦克和卡斯特的发展，他们将力场分析作为一种一般目标诊断和解决技术。如果变革的动力和阻力相互完全抵消，则组织将取得平衡或维持现状。通过增强动力或减少阻力，我们可以诱发组织变革。减少阻力的方法更加有效，因为如果只增加动力而不注意减少阻力，“会使系统中的

---

① Cameron and Quinn, *Diagnosing and Changing Organizational Culture*, Reading, Mass: Addison Wesley, 1999.

② D. E. Zand, Force Field Analysis. In N. Nicholson (ed), *Blackwell Encyclopedic Dictionary of Organizational Behavior*, Oxford, England: Blackwell, 1995, pp. 180-181.

压力和紧张气氛增强而使得积极地解决问题成为不可能”①。如前所述，公共部门战略变革面临着一系列的动力和阻力，如何增强变革动力以及减少变革阻力，对于推动公共部门战略变革来说具有十分重要的意义。我们可以借鉴力场分析法来分析公共部门战略变革的动力和阻力。通过力场分析，我们可以判断公共部门战略变革的情境，了解动力和阻力的大小，然后采取相应对策，以减少变革的阻力，增强变革的动力，从而促进公共部门战略变革的顺利实施（见图 8—5）。

相对而言，减少公共部门战略变革的阻力比增强变革的动力更有效。美国著名学者科特和施莱辛格于 1979 年初发表在《哈佛管理评论》上的文章《变革策略选择》就如何克服变革阻力作了深入的分析。他们不仅阐述了可供管理人员采纳的克服阻力的各种策略，而且阐述了在特定环境下如何使用每一技术。作者展示了六种克服变革阻力的策略——交流、参与、简化、协商、控制和强制。六种策略的效力逐渐增强，构成一个连续统一体。在公共部门战略变革过程中，可借鉴这些策略来减少战略变革的阻力。如吸收普通公共管理者和利益相关者参与战略变革过程，与公共管理者就战略议题、战略管理方法和技术等方面的问题进行深入交流，利用行政手段或司法手段强制推行战略变革，等等。

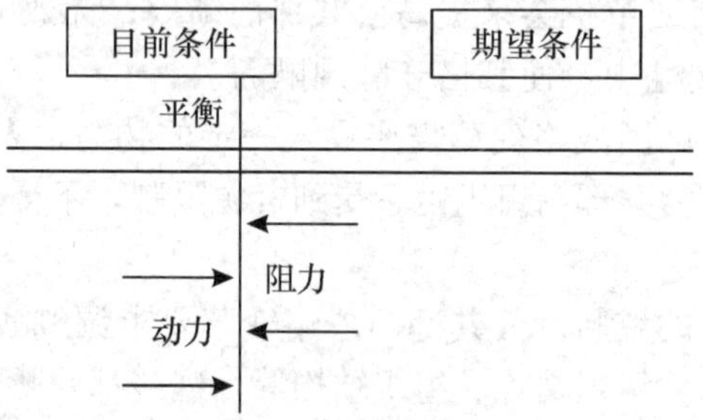

假设：
1. 多数公共部门战略议题或情境具有多方面原因。
2. 多数公共部门战略议题或情境所包含的战略变革动力和阻力保持平衡。
3. 如果我们确认出公共部门战略议题，构建议题张力框架，则有可能完成公共部门战略变革。
4. 通过减少阻力进行战略变革往往更加容易。

图 8—5 公共部门战略变革力场分析

资料来源：［美］卡斯特、罗森茨韦克：《组织与管理》，684 页。

8.3 公共部门战略变革的过程

公共部门战略变革的最终目标是塑造动态平衡的公共组织，以适应环境变化的需要，提高公共部门绩效水平。而一个组织的动态平衡包括：足够的稳定性，以利于达到目前的目标；足够的持续性，以保证在目标或方法方面进行有秩序的变革；足够的适应性，以对外部的机会和要求以及内部的变化条件作出反应；足够的革新性，以使组织在条件适宜时

① ［美］卡斯特、罗森茨韦克：《组织与管理》，684 页。

富于主动性（实行变革）。[①] 公共部门只有通过战略变革才能确保自身的稳定性、持续性、适应性和革新性。公共部门战略变革并非一蹴而就，而是一个动态的、持续变革的过程。

8.3.1 成立战略变革管理机构

公共部门战略变革要求对公共部门原有战略、组织形式和运行机制进行突破与创新。这是一个破旧立新的过程，牵涉到资源配置、利益调整、结构重组、文化创新、战略匹配和行为调适等活动。如果没有强有力的领导机构，势必造成变革过程紊乱无序，妨碍公共部门战略管理的顺利进行，影响公共部门绩效水平。因此，必须成立公共部门战略变革机构。这种机构由公共部门单位领导亲自挂帅，机构成员可从战略管理小组、普通公共管理者、利益相关者中选拔，并聘请专家、学者担任顾问。

战略变革管理机构整合部门内部各单位具有一定影响力的人物，这无疑有助于调配战略变革资源，有助于协调各单位之间的利益和要求；而从外部聘专家学者则有助于提高战略变革的科学性、可靠性。公共部门战略变革管理者作为战略变革的组织人员，应当具备明晰、深入、透彻的战略思维能力，应当富有远见卓识，并具备丰富的管理经验以及与本部门相关的专业知识，从而真正成为“变革代理人”。这些变革代理人不仅制定战略变革方案，而且监督和管理战略变革全过程，以保障战略变革顺利实现。这就要求他们具备进行“后台活动”的技巧，包括：权力技巧的运用，对政治和文化系统进行干预，对组织成员进行影响，向他们销售自己的观点。[②]

公共部门战略变革管理机构属于公共部门的临时机构，不列入行政编制范畴，其活动经费由实行战略变革的特定公共部门筹集并分配。一旦战略变革的任务完成，战略变革管理机构便自动解散。总的说来，公共部门战略变革管理机构具有如表 8—1 所示的特点。

表 8—1　　公共部门战略变革管理机构的特点

1. 目标 ● 对公共部门人力资源、部门领导、环境、战略等方面的变动保持高度敏感性。 ● 阐明本机构设立的目标，推动公共部门战略变革。 ● 灵活处理不受公共管理者控制的变化，并适当调整目标和管理风格，以应对公共部门环境的变化。 2. 任务 ● 吸收利益相关者以成立战略变革小组，并明确各小组的责任。 ● 与公共部门内外的人员保持广泛的联系。 ● 具备较强的应变能力，在不确定的环境中能够舒适、耐心、有效地发挥职能。 3. 交流 ● 战略变革者能够有效、清晰地向下级和同事传递关于公共部门战略变革的信息。 ● 战略变革者具备较好的人际沟通能力；在公共部门内搜集、选择、加工、整理合适的信息，并确认其他人所关心的事；组织战略变革会议。 ● 战略变革者在阐述战略和表达战略管理观念时要表明自己热衷于变革。 ● 激励其他人参与战略变革。

① 参见［美］卡斯特、罗森茨韦克：《组织与管理》，665 页。

② 参见［英］伯恩斯：《变革时代的管理》，639 页。

4. 商议
- 拟订一个吸引人心的公共部门战略变革愿景，并将新的战略和自己的观点与计划推销给别人。
- 就资源配置和战略变革程序与主要的相关人员谈判，以解决冲突和分歧。

5. 管理
- 具有影响别人的能力，从而使公共部门战略变革以及自己的计划和观点得到潜在的怀疑者与反对者的认可。
- 美好的愿景建立在新的公共部门战略和战略变革方案的基础之上。
- 珍惜并把握每一个战略变革的机会。

资料来源：D. Buchanan and D. Boddy，*The Expertise of the Change Agent*：*Public Performance and Backstage Activity*，Prentice Hall，1992，pp. 92-93。

8.3.2 营造公共部门战略变革的气氛

公共部门战略变革的气氛涵盖公共部门环境超系统和组织分系统——目标和价值分系统、技术系统、结构分系统、社会心理分系统、管理分系统；战略变革的气氛则取决于“很多的与适应性或革新过程更具有直接关系的因素”①。营造公共部门战略变革的气氛有助于推进公共部门战略变革进程，激发人们参与变革的积极性、主动性和创造性。

1. 战略变革者要进行周到的 SWOT 分析

有必要了解公共部门所面临的外部机会和威胁，辨析公共部门内部的优势和劣势，同时，要根据环境变化积极倡导战略变革，以确保公共部门组织的动态平衡，增强公共部门战略的适应性。

2. 阐述战略变革的需要，让公共管理者了解战略变革的压力

由于公共部门处于一个动态的环境中，因此只有通过战略变革才能真正匹配环境和战略类型，才能满足人们日益多样化的需求和期望。这就要求公共部门战略变革领导机构经常向公共管理者、利益相关者和社会公众传达与本部门相关的信息，让公共管理者了解本部门的过去、现状和发展趋势，并向其传达战略变革的需要。

3. 经常反馈战略管理过程的相关信息

公共部门战略管理是一个动态的持续变革过程。由于战略管理的实际绩效和人们所期望的绩效之间存在一定的差距，所以持续变革的战略管理要求随时反馈战略管理过程的信息。信息反馈能促使公共管理者、利益相关者以及社会公众了解和把握公共部门战略管理动态过程，并及时发现公共部门战略管理中的问题和不足，最终推动公共部门战略变革，提高战略管理绩效水平。在反馈信息的时候，要充分发挥战略变革领导机构的作用。由该机构在专家、学者的帮助下搜集、整理、分析和反馈相关资料与信息。

4. 宣传成功的战略变革典型

成功的战略变革可以优化公共部门战略管理过程，推动公共部门组织发展，实现公共部门战略与环境之间的动态适应，改进公共服务和公共产品的质量，节约行政管理成本。战略变革的成功典型值得在所有公共部门宣传推广，形成示范效应，“以点带面”，最终提

---

① ［美］卡斯特、罗森茨韦克：《组织与管理》，680 页。

高整个公共部门的绩效水平。一方面，成功的战略变革典型为正在进行战略变革的公共部门提供了变革的蓝本，使其找到本部门所存在的缺点和不足，并采取积极的措施推动战略变革；另一方面，它又为其提供了充分的战略变革经验教训，使其少走弯路，并增强公共管理者参与战略变革的意识和责任感。

8.3.3　公共部门战略变革方案规划

方案规划是公共部门战略变革的重要阶段。按照台湾学者林水波和张世贤的说法，方案规划是“一个针对未来，为能付诸行动以解决公共问题，发展中肯，并且可以接受的方案的动态过程”①。美国著名学者安德森也强调：方案规划“涉及与解决公共问题有关的并能被接受的各种行动方案的提出”②。在战略管理实践中，公共部门战略变革方案规划是指公共管理者特别是战略变革者通过分析公共部门战略管理具体情况，明确本部门存在的问题，确立战略变革目标，设计、评估并选择战略变革方案的过程。它包括如下五个阶段：

1. 问题界定

“问题是指实际状态与期望状态之间的差距，或者说是指各种各样的需要加以解决的矛盾。”③ 在判断战略变革的需要的时候，通过判断战略是否滞后、确认战略变革的意愿和了解战略变革的阻力等活动，我们可以了解公共部门在战略管理实践中所面临的问题——环境和战略不匹配，影响公共部门绩效的新情况的出现，公共管理者和利益相关者及社会公众阻碍变革，组织机构臃肿，行政管理效率低下，行政技术落后，等等，这些问题阻碍公共部门的顺利运行。界定问题是解决问题的前提和基础，是公共部门战略变革方案规划的基础性工作。

2. 目标确立

“简单说来，目标就是组织奋力争取达到所希望的未来状况。”④ 在明确公共部门战略变革目标的时候，要区分一般正式目标和具体工作目标。人们经常用广义、含糊的语句来描述公共部门战略变革的正式目标，如提高公共部门绩效，推动公共部门战略管理顺利进行，更好地满足人们的需求，等等。具体的工作目标则与公共管理活动息息相关，并结合各个部门的实际情况而提出。如降低行政成本，缩减公共部门规模，简化行政审批程序，推行电子政务，等等。一般正式目标对具体工作目标有一定的指导作用，具体工作目标则是将一般正式目标落到实处。

3. 方案设计

方案设计是公共部门战略变革方案规划的中心环节。设计的目的在于提供各种可供选择的，足以实现战略变革目标的备选方案。公共部门战略变革方案的基本内容包括战略变革的原因、条件、目标、内容、时间跨度、领导者、利益相关者、资源配置等。战略变革

---

① 林水波、张世贤：《公共政策》，143 页。

② ［美］安德森：《公共决策》，北京，华夏出版社，1990。

③ 朱崇实、陈振明主编：《公共政策》，230 页，北京，中国人民大学出版社，1999。

④ ［美］卡斯特、罗森茨韦克：《组织与管理》，178 页。

方案一般由战略变革管理机构拟订。在方案设计的过程中，要进行审慎的SWOT分析，充分了解公共部门现状，判断其战略变革趋势，保证方案的切实可行性。同时，要注意吸收公共部门利益相关者、专家、学者的意见和建议。这样有助于增强变革方案的科学性，减少战略变革方案在实施过程中遇到的阻力，推动公共部门战略变革的顺利实施。

4. 方案评估

由于公共部门处于复杂多变的动态环境中，其战略变革势必受到各种因素的影响。不同的战略变革方案实施效果自然各不相同。这就有必要进行方案评估。战略变革方案评估着重分析三个方面：一是适用性。主要分析变革方案与公共部门的适应程度：是否有助于利用公共部门外部机会并发挥内部优势？是否有利于克服外部威胁和内部劣势？是否符合公共部门战略目标？二是可行性。着重分析在公共部门内部能否成功实施战略变革方案：是否有足够的资金、资源、技术、信息支持？是否具备必要的战略管理技巧？是否有助于提高公共部门的绩效？三是可接受性。变革方案的可接受性与人们的期望息息相关，“需要仔细地分析谁接受的问题”①：战略变革方案的风险多大？变革方案是否符合公共部门内部的一般期望？各部门、各单位以及公共管理者个人的责任、权力和利益是否发生变化？公共部门与外部利益相关者之间的关系会变化吗？变革方案能否适应环境变化的需要？

5. 方案决策

方案决策指的是根据方案评估的结果，从各种战略变革备选方案中选择最满意的战略变革方案。在选择方案的过程中，一般采取满意标准，因为决策者的理性受到如下因素限制：知识的不完备性，困难的预见或可能行为的范围等。② 在进行方案决策的时候，可利用排除法、决策树法和多方案法等手段权衡各种方案的利弊得失，并参照战略目标，了解上级、下级以及利益相关者的观点，以选择各方面都满意的公共部门战略变革方案。

8.3.4 实施持续变革的公共部门战略管理

公共部门战略变革重在实际行动，重在落实战略变革方案。战略变革贯穿于战略管理全过程。这就要求公共部门根据环境变化调整战略，实现环境与战略类型的匹配，优化公共部门战略管理过程。公共部门战略变革不是一朝一夕的事情，它是一个动态的、长期的、持续的变革过程。

1. 匹配环境与战略类型

公共部门战略变革与其环境息息相关。“考虑组织所面临的环境（优势、劣势、机遇和威胁），考虑组织的长远发展目标和未来，提高自身竞争力成为公共部门管理者最根本的管理任务及内容”③。公共部门面临瞬息万变的动态环境，环境的变化对公共部门不断

① ［英］格里·约翰逊、凯万·斯科尔斯：《公司战略教程》，158页。

② 参见［美］赫伯特·西蒙：《管理行为：管理组织决策过程的研究》，74～82页。

③ ［美］保罗·C·纳特、罗伯特·W·巴可夫：《公共和第三部门组织的战略管理》，7页。

提出新的要求和新的期望。在公共部门战略变革的过程中，公共管理者特别是战略变革者要密切关注环境变化，进行审慎、深入的 SWOT 分析，并采取相应的战略以确保环境和战略类型相匹配。由于“组织的变革常常是由其环境中的问题所引起的”[①]，所以在战略变革过程中要特别注重匹配环境和战略类型，以确保战略的适应性和可行性。环境的变化要求公共部门采取适当行动来调整战略，从而适应环境变化的需要。

(1) 当要求水平低时，环境是平静的。这时可以实施官僚战略。该战略通过程式化行动和标准程序来实施。公共部门为了维持既定惯例、规则和程序而采取一种防御状态，即保证本部门财政预算最大化并为必不可少的预算削减留有余地。战略管理者成了“监护人”，利用英雄事迹宣传公共部门价值观，塑造健全的组织文化，增强公共管理者的组织认同。

(2) 在具有高度反应性和较低行动要求的组织群体所构成的局部平静的环境中，一般采用适应者战略，以确认并处理特定的要求。公共部门组织采取一系列行动应对它所熟悉的局部环境，满足特定顾客的需要。

(3) 当行动要求增高而反应较弱时，骚动的环境出现，这时公共部门有必要实施指导者战略，通过单方面的行动应付新的要求，运用冒险的方式尝试着满足需求，推断战略议题，考虑并确定战略回应的方式。

(4) 当反应性和行动要求都急剧增长的时候，动荡的环境产生了，公共部门组织可采用妥协者战略，以优先满足重要的或处于困境中的社会公众的要求；在资源充足的情况下，可以同时满足二者要求。

(5) 当环境动荡不安而行动要求迅速变化的时候，可以采取共生者战略。该战略通过利益相关者来寻求新的途径以满足不断变化的要求，并促使关键力量共同合作。总的说来，通过提供计划、计谋、模式、定位和观念，公共部门可以调适战略以实现变革目标。作为一种计划，公共部门战略提供了采取行动的方法，如发现新的公共服务项目和新的顾客；作为一种计谋，战略有助于公共部门以智取胜，提供优质的公共服务和公共产品；作为一种模式，战略将变革的机会和计划中的行动结合起来，以促进战略管理过程顺利进行；作为一种定位，战略能促使公共管理者审慎地分析公共部门外部环境和内部环境，了解公共部门现状及社会公众的预期和要求，从而确定公共部门该履行什么职责、承担什么责任；作为一种观念，战略有助于公共管理者了解并把握公共部门组织的过去、现状和未来，培养公共管理者良好的战略思维能力以及卓越的行政管理技巧。

2. 优化公共部门战略管理过程

从广义上讲，公共部门战略管理是“制定、实施和评价使组织能够达到其目标的、跨功能决策的艺术和科学”[②]。从广义角度而言，公共部门战略管理包括战略规划、战略实施和战略评估三个阶段。从狭义上讲，公共部门战略管理包括战略制定和实施两个阶段，涉及理解历史背景、形势评估、构建问题议程、确定备选战略、可行性评估和战略实施。

① [美] 卡斯特、罗森茨韦克：《组织与管理》，665 页。
② [美] 弗雷德·R·戴维：《战略管理》，第 6 版，17 页。

通常所说的战略管理是指狭义战略管理，注重分析战略制定和战略实施。公共部门战略变革贯穿于战略管理全过程，并通过采取一系列手段和措施来优化公共部门战略管理过程，提高战略管理效果。

（1）理解公共部门的历史背景。这就要求确认反映公共部门所承受的压力的趋势、事件和方向，并认真分析不断变化的公共部门市场、项目、资源和管理实践等方面的信息。公共部门市场包含监督主体对公共部门的要求、公共部门觉察到的要求等因素。公共部门项目涉及公共部门所提供的公共服务和公共产品以及公共部门的服务对象；公共部门的资源主要是指公共部门在执行项目时所使用的手段，包括财政手段、人员手段和物质手段、法律手段和行政手段等。公共部门战略管理实践涉及公共部门的战略管理能力和战略类型。这些信息形成了公共部门的历史背景，为公共部门战略变革奠定了基础。

（2）确立公共部门战略变革的愿景。这就要求明确公共部门的角色、职能、服务对象及其利益。公共部门战略变革可能出现最好情形和最差情形，最好的情形描绘了公众部门战略变革的目标取向，最差的情形则是公共部门要远离的最低起点。公共部门的愿景反映了议题张力的状况。

（3）战略变革形势评估。主要分析公共部门所面临的外部机会和威胁，内部优势和劣势，并将这些优势、劣势、机会、威胁分为不同的等级。这一阶段有助于公共管理者正视公共部门的劣势和威胁，珍惜每一个战略变革的机会，发挥公共部门优势，最终推动公共部门战略变革的顺利进行。

（4）构建问题议程。战略议题是公共部门内部或外部出现的趋势和事件，它有助于指导对战略回应方式的探求，并直接影响到公共部门的运作方式及其实现战略变革目标的能力。所以，公共部门战略管理小组、战略变革管理机构必须找出至关重要的几个战略议题，从而“创建一个考虑到转变、保存、公平生产力价值的管理议题张力的议程”①。

（5）确定备选战略。战略的寻求从辨认议题张力开始。不同的议题张力源自公共部门不同的优势、劣势、机会、威胁，并要求采取不同的应对措施。公共部门战略变革管理机构和战略管理小组要及时注意公共部门内部环境与外部环境的变化，从而提出相应的战略方案以处理战略议题，真正做到发挥优势、克服弱点、利用机会和遏制威胁。

（6）战略方案评估。公共部门战略方案评估注重进行利益相关者分析和资源分析，从而确定所需的资源和利益相关者的支持度。战略变革管理机构要调查分析利益相关者的信息和资料，以了解其需求和偏好，了解他们与本部门之间的关系的紧密度。在进行资源分析的时候，要考察关键战略实施所需要的资源以及资源供应者，并考虑到法律、法规和制度方面的限制。总的说来，公共部门战略方案评估应做到“从管理的角度对预期和假设提出问题，引发对目标和价值观的审视，以及激励建立变通战略和评估标准的创造性”②。

---

① ［美］保罗·C·纳特、罗伯特·W·巴可夫：《公共和第三部门组织的战略管理》，346 页。

② Dale Zand, “Reviewing the Policy Process”, *California Management Review* 21, No. 1 (Fall 1978), p. 37.

战略变革管理机构根据评估的结果选择最为满意的战略。

(7) 战略实施。“战略实施就是将战略转化为行动。”① 在公共部门战略实施的过程中，要着重进行资源管理和利益相关者管理，以积蓄所需资源并提高利益相关者对行动的支持。

(8) 过程循环。众所周知，公共部门战略管理是一个持续变革的过程。这就要求根据实际需要对上述过程进行循环。第一步，从问题议程中挑出额外的议题张力，重复（5）、(6)、(7)；第二步，定期修改问题议程，重复（4）；第三步，重新评估形势，进行形势管理，即重复（3）；第四步，重复（1）和（2），以审视战略变革的方向及愿景，进行组织管理。

为了优化战略管理过程，战略变革管理机构必须做到：确定战略变革领导机构成员并决定是否利用变革机会；从变革管理者、变革参与者和变革观察员等角色中确定一个角色，明确战略变革领导机构的权利、责任和义务；决定变革时间安排，确定是要缩短战略变革过程，还是要实施一次性战略变革或持续不断的战略变革。

8.3.5 推动公共部门组织发展

组织发展（organizational development）“是一种有计划的介入工作”②，“包括为了应对外界环境的变化而采取的各种变革技术和干预手段的总和，从组织结构和体制的变化到团体和个人的心理治疗，以寻求提高组织运作的有效性和增进员工的幸福”③。组织发展是公共部门战略变革的重要内容，它是指公共部门为了适应环境的变化而采取各种干预手段，以实施组织创新，从而推动公共部门战略变革的顺利进行。与传统的变革方式相比，公共部门组织发展具有自身的特点：强调工作团队管理；注重参与和合作；强调组织文化变革；将变革当做一种正在进行的过程。公共部门组织发展的干预手段主要有三种：结构型干预，任务—技术型干预，以人为主型干预。

1. 结构型干预

公共部门组织发展的结构型干预致力于使公共部门组织变得更加合理和平等。干预的方式有：结构重组，引入新的奖酬机制，变革组织文化等。

(1) 结构重组。结构原是生物学和建筑学中的概念，是指“物质诸要素的排列组合形式”④。卡斯特和罗森茨韦克则认为，“我们可以把结构看作是一个组织内各构成部分或各个部分间所确定的关系的形式”⑤。行政组织结构是指行政组织各要素的排列组合方式。当前，行政组织结构重组的重要趋势是扁平化、决策权分散化、职能化。公共部门战略变革者倡导扁平化组织，主要原因在于这类组织通过扩展管理幅度和减少管理层次来精简机构，减少公共管理者数量，降低管理费用，提高行政效率。同时，扁平化公共组织结构由

---

① [英] 格里·约翰逊、凯万·斯科尔斯：《公司战略教程》，13 页。

② [英] 奈杰尔·金、尼尔·安德森：《组织创新与变革》，166 页，北京，清华大学出版社，2002。

③ [美] 史蒂芬·P·罗宾斯：《组织行为学精要》，393 页。

④ 唐兴霖主编：《公共行政组织原理》，65 页，广州，中山大学出版社，2002。

⑤ [美] 卡斯特、罗森茨韦克：《组织与管理》，232 页。

于管理层次较少，有助于行政沟通，而管理幅度的扩大则赋予公共管理者更多的自主权。决策权分散化实现了权力下放，有助于基层公共管理者积极参与行政决策，增强其责任意识，减少战略变革的阻力。职能化则是指在公共组织内部通过增加具有特定职能的下一级单位，给公共组织注入活动，提高其应变能力。

（2）引入新的奖酬机制。公共部门战略变革倡导者认为，行政管理行为与公共部门绩效息息相关，而合理的奖酬体系则是有效的行政管理行为的诱因。因此，他们经常关注如何改进组织奖酬机制这一问题。奖酬机制不仅关系到公共管理者物质生活的改善，关系到公共管理者的满意度、工作绩效和人口流动率，也关系到公共管理者对公共部门战略变革的热情和积极性。因此，在公共战略变革的过程中，要求设计具有竞争性、公平性和灵活性的薪酬机制。公共部门薪酬机制的变革趋势可以用“新工资制”来概括。哈罗德·雷舍尔对“新工资制”的特点归纳如下：日常薪金管理的职责由人力资源管理工作人员转移到管理者或监督者手中；传统工资等级与幅度结构被更广泛的宽带等级和幅度取代；“以职务定薪”让位于“以人定薪”；绩效评估标准的多元化，侧重于从更广泛的视角，即同级、下属、委托人、顾客等视角对当事人进行评估；传统的个人工资制受到强调团队精神和集体利益的激励制度的挑战；人们更乐于接受针对具体工作的量体裁衣式工资制度，而不是传统的“一刀切”的观念。①

（3）变革组织文化。组织文化是“组织成员共有的一套假设、信仰、价值观和行为准则”②。公共部门组织文化则是指公共管理者在一定的社会文化背景下所形成的共有的一套关于行政活动的假设、信仰、态度、情感、价值观和行为准则等。健全的公共部门组织文化有助于实现公共部门组织的稳定性、适应性、革新性和持续性。在公共部门战略变革的过程中，战略和公共部门外部环境对公共部门组织文化影响颇大。组织文化应该确保公共部门适应环境的需要，以提高行政效率，培养公共管理者参与战略变革的积极性、主动性和创造性。公共部门战略、环境和组织文化间的适当配置与文化的四种类别相关联，如图8—6所示。这些组织文化基于两个要素：环境所需要的灵活性或稳定性程度，战略的重心或强度侧重于组织内部或是外部的程度。③ 这四种组织文化包括：

——适应性/企业家精神文化。这种文化注重灵活性，战略重点集中在外部环境上，以适应并满足顾客的需要。

——使命型文化。这种文化注重完成任务，以实现组织目标。战略变革者通过描绘公共部门战略变革愿景和传达公共部门预期状态，塑造并改变公共管理者的个人行为，促使公共管理者完成既定的任务。

——小团体式文化。这种文化强调公共管理者的参与意识和利益共享，以增强公共管理者对公共部门的组织认同，促使其承担战略变革责任，以保证提高公共部门绩效。

——官僚制文化。这种文化主张严格遵循公共部门固定的内部规则、程序、习惯，纪律性强，强调公共管理者之间的合作协调。

---

① H. Risher，“The Emerging Model for Salary Management in the Private Sector：Is It Relevant to Government?”，*Public Personnel Management*，Winter 1994，23，pp. 649-655.

② ［美］约翰·W·纽斯特罗姆、基斯·戴维斯：《组织行为学》，95页。

③ 参见［美］理查德·L·达夫特：《组织理论与设计精要》，187页，北京，机械工业出版社，1999。

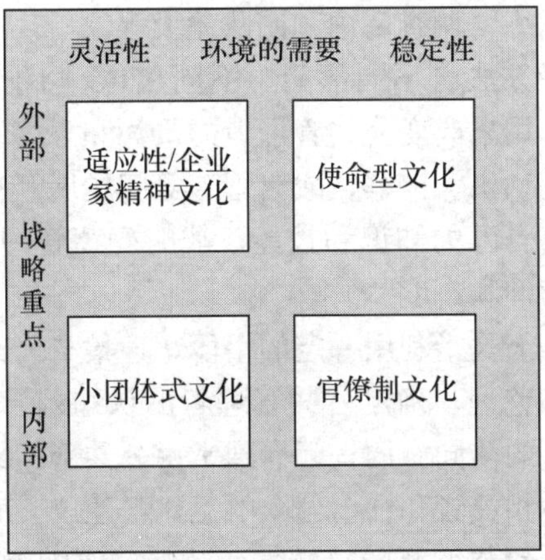

图 8—6　公共部门文化战略与环境之间的关系

资料来源：Daniel R. Denision and Aneil K. Mishra，"Toward a Theory of Organizational Culture and Effectiveness"，*Organization Science*，Vol. 6，No. 2，March，April 1995。

2. 任务—技术型干预

任务—技术型干预主要用于改变公共管理者的实际工作，或者用于改变其完成工作所需的工具或技术流程。在公共部门战略变革过程中，任务—技术型干预手段主要包括工作再设计、社会技术系统和工作生活质量等。

（1）工作再设计。工作再设计是指有意识、有计划地重新建构完成工作的方法。它有助于增强公共管理者的工作动机和参与意识，提高行政管理效率和公共服务或产品质量。具体包括工作丰富化、自我管理工作团队等。战略变革倡导者按照特有的工作模式促进工作再设计，以增加工作的多样性、自主性、有效性。

（2）社会技术系统。社会技术系统"同时强调技术的改变和组织社会系统的改变，以使人际关系最佳，增进组织的有效性"①。技术系统由公共管理者为完成工作任务而使用的工具、技巧、技能、流程、知识和设备等组成；而社会系统则包含公共管理者及其相互关系。公共部门战略变革要求处理好技术系统变革和组织社会系统变革。技术系统通过一些操作规则、规章、制度、程序和模式等形成对行政管理行为的规范，进而约束公共部门社会系统。

（3）工作生活质量。工作生活质量是指公共部门对公共管理者需求作出反应的过程，即通过一定的机制使公共管理者充分参与到行政决策过程中，并使其设计自己的工作，进而提高公共管理者的工作生活质量。工作生活质量的核心是安全、健康、参与决策、有机会使用和发展能力、创造有意义的工作、有弹性的工作时间和地点、不受专横或不公平的待遇、有机会满足社会需求等。

3. 以人为主型干预

在公共部门战略变革过程中，可以采用以人为主型干预手段来推动公共部门组织发

---

① R. W. Woodman and W. A. Pasmore，*Research in Organizational Change and Development*，Vol. 9. Greenwich，Conn：JAI Press，1996，pp. 81-100.

展。主要措施包括敏感性训练、调查反馈和团队建设等。

（1）敏感性训练。这种方法将不同部门、不同单位、不同级别的公共管理者编成小组，通过小组成员的相互作用来改变公共管理者的行为和态度。在训练的过程中，各小组成员聚在一起，围绕权力、动机、谅解、战略管理等问题展开积极讨论。公共管理者通过观察和参与来学习，以提高自己的知识和技能。战略变革管理机构要为参与者创造机会，促使其表达自己的意见、信仰和态度。

（2）调查反馈。调查反馈是指利用一定的手段，搜集与公共管理者对战略变革的态度相关的信息，并加以分析和整理，确定公共管理者的认知差异，以便采取措施解决差异，增强公共管理者对战略变革的认同。调查问卷通常由公共部门战略变革管理机构设计，并吸收普通公共管理者、利益相关者和社会公众的意见与建议。问卷的内容涉及公共部门战略变革的效果、公共管理者参与变革的热情、变革的资源配置、行政沟通和行政协调等。在调查反馈的过程中，由战略变革管理机构对各种信息加以整理和分析，然后以书面或口头的形式将信息反馈给公共管理者、利益相关者和部分社会公众。公共管理者则以这些信息为基础，调整自己的行为以适应公共部门战略变革的需要。

（3）团队建设。在团队建设中，部分公共管理者聚集在一起，诊断该怎样工作，才能推动公共部门战略变革，进而提高公共部门绩效。当团队成员认识到公共部门运行机制存在问题时，他们便会谋求通过团队建设来解决问题。有效的团队能认识到战略变革的阻力，并设计和采取适当、合理的行动以消除这些阻力。在团队建设期间，团队成员提供与战略议题、议题张力、战略规划、战略实施、战略评估等相关的信息，以判断公共部门战略变革的需要，并通过制度创新，设计、实施和评估行动方案来推动公共部门战略变革的实现。

本章小结

1. 公共部门战略变革是指公共部门在战略管理过程中，根据内部环境和外部环境的变化判断变革的需要，调整组织战略，优化战略管理过程，变革组织结构、组织文化、管理行为和管理技术等方面，从而实现战略目标的过程。公共部门战略变革吸收了组织战略变革理论的合理内核，并结合公共部门特质，形成了自身的理论框架。

2. 公共部门战略变革可以分为三种方式：渐进式战略变革、动态均衡式战略变革和连续式战略变革。根据组织对战略变革的回应度，可以把公共部门组织分为两种类型：一是排斥变革的组织，包括专业组织和政治组织；二是容易接受变革的组织，包括受挫组织和主动组织。

3. 公共部门战略变革成功与否离不开变革的原则的指导。公共部门战略变革遵循以下原则：一是辨析组织对战略变革的敏感性；二是注重战略议题；三是认识战略变革的意图；四是鼓励人们参与战略变革。

4. 公共部门是一个开放的系统，不断与环境发生物质、信息和能量交换，环境的变化势必对其提出新的期望和要求。判断公共部门战略变革的需要，主要从以下几点着手：察觉战略滞后；确认战略变革的意愿；辨识公共部门战略变革的动力；了解战略变革的阻力；公共部门战略变革的力场分析。

5. 公共部门战略变革是一个动态的、持续变革的过程。它包括以下几个阶段：成立战略变革管理机构；营造公共部门战略变革的气氛；公共部门战略变革方案规划；实施持续变革的公共部门战略管理；推动公共部门组织发展。

关键术语

1. 公共部门战略变革：公共部门在战略管理过程中，根据内部环境和外部环境的变化判断变革的需要，调整组织战略，优化战略管理过程，变革组织结构、组织文化、管理行为和管理技术等方面，从而实现战略目标的过程。

2. 专业组织：具有较高的内部能力，其行动由内在专业价值观引导，政治、经济、法律、行政等方面的监督机制不健全，所受到的外部控制程度比较低的组织。

3. 政治组织：外部控制力高而内部能力低，并依照立法机关的授权或法律法规的规定而在某一特定领域单独享有行动权力的组织。这种组织以“政治”为导向，注重社会关系网络的培养和维护。

4. 受挫组织：内部能力低且外部控制力低，且被变化无常的公众支持、法令、政治议程以及委托人或赞助人的偏好所左右的组织。

5. 主动组织：内部能力高和外部控制力高、公共责任意识强的公共部门组织。这种组织时刻关注环境的变化，及时了解和掌握公众及团体的需求利益，从而调整自己的战略，推动组织变革。

6. 公共部门战略变革方案规划：公共管理者特别是战略变革者通过分析公共部门战略管理具体情况，明确本部门存在的问题，确立战略变革目标，设计、评估并选择战略变革方案的过程。

7. 公共部门组织文化：公共管理者在一定的社会文化背景下所形成的共有的一套关于行政活动的假设、信仰、态度、情感、价值观和行为准则等。

8. 社会技术系统：同时强调技术的改变和组织社会系统的改变，以使人际关系最佳，增进组织的有效性。技术系统由公共管理者为完成工作任务而使用的工具、技巧、技能、流程、知识和设备等组成；而社会系统则包含公共管理者及其相互关系。

案　例

英国房地产服务代理——私有化①

1. 背景

英国公共服务的官僚主义作风和资源浪费现象曾经饱受批评。然而，直到 1979 年撒切尔政府的当选，处理“臃肿、浪费、过度官僚化和表现差”的公共服务才成为英国政府

① 参见［英］伯恩斯：《变革时代的管理》，456～469 页。

政策的中心。此后连续几届的保守党政府都试图通过私有化、签约外包和引入竞争机制等措施来提高公共服务和公共产品的质量。房地产服务代理机构（PSA）成为私有化改革的首要目标。

PSA 的来源可以追溯到 1962 年，当时英国公共建筑和工程部的职责是维护政府所有的民用建筑。一年后，它和另外几个部合并，并于 1970 年创建环境部。环境部决定将建设和维护服务的任务交给产权服务代理机构。产权服务代理机构的职责是管理、维护和装修由政府使用的房地产，包括防御工事、办公室、法庭、研究实验室、培训中心和相关土地。

在 1981 年以前，这些服务都由 PSA 自己的员工开展。在 1981 年，英国政府制定了一项政策，把 70%的建筑服务外包给私人企业，虽然这些服务都在 PSA 的监督之下。

在 20 世纪 80 年代中期，政府的"效能"单位提议环境部应该委托和管理他们自己的建设合同与服务。1989 年，环境部秘书长宣布 PSA 将被私有化。私有化经历了两个阶段：1992 年 12 月，PSA 的工程被出售了；1993 年 9 月至 10 月，PSA 被分为五个分离的公司并卖给了四个不同的私有公司。

2. 私有化之前的 PSA

PSA 是政府部门（顾客）和建筑行业（供应商）之间的中介机构。在理论上，这种委托建筑服务的方法可以节省成本。但是，通过联合服务协议，政府部门被迫使用 PSA 来满足它们的建设要求。于是，政府部门没有别的选择而只能使用 PSA，因为 PSA 拥有所有的技能，所以政府部门发觉它们处于从属的地位。在与政府的建筑以及设备相关的合同方面，PSA 有垄断权。因此，政府部门不能控制它们在建筑和维护上的资金安排，并且不能选择承包商。

虽然 PSA 为政府部门提供服务，但因为政府无权违反共同服务协议，也缺乏足够的技能来挑战 PSA 的垄断地位，于是 PSA 仅仅和政府部门建立了一种非常疏远的关系，政府部门处于从属的地位。

撒切尔夫人的智囊团将注意力转向建筑合同的花费方面，并且认为 PSA 的角色不合适。PSA 私有化的命运在所难免。

3. 私有化的过程

PSA 的私有化经过了六个关键的阶段：

——1986 年，政府指定 Delotte 咨询公司为 PSA 设计新的会计和管理信息系统。该系统可以使得 PSA 按照私有化的模式运作。

——从 1987 年起，PSA 不得不和私有公司一起为政府的建筑项目共同投标。

——PSA 被重组成了一些分离的商业职能部门。主要的部门有地产所有权部、房地产服务部和地产服务部。在 PSA 内部建立了一个商业发展董事会。

——1989 年 9 月，政府宣布 PSA 将被私有化。在 1990 年 4 月，与私有化有关的法律事项开始运作。

——1990 年 10 月，在为私有化作准备时，PSA 被重组为三个主要的商业部门：PSA 方案部、PSA 建筑管理部（最后分成了五个公司）和 PSA 国际公司（最后被关闭）。

——PSA 在 1992 年被私有化，接着在 1993 年组成 PSA 建筑管理公司的五个公司被出售了。

以上六个阶段都着重于讨论 PSA 结构和程序的变化，而没有注意到 PSA 的员工对私有化的反应。PSA 的私有化过程是如此缓慢和复杂，完全超出了政府和 PSA 的管理层所允许的范围。

4. 私有化的步伐

几乎所有的人都认为 PSA 的私有化的过程比所期望的更加缓慢和痛苦。

首先，PSA 的董事会好像把私有化看成一个规范的公共部门的变革方案，它可以在事先计划好并直接实施，而没有什么不可预料的问题。

在私有化之前，PSA 不得不按照商业模式来运行。外界期望 PSA 管理者采用一种双轨战略：一边培育一种商业化的文化，一边加速私有化的进程。然而，董事会只关注 PSA 的组织结构的变化，而忽略了文化变革的重要性，甚至在与结构相关的变革上没有一丝紧迫感，而且也没有明确的战略方向。董事会准备把一些他们并不熟悉的商业规则引入 PSA 中。但是，他们的那种专注于结构和程序的计划变革的方法给私有化过程带来了不确定性和不可预测性。

管理层认为有三个理由来解释为什么为 PSA 发展一个新的战略、推进变革的步伐很困难：第一，管理者发现必须将组织变成一个商业实体才能成功，但他们不理解竞争的性质，不能控制战略变革的步伐。第二，公共部门习惯于官僚式文化。管理者们发现，如果营造具有创新性和进取性的组织，员工会焦躁不安。第三，管理者必须接受政治家的指令和决定，政治家力主私有化，而员工却反对私有化，这使得管理者感到无所适从。

5. PSA 员工的反对

大多数 PSA 的员工不希望他们的组织被私有化。他们不仅对在一个政府实体里工作而带来的稳定性和确定性感到满意，而且大多数员工相信 PSA 如果私有化就难以为继。

对不确定性和未知的恐惧使得员工反对私有化。员工尽可能地保留信息，阻碍私有化进程。工会坚决反对私有化。一些员工采取了激进行动，如罢工。

可以看到，PSA 私有化战略变革没有清晰的战略方向。

6. 私有化之后

一旦 PSA 私有化并且需要从公共组织和私营组织获取业务，要求重塑新的组织形式。为此，不同的公司采取了不同的战略。其中，三个私有化后的公司采取了一种渐进而谨慎的方式，这种方式基于沟通、教育和参与。其他公司则采取更直接和更快的方式，从而引起员工态度和行为的转变。

公司实行了重大的结构变革。这些结构变革包括更加扁平化的结构、更宽的控制幅度、强调领导技巧。新的管理风格更加直接，强调员工的责任，增强员工的主动精神。

所有的公司都搬迁到新的地方，旧房产归政府所有。许多员工认为，新环境、新的公司名称、新的口号等都有助于增强他们的组织认同感，他们觉得自己有信心在私有公司里生存和发展。

在接下来的两年里，公司开始评估它们的员工的能力和适合性，这使得一些员工被提升，一些被降级，一些被裁减。许多把到新公司作为第二选择的员工回归政府部门，因为他们对新公司没有忠诚感和归属感。

尽管这样，这些公司也试图成功地争取工会的支持，也就是获得员工的支持，以便降低他们对战略变革的潜在抗拒。

7. 新的顾客

对政府部门来说，私有化在政府和承包商之间划清了界限。“市场检验”迫使政府部门对它们的工程以及它们和承包商所签订的合同进行严格审查。在私有化之后，原来的PSA组织失去了它们既定的优越地位和权力，并不大愿意接受新的安排。它们试图采取公共部门—私营部门发展合伙形式。一些公司试图营造“附加价值”和“慷慨”的组织文化来增强自己的信誉，巩固与客户之间的良好关系。一些PSA公司甚至为客户做短期的培训，以使他们学会适应房产管理者的新角色。但是，公共部门仍然怀疑这种长期的关系是否能够带来附加值。

8. 启示

在20世纪80年代和90年代，英国掀起了一股私有化浪潮，它基于一种政治信念：私有化的组织由于具备竞争压力，与公共部门相比能提供更好的服务。PSA的私有化没有经过理性的决策分析，而是致力于直接把公共部门转化成私有组织。于是，政府并不关心战略变革的过程，而是关心怎样才能完成战略变革。这使得管理者很为难，他们不得不设计一些新计划，并建议员工接受，尽管他们可能对这些计划并不感兴趣。政府的政策由意识形态而非理性来驱动。员工害怕并抗拒私有化。

但是，随着时间的推移，有三种因素促进了私有化的完成：第一，为了达到既定目的，政府仅仅关心私有化是怎样完成的，以及私有化的成本，而不是关心目标本身；第二，在1992年英国大选之后，政府和政策都没有什么改变，对员工来说，私有化就是不可避免的；第三，PSA抛弃了它原先使用的计划变革的方法，而是采取了更加强硬和快速的方式来克服私有化的障碍——当它们一出现就加以处理，并在私有化过程的各个方面采取灵活对策。

关于战略变革，在这个例子里，有清晰而有限的目标，但没有连续的达到目标的战略。虽然大多数的私有化组织认为顾客和供应商之间亲近的合作关系而不是敌对关系是取得最大货币价值的方法，但这对公共部门和建筑行业的关系是不适合的。

思考题

1. 公共部门战略变革有哪几种方式？
2. 简述公共部门战略变革的原则。
3. 怎样确认公共部门战略变革的意愿？
4. 公共部门组织包括哪些分系统？
5. 公共部门战略变革的阻力有哪些？
6. 怎样更好地发挥公共部门战略变革管理机构的作用？
7. 如何优化公共部门战略管理过程？
8. 在前述案例中，英国房地产服务代理机构（PSA）的私有化改革遇到了哪些阻力？你认为应该如何突破这些阻力？从该案例中，你得到了什么启示？

阅读书目

1. ［美］保罗・C・纳特，罗伯特・W・巴可夫．公共和第三部门组织的战略管理．北京：中国人民大学出版社，2001

2. ［美］弗雷德・R・戴维．战略管理．第 8 版．北京：经济科学出版社，2002

3. 金占明编著．战略管理——超竞争环境下的选择．北京：清华大学出版社，1999

4. ［美］阿诺尔特・魏斯曼．战略管理——成功五要素．北京：华夏出版社，2000

5. ［英］伯恩斯．变革时代的管理．昆明：云南大学出版社，2001

6. ［美］苏米特拉・杜塔，让-弗朗索瓦・曼佐尼．过程再造：组织变革与绩效改进．北京：中国人民大学出版社，2001

7. ［美］史蒂芬・P・罗宾斯．组织行为学精要．北京：机械工业出版社，2000

8. ［美］罗森茨韦克，卡斯特．组织与管理．北京：中国社会科学出版社，1985

9. ［英］奈杰尔・金，尼尔・安德森．组织创新与变革．北京：清华大学出版社，2002

10. ［美］彼得・圣吉等．变革之舞——学习型组织持续发展面临的挑战．上海：东方出版社，2001

11. ［美］W・里查德・斯格特．组织理论．北京：华夏出版社，2000

12. ［美］罗伯特・丹哈特．公共组织理论．北京：华夏出版社，2000

第 9 章

公共管理的战略思维

本章要点

- 战略思维的内涵与特征
- 战略思维的基本要求
- 战略管理中理性思维的作用及其局限性
- 战略管理中的创造性思维
- 价值观及其对战略过程的影响
- 公共管理中的战略分析
- 公共部门管理者战略思维的培养

公共部门的战略管理是一个动态的管理过程，表现为战略主体的战略规划、战略实施、战略评价以及战略变革等一系列的阶段；同时，它们也在很大程度上构成了战略管理的主要内容。然而，公共部门要成功地实行战略管理，管理者或领导人必须具有战略思维，要善于把战略思维运用并贯穿于公共管理过程的始终。战略思维要求管理者站在全局的高度去观察和处理问题，既要立足于现在，又要放眼未来。因此，战略思维对于公共部门的管理起着宏观上的指导作用，使公共部门的管理沿着既定的轨迹和方向前进。如果离开了战略思维的导向作用，公共部门的管理往往就会陷入就局部论局部，挂一漏万，顾此失彼，只顾眼前、不顾长远的境地，公共部门的战略管理也将无从谈起。当前，随着经济全球化的到来，随着国内外市场竞争的日趋激烈，战略问题的研究越来越引起世界各国政府的高度重视，战略思维在公共管理中的作用也日渐凸显。本章将重点介绍战略思维、理性思维与非理性思维，以及价值观与战略分析等内容。

9.1　战略思维概述

9.1.1　战略思维的内涵

战略思维是研究战略活动的本质与规律的思维科学。战略活动研究起源于军事科学，后来，随着社会的发展，逐步扩大到社会政治、经济、科技、文化领域，成为古今中外政治家、经济学家、军事家、外交家和思想家普遍重视的问题。我国古代的《战国策》就是一部战略史书，其中以大量的文笔记录了"连横"和"合纵"的战略活动，指明了战略活动包括"横向联系"和"纵向联系"两方面内容。"用兵之道，以计为首"，告诉我们作为战争指挥员必须要懂得战略活动的道理。诸葛亮在我国是家喻户晓的政治家、军事家和战略家，他"未出茅庐，先知三分天下"的战略远见和许多反映他足智多谋的战略思维艺术的故事，充分体现了我国古代政治家、军事家在战略思维的研究和把握上所达到的高度与水平。著名的德国军事战略家克劳塞维茨的《战争论》，对战略问题的研究作出了巨大的贡献，他指出："战略是为了达到战争目的而对战斗的运用。"战争目的作为战略目标，具有全局性的意义，各个战斗与战争目的相比较，只是在局部范围里起作用，所以，战斗要服从战争目的。局部利益要服从全局需要，这是战略思维的根本要求。毛泽东是伟大的无产阶级革命家、军事家、战略家，他在《中国革命战争的战略问题》一书中，对"战略学"下了科学的定义："研究带全局性的战争指导规律，是战略学的任务。研究带局部性的战争指导规律，是战役学和战术学的任务。"这不仅指明了战略思维研究的对象，而且为我们进一步揭示战略思维活动的本质和特征提供了基础。

战略思维是研究全局性、长远性和根本性指导规律的思维方式。一般而言，人们把战略思维定义为"对全局性、规律性、长远性的问题作出重大决策的科学知识体系和科学思维方法"。就其内涵而言，现代战略思维是思维主体在头脑中进行的思维比较、思维判断、思维选择、思维决策、思维运行、思维反馈、思维修正、思维总结和思维升华的全过程。它的基本属性是：脑科学揭示，它是发生在思维物质运动中的物理、化学和生物细胞的协同运动，是一种物质运动；认识论则表明，它是对客体深层、远景穿透性的反映，是对事物本质、特征、相互联系和发展规律的认识过程；信息科学认为，它是对信息的综合、全面、创造性的加工和转变。可以说，战略思维是一种理性思维，是一种高级的思维形式。首先，战略思维是运用系统论的知识，遵循科学的逻辑程序，对事物进行本质和规律的认识，属于理性认识范畴；其次，战略思维不是一种单向度的抽象思维，而是抽象思维、形象思维、创造性思维、辩证思维、系统思维等多种思维方式的整合及综合运用，是一种更加高级的新型思维范式。最后，不可否认，战略思维不是某些人的专利，但作为思维的特定范畴，往往是指各级领导集体、领导者重大决策性的思维，尤其是高层领导治国安邦的思维，应该是站在时代前列，以战略的高度，放眼全局，高瞻远瞩的高层次思维。

9.1.2 战略思维的特征

战略思维作为领导者关系全局性、长远性、根本性重大问题的分析、综合、判断、预见的理性思维过程，既具有一般思维方式的共性，又具有不同于一般思维方式的特殊性。它的特征主要表现在以下几个方面：

1. 系统性

系统性思维是领导者进行战略思维活动所应具有的最基本的思维方式。系统的整体性表现为内在要素有机组合的相关性、系统与各要素之间的相关性、系统与环境的相关性、系统功能的非加和性等。它主要表现在两个方面：

（1）全局性思维，也叫整体性思维。系统整体性的重要特征就是：整体不等于部分之和。整体的功能依赖各子系统和各要素的功能，但绝不是这些子系统和要素功能的简单之和。由于系统整体与部分在功能上的非加和性，因此二者具有不同的功能效应。可能是整体小于部分之和（负效应），也可能是整体大于部分之和（正效应）。系统整体与部分在功能上的这种非加和性，化为思维方法论，就要求主体在领导活动中必须具有全局观念和全局思维，在空间上正确处理全局与局部的关系。全局离不开局部，犹如系统离不开要素，但局部是全局中的局部，犹如要素是系统中的要素。领导者要关注属下局部的利益，但必须清醒地认识到这种局部的利益不是脱离全局利益而存在的，更不是与全局利益相对立而存在的利益。如果局部利益是与全局利益相互排斥的，那么局部利益的实现必然会削弱全局利益，会导致全局功能的衰退，直至全局崩溃，随之原有的局部也不复存在，并且该局部将融入另一个有着不同目标的全局系统。领导者要维护原有的全局系统，并使它的目标价值合理，就特别要注意全局和局部的关系，要说服下属有全局观念，自己更要有全局的战略意识。全局和局部又是相对的。一个系统对其下属来说属于全局，对上一层次系统来说又属于局部，所以一个系统同时扮演着两种角色，而战略思维就必须贯穿于这两种角色之中。在这里，必须反对分散主义和部门主义，避免为了自己的局部利益和暂时利益，去损害全局和长远的利益，妨碍全局合理的价值目标的顺利实现的行为，否则整个全局必然趋向无序，直至崩溃。而整个系统全局的无序，必然使各个局部在实现各自利益时的成本代价增大。可以说，全局的高度有序，是局部谋取合理利益的最有利的环境，同时也是全局的最大利益和最佳目标。

（2）开放性思维。开放系统是指同环境交换物质、能量和信息的系统。现实的系统都有程度不同的开放性。完全与外在环境隔离的封闭系统只是一种理论描述状态，不是实际存在的事物。领导者要分析自己系统所处的环境状况，深入研究环境可能的变化趋势、变化的环境与自己的系统在何种层次上发生着相互关系等。这是关系系统存在和发展的战略问题。外部环境及其变化，可能对系统现今的存在和发展是危机，也可能是机遇，还可能兼而有之。领导者须清醒认识这类态势，避害趋利，有所调整，主动抓住机遇，迎接挑战。外部环境及其变化，对系统的各种影响是分层次的。一个具体单位面临的外部环境，从空间层次上可分为国际环境、国家周边环境、国家政策环境、省市环境、县乡镇环境等。从时间层次上可分为历史影响环境、现实状态环境、未来趋势环境等。从内容相关性层次上有经济环境、政治政策环境、文化环境、人际环境、法制环境、安全环境等。各种层次的集合，使外部环境对系统的影响有直接至间接的各种样式。另外，还要分析系统内部状况对外部环境各层次影响的承受程度、反映敏感度和向度、变化弹性程度等，由此得出整体的相互作用图景，从而作出自己的政策选择。这一点是领导者的一项重要的、战略性的工作职能。

2. 前瞻性

唯物辩证法关于事物不断变化发展的观点决定事物作为过程而存在。任何事物的变化发展都是一个过程，有它的昨天、今天和明天，因而事物发展具有延续性，今天是昨天的延续，明天又是今天的延续。今天只是决策的出发点，而不是着眼点，更不是归宿。领导战略思维的前瞻性，就是领导者在决策时，不仅要看到过去和现在，更要看到未来，在思维对象实际发生变化之前就考察其未来可能出现的各种趋势、状态和结果。领导者要立足今天，总结昨天，预见明天。要善于静中见动，预见未来；深思致远，谋划未来；揭示规律，把握未来，千方百计做好未来这篇大文章。必须高度重视的是，前瞻性思维是以对客体未来发展趋势和规律的科学把握为基础的，绝不是领导者的主观臆想或凭空幻想。一般而言，领导的空间越广阔，所涉及的因素越多，变化幅度越大，影响越深远，就越需要加强超前性战略思考和可行性论证，对可能引起的一系列问题和后果进行充分估计，使思维走在环境变化的前面，科学预测变化发展的前景。

3. 辩证性

在战略思维中，包含着主与次的辩证法。也就是说，掌握和运用战略思维，要在正确理解主要矛盾和次要矛盾辩证关系的基础上处理好重点与非重点之间的关系。战略思维对象本身往往包含着许多矛盾，这些矛盾的地位和作用是不同的，其中必有一对矛盾是主要的矛盾，它不仅规定和影响着其他矛盾的存在与发展，也贯穿于过程的始终，并规定着我们的战略目标和战略方向。运用战略思维，就要在综合分析的基础上牢牢把握主要矛盾和中心工作，这样才能清醒地观察和把握社会矛盾的全局，有效地促进各种社会矛盾的解决，进而带动全局的发展。当然，还必须看到，主要和非主要、重点和非重点是相互依存、相互贯通的。非主要矛盾和非重点问题如果解决不好，也会影响主要矛盾和重点问题的解决，进而影响战略目标的实现。所以，在抓住重点、突出重点的同时，还必须统筹兼顾，切实解决其他一系列矛盾，特别是解决那些对于解决主要矛盾、从而对于推动全局有重大影响的矛盾。那种缺乏重点的思维或者缺乏统筹兼顾的思维都不能叫做战略思维。

4. 创造性

由于战略思维主要是对未来发展问题的思考，而未来发展问题又大多是新矛盾、新问题，因此其思维活动就绝不能囿于传统的、陈旧的教条，而应当有所创新。所以，创造性思维就必须成为领导者战略思维的一种重要的思维方式。江泽民同志指出，创新是一个民族的灵魂，是一个国家兴旺发达的不竭动力，也是一个政党永葆生机的源泉。领导者制定新的发展战略，开拓新的工作局面，必然面临着许多复杂的新矛盾和新问题，面临着许多新的发展机遇和严峻挑战。因此，在复杂多变的环境下，如果要制定新的发展战略，开拓工作的新局面，就必须实现思想观念上的不断创新。而思想观念的创新，又离不开思维方式的创新。可以说，一个思维方式陈旧、缺乏现代科学思维、不能运用创新思维艺术来思考问题的领导者，绝不会成为能够开拓工作新局面的优秀领导者。当然，继承是必要的，而创新则更为重要。创造性思维不可能完全套用他人的、以往的经验和方法，而主要是沿着没有前人思维痕迹的路线去探索。当然，在把这种带有创见性思维活动付诸领导战略实践时，不可能完全避免一定的险阻与磨难。只有大公无私、不怕风险、敢于献身的领导者，才能敢于为了追求真理、追求发展而超越思维常规，突破思维禁区，勇于求异创新，才能使自己的思维不被一种模式、一种思路所束缚，才能敢想、敢说、敢干，有所发现，有所发明，有所创造，有所前进，不断开创发展的新局面。

9.1.3 战略思维的基本要求

战略思维是公共部门管理者将备的一种素质和能力。战略思维要求公共部门管理者将国内外有着重大以及决定意义的现实问题，提高到全局的高度进行观察和思考、研究和讨论。战略思维的能力就是洞察全局、思考全局、谋划全局、配合全局的思想方法和工作能力。战略问题历来是我国领导人极为关注的问题。毛泽东曾指出：“任何一级的首长，应当把自己注意的重心，放在那些对于他所指挥的全局说来最重要最有决定意义的问题或动作上”①。邓小平也一贯强调：“要看到大事，要有战略观念”②，“不能只在眼前的事务里面打圈子，要用宏观战略的眼光分析问题”③。当今世界是纷繁复杂、变幻莫测的世界，国际形势纷纭变化，公共部门管理者所面对是一个处于不断发展和变化中的客观环境，要求管理者要运用战略思维去分析问题，从宏观上把握问题的实质，以便在整体上把握问题的同时，提出解决问题的方法和对策。可以从如下几个方面来理解战略思维的基本要求：

1. 正确处理全局与局部的辩证关系是战略思维的核心内容

毛泽东指出：“只要有战争，就有战争的全局。世界可以是战争的一全局，一国可以是战争的一全局，一个独立的游击区、一个大的独立的作战方面，也可以是战争的一全局。”④ 所以，战争全局和局部的辩证关系是战争指挥员必须要研究和处理好的问题，否则，就要打败仗。战略思维是战争指挥员必须具备的素质和能力，打仗要处理好全局与局部的辩证关系。公共部门的管理者在从事公共管理的过程中，同样要处理好全局与局部的辩证关系。如果把公共部门管理者所管理和从事的领域看做一个系统的话，那么社会就是一个大系统。公共部门的管理者在管理过程当中，不可避免地要遇到局部与全局的矛盾问题。这就要求管理者要有战略的眼光，要运用战略思维来分析和处理好局部与全局的问题。管理者既要考虑到局部的利益，同时也要考虑到全局的利益。当这二者在实际工作中发生冲突时，管理者首先应照顾到全局的利益，在必要的时候不惜牺牲局部的利益，以服从全局的利益。毛泽东指出，我们做计划，办事、想问题，要统筹兼顾，适当安排，不能只考虑自己小圈子里的利益，要调动一切积极因素，团结一切可以团结的人，尽可能地变消极因素为积极因素，为建设社会主义事业服务。

---

① 《毛泽东选集》，2版，第1卷，176页，北京，人民出版社，1991。
② 《邓小平文选》，2版，第1卷，200页，北京，人民出版社，1994。
③ 《邓小平文选》，1版，第3卷，355页，北京，人民出版社，1993。
④ 《毛泽东选集》，2版，第1卷，175页。

在改革开放的今天，在我国政治经济体制转轨的过程中，许多公共部门的管理者并未能处理好局部与全局二者之间的关系。“上有政策，下有对策”现象，就是典型的地方与中央争权夺利的现象。究其原因，从根本上说就是没有摆正局部与全局的辩证关系，致使少数部门把局部的利益置于全局利益之上，从而造成全局利益的损失。如果单从部门的利益来看，这种做法有其根据的话，那么，从全局和长远来看，这种短视的做法无疑会影响到全局和长远利益的实现，会影响到我国社会主义现代化建设的进程。因此，党和国家领导人多次强调各级领导者必须正确处理好全局与局部的关系问题。公共部门的管理者只有具备战略思维的素质和能力，才能正确处理好管理过程中全局与局部的问题，从而达到在努力实现局部利益的同时实现全局利益的双赢局面。

2. “全局在胸”是战略思维的基本要求

毛泽东指出，战争指挥员要处理好战争全局与局部的关系。首先要有一个战略头脑，要树立全局观念，要做到“全局在胸”。全局是由局部构成的，但不是局部的机械相加，而是局部的辩证统一。全局高于局部，统率局部，决定局部；局部只有在全局中，才有存在的价值和意义。所以，战争指挥员在指挥作战时，必须把注意力的重心放在照顾战争的全局上面，自觉地服从全局的需要。有些战役打起来，在局部来看是有利的，在全局来看则是不利的，那么这些战役是必须放弃的；有些战役打起来，在局部来看是不利的，在全局来看却是有利的，那么这些战役即使是付出再大的代价，也是必须去争取的。①

战争如此，公共管理也不例外。公共部门的管理者在从事公共管理的过程中，必须时刻有“全局在握”、“胸中有数”的战略意识。管理者在实际的工作中所面对的是一个纷繁复杂的社会系统和工作环境，这一切都在客观上要求管理者要具备战略意识，要从战略的高度去总揽和把握全局，从而真正地做到“心中有数”。公共管理的公共性决定了其管理者必须追求管理的效益、效果和效率的最大化，追求有限资源的产出的最大化。而要实现这一切，要求公共部门的管理者要从全局的高度和全局的利益出发，制定出科学、合理的战略方案，以实现公共部门资源的有效配置，并进而实现产出的最大化。在这一过程中，如果管理者缺乏“全局在胸”的意识，只是一味地追求局部效益的最大化，往往无法实现全局效益的最大化。古希腊哲学家亚里士多德说：“整体不等于各个孤立部分的总和。”就是说，整体的功能可能大于、也可能小于局部功能之和。“三个臭皮匠顶个诸葛亮”，说的是整体功能大于部分功能之和；“三个和尚没水喝”，说的是整体功能小于部分功能之和。公共部门的管理者在管理过程中所应追求的是整体功能大于部分功能之和，以便实现全局利益的最大化。

3. “抓住重点”是战略思维的根本方法

战争是一个极为复杂的事物，再加上敌我双方的互相保密和故意迷惑对方，这就使战争指挥员在把握战争规律和捕捉战机时，难以使自己的主观指挥和客观实际相符合。在这种情况下，战争指挥员怎样才能做到“全局在胸”呢？毛泽东指出，要抓住对全局有决定影响作用的局部，抓住重点，也就抓住了全局。之所以如此，因为全局是由局部构成的，占据主要矛盾地位的局部发生变化，全局立即会受到重大的影响；而占据次要矛盾地位的

---

① 参见王建诠：《战略思维论》，载《管理科学》，2001（4），48～50页。

局部发生变化，全局可以不受到重大的影响。

公共部门的管理者在其管理活动中，也必须要贯彻好“抓住重点”的原则。在面对千头万绪的管理事务和工作时，不仅要学会抓住重点，还要善于抓住重点；不仅要抓住主要的问题，还要抓住问题的主要方面，以便于管理者集中精力处理好重要的、决定全局的关键问题，从而保证管理工作取得预定的成效。因此，公共部门管理者在实际的工作过程中，要“抓大放小”，要“有所为有所不为”，从根本上把握管理工作的基本方向，以提高自己管理和驾驭全局的能力。否则，管理者就可能陷入繁杂的琐事当中而不能自拔，导致“两眼一睁，忙到熄灯”的困境，结果是费力不讨好，既花费了许多精力，又没有把事情给办好。这种现象在实际的工作过程中并不少见。究其原因，从根本上说，就是缺乏战略思维，不懂得“抓住重点”的工作方法之于公共部门管理的重要性。当然，“抓住重点”必须具体情况具体分析。正确区分战略重点和非重点是“抓住重点”的基础。毛泽东指出：“说重要，说有决定意义，不能按照一般的或抽象的情况去规定，必须按照具体的情况去规定。”① 战略重点和战略非重点的界线不是固定不变的，而是随着时间、地点、条件的变化而变化。为此，公共部门的管理者必须要有敏锐的洞察力，要及时地根据发展和变化了的环境，调整战略重点，以便有的放矢地做好管理工作。

4. “统筹兼顾”是战略思维的根本原则

对于公共部门的管理者而言，在抓住战略重点的同时，也要关注非战略重点，因为非战略重点虽然对全局不起决定性的作用，但也起重要作用。更何况，战略重点和非重点的界线本来就不是固定不变的，而是随着时间、地点、条件的变化而变化。如果公共部门的管理者不注意战略非重点的发展，准备不足，一方面，会对全局的发展产生一定的不利影响，另一方面，当战略重点与战略非重点发生转化时，管理者就抓不住机遇。因此，战略思维强调“统筹兼顾”的原则，反对任何一种主观性和片面性；既反对对战略重点与非重点不加区分而不重视战略重点的倾向，也反对强调战略重点而忽视非重点的倾向。战略思维就是坚持客观性和全面性原则的思维方式。② 公共部门的管理者在从事管理活动的过程中，既要把握管理工作中决定全局的重点，又要对其他非重点的工作加以关注，以避免出现顾此失彼的局面。因为管理工作是一个有机联系的系统，“牵一发而动全身”，每一个子系统功能的发挥最终都可能会影响到管理工作的效果，所以，管理者在处理好战略重点的同时，要妥善地处理好战略非重点，以确保管理工作系统处于良好的运行状态之中。

9.1.4 战略思维在公共管理中的地位与作用

公共管理是指公共部门管理者运用公共权力管理公共事务，以实现公共利益的过程、活动和方式。公共管理不仅关注公共部门如何运用公共权力，更关注的是如何有效地为社会提供公共物品。因此，公共管理所追求的目标是促使公共组织尤其是政府组织更有效地

① 《毛泽东选集》，2版，第1卷，176页。

② 参见王建诠：《战略思维论》，载《管理科学》，2001（4），48～50页。

提供公共物品。[①] 然而，公共管理要实现这一目标，要求其管理者必须具有战略思维的素质与能力。否则，公共管理就可能会偏离其本来的方向，公共部门的资源将难以得到有效的配置，公共管理的效率将难以得到提高。由此可见，战略思维之于公共管理的意义非同一般，具体体现在以下几个方面：

1. 合理配置资源，提高管理绩效

20 世纪六七十年代以来，西方国家普遍兴起了一场声势浩大的“新公共管理”运动，这场运动旨在追求实现“3E”（即经济 economy、效率 efficiency 和效益 effectiveness）目标。[②] 当前，这场改革运动已波及了包括政府在内的整个公共管理部门。公共部门要实现这一改革的目标，就必须采用先进的管理方法和理念，对公共部门有限的资源实行科学、合理和有效配置，使得公共部门的人力、物力和财力等全方位地实现优化配置，以争取实现公共部门的产出（公共物品）的最大化。然而，这一切的实现都对公共部门的管理者提出了严格的要求和挑战，要求公共部门的管理者必须具备战略思维的素质和能力。公共部门的管理者也只有具备了战略思维的素质和能力，才能做到从宏观上去把握好公共部门的管理，理清各项管理工作的脉络，分清各项管理工作和项目的轻重缓急，并根据客观情况，把资源配置到合适的部门和项目上，从而实现资源的优化配置，在提高资源有效利用的同时，实现公共物品产出的最大化。

2. 实现公共利益

公共管理的过程就是管理者运用公共权力管理公共事务，以实现公共利益的过程。这就决定了公共部门的管理不同于私人企业组织的管理的一面。公共部门的管理者在管理过程中，不仅要像私人组织一样追求效益和产出的最大化，还要追求其管理的公益性。换句话说，公共管理不仅要追求效益与效率，还要追求公平与公正。在必要的时候，公共管理还必须牺牲效率以换取公平。在现实的管理工作中，要同时兼顾到这两个目标，需要公共部门的管理者将战略性的思维贯穿于其整个管理活动当中。战略思维在管理工作中的运用，有助于管理者在作出各种重大决策和处理各种问题时注重从整体、从长远的角度去考虑问题，以便在通盘考虑各种利害关系的同时，作出最佳的决策，从而避免造成因小失大、顾此失彼的局面，有效地保证社会公共利益的实现。

3. 实施可持续发展的前提和保障

自从 1980 年可持续发展概念提出以来，可持续发展问题在全球范围内引起了广泛的关注与重视。这一概念的最初提出是针对环境与发展问题的，指的是“既要满足当代人的需要，又不对后代人满足其需求的能力构成危害的发展”[③]。但是，随着时间的推移，这一概念已被广泛地引入政治、经济和文化等各个领域。当前，公共部门的可持续发展已成为全社会普遍关注的一个热点问题，公共部门的可持续发展已被提上了议事日程。公共部门要实现可持续发展，其管理者和领导人首先必须要具备战略思维的素质与能力，这是公共部门实施可持续发展战略的前提和保障。战略思维在管理过程中的运用有助于管理者充

---

① 参观陈振明主编：《公共管理学》，37 页。

② 参见［美］B·盖伊·彼得斯：《政府未来的治理模式》，46 页。

③ World Commission on Environment and Development, *Our Common Future*, Oxford: Oxford University Press, 1987.

分地考虑客观的因素和环境，把局部利益和整体利益、眼前利益和长远利益结合起来，审时度势，高瞻远瞩地制定和实施各种重大的决策与计划，使得公共管理既实现其预定的管理目标，增进全社会的福利，又没有危害和影响到下一代人需要的满足与发展，从而促进整个社会的可持续发展。

9.2 理性思维与非理性思维

公共部门的战略管理是一个十分复杂的动态管理过程，战略管理者所面对的是纷繁复杂的内部和外部的管理环境。经济全球化的到来、信息社会的出现、科学技术的日新月异，更增加了公共部门管理者所面对的客观环境的动态性和复杂性。如何在纷繁复杂的环境中把握住有用的信息和问题的本质，以实施有效的战略管理，实现预期的战略目标，已成为摆在公共部门管理者面前的一个重大的议题。这就要求公共部门的管理者必须具备良好的理性思维能力与非理性思维能力，方能实施有效的战略管理。

9.2.1 理性思维

按照思维科学的观点，理性思维是指理解性或解释性的思维，是逻辑性或观念性的思维，是本质认识性和研究性的思维。不管哪种称呼，理性思维形式都包含概念、判断、推理三大形式。理性思维的职能是形成本质和规律的认识，是形成理解、解释现象的认识，是在感性思维或现象认识基础上进一步“加工”的思考。通过由表及里、由外至内、由浅入深、由个别到普遍、由片面到全面、由孤立到相互联系等认识过程，可更接近于客观事物本来面目、本来性质或本身内在实质关系，更接近于客观事物本质或真理。正确的理性思维形式、法则和方法只能在认识与不断深入认识客观事物过程中先后形成、发展和完善。理性思维不对头或方法错误，就可能导致认识远离客观事物本来面目或本来性质或本身内在实质关系或真理，甚至误入歧途。一些宗教神学迫害科学的行为就是误入歧途的例证。形式逻辑、因果逻辑、辩证逻辑均属于不同深度的正确理性思维方式，它们揭示了不同深度的客观事物及其本质，形成了不同领域、不同深度的理论和科学，达到了不同深度的本质认识。①

战略管理过程中的理性思维与思维科学中所指的理性思维有所不同，战略管理过程中的理性思维强调的是建立在理性或合理性概念基础之上，运用定量分析方法与技术来分析问题和解决问题。所谓的理性或合理性，简要地说就是人们强调经过理性的计算或推理，选择适当的手段实现目的的倾向。或者说，理性是指为达到一定的目的，解决一定的问题，人们使用冷静、客观和准确的计算，利用已获得的信息或统计资料，对目的和手段进

① 参见陈叔瑄：《思维工程》，146页，福州，福建教育出版社，1994。

行分析，以求得最佳、最适当的手段或解决办法，有效率地或有效地达成目的。[①] 这个概念是德国著名学者马克斯·韦伯（Max Weber）最先提出的，是他将哲学的理性概念运用于社会学领域而得到的一个新术语，这个术语后来被广泛地运用于社会科学各个领域，包括战略管理领域。

显然，战略管理过程中的理性思维强调的是要运用逻辑推理和精确的数学计算的方法，换句话说就是在战略管理过程中要充分运用定量的分析方法与技术。战略管理过程中定量分析方法与技术的运用有其必然性：（1）随着时代与社会的发展，战略管理者所面对的主客观环境越来越复杂，越来越趋于动态的变化之中，客观上要求战略管理者运用定量的分析方法与技术，以有效地解决现实中的问题。（2）以计算机为代表的高科技与信息技术的飞速发展为战略管理过程中定量分析方法与技术的运用提供了技术上的支持。所以，自 20 世纪下半叶以来，定量分析的方法与技术已广泛地运用于各种社会科学。

关于理性方法在实践中的运用，我们可以借鉴政策分析中的理性主义模式。该模式的要点可以概括为：（1）决策者面对一个既定的问题；（2）决策者应该清楚自己的目标、价值或要求，然后予以排列优先顺序；（3）决策者能够列出所有达成其目标的备选方案；（4）调查每一个备选方案所有的可能的结果；（5）比较每一个备选方案的可能结果；（6）选择最能达成目标的备选方案。[②] 虽然该模型随后遭到了来自各方的批评，批评者认为现实中由于种种因素的制约，决策者不可能依据完全的理性模型找到一个最优的方案，并因此而提出了有限理性和渐进主义的模式，但是在现实中，却是越来越多的定量分析方法与技术被广为运用于政策分析和战略管理等社会科学领域。毫无疑问，理性思维方法（定量分析方法与技术）在战略管理过程中理应占据重要的一席之地。

需要指出的是，公共部门战略管理中的定量分析方法与技术的范围十分广泛，它们大多数是在运筹学、系统分析、数学、统计学、概率论、决策论、计量经济学和计算机等学科的知识、方法与技术的基础上发展而来的，或者说是把这些学科的方法与技术运用到战略研究的过程之中，同时，公共部门战略管理在很多方面大量地引用了企业战略管理与分析的方法和技术。常见的定量模型、方法及技术有：线性规划、排队论、规划管理技术、马尔柯夫分析、SWOT 分析、对抗分析、质量保证、损益分析、动态规划、计算机模拟、随机库存论、叶贝斯定理、决策树等。

9.2.2　战略管理中的理性思维方法的作用和局限性

1. 理性思维方法的作用

理性分析方法尤其是定量分析方法在战略管理过程中无疑起着至关重要的作用。离开了理性思维，或者说，如果战略管理者缺乏理性思维能力，战略管理活动将无法有效地开展，战略管理活动将不可避免地陷入无序和混乱的状态之中，因为战略管理活动不可能单凭经验、想象、臆断或直觉，在大多数情况下，必须要有准确可靠的数字资料的分析作为

---

① 参见陈振明主编：《政策科学》，456 页。

② Charles E. Lindblom, *The Policy-making Process*, Englewood Cliff, NJ: Pretice-Hall Inc., 1968, p. 13.

前提和基础。定性分析和创造性思维方法只能是单测度的，其结果只能指出大致的方向或区间范围，而不可能得出一个精确的结论。要解决这个问题，通常就必须借助理性分析尤其是定量分析。现代的战略家从一开始就注意从运筹学、系统分析、统计学、概率论、数学、计量经济学等定量化学科中借鉴和发展出一些适应战略管理与战略分析的新方法和工具。理性思维方法在战略管理中的重要作用主要体现在以下几个方面：

（1）理性思维方法（尤其是指定量分析方法）能够使得有关的知识条理化和专门化。运用理性思维方法能够有助于战略管理者在战略管理过程中比较一些变量随时间与空间的变化，并将这些变量和其他特殊的变量加以比较，找出它们之间的异同点以及隐含于它们背后的关系。特别是随着现代科学技术的高速发展，电子计算机技术的普及，大量的数据和信息可以通过计算机等技术手段在很短的时间内得到处理，并可通过信息子系统得到积累、贮存和处理，从而使得公共部门战略管理者能够方便地提取和运用各种有关的信息与数据，保证战略管理效率的提高。

（2）理性思维方法使得战略管理所面对的复杂而又不确定的问题的表述更容易把握，它为规定系统的输出提供了判断标准。通过理性思维，特别是定量分析，战略管理者可以把各种发生的事件和数据资料记录下来，以便复查、评估、比较以及用特殊的方法加以检查；利用定量分析的报告、定量表达的关系式以及随时间变动的数量关系，战略管理者可以设计出反馈机制来帮助控制和决策；定量分析使得仿真模拟成为可能，因为它具备结构化的、合理的、可重复的处理手段，能够通过调整数量表示自变量，对不同的输出结果进行分析（敏感性分析）；通过数学和统计学推导出来的递归函数，战略管理者可以看出各种有用的关系。

（3）理性分析（特别是定量分析）的方法，不但能够帮助战略管理者认清所面对的主客观环境，而且有助于战略管理者比较准确地把握环境发展变化的方向与趋势。战略管理者在从事公共管理活动的过程中，不可避免地要受到外界环境的影响。他们要用战略的眼光和思维来分析与解决管理过程中出现的问题。战略管理的一个重要方面就是要着眼于公共部门组织未来的发展，因此，战略管理者必须对其所处的主客观环境有一个清楚的认识，尤其要认清外界环境的发展变化的方向与趋势，以便公共部门组织及时地作出反应与调整，从而保证公共部门组织在发展变化和动荡的环境中求得自身的生存与发展。而定量分析的方法与技术在很大程度上能够帮助战略管理者实现这一目标，因为任何事物的发展变化都是有一定的规律的，通过调查和收集各种有关的数据资料，并运用定量分析的方法与技术加以处理，将有助于战略管理者把握环境发展的趋势，从而制定出正确的战略规划，以实现组织的战略目标。

（4）理性思维方法比其他的方法更加客观、准确和严密。战略管理者通过理性思维的方法能够较为直观、具体和明确地反映或展示研究对象的运动变化及其所处的状态，这又是理性思维的一大优点。战略管理者通过理性思维，特别是定量分析的方法，可以运用数据、模型等把客观事物的运动变化和所处的状态清楚明白地表示出来，使得战略管理者的分析与决策有根可循、有据可依，同时也在很大程度上提高了战略管理的科学性。因此，理性思维方法有助于战略管理者更好地分析与界定问题，确定战略目标，形成战略规划，既有利于战略规划的制定，也利于战略规划的实施、评估和监控。

总之，理性思维方法或者说定量分析的方法与技术的运用是公共部门战略管理者必不可少的基本素质，离开了理性思维方法或定量分析方法的运用，公共部门战略管理的科学性与合理性将无从谈起。从哲学的观点来说，战略问题和其他的事物一样，都是质和量的统一体，量的方面的探索和质的方面的探索同样重要，而且从认识论的角度来看，对于某一事物量的方面的认识是在质的方面的认识的基础之上进行的。因此，可以说，对于某一事物量的方面的认识是一种更高层次或更进一步的认识。当代社会科学发展的趋势是越来越多地采用定量分析的方法与技术，战略管理学也不例外。现实中的各种战略问题，特别是一些重大的战略问题的分析和研究都毫无例外地要运用到定量分析方法与技术。可以预见，随着理性方法尤其是定量分析方法及计算机技术的日益成熟，它们在各门社会科学中的应用将越来越广。从某种意义上说，正是定量分析方法的成长及其广泛应用，才使得人类实现了从传统的经验管理向现代科学管理的转变与过渡。

2. 理性思维方法的局限性

然而，从辩证法的角度来说，任何事物都具有其两面性，定量分析方法也不例外。定量分析方法在战略管理中的应用有其缺陷与不足，因为在公共部门战略管理过程中，将不可避免地要涉及价值（效用）、组织文化、意识形态、道德观念等方面的因素，而定量分析方法是无法对此作出有效的分析与解释的，必须借助定性分析、创造性思维方法以及价值分析等方法。所以战略管理者应该既要充分认识到定量分析方法的优点，又要认识到定量分析方法的缺陷及其局限性。具体说来，定量分析方法的局限性主要体现在以下方面：

（1）用理性分析方法尤其是理性模型（定量分析模型）得出的战略规划并不是在任何时候或任何情况下都是最优、最合理的战略规划。因为每一个理性模型都是建立在一定的假设和研究框架的基础之上的，这是该理性模型得以生效的前提条件。如果时间、空间或者其他方面的条件发生了变化，则原来的假定和框架可能会不再与实际情况相符，结果是原来最优的方案在变化了的时间与空间条件下，往往就不再是最优、最合理的方案，甚至有可能是错误的方案。

（2）理性分析方法都是一种静态的分析与研究方法，结果得到的方案或答案大多是长期的；而公共部门引入战略管理，就是要改变传统行政模式中以行政系统为中轴的内部取向的做法，把公共部门置于整个社会发展的大系统中加以考量，以适应处于变化和动荡中的客观环境。因此，公共部门战略管理强调的是动态的适应性和未来的指向性，这就使得有的战略规划从当前来看是正确的或是必要的，但是用长远的目光来分析和审视时，却可能是有问题的或者是不适当的。同样的道理，某些战略决策从长期来看，可能是最优的方案，但是如果不考虑许多其他的因素，在短期内实施，却可能会导致严重的不良后果。

（3）公共部门战略规划的制定与实施都不可避免地要受到来自各方面因素的影响和制约。这些因素包括社会上普遍流行的价值观、社会舆论、风俗习惯、意识形态、公共部门的组织文化、公共部门自身的能力和各种已处于实行中的政策法规等。毫无疑问，这些因素的存在，可能会影响和左右得出科学合理的研究结论；同时，即便战略管理者通过分析与研究得出最优的方案，这些因素的存在也可能会成为采纳并执行战略决策的阻力和障碍。

(4) 战略管理者在运用理性的方法去分析一个战略问题时，可能会得出两个或两个以上的同样优良的战略方案，这就使得战略管理者运用理性分析的方法往往很难作出抉择。因此，在这样的情况之下，战略管理者必须借助理性方法以外的方法——非理性方法或超理性的方法来帮助其分析和解决问题，从而作出合理、明智的选择。

(5) 公共部门战略管理面对是一个非常复杂的并且不断处于发展变化中的环境。运用定量分析的方法与技术固然能够帮助战略管理者解决很多问题，但是，战略管理中遇到的最大难题就是一些不宜或者根本不能运用定量分析的因素，比如说，人们的行为、理想、信念、价值观、心理因素、意识形态和政治制度及其过程等，都是难以运用定量分析的方法来分析和处理的。面对这些因素时，定量分析方法不得不显示出其无能为力的一面。

总之，作为现代公共部门的战略管理者，一方面要充分地认识到理性思维方法特别是定量分析方法在实践的管理过程中的重要地位和作用，要不断地提高自身的理性思维能力和运用定量分析的方法与技术的能力，从而提高战略管理的科学性与合理性；另一方面，战略管理者又要清楚地看到理性分析方法的不足与缺陷，从而做到既充分地运用理性思维方法，又不迷信于它们，以保证理性思维方法在战略管理过程中发挥其最大的功能与效用。

9.2.3 非理性思维

公共部门战略管理是一个复杂和动态的过程。在这一过程中，战略管理者仅仅具有定量分析的方法与技术是远远不够的，因为战略研究或战略管理没有一个固定不变的模式和一成不变的方法。从某种程度上说，战略管理的过程既是一个理性分析的过程，又是一个非理性思维（创造性思维）活动的过程。在战略管理的过程中，理性思维与非理性思维、定量分析与定性分析、事实分析与价值分析、形式思维与辩证思维是交替、综合地发挥作用的。战略管理中研究的非理性思维通常就是指创造性思维。所以说，创造性思维或非理性思维在战略管理过程中发挥着独特的、不可替代的作用。

1. 什么是创造性思维

创造性思维的概念由来已久，但是关于其概念却是众说纷纭、莫衷一是。有人把直觉、灵感、顿悟等看做创造性思维的几种主要形式；有人则把这几种形式看成同一东西，而把创造性思维称为直觉思维或灵感思维，并与逻辑思维和形象思维相对照。而对于直觉、灵感、顿悟同样没有明确的定义。例如，对于直觉，柏拉图认为是一种直接的认识方式；柏格森认为是一种通过理智体验把握实在的生命本能；莱布尼兹则看做一种认识自然的理性真理能力；贝弗里奇在《科学研究的艺术》一书中则综合了一些科学家的观点，把直觉定义为突然跃入脑海的、能阐明问题的思想。① 下面简要介绍历史上研究创造性思维学派的观点。

以韦特海默（M. Wentheimen）、科勒（W. Kohler）、考夫卡（K. Koffka）、卢因

① 参见陈振明主编：《政策科学》，466页。

(K. Lewin）为代表的格式塔心理学派认为：创造性思维的作用，系渊源于顿悟，对于整体内部关系明晰清楚，表现于行为，便可产生创造的成果。大脑不是仪态静止的机器，只对于输入的刺激作零件的接受反应；实际上，大脑好似一种动力的场所，有空间关系的作用产生，其中所输入的每一刺激都影响整个场所。创造性思维的作用或问题的解决办法，皆产生于各部分与整体关系的明确。以赖波特、梅德尼克（Mednick)、安德雷乌斯（E. M. Andreus）和凯斯特勒（A. Koestler）为代表的联想主义学派在理论与研究方面，是以观念的联想为根据，认为创造性思维能力所起的作用来自观念的联想，即将一般平凡的零星观念组合起来，形成非平凡的观念而可导致创造的途径。以弗洛伊德（S. Freud)、荣格（C. G. Jung)、兰克（O. Rank）和克里斯（Kris）等为代表的精神分析学派对于创造性思维的解释，多以诗人与艺术家为对象；不过，有的精神分析学家将精神病与创造性混为一谈，未免过甚其词。以马斯洛（Maslow）为代表的人本主义的自我实现学说认为，自我现实化的创造能力，普遍存在于人类间，换句话说，即人人皆有寻求实现自己的愿望而努力从事创造的行为倾向，这是人本主义的基本原则；另外，认为个人努力创造的结果，来自个人的人格。① 从以上观点中，我们可以看出，各种学派对于创造性思维的观点是不尽相同的。

那么，究竟该如何理解创造性思维的本质呢？可以从以下方面加以理解②：

(1）创造性思维是非逻辑思维与逻辑思维的辩证统一。首先，从思维的连续性看，创造性思维包括两种基本的思维形式：逻辑思维和非逻辑思维。众所周知，人类的思维是一个过程，它既包括问题的发现和提出，又包括对问题的描述和分析，更包括对问题解决方案的提出和论证，等等。在创造性思维中，作为非逻辑主要表现形式的直观思维、联想思维、幻想思维、灵感思维以及作为创造性思维的特殊形式的发散思维、收敛思维、逆向思维、侧向思维等，无疑起着重要的作用，没有这些非逻辑思维，创造性思维就无法进行。但在创造的每一个具体的过程中，逻辑思维同样也具有不可缺少的基础作用。一种现象的发现和提出，主要是逻辑思维在起作用；对现象的观察、描述、概括，主要也靠逻辑思维；即使是非逻辑思维所获得的结果，最后也必定用逻辑思维来补充，解释成符合逻辑的概念，才能形成科学的理论。其次，创造性思维中非逻辑思维和逻辑思维是互补的。大脑的两个半球既有各自的专门化功能，又有互相补充的特性，两个半球之间有两亿多条排列得很规则的神经纤维，每秒钟可以在脑的两个半球之间往返传输 40 亿个神经脉冲，共同完成思维任务。人的完整的创造性思维活动，就是通过信息的传递，由大脑的左右半球相辅相成、协调一致来完成的。虽然，在创造性思维活动中，新的观念的提出，问题的突破，往往表现为从“逻辑的中断”到“思维的飞跃”，并时有灵感的显现，但是在创造性思维的整个过程中，逻辑思维始终发挥着重要作用。

(2）创造性思维是发散思维与收敛思维的互补。在创造性思维中，新观念、新思想、新方案、新思路往往是通过发散获得的，发散性是创造性思维的重要特征。诚然，发散思维可以使人思路活跃、思维敏捷、想法广、办法多，考虑问题周密，能提出种种不同的、

① 参见张德琇：《创造性思维的发展与教学》，4～10 页，长沙，湖南师范大学出版社，1990。
② 参见陶国富：《论创造性思维》，载《上海财经大学学报》，1999 (3)，47～54 页。

可供选择的方案和办法，特别是能提出别出心裁的创见，然而，在创造过程中，仅把思维停留在发散思维阶段，会使人面对众多方案举棋不定，犹豫不决，难以抓住问题的实质和关键，达不到创造的目的。发散思维与收敛思维的互补具体表现为：第一，只有收敛了，才能发散。创造开始于问题，而问题的产生往往是收敛思维的产物。所以，只有通过收敛思维形成所要解决的问题，并为解决问题准备了相关的材料之后，发散思维才有前提和基础。第二，只有发散了，才能进一步收敛。在思维中，要收敛，就得有可收敛的东西。只有发散了，才能为更高层次的收敛提供材料，才能在每次收敛之后产生新的成果，才能逐步地向最终解决问题接近。

（3）创造性思维是潜意识与显意识的结合。潜意识就是人们长期积累起来的，储藏于头脑中的知识、经验和方法。一般而言，潜意识与显意识是相对而言的。通常认为，显意识的控制体系是一个逻辑系统，而潜意识的控制体系则是一个情感本能系统。所以，在显意识中不能组合的东西，能在潜意识中形成组合。潜意识的内容是在显意识状态下长期积累而成的，因而，潜意识一旦闪现，就会表现为显意识，并为显意识所同化和变形。创造性思维就是潜意识与显意识反复交替作用的结果。而在创造性思维中发挥重要作用的灵感，实际上就是人们在创造过程中，人的感受经过潜意识加工，在一定条件下突然与我们的显意识沟通，迅速答出问题答案的结果。

2. 创造性思维在公共部门战略管理中的作用

理性思维方式尤其是定量分析方法与技术，无疑是公共管理过程中战略研究方法论的基础，但是由于理性思维及定量分析方法有其不可避免的缺陷与局限性，不可能解决全部的战略研究问题，必要时还是要借助其他的分析途径，尤其是非理性思维或创造性思维方法及价值分析途径来加以补充。因此说，创造性思维在公共部门战略管理中的作用是显而易见、不可或缺的。江泽民同志就曾指出："创新是一个民族进步的灵魂，是一个国家兴旺发达的不竭动力。"① 一语道破了创造性思维在管理与科研中的重要作用。具体说来，创造性思维在公共部门战略管理中的作用体现在以下方面：

第一，在公共部门战略管理过程中，管理者或领导者经常要面对不适宜定量分析的情况。例如，教育、福利、卫生、文化、城市规划和环境保护等问题，这些问题涉及广泛的社会、政治、文化、组织因素和宗教、民族、意识形态、伦理道德因素，使得定量分析难以进行或难以收到预期的效果，因而必须依靠非理性思维或创造性思维方法及价值分析途径来加以研究。

第二，公共部门战略管理是一项既复杂而又艰巨的管理活动，在这一过程中，公共管理者要遇到各种各样的问题。有的问题尽管可以用定量分析方法来解决，但仍然存在某些难以量化的因素。因此，当一个战略问题包含社会、政治、组织、意识形态、伦理道德因素时，就不能单纯靠理性或定量分析方法解决，必然要结合创造性思维尤其是专家的经验、直觉、灵感、顿悟和判断等来进行分析与解决。

第三，在公共部门战略管理过程中，即使是那些能够进行完善的定量分析的问题或议题，在进行定量分析以前，也要听取专家的意见，充分利用他们的直觉、经验和判断，否

① 江泽民同志 1995 年 5 月在全国科技大会上的讲话。

则定量分析有可能会失去方向或意义。原因在于，不是每一个公共部门的管理者都具备与问题有关的所有的知识，因此，他们需要请教有关的专家，听取专家的观点、意见、看法与判断。①

总之，非理性或创造性思维对于公共管理的重要意义就在于其可以弥补理性思维方法尤其是定量分析方法的不足，凭借专家以及公共部门管理者的直觉和判断、智慧和经验，根据管理过程中出现的问题及其所处的内外部环境，通过直观归纳，对相关战略问题的过去、现在及其发展变化的过程进行综合研究，找出其一般的发展变化规律，从而对问题及环境的未来发展趋势作出预测，在此基础上制定出正确的战略规划，并加以实施，从而实现预期的战略目标。公共部门战略管理的实践表明，创造性思维在战略管理中发挥着越来越重要的作用。

3. 创造性思维的方法

常见的创造性思维方法有以下几种②：

（1）集体思考法。这是一种借助集体思考来启发创造性思维的方法，提倡者是美国的 A. F. 奥斯本。一般而言，一个人所掌握的信息、知识、经验总是有限的，而且每个人都有自己相对固定的思维模式，在思维过程中都会有意无意地用同样的方式来思考和处理问题，这就限制了思维的宽度和深度。而集体思考法的优点在于谁都可以参加并可以自由地提出自己的观点和看法，多个人在一起探讨，信息和经验就是多种多样的。多种信息进行交叉对比，可以促使人在头脑中不断产生新的观点和念头，通过思考、整理，就比较容易产生新的认知。

（2）水平思考法。这种方法的提倡者是美国的心理学家德·伯诺。与水平思考相对应的是垂直思考，垂直思考是对一个观点进行深入探讨，使之达到高水平的思考，相当于逻辑思考。而水平思考是在对一个思想观点已经了解后，继续探讨在它之外是否还有更好的观点。当然，二者不是割裂开来的，而是相辅相成的。只是水平思考更具有开放性特点，能更好地训练思维的宽度。在运用水平思考法时，要注意以下几点：1）要注意水平思考的观点群中哪一种观点是起支配作用的，切忌在水平思考中混淆主次，这样的结果不仅对培养创造性思维不起任何作用，还会让人步入歧途。2）注意寻找主要观点外的各种看法和见解，这是水平思考法的重点。3）从垂直思考的固有习惯中挣脱出来。创造性思维的思维深度很重要，但不可能对每一个问题都深入探讨，因此要注意同水平问题的思考。4）要注意利用头脑中的灵感。水平思考法可以在智力游戏中进行，培养人思维的灵活性。

（3）KJ 法。这是日本心理学家川田喜二郎提出的，其特点是在进行信息处理时，不带任何框框，让材料说话，来产生法则的一种方法。或者说我们不能只处理适合我们的理论、假说、想法、推测等，更不能只处理依此收集的种种定性资料等，要根据全部资料的内容、性质来客观自然地处理归纳资料，而且在处理过程中，不单只运用理性，还要把感情、感觉、直观、意志等全部综合，有秩序地调动起来，培养人的创造性思维。

---

① 参见陈振明主编：《政策科学》，469～470 页。

② 参见黄云超：《论创造性思维及其培养》，载《渝州大学学报》，1999（4），12～15 页。

(4) ZK 法。这是日本创新专家片方治善提出的。它是一种基于系统观点的创造性思维开发法，要求每个人按自己的特点（性格倾向）加以思考，然后观察事物，再按照个人特点思考，这样反复，力求在一定程度上促进创新性思想的产生。然后把这些思想相互交流，在实践中归纳整理，形成新思想。这种方法的思考过程有三种手段：一是由感觉而生的思考，即以怀疑、不明确为开端的思考；二是由想象而生的思考，这有助于扩大脱离现实的志向；三是由现实而生的思考，把想象中的具体化，基于现实而考虑。

需要指出的是，由于创造性思维的结果具有新颖性、预见性和独特性，有时不一定能够立即为普通人所接受，因此，在培养创造性思维过程中，一定要坚持实事求是，以实践作为检验真理的唯一标准，切忌轻易屈服于普通人看法的压力，否则，创造性成果不能及时得到承认，那么就会影响有创造性思维的主体的积极性，不利于这种思维的发展。

9.3 价值观与战略分析

战略分析是公共部门有效地实施战略管理的关键一步，战略分析的得当与否将严重影响到战略管理的成效。然而，公共部门的战略分析又不可避免地要受到价值观和意识形态的影响与制约。作为意识范畴的价值观由于其具有规范、引导和调节等功能，无疑会对公共部门的战略分析产生重要的影响作用。

9.3.1 价值观

1. 什么是价值观

从字面上来说，价值观就是关于价值的观念。在理解价值方面，历来有两方面的误区：一是把价值理解为道德价值，即善恶，并以此作为尺度来衡量一切，事实上是否认了道德价值以外的一切价值；二是把价值理解为目的价值（或称内在价值），并以此来衡量一切，这种观点事实上否认了目的价值以外的一切价值。就目前而言，前一种误区随着一般价值论研究的兴起正在逐渐得到克服；后一种误区虽然早在亚里士多德那里就已被注意到，但至今仍常常为研究者所忽视。人们在谈到价值的分类时有时还能注意到工具价值（或外在价值），但在对价值进行界定时却常常忽视了应涵盖这一重要的内容。目前国内有关价值观的定义大多存在这方面的问题。例如，把价值理解为主体与客体之间的观点就是如此。

在观念的理解方面，人们常常把观念理解为关于事物的观点和看法。有时，为了突出观念的特点，强调它是关于事物总的观点和看法。学者江畅认为，这种看法是存在着缺陷的，因为观念总是以一定的观点或看法为基础，但并不就是观点或看法，它是一种心灵图式。这种图式一经形成，就积淀为深层的心理结构，成为确定不移的信念，并因而成为人的一切活动的范型和定式。这种范型由于经过了人心灵的构造，而且总是具有鲜明的价值取向，因而一般说来不存在真理性问题，而只存在正确性问题。

可以说，价值观就是人们在关于各种事物所具有的价值的观点或看法基础上所形成的对这些事物所具有的这些价值的信念。① 这种信念是人们进行价值判断和选择、确立价值取向及追求的范型与定式。因此，价值观与行为规范是辩证统一的，"价值观是行为规范的核心，而行为规范是价值观的外在表现。具体说，规定向行为举止提供了具体的指令，它就是一个社会或群体中人们区分事物的好与坏、对与错、有用与无用、可行与不可行的行为标准，而价值观则为行为标准规定了总的选择趋向"②。人们总是根据一定的价值观来决定自己的行为。就价值观的本性而言，它总是与个人的或社会的偏好、愿望、利害、责任观念、认识程度直接相关，与主体性、历史性、地域性乃至民族性相关。因此，任何特定的价值观念必然都反映着人类在一定程度上的选择自由。③

应当指出，价值观有它的独立性，但是这种独立性是相对的，而非绝对的。任何社会的价值观，都是历史的价值观。虽然价值观可以在一段时间内超前或落后于经济基础，却不能维持长久。从长远来看，价值观必然随着社会生产力的发展、社会经济的增长、社会经济关系的改变以及社会经济制度和体制的变革而变更。④ 因此，价值观既有其稳定性的一面，又有动态性的一面。

2. 价值观的特征与功能

价值观作为社会意识的重要组成部分，有着社会意识所具有的基本特征，主要表现在以下方面：

第一，价值观依赖社会存在，主要依赖物质资料的生产方式。现实社会生活中的价值观都是在一定社会存在的基础上产生和形成的，都是反映社会存在、反映社会生活过程的，主要是反映社会物质资料生产方式及其运动过程的。也就是说，社会意识、价值观依赖和反映社会存在。这一本质特点决定了价值观的具体性和历史性。社会存在、物质资料的生产方式是具体的，是历史地变化发展的，作为社会存在之反映的价值观也必然是具体的、历史的。随着社会历史条件的变迁，价值观也会发生相应的变化。

第二，在有阶级存在的情况下，价值观总是有阶级性的。社会意识形态的本质是人们的价值观体系，即由人们的社会地位，主要是经济地位及利益所决定的，反映人们的社会价值取向和历史选择特征的思想体系。现实社会中，不同的阶级由于所联系的生产方式、经济基础不同，具有的社会关系、社会地位和社会利益不同，它们所持的意识形态通常也是不同的。所以，在阶级存在的条件下，作为社会意识形态本质和核心的价值观总是有阶级性的。

第三，相对的独立性。这是作为社会意识形态范畴的价值观的一个最突出的重要特征。一方面，价值观依赖和反映社会存在，反映物质资料的生产方式；另一方面，价值观又有相对独立性，具有自身的能动性和独特的发展规律。它一经产生，就与社会经济的发展有着离异的趋势，它的发展同社会存在的发展并不总是保持一致和平衡。这种相对独立

---

① 参见王玉樑、[日] 岩崎允胤：《价值与发展》，434～435 页，西安，陕西人民教育出版社，1999。

② 汪澍白：《艰难的转型——中国文化从传统向现代转化的宏观考察》，17 页，长沙，湖南人民出版社，1991。

③ 参见 [美] A. H. 马斯洛主编：《人类价值新论》，2 页，郑州，河南人民出版社，1988。

④ 参见陈振明主编：《政策科学》，482 页。

性的特点是价值思想体系的系统结构的自身联系、相互作用和运动变化的必然表现。[①]

价值观的本质特征决定了其社会功能的多面性，主要有规范功能、控制功能和创造功能等。(1) 规范功能是指价值观以其特定的形式，将人们各种方式的活动、各种形态的关系联结起来，构成整个社会活动和社会生活共同体；与此同时，价值观为人们提供一套行为模式，使个人的各种需要得到满足，是个人社会化的重要标准和条件。(2) 控制功能是指价值观以一定的方式对社会各方面施加作用和影响，从而协调社会各个部分，协调个人与社会的关系，以保证社会稳定和谐地发展；价值观的控制作用在于使人的活动在观念上是有目的的，在行动中是合乎目的的，从而在一定程度上满足人的需要，实现人的发展。(3) 创造功能是指价值观能够超越现实的局限而预见其未来并创造新的观念，同时又表现为在新观念指导下实际地改变社会现实，创造新的社会生活内容和形式。

9.3.2 价值观对于战略管理过程的影响

价值观以其独特的规范、控制、创造等功能无疑会对公共部门战略管理的整个过程产生重要的影响。具体说来，价值观对于公共部门战略管理过程的影响主要体现在以下几个方面：

1. 价值观对战略问题认定的影响

战略规划或战略制定的过程是否会顺利地进行，在某种程度上取决于各方面对战略问题是否达成了共识。而公共部门的管理与私人部门的管理在很多方面是不同的，这种不同主要体现在：(1) 公共管理与私人管理的使命不同。公共管理是为了公众服务，追求公共利益，而私人管理以营利为目的。(2) 与私人管理相比，公共管理的效率意识不强。(3) 与私人部门管理相比，公共部门尤其是政府管理更强调责任。(4) 就人事管理方面而言，公共组织尤其是政府中的人事管理系统比私人组织中的人事管理系统要复杂和严格得多。(5) 与私人部门管理相比，公共管理具有明显的政治性和公共性的特征。[②]这种不同在战略管理的过程中有着不同程度的反映。公共部门的战略管理面向的是整个社会系统，战略问题通常都是社会问题，而社会问题则是多种多样的，并不是所有的社会问题都会成为战略问题。公共部门在认定战略问题时的选择取向既取决于经验知识，还取决于其所持的价值观。不同的价值观会导致不同的利益追求，这将影响到对战略问题的认定，即不同的价值观往往会导致不同的战略问题的认定。

2. 价值观对战略目标确定的影响

战略目标是战略过程的指挥棒，在战略过程中具有导向功能。战略管理所期望达成的结果就是战略目标。个人、团体或社会的价值观是不依具体情况而转移的期望和评价标准，价值观影响着人的信念和选择的合理性。比如说，在社会的某个发展阶段，究竟是选择公平作为社会的首要问题还是选择效率作为社会的首要问题，或是要兼顾公平与效率？持不同价值观的人通常会作出不同选择。因此，战略管理者所期望达成的结果通常是受他

① 参见石云霞：《当代中国价值观论纲》，15～16 页，武汉，武汉大学出版社，1996。

② 参见陈振明主编：《公共管理学》，34～35 页。

们所持的价值观影响和左右的，处在不同地位的战略主体都会从各自不同的价值观、实际利益追求标准出发来衡量战略目标的重要程度。还需要指出，不同利益主体之间的差异是客观存在的，反映了价值、利益和偏好上的差异，但在同一系统中的成员的差异不大，否则表明制度上有缺陷。正确的战略目标，可以基本同意那些因信仰、价值、利益存在的差异。

3. 价值观对战略方案选择的影响

战略方案的分析和评价，在一定意义上也是用特定的战略评价标准和价值尺度来对现有的战略方案进行价值分析与价值判断。显然，评价标准不同，对各种战略方案利弊得失的评价也会不同。战略目标的一致并不意味着战略方案的一致，在战略目标与战略方案之间其实还有一个阶段，就是在各种可达成战略目标的方案之间进行筛选，对各种方案的优点和缺点进行分析与判断，然后权衡各种方案的利弊得失，从中选出一个能够被各方所广为接受的最佳方案。这种选择并不是无目的、无判断标准的，战略主体对某种方案的战略价值持肯定态度，就会选择这一方案，否则就会放弃这一方案。总之，战略方案的选择是人们在对战略作价值判断的基础上进行的。

4. 价值观对战略实施的影响

战略实施是战略主体动员人力、物力、财力，采用适当的方法与途径，把处于观念形态的战略规划转化为实际效果，从而实现既定战略目标的活动过程。战略实施牵涉战略主体和战略客体。战略实施能否取得预期的效果，将取决于战略主体和战略客体对战略方案所持的态度，如果战略主体和战略客体对战略规划或战略方案持肯定的态度，则该项战略的实施较为容易和顺利；相反，如果战略主体或战略客体对某项战略持异议或反对的态度，该项战略的实施将会困难重重，将难以实现预期战略目标。而战略主体和战略客体对某项战略所持的态度归根结底取决于他们的价值观，当某项战略的制定和实施符合他们所持的价值标准时，则他们对该项战略有认同感，并支持战略的实施；当不符合时，他们就可能采取不利于战略实施的行动或举措。

5. 价值观对战略评价的影响

战略评价就是对战略实施过程和结果进行估量、预测与评估，并在此基础上作出判断、选择和评价。在战略评价的过程中，人们运用其所持的价值尺度对战略现象进行鉴定和批评，以影响战略主体的战略定向、行为判断和价值追求。没有这种评价机制，战略主体的价值活动和战略实践将无从谈起，因为战略目标和战略效果之间需要有一个以价值判断、价值评价作为桥梁或中介的战略评价，这样才能根据战略主体的愿望和要求，表现出对于战略环境和战略过程的选择性与自觉性。战略评价必须根据一定的信息和资料来进行，而评价主体对于信息和资料的获取与收集会不可避免地受到其所持的价值观的影响，表现在他们乐意接受某些符合其价值选择的信息，而排斥那些不符合其价值选择的信息。① 这样一来，持不同价值观的评价者通常会获得不同的信息，从而得出不同的评价结果。由此可见，战略评价从本质上讲是一种价值判断，战略评价标准终究是以价值取向作为衡量尺度的。

---

① 参见陈振明主编：《政策科学》，505 页。

9.3.3 战略思维与战略分析

公共部门要有效地实施战略管理，全面、合理的战略分析是其基本的前提和基础。公共管理中的战略分析是应用战略思维方法，综合、全面地对公共部门的内部环境和外部环境作出科学的分析与预测，以便制定出富有针对性的战略决策，解决相应的战略问题。

1. 外部环境分析

外部环境分析也称宏观环境分析。它的目的或任务在于：一是通过分析，考察预测与公共管理有重大关系的宏观环境因素将发生怎样的变化；二是评价这些变化将会给公共部门的管理带来什么样的影响，从而为公共部门制定战略奠定基础和提供依据。总的说来，外部环境的分析要素主要包括：政治环境、经济环境、社会文化环境等。

政治环境主要包括国家的各种政治制度与体制以及国家为管理和规范社会而制定的各种法律、政策及规章等。当然，这里的政治环境不仅指国内的政治环境，还包括国际的政治环境。公共部门的管理从本质上说是带有明显的政治性色彩的，公共部门的一举一动都要受到政治环境的影响和作用，所以，公共部门的战略管理不仅要考虑到国内的政治环境，同时还要考虑国际的政治环境，只有这样，才能制定出科学、合理的战略决策，以解决既定的战略问题。

经济环境主要指一个国家的经济制度、经济结构、产业布局、资源状况、经济发展水平以及未来的经济趋势等。构成经济环境的关键战略要素包括：GDP 的变化发展趋势、利率水平的高低、财政货币政策的松紧、通货膨胀程度及其趋势、失业率水平、居民可支配收入水平、汇率升降情况、能源供给成本、市场机制的完善程度、市场需求情况等。①公共部门在进行战略分析时，必然要考虑到国内外的经济状况，因此，经济状况往往会影响到战略分析、制定和实施。同时，经济又为公共部门的战略管理提供物质支持。

社会文化环境是指公共部门所处社会中成员的民族特征、文化传统、价值观念、道德观念、宗教信仰、教育水平、人口状况以及风俗习惯等因素。社会是一个大系统，公共部门是社会这个大系统中的一个子系统，因此，公共部门在实施战略管理的过程中不得不考虑到社会文化环境，否则，公共部门的战略管理就很可能会以失败而告终。

2. 内部环境分析

公共部门要有效地实现战略管理，不仅要进行外部环境的分析，同时也需要进行内部环境的分析与考量，以实现真正的知己知彼，方可在不断处于发展、变化的环境中，把握好环境的发展趋势，制定出正确的战略决策，以解决既定的问题，同时获得自身的发展。所以说，在战略管理过程中，必须进行内部环境（包括资源状况、人员素质、组织结构、组织管理水平和组织文化等）的分析。

资源状况。公共部门的战略管理的资源通常是指人力、物力和财力。如果缺乏必要的资源，那么，战略管理中的许多工作将无法顺利地开展，战略目标的实现也将无从谈起。俗话说：巧妇难为无米之炊，指的就是这一道理。所以，在战略分析过程中，内部的资源

① 参见刘庆元、刘宝宏编著：《战略管理：分析、制定与实施》，50 页，大连，东北财经大学出版社，2001。

状况的分析是十分重要的，它将使战略管理者全面地掌握一个组织或部门的资源状况，以便量体裁衣，有的放矢地制定相应的战略决策，实施有针对性的管理。

人员素质。公共部门的战略管理是一项非常复杂的管理工作，要求战略管理者具备多方面的知识与能力。所以，公共部门的人员素质对于战略管理的成功与否起着至关重要的作用，在进行战略分析时必须对相关部门的人员素质做相应的考察与评估。

组织结构。公共管理中的组织结构指的是各部门及其层次之间所建立的一种相互关系的模式，包括正式组织结构和非正式组织结构两种类型。正式组织结构是经过人为设计，由法律确认的各部门正式关系的模式。非正式组织结构是未经正式规则设计，组织内部成员之间的一种活动模式，如组织内一些人际关系小团体和为解决某些重要问题而设置的临时机构。组织结构安排得当与否，将严重地影响到公共部门能力的释放与发挥。

组织管理水平。公共组织的管理水平对于战略管理的结果有着重要的影响作用，管理水平高的组织容易实现战略目标，而管理水平低的组织则往往难以实现战略目标。因此，在进行战略分析时必须对组织内部的管理水平作出正确的评判与估量。

组织文化。公共部门的组织文化是一个复合的整体，在组织中发挥着重要的目标导向功能、凝聚功能、激励功能、约束功能和阻碍功能。毫无疑问，良好的组织文化将会增进组织的凝聚力、向心力、协同力，将会有利于组织目标的实现；而不良的组织文化则会影响到组织目标的实现。

9.4　公共部门管理者战略思维的培养

随着全球化、市场化、信息化以及知识经济时代的来临，在新的历史时期社会发展的步伐大大加快，公共部门管理者尤其是领导者所面临的环境日益复杂多变，这就要求公共部门管理者必须站在全局的高度进行战略性的思考和谋划，才能科学地把握时代的脉搏，预见其发展趋势，掌握工作的主动权。因此，具有远大抱负和开拓精神的公共部门管理者，必须建立和运用科学的战略思维方式，努力提高认识、分析和解决问题的战略思维能力，以有力地推动社会各项事业的快速、持续、健康发展，更好地实现人民的福祉。

9.4.1　战略思维培养的迫切性

1. 新时期要求公共部门管理者思维方式的转变

由于我国长期处于农业社会，导致了领导思维方式不同程度上的封闭性、凝固性和单一性。而在进入工业社会、后工业社会以及知识经济时代的现代社会后，要适应社会化大生产的要求，领导思维方式必须进行革命性的变革。

(1) 从封闭走向开放。封闭思维是建立在小生产基础上的一种思维方式。在小生产社会里，由于生产力不发达，生产规模狭小，人们的活动范围有限，导致领导思维方式的狭隘和封闭。其特点：一是封闭性，二是保守性，三是片面性。开放性思维是指公共部门管理者大脑在空间上和时间上都处于扩散状态的一种思维方式。其特点：一是广阔性。开放性思维既注重事物内部联系，又注重事物的外部联系；既注重纵向比较，又注重横向比较。纵横交错，因而视野广阔。二是变动性。开放性思维不是静止的、僵化保守的，而是随着事物内部要素与外部环境的变化而变化的。所以，它能不断地接受新信息，掌握新情况，解决新问题。三是预见性。开放性思维能从已知推断未知，从现实把握未来。为了适应社会化大生产的要求，领导思维方式必须从封闭走向开放，既看到内部条件，又看到外部环境；既看到国内，又看到国外；既看到过去，又看到现在与未来。

（2）从静态走向动态。在自然经济条件下，由于经济社会发展缓慢，环境变化很小，所以公共部门管理者逐渐形成一种静态思维的习惯。所谓静态思维，是以程序性、重复性为自己的思维特色。它要求思维从固定的概念出发，循着固定的思维程序，取得固定的思维成果。整个思维过程可以重复、再现，周而复始。其特点是凝固性、单一性和经验性。而现代社会真正是日新月异、瞬息万变，显然，单一的静态思维方式远不能适应社会化大生产的要求，领导思维必须从静态走向动态。所谓动态思维，是一种追踪事物变化的思维。它是一种运动的、调整的、不断择优的思维活动。它要求思维要根据事物不断变化的环境、条件来改变思维程序、思维方向，对事物进行调整、控制，以达到优化的思维目的。其特点是动态性、开放性和选优性。所以，面对快速多变的现代社会，公共部门管理者的思维方式必须从静态走向动态，才能跟上时代的步伐，才能适应时代的需要，才能掌握决策的主动权。

（3）从一维走向多维。小生产社会里，由于商品经济不发达，领导活动内容比较简单，因而领导思维方式也比较单一。而现代社会，变化节奏快，活动范围广，牵涉内容多，一维思维方式已远远不能驾驭这种复杂的局面，领导思维方式必须从一维走向多维。所谓一维思维，就是领导思维主体从某一方面或遵循某一固定的思维指向，来透视或把握领导思维客体的过程。其特点是方面性、直线性和教条性。所谓多维思维，是指领导思维主体运用多种思维方式，对事物进行多角度、多方面、多层次、多变量的系统思考。其特点是多向性、多层次性、开放性和综合性。为了驾驭社会化大生产的复杂局面，领导思维方式必须从一维走向多维：既要有经验思维，又要有理论思维；既要有正向思维，又要有逆向思维；既要有点线思维，又要有立体思维；既要有聚合思维，又要有发散思维；既要有求异思维，又要有求同思维；既要有形象思维，又要有抽象思维；既要有逻辑思维，又要有灵感思维。这样，公共部门管理者才能驾驭复杂局面，立于不败之地。

2. 新历史条件呼唤公共部门管理者的战略思维

现代社会的经济全球化、信息全球化和战略全球化的新环境对于公共部门管理者尤其是领导者“善于进行战略思维”的要求更是直接的、毋庸置疑的。一方面，随着冷战的结束，全球战略竞争的重点由军事领域转向经济领域，经济全球化由此具有突出的战略意义。全球经济开始从以贸易联系为主的时代转向以生产联系为主的时代，金融交易也呈现全球一体化，各种经济主体越来越处于一个新的经济环境中，其基本特征是经济活动的联系和生产布局成为全球性的。另一方面是信息全球化。新的全球网络系统的出现，深刻地改变了全球的战略环境，同时也深刻地改变了人们的生产方式和交往方式。电子商务成为经济运行的一种重要手段。信息全球化使信息技术系统与市场经济系统合二为一，改变了整个市场资源的配置方式和组织结构。信息场与市场进行更加深入的对接，将会出现比较成熟的网络经济形态，在这个形态中人流、物流、货币流、信息流将会形成一个新的统一场。信息全球化与经济全球化的结合使经济领域出现前所未有的发展动力和机制，经济的运行出现了新的特征。

与经济全球化、信息全球化沿着同样方向发展并在当代又受到它们影响的是战略现象的全球化。1929 年英国利德尔·哈特提出"大战略"概念，意味着军事战略开始向国家战略扩展。第二次世界大战以后，特别是 20 世纪 60 年代以后，大战略的含义逐渐发生变化，它在目标上也不再限于军事考虑，而是以国家利益为立足点，成为一种治国方略，因而被称为国家战略。到了当代，战略视野越来越扩至全球，全球战略概念的使用频率越来越高，战略谋划越来越需要在全球的格局中展开，全球性问题越来越成为战略领域的突出问题，制定和实施战略的主体也显著地从国家扩展到全球性组织、国际经济组织、地区合作组织、国际恐怖组织和反恐怖组织、共同体、跨国公司等。其趋势表明：任一战略构成中的某一部分，都必须在全球的格局中设置和立意，都应当是某种全球战略的有机组成部分，全球任一地区的战略现象也程度不同地具有全球性的战略意义；新的战略主体在全球视野中的生成，新的战略主体层次的出现和多元化，新的战略主体在全球标度中的结构化和实体化，使战略主体系统有了新的全球性战略意义。这些情形可以概括为战略现象的全球化，简称为战略全球化。

上述经济全球化、信息全球化和战略全球化对于公共部门管理者提出的共同要求是：以开阔的视野观察世界，正确把握时代发展的要求，善于进行战略思维。

3. 现代科学决策需要战略思维

战略思维在领导决策中起着十分重要的作用。主要表现在：第一，为公共部门管理者提供新的思维视角。由于战略思维在空间上具有广延性，在时间上具有前瞻性，在内外关系上具有系统性，所以，具有战略思维的公共部门管理者尤其是领导者必然视野开阔、目光远大，必然具有新的思维视角，作出既有远见卓识、又符合客观实际的科学决策。第二，为公共部门管理者提供广阔的思维空间。所谓思维空间，是指思考问题的范围和领域。从纵向上看，它表现为动态的时间序列：回顾历史，研究现实，面向未来；从横向上看，它表现为广阔的空间范围，即思维视野的开阔程度。邓小平为景山学校的题词："面向现代化、面向世界、面向未来"，短短 13 个字，将这位杰出政治家的战略思维表现得淋漓尽致。第三，为公共部门管理者提供新的决策思路。战略思维的全局性、系统性、前瞻性、创造性等特点，使它必然会给公共部门管理者提供新的决策思路。它使公共部门管理者在决策时目光远大，胸襟开阔，善于审时度势，未雨绸缪，往往在"山重水复疑无路"的困难情况下，能不囿于前人，不拘泥于现有，想他人所未想，做他人所未做，别具匠心，另辟蹊径，从而作出棋高一着的高明决策，而达到"柳暗花明又一村"的美好境界。因此，是否具备战略思维，是能否作出科学决策尤其是关于重大问题的科学决策的关键因素。

9.4.2 战略思维培养的途径

战略思维在某种程度上不仅决定了公共部门管理的效率与效益，而且也决定了公共部门管理的方向和未来。如此一来，如何培养和提高公共部门管理者战略思维的能力就成为一个现实而重大的课题。要提高战略思维的能力，公共部门管理者既要紧密结合管理工作中的各项事务，又要着眼现实、未来和世界发展的潮流，积极开展战略研究，方能在实际的管理与领导活动中提高自己战略思维的素质和能力。

（1）围绕国内国际重大问题进行战略思维。局部是全局的有机组成部分，离开了全局，就不可能真正发挥局部的作用。公共部门的管理者，只有了解和懂得全局，才能自觉地在全局下行动，自觉地服从于全局。这里的全局指的是国内与国际的全局。我国市场经济的不断发展与完善，带来了上下左右、纵向与横向关系的多元化与复杂化。社会经济有机程度的提高，要求各级管理者必须具有清醒的、系统整体的全国大局意识。比如说，在实际的管理过程中，要能够根据时局的发展，在抓住事关全国发展大局的政治、经济、科技、文化和教育等方面的重大现实问题，认清问题的来龙去脉、发展趋势和对策思路的基础上，深入地了解和把握上级提出的战略思想、战略部署及现实意义，并结合本部门的具体实际，积极地进行探索和实践。当前，随着经济全球化的迅猛发展，尤其是我国加入WTO，各个领域的竞争将更加激烈。这就要求各级管理者在决策与领导过程中，要眼观世界、耳听八方，具备全球的视野，能够在综合考虑国内外形势的基础上，作出正确的判断与决策，真正做到“运筹于帷幄之中，决胜于千里之外”。

（2）围绕管理工作中的重大现实问题进行战略思维。公共部门管理者战略思维的能力，是为了解决领导工作中的实际问题，以便更好地服务于社会、服务于人民。毛泽东说：“如果你能应用马克思列宁主义的观点，说明一个两个实际问题，那就要受到称赞，就算有了几分成绩。被你说明的东西越多，越普遍，越深刻，你的成绩就越大。”① 这就要求把说明和解决实际问题作为学习理论的根本出发点，同时要求说明实际问题不能就事论事，而要用马克思主义观点进行理论的战略思考。② 因此，要提高公共部门管理者的战略思维，就必须结合领导活动中的实际问题，运用马克思主义的立场、观点和方法去分析问题与解决问题，在分析与解决问题的过程中培养、锻炼、提高管理者的战略思维能力。当然，领导工作千头万绪，从一定程度上说，领导所做的全部工作都带有全局性，但并不是任何具体细小的问题都可以上升到重大全局的高度。所以，在公共管理过程中，公共部门管理者要学会分清主次，抓住那些影响全局的、起决定性作用的问题，站在全局的高度，作出深入的分析，只有这样，才能找到解决问题之道，才能提高自己战略思维的能力。

（3）围绕社会公众所关注的重大问题进行战略思维。公共部门管理者对人民群众在特定时期所关注的重大问题、热点、焦点和难点问题，应予以充分重视和高水平的驾驭。如果对此不敏感，麻木不仁，稀里糊涂，往往会导致丧失处理全局性问题的机会，酿成不稳定的后患。社会公众所关注的问题通常是与其切身利益息息相关的问题，或是关系到社会的稳定与发展的大问题，这些问题能否妥善地处理，将直接或间接地影响到全体社会公众的利益。而追求与实现公共利益是公共管理永恒的主题，为此，公共部门管理者要学会倾

① 《毛泽东选集》，2版，第3卷，815页，北京，人民出版社，1991。

② 参见姜作培：《注重提高领导者战略思维能力》，载《理论研究》，2001（1），46～49页。

听社会公众的呼声，善于体察民情，关注各种社会问题的动态，在深入地调查、研究的基础上，提出战略性的解决措施和方案，在寻求解决各种问题的过程中，实现自身战略思维能力的提高。

9.4.3　战略思维培养中应注意的问题

战略思维问题研究离不开理论、信息和谋略这三个要素，这三者在战略研究中有着至关重要的作用，并因此而被称为战略研究的三要素。要提高公共部门管理者的战略思维能力，应注意以下几个问题：

1. 深化学习

首先，要学习哲学理论知识，增强哲学思维能力。恩格斯说过，一个民族要想登上科学的高峰，是一刻也不能离开理论思维的。学好理论，提高理论思维的能力，这是培养战略思维的前提和基础。从一定意义上说，理论思维的深度决定战略思维的高度。很难想象，一个没有理论思维的公共部门管理者能总揽和驾驭全局。而提高理论思维能力的一个有效办法就是学习理论，用马克思列宁主义、毛泽东思想特别是邓小平理论武装头脑。各级领导应提高学习的自觉性，认真学好马克思列宁主义、毛泽东思想、邓小平理论。这里要特别强调学好马克思主义哲学，努力掌握唯物辩证法。须知，马克思主义哲学是在所有知识学习中管总的，公共部门管理者要具有兼顾远近、总揽一切的战略思维，就不能不掌握唯物辩证法。只有学好唯物辩证法，才能在大是大非面前有主心骨，才能透过现象看本质，才能在千头万绪中抓住主要矛盾，才能不纠缠于一时一地的得失，胸怀博大，登高望远，从容应对重大问题，牢牢掌握好领导工作的主动权。

其次，要学习从事改革开放社会主义现代化建设所必需的各种知识。21 世纪是知识经济的世纪，新学科、新知识层出不穷，许多新事物没有知识的基础是不行的。如果我们的领导干部不注意加强新知识的学习，孤陋寡闻，学识浅薄，战略思维就会沦为空谈，且不说充当领导社会主义现代化建设的战略家，就连自己的本职工作都将难以胜任。公共部门管理者要加强学习经济、科技、管理、法律，学习一切需要学习的东西，努力使自己成为某一方面的行家、专家。

最后，要学习我国古代堪称经典的战略思维方法，这是我国优秀的传统文化留给我们的宝贵遗产，其中闪烁的智慧和真知灼见是特别值得我们学习与借鉴的，如：认真学习和参透一部诸如《孙子兵法》这样的经典著作，将对公共部门管理者的战略思维能力的培养和提升大有裨益。同时，我们也要以开阔的视野借鉴和吸收国外一切优秀的文明成果。科学无国界，同样，科学的思维方法也是人类共同的财富，尤其是西方发达的资本主义国家作为近代文明的摇篮，孕育了高度发达的科学技术和生产力，在此基础上积累了更为科学的管理方法和技术，更加注重战略思维的培育和应用，也代表着现代化大生产的发展方向和趋势，这对处在全球化时代的我们进行战略思维能力的培养和提高具有很强的借鉴意义。

2. 注重信息扩展

在当今知识爆炸、信息充斥的时代，信息已成为最重要的战略资源，它可以被提炼成知识和智慧，因而在战略问题的研究中具有越来越突出的作用。事实也证明，公共部门管理者要对事关全局的重大问题进行战略思维，必须以了解和掌握大量的信息为前提，这样方可开阔眼界、启发思路，作出具有远见卓识的行动决策。“没有调查就没有发言权”这句格言，就充分说明了一个公共部门管理者如果不知道、不重视信息（调研），就会在战略上丧失政治主动权。鉴于此，各级公共部门管理者必须通过多种途径和手段，在信息的广知、真知、深知上下功夫，力争了解和掌握多方面的信息，如国内外政治理论信息、经济发展变化信息、经济和政治体制改革信息、科技进步信息、市场机制变动信息、文化发展信息，也包括各国、各地方和部门创造的各种经验类信息。事实证明，一个公共部门管理者了解、掌握的信息量越大，知识面越广，思维能力就越强，工作起来就越能得心应手、应付自如。必须指出的是，为了增加信息源，扩展各类信息，各级党政机关必须加大信息化建设的力度。要积极创造条件，加快建设机关信息网，让广大领导干部运用信息网了解重大事件的动态，较为方便地查阅各种资料和信息。

3. 勤于社会实践

实践的观点是马克思主义哲学的首要的和基本的观点，也是马克思主义哲学的一个最显著的特点。实践是一切真知的最终来源，也是提高战略思维能力的可靠基础。战略思维能力作为领导干部的一种素质，不可能是在脱离实践的课堂上直接培训出来的，而是必须在实践中锻炼出来的。因此，提高领导干部战略思维能力，最终还要靠崇尚实践、勇于实践、善于实践，在社会实践中一步步提高，扎扎实实地增强战略思维能力。领导干部要特别注意围绕国际国内重大问题、实际工作中的重大问题以及当前人民群众关心的重大问题来培养和提高战略思维能力。根据目前领导干部实践状况，在实际锻炼的方法和途径上，可作如下考虑：一是针对选派干部单一化的问题，努力做到从其个人成长方向和素质培养的要求出发选派干部。对没有实践锻炼的年轻干部，采用挂职锻炼的方式，使其到基层去经受磨炼。对于那些长期在机关工作、经历比较单一的干部，可采取异地交流和岗位转换等资历性锻炼方式，实行定向选派、定向培养，改变干部自然成长状态。二是针对部分干部实践锻炼中产生的功利化问题，要建立和健全干部实践锻炼的考核制度，从严格要求出发，定期对参加实践的干部进行考核和民主评议。要努力帮助部分干部克服临时镀金、急功近利、骄傲自大等错误思想，树立扎根基层、做好工作的长远意识。三是针对管理工作中的粗疏问题，要建立干部实践锻炼的保障机制，妥善处理家属、子女工作、上学等矛盾，以充分调动领导干部参加实践锻炼的积极性。如此实现理论与实践的紧密结合，不断深化对事物的认识，对培养和提高公共部门管理者战略思维的能力大有裨益。

4. 善于借用外脑

战略思维作为关于全局性、根本性、长远性的重大问题的思维形式，其所涉及面极广、信息量大、影响因素多、变化快，极为复杂，任何领导仅凭个人的智慧和能力难以胜任。因此，就必须善于借用外脑，即利用自身以外的智力。随着生产力的发展，生产社会化程度越来越高，社会分工也越来越细。现代决策系统也分化为信息子系统、咨询子系统、决策子系统、执行子系统和监控子系统等功能部分。公共部门管理者要提高战略思维能力，就必须善于管理决策系统各个子系统，使其充分发挥功效，尤其是咨询子系统的功用，把一些日常的事务交给各子系统处理，而集中精力思考和研究一些事关长远的、全局的与根本性的重大问题，并且把目光转向各个领域的专家学者，寻求智囊团的智力支持，从中吸收、采纳科学的建议，激发和启迪公共部门管理者的战略思维。

本章小结

1. 战略思维的特征：正确处理全局与局部的辩证关系是战略思维的核心内容；“全局在胸”是战略思维的基本要求；“抓住重点”是战略思维的根本方法；“统筹兼顾”是战略思维的根本原则。

2. 战略思维之于公共管理的意义在于：战略思维有助于公共管理者科学合理地配置资源，提高管理绩效；战略思维有助于公共管理过程中公共利益的实现；战略思维是公共部门实施可持续发展的前提和保障。

3. 理性思维方法在战略管理中的重要作用主要体现在：理性思维方法能够使得有关的知识条理化、专门化，有助于比较变量之间的关系；理性思维方法使得战略管理所面对的复杂而又不确定的问题的表述更容易把握，它为规定系统的输出提供了判断标准；理性分析（特别是定量分析）的方法能够帮助战略管理者认清环境，把握环境发展变化的方向与趋势；理性思维方法比其他的方法更加客观、准确和严密。

4. 创造性思维是战略管理过程必不可少的一种思维方式。与理性思维相比，创造性思维有其自身独特的功能与作用，战略管理者不可过分迷信理性思维（定量分析）的作用，在必要的情况下，必须借助创造性思维来分析和解决问题。

5. 战略管理中，无论是战略管理的主体还是战略管理的客体，都不可避免地要受到其所持的价值观的影响，因此说，公共部门的战略管理者对于价值观在战略管理过程中的影响作用要有充分的认识。

6. 战略分析无疑在战略管理中占有十分重要的作用。战略分析有助于管理者对公共部门的内外部环境作出科学的分析与预测，以便制定出富有针对性的战略决策，解决相应的战略问题。

7. 公共部门管理者战略思维的培养途径包括：围绕国内国际重大问题进行战略思维；围绕管理工作中的重大现实问题进行战略思维；围绕社会公众所关注的重大问题进行战略思维等。

8. 要提高公共部门管理者的战略思维能力，应注意深化学习、注重信息扩展、勤于社会实践和善于借用外脑这几个方面。

关键术语

1. 战略思维：战略思维指的是研究全局性、长远性和根本性指导规律的思维方式。它具有三个明显的特征，即全局性、长远性、根本性。

2. 理性思维：战略管理过程中的理性思维与思维科学中所指的理性思维有所不同，战略管理过程中的理性思维强调的是建立在理性或合理性概念基础之上，运用定量分析方法与技术来分析问题和解决问题。

3. 价值观：价值观就是人们在关于各种事物所具有的价值的观点或看法基础上所形成的对这些事物所具有的这些价值的信念。

4. 战略分析：公共管理中的战略分析主要是指在实施公共管理过程中，应用战略思维方法，综合、全面地对公共部门的内外部环境作出科学的分析与预测，以便制定出富有针对性的战略决策，解决相应的战略问题。

案　例

蓬勃发展的广州市公共汽车①

最近几年以来，广州市的公共汽车行业通过改革相应的经营方法与经营策略后，使得该市的公共汽车得到了长足的发展，并取得了可观的成效。突出地体现在其公共汽车的运力大幅度增加，线网的覆盖率得到了极大的提高，车质、车貌以及整体服务素质得到显著的改善，为广州市民的出行创造了一个便利、良好的环境，得到了广州市民普遍的认可和赞许。究其主要原因，就在于采用了市场化运作的方法和手段，从而打破了原来国有独家经营一统天下的局面，形成了多方竞争的格局。与此同时，还配套进行了公共汽车适应市场经济环境和调整公共汽车票价等多项改革，从根本上保证了改革的成效。

改革的始因

长期以来，公共汽车行业一直是国有独家经营的行业。特别是在计划经济的年代里，公共汽车行业在很大程度上是被当做一项社会福利事业来办，由政府包办经营，投入靠政府，亏损由政府补贴，造成了公共汽车行业长期处于一个“吃不饱、饿不死”的局面，广州市的公共汽车行业也不例外。具体说来，造成这种局面的主要原因就在于：长期以来实行低票价的政策，加上政府的财力又不足，造成了公共汽车行业在资金上的入不敷出，长期处于亏损经营状态。1982 年以前，公共汽车票价为六段累加制票价，每票分别为 4 分、7 分、9 分、11 分、13 分、15 分。1982 年以后，改为三段累加票价票制，每张票分别为 5 分、10 分、15 分。1986 年改革票制，把三段累加改为一票制，每票为一角。但是，这种细微的改革还是无法从根本上扭转亏损经营的局面，突出地体现为发展势头不足，服务质量无法得到改善。1984 年，广州市的公共汽车总数为 1 200 辆，万人拥有量仅为 4.2 辆，车辆配制严重不足，远远满足不了市民的出行需求，形成市民“乘车难”的局面。另外，由于存在着私人汽车在公共汽车线路上兜客捞钱的现象，挤压了公共汽车生存的空间，客观上抑制了公共汽车行业的发展。随着市场经济的迅速发展和人们社会生活水平的提高，广州市的公共汽车行业已远远地滞后于经济与社会的发展，并日益成为社会大众所普遍关注的焦点问题。公共汽车行业的投资机制和票价政策改革已是势在必行。

1984 年，广州市市政府经过深思熟虑后，作出了理智的抉择，允许集资投入发展公

① 本案例改编自江超庸：《行政管理学案例教程》，60～64 页，广州，中山大学出版社，2001（原文是根据广州市行政学院易怀雄撰写的案例文章整理而成）。

共汽车行业，并改革票价政策，按价值规律决定票价。政府决定，首先在公用系统集资购买公共汽车，成立专线公共汽车队投入运营。经过两年运作，不但收回了集资资金，集资者还享受了15%的回报。这一成功的改革，给广州市公共汽车行业的发展开创了一条新路子，为进一步的改革注入了动力。

改革的深入

“七五”期间，广州市的经济进入了发展的快车道，然而以国有经营为主的公共汽车却还处在艰难的困境当中。历史的原因加上现实的经营状况使得公共汽车行业在财务上已是债务累累，而政府在票价上的调控更是限制了企业的发展。结果是企业承担了大量社会义务，却无法获得相应的财政补贴。进入“八五”后，市委市政府决定：加大公共汽车票价改革的力度，开放公共汽车市场并进一步扩大竞争机制。在市委市政府的指导下，公共汽车行业对票价进行了深入的改革。从 1989 年 12 月起到 1996 年 4 月，分别把月票通用的公共汽车票价逐步地从 1 角调到了 1 元。随着票价的逐步提高和经营方式的改革，公共汽车的困境逐步得到了改善，走上了一条自我生存、自我发展的道路。特别是随着经营上的放开和市场化票价政策的实施，吸引了社会资金、银行贷款、港澳资金的注入，加快了公共汽车行业的发展。

“八五”期间，平均每年净增长公共汽车 225 辆。至 1995 年年底，广州市区的公共汽车总数达到 2 700 辆，万人拥有量为 8.2 辆，跨入了建设部颁布的万人拥有 7.7～12 辆的范围。

改革的成效

1998 年以来，市场机制作用下的广州市公共汽车行业在经营质量和服务质量上都得到了很大的提高与改善，进入了一个蓬勃发展的新阶段。主要体现在：

首先是车辆数量上的大幅度增加。由于票价改革力度的加大和社会资金的注入，公共汽车的车辆总数从 1995 年的 2 700 辆增加到了 1998 年的 4 228 辆，三年增长了 1 528 辆，增长率为 56.6%，为改革开放以来增长最快的三年。万人拥有量 13 辆，位居全国大中城市的前列。1999 年，公共汽车总数已超过5 000辆，开始出现过剩的情况。

其次是车辆档次和服务质量的提高。基本票价的改革，使得经营者有了一定的利润。在利益机制的驱使和作用下，投资者发展高档次的车辆，近年来相继投入了 1 000 多台空调公共汽车。而普通型公共汽车的质量也大为提高，改变了过去车辆残旧、服务设施落后的面貌，满足了市民的多层次需求。票价的调整到位，为服务质量的提高创造了条件。主要表现为市区公共汽车站点的增多以及候车时间的缩短，从过去的 20 分钟左右降到了 5 分钟左右，为广大市民的出行创造了一个极为便利的交通条件。

最后是市场化竞争的格局基本形成。市场的开放、票价的改革，吸引了多家的参与和竞争。广州市的公共汽车经营主体从原来的国有一家发展到目前的十家，资本结构也发生了变化，从国有独家发展到集体、外资并存。经营策略也呈现出多样化的趋势，以优质取胜，以服务取胜，以优惠取胜，各有所长。加上企业内部的约束机制、风险机制完善，劳动生产率更是得到了空前的提高。

总之，广州市的公共汽车在通过一系列的改革，特别是在经营方式与票价政策上的改革之后，走出了多年的困境，并探索出了一条自我生存与自我发展的道路。而竞争机制的引入在为公共汽车的经营带来了生机并促进了它的繁荣的同时，也造就了经营者和消费者“双赢”的局面，那就是经营者获得了机遇与利润，而作为广大消费者的市民则获得了便利与优质的服务。

思考题

1. 简述战略思维的基本要求。
2. 公共管理中为什么需要战略思维？
3. 比较战略管理中理性思维与非理性思维各自的优缺点。
4. 列举常见的创造性思维的培养方法。
5. 如何理解价值观对于战略过程的影响？
6. 如何培养公共管理者的战略思维？应注意哪些问题？
7. 请用战略分析的方法来说明前述案例中广州市市政府为什么要对公共汽车行业进行改革，以及广州市市政府采取了何种战略决策，成功地引导公共汽车行业走出困境，迈向了发展。

阅读书目

1. ［美］保罗·C·纳特，罗伯特·W·巴可夫．公共和第三部门组织的战略管理．北京：中国人民大学出版社，2001
2. ［美］亨利·明茨伯格等．战略历程．北京：机械工业出版社，2002
3. 陈振明主编．政策科学．北京：中国人民大学出版社，2003
4. 田运．思维科学．杭州：浙江教育出版社，1988
5. 王玉樑，［日］岩崎允胤．价值与发展．西安：陕西人民教育出版社，1999
6. 蔡树堂．企业战略管理．北京：石油工业出版社，2000
7. 刘庆元，刘宝宏编著．战略管理：分析、制定与实施．大连：东北财经大学出版社，2001
8. ［美］戴维·J·科利斯．公司战略．北京：中国人民大学出版社，2001
9. 王德中编．企业战略管理．成都：西南财经大学出版社，1999
10. 金占明．战略管理——超竞争环境下的选择．北京：清华大学出版社，1999

第 10 章

结论：公共部门战略管理的未来

本章要点

- 公共部门战略管理理论研究的演进趋势
- 公共部门战略管理思维理念的转变取向
- 公共部门战略管理运作模式的发展特征

战略管理作为一门学科于 20 世纪的五六十年代首先在私人部门管理理论中诞生，而后在私人部门战略规划和战略模式的示范性影响之下，公共部门战略规划和战略管理途径也随之兴起，它被西方誉为组织管理的“奠基石”，对组织的生存和发展起着至关重要的作用。

战略着重于“一种根本性的视点，即给组织以正确的定位，以面对未来日益增长的不确定性”①。然而，以往的行政管理并不包含战略的意义，在实现目标的过程中不太注重资源的最优化配置，只关注具体的过程而忽视长期的规划，丧失了对外界热点的关注而盲目地执行命令，忽视了对于公共组织来说还有更大的目的和整体目标这一客观事实。战略管理在公共部门中的运用正是为了克服这些不足，因为不论是私人组织还是公共部门，无战略即无方向，日常机械性管理活动的简单累加并不等同于连贯的目标。正如纳特和巴可夫所言：“战略通过可制导战略行为的计划、策略、典范、立场和洞察力，来造就组织的热点、连贯性和目标。”②

---

① Paul C. Nutt，Robert W. Backoff，*Strategic Management of Public and Third Sector Organizations*：*A handbook for Leaders*，Jossey-Bass Inc. Publishers，1992，p. 58.

② Ibid.，p. 55.

公共管理学界对战略管理寄予了很高的期望，希望它能使理论界大大提高对公共部门运作和发展的整体认识，能让管理者们提高自身审时度势、抵御风险和防患于未然的能力，使公共部门能够实现特定的目标，并最终超越机构的整体目标。但是，公共部门战略管理在理论的发展和实践的运用中既取得了很大的成效，也出现了许多问题。研究人员和管理者不断探索，从成功中总结经验，从失败中获取教训，使公共部门战略管理成为当今公共管理理论和实践中最丰富多彩、最具创新性的分支。

10.1 公共部门战略管理理论研究的演进趋势

10.1.1 公共部门与私人部门战略管理理论的分化日益明显

战略研究源于军事领域，二战后逐渐被运用于私人部门的工商管理领域，它以 20 世纪 60 年代的战略规划途径为先导，历经 20 余年，最终发展成为一种全新的战略管理理论和学科分支。战略规划途径在公共部门的兴起是 20 世纪 80 年代初期的事情，它比私人部门战略规划途径的兴起明显晚了十几年。公共部门战略管理途径的采用虽比私人部门仅晚几年，但也明显滞后于私营部门的发展。

由于公共部门战略管理途径的兴起和发展同私人部门战略管理模式的示范效应是分不开的，这就使得公共部门战略管理的理论、方法和模式都有大量借鉴与套用私人部门战略管理的倾向，而且引入的形式也过于刻板。纳特和巴可夫认为现在公共部门使用的许多战略管理方法——如果不是全部的话——最初都是由私人部门发展出来并为私人部门所使用的。战略管理在私人部门中取得的成绩足以表明它是有相当效果的一种模式，但是，把它完全照搬到公共部门就会产生问题，因为公共部门毕竟不同于私人部门，它有着自己的特征、需求和行动目标，一味地嫁接私人部门的战略管理方法很可能引起对公共部门的管理活动的误导，造成“水土不服”甚至失败，而这显然背离了将战略管理引入公共部门的初衷。

有鉴于此，未来的公共部门战略管理理论将立足于公共组织和公共背景的特殊性，着眼于公共管理的实践，将研究的重点逐步从吸收借鉴转移到创造一整套符合公共组织自身特点和适应公共管理实践需要的战略管理理论上来。只有这样，才能使公共部门顺应不断变化的环境，提高自身的竞争力，更好地实现组织目标。

10.1.2 各理论学派之间的整合力度逐渐增强

传统的战略管理研究偏重于从不同角度、利用不同的学科工具进行研究，由此形成了各种各样的管理学派，它们都有着自己别具一格的观点，为战略管理学科和研究途径的进一步发展奠定了坚实的基础，作出了自己应有的贡献。

然而，随着时代的发展、公共组织规模的膨胀、管理层次的增多以及管理幅度的不断扩大，公共部门战略制定的过程变成一个典型的由一系列因素构成的集合的形成过程。战略制定的过程已日益灵活多样，它可以像设计学派所讲的那样仅仅是一个概念界定的过程，可以是计划学派所强调的正式规划的过程，也可以是定位学派所指出的系统分析的过程，还可以是认识学派所描述的知觉认识的过程。战略制定过程可以是组织中领导者的认识过程，也可以是一个集体的学习过程（学习学派）或是权力作用的过程（权力学派）；战略制定过程可以是由个别领导所推动，也可以受组织文化推动（文化学派），还可以受外部环境推动（环境学派）。

与此相适应，公共部门战略管理各理论学派之间也在不断地进行整合。虽然短期内多个学派仍将可能并存，但在初显轮廓的新的战略管理主流范式中，各理论学派将显示出明显的整合趋势，并将在这个范式中有所贡献，而不太可能会出现一个学派统治的局面，这是时代的理论和实践发展的共同要求。

10.1.3 探索战略演进规律和寻求战略创新，以创造新的公共价值

组织所处的环境总是不断变化着的，这种变化可以是连续不断地发生，也可以是非连续性的。对于组织的管理者，特别是高层管理者而言，他们应当通过探索战略演进的规律，引导组织向有利的方面转变。在这一过程中，最关键的就是要改变组织的主导逻辑以适应快速变化的环境，任何企图停留在以前的成功经验之上的管理者都注定要失败。

战略创新并不仅是流程再造等战术，还包括对战略管理模式的重新发明；战略创新也不仅是在战略框架中加入各种新内容，还包括创造战略形成的理论。深入理解战略如何形成与如何创新，是战略实践的需要。战略是“自然发生”的观点，并不能够说明人们无法帮助和支持战略创新的过程，因为战略不是简单地随机行走，而是如生命一样地进化。因此，必须开始寻找战略自然发生的规律，然后探究以下所列的联系：战略发生的规律→战略创新→新价值的创造。对于这一进化过程，无法预测，也无法干预。但作为一个自我增强的演化过程，其方向是由初始条件（或称前提条件）和环境条件决定的。因此，只要理解并创造了适当的条件，人们期望的战略创新和新价值就会出现。

然而，像所有的复杂现象一样，战略介于完全的有序和混沌、绝对的效率和瞎撞之间。关键问题是：什么是适当的条件？如何创造这些条件？哈梅尔（G. Hamel）给出了几个促使战略创新的前提条件：（1）新的意见。高层管理者必须放弃对战略的垄断，提倡广泛参与，扩大战略洞见出现的可能性，特别是年轻人、新来者以及组织外围人员的意见往往不同凡响。（2）新的对话。创造组织内外经常对话的习惯和氛围。（3）新的激情。让所有人都看到自己的成功机会，便会激发出无穷的智慧。（4）新的观点。高层管理者应当成为新概念的推销员，让新概念重塑每个员工和组织。（5）新的实验。通过不断实施一些小的市场实验，以增强组织的学习效率。①

可见，管理者的战略主动性是成功的首要因素，而战略意图则是其他一切工作的前

① 参见赵晓庆、许庆瑞：《战略管理：危机与挑战》，载《科研管理》，2000（6）。

提，不管是资源和能力的选择与培育，还是行动范围的选择，都必须以此为前提，这样才能发现战略演进规律，实现战略创新并创造出新价值。

10.1.4　注重理论的动态发展

传统的公共部门战略管理理论偏重静态，这是同以往环境较稳定、变化缓慢的情况相适应的。但由于环境变化的日益剧烈，为了更好地适应变化了的环境，新的战略管理理论研究将在两方面进一步注重动态发展：一是环境方面的动态发展，即更注重外部环境不连续变化时的战略管理理论；二是内容方面的动态发展，即更注重组织愿景、战略、组织能力和内部系统与过程等不同内容之间的相互联系和动态适应。

10.2　公共部门战略管理思维及理念的转向

10.2.1　思考问题的焦点由短期转向长期，由内部转向外部

传统的战略管理倾向于将重点放在中短期目标的制定和实现上，视野更多地局限于内部而较少地关注组织的外部环境。然而，在当代政府改革运动风起云涌的背景之下，公共部门的职能、角色、自身定位、组织结构以及与市场、企业和社会的关系都发生了深刻的变化，重组与重塑、转型与再造、撤销与合并甚至民营化与私有化，这一系列的举措都对公共组织的生存和发展构成了极大的威胁，公共产品与服务的提供也不再是公共部门的专利，私人部门完全可以通过竞争获得供给权。

因此，对于任何一个公共部门而言，自身的生存、发展和未来已成为它不得不考虑的问题。在未来的公共部门战略管理的过程中，一方面，要改变以往那种只注重短期任务的实现而忽视长期规划的倾向，深入思考组织的未来并制定长远的发展目标；另一方面，要将战略管理的目光由公共组织的内部转向外部，特别是要重视组织外部的政治环境因素。只有实现这两个转变，公共部门才能顺应时代的变化与发展，真正提高自身的竞争力，为自己的生存提供有力的注脚。

10.2.2　将知识看做最重要的战略资源，更加注重组织的知识战略选择

长期以来，战略管理界一直在争论这样一个问题：组织所面对的外部环境从客观上说是相同的，是什么决定了组织的竞争优势和战略目标的实现？随着信息时代的到来以及知识经济的兴起，出现了新的、更有说服力的答案：组织的竞争优势源于对资源，尤其是知识资源的适当调配。人们认识到知识才是最重要的战略资源，而且它将构成组织的长期竞争优势。

当今大多数学者都认为：组织的竞争优势源自组织所拥有的资源以及组织配置、开发和保护资源的能力。可是，又是什么最终决定了组织的能力呢？显然，在知识经济时代，隐藏在组织能力背后并决定组织能力的是组织的知识存量、知识结构和认知能力。知识是组织竞争优势的根源，不仅是因为组织内的知识本身，还在于组织现有的知识决定了组织能够有效地开发和利用其他各种资源。更重要的是，组织当前的知识存量和知识结构还决定了组织发现未来机会的能力与配置资源的方法。同时，组织的认知能力也决定了组织的知识积累速度，进而影响到组织的竞争优势。

知识能够成为组织获得并保持长期竞争优势的最重要的战略资源，是由知识的特点所决定的。首先，知识的获得需要长期的学习，因为知识往往是独特的、难以模仿的；其次，知识的积累具有依赖性，组织的知识存量越大，已有知识与新知识的相关性越高，新知识被吸收、利用、共享的概率就越大；再次，新旧知识的融合会使组织拥有其竞争者无法获得的知识合成效力；最后，知识作为资源的投入具有边际收益递增的特点，一项知识用得越多，就越有价值。知识成为最重要的战略资源，也是知识经济时代背景下的必然结果。在这一时代，知识取代资本而成为"第一要素"，资源管理的重心转向了知识。因此，在组织中对知识进行管理、开发、利用以及促进组织内的知识创新与知识共享，就必然处于战略性的地位。

可见，知识是竞争制胜的基础。要在知识的竞争中获得成功，就要将组织战略与组织的知识管理协调起来。知识管理必须以组织的战略管理为导向，以对知识资源的分析为基础，培育支持组织竞争战略的知识和能力，这样才能作出正确的知识战略选择，降低知识开发的风险，明晰知识发展的方向，提高知识利用的效率。①

在知识经济深入人心的新世纪中，知识战略的重要性已经成为共识。组织必须从战略的高度来评估其知识资源和选择适当的知识战略，努力推动知识战略的实施，培养良性的知识创新、管理和应用机制，这样才能真正将知识管理与组织的价值创造和竞争优势的营造紧密结合起来并赢得竞争优势。

10.2.3 两种战略管理思维模式走向融合

迄今为止，战略管理思维模式可分为"一次成形型"（deliberate）和"渐进型"（emergent）两大类。战略思维在方法上有定量与定性之分，而在战略形成的思维模式上则分为"一次成形型"与"渐进型"两大类。其主要区别在于两者对整体与部分的关注点的不同：前者认为必须先有一个整体性的战略而后才能逐步分解成各个步骤并加以实施；后者则强调首先应注重一个个具体的部分，在实施的过程中不断地对其修正，最后水到渠成地形成一个完整的战略。前者认为战略是关于组织未来的远见卓识，组织的主要任务就是去领会、贯彻这种高瞻远瞩的远见，它强调战略过程中的控制，确保管理意图的实现；后者则把战略认做一个迭代的过程，学习学派经常强调的"干中学"就是典型例证。

无论是"一次成形型"还是"渐进型"的思维模式，其目标都是在于实现组织战略管

① 参见吕巍、吴韵华、严紫瑶：《知识战略选择——战略管理的新命题》，载《复旦学报》，2001 (4)。

理的目标，在这一点上两者并无根本分歧。换句话说，只要有利于组织发展，就是可以采用的思维模式。未来的公共部门战略管理在思维模式上将不再局限于将两者简单对立，而会更看重两种思维方式的结合运用。任何组织在采取行动前必然要有一个总体性和纲领性的战略，这样才能鼓舞组织成员士气，为其指明前进的方向，使组织从一开始行动时就具有远大而明确的目标，但这并不是表明对具体战略环节的忽略，更不意味着这种整体性战略的一成不变，它必然会在具体战略的实施过程中得以不断地修正和完善。

10.2.4 将战略管理视为一项经常性、持续性事务的观念

传统组织常将战略管理看做一蹴而就的事情，或者是作为在外部压力推动之下才不得不进行的努力，这种情况在21世纪必定会改变。在持续性变革的战略管理中，行动、议题、形势和组织管理的循环必须不断地重复进行。新世纪的公共部门战略管理者要认识到战略管理对于公共部门而言已不再是一种奢华，战略管理将成为任何公共部门在日常管理活动中经常性的事务，它需要的是公共部门持续性地对其加以运作。

10.3 公共部门战略管理运作模式的发展特征

10.3.1 信息技术在战略管理中的作用不断加强

公共部门战略管理有两项任务是必须做的，其一是对组织外部环境和内部环境（内部条件）进行SWOT分析，即分析组织内部所具有的优势和劣势，组织在外部环境中所面临的机会和威胁；其二是竞争优势的建立，或是通过制定与实施竞争战略，或是通过培育内部核心能力来获得核心竞争力，抑或利用内外部各种资源及战略联盟来建立竞争优势。

信息技术是应用信息科学的原理和方法来研究信息产生、传递、处理的技术，具体包括有关信息的产生、收集、交换、存储、传输、显示、识别、提取、控制、加工和利用等技术。公共部门借助信息技术可以更有效地来完成以上两项任务，从而使得战略管理更加卓有成效。将信息技术应用于公共部门战略管理的具体作用表现在：（1）信息技术有助于组织快速方便地获取外部环境信息，及时分析组织所面临的机会与威胁，实现战略调整与转移；（2）信息技术有助于组织发现内部优势与劣势，培育组织核心能力；（3）信息技术不但为跨部门的战略性合作提供了保障，而且使这种合作更为便利；（4）信息技术所搭建起的网络平台对公共部门的开放、透明以及国际化程度的提高有着重要的作用；（5）信息技术提高了战略构想的重要性，使战略构想在战略管理中更具核心价值。①

可见，信息技术为实现作为公共部门管理的高级形式的战略管理提供了便利。可以这么说，不借助信息技术，公共部门要通过战略管理建立比较优势几乎是不可能的，运用信

① 参见倪义芳、张友福：《试论信息技术在战略管理中的作用》，载《科学管理研究》，2000（4）。

息技术提高公共部门的战略管理水平已势在必行。

10.3.2 由传统的压力驱动和目标制导向愿景驱动型战略管理发展

传统的公共部门战略管理强调的是压力驱动和目标制导。压力就是危机感和忧患意识，它是激发竞争的一剂良药，是社会进步和组织发展的一种特殊的动力源。无论是个人还是组织，只要进取心未泯，就会在压力的环境中激溅起竞争的浪花。因此，适当的压力能够强化组织的忧患意识和对未来发展的战略意识，使组织更加理性从容地面对各种竞争。目标制导则是指通过设定组织想要达到的境地、标准或结果，使组织成员将其视为成就的标准或成功的尺度，以达到激发组织成员的动机，规范组织成员的行为方向，并最终实现组织的战略目标的管理方式。

早在 20 世纪 70 年代，学者们就认识到组织使命或目标的制定以及增加适当的压力是公共部门战略管理过程中的一个重要部分。到了 80 年代，大部分战略管理著作都把界定组织使命或目标视为战略管理的一项首要任务。然而，进入 90 年代以后，随着环境的变化，这种压力驱动和目标制导型的管理有向愿景驱动型管理发展的趋向。

愿景驱动型管理认为，保持核心价值和核心使命不变，同时又使目标、战略与行动适应变化的环境，是组织不断自我革新并取得长期优秀业绩的原因，而构建与贯彻有效的愿景则是成功的关键。愿景驱动型管理强调把核心价值、使命、宏大远景目标等要素的不同特点和对组织长期发展的作用纳入愿景的统一概念框架中，并突出其在组织持续发展中的重要性。它比压力驱动型管理更强调确定使命、组织层次的宏大远景目标等对组织创新与长期发展的激励作用，突破了目标制导型管理较局限于中短期眼光、激励性不足等局限，同时克服了传统的战略规划过于强调分析竞争者优劣势与组织资源等，却无法培育出长远的行动所需要的一种为哈梅尔与普拉哈拉德所说的“值得全心追求的目标”的缺点。

愿景驱动型管理的出现表明，20 世纪 90 年代的战略管理更加注重强调核心价值、使命、组织层次的宏大远景目标等对组织变革与长期发展的激励作用，更加注重战略的未来导向和长期效果，这应被视作 21 世纪初组织战略管理运作模式发展的一个基本趋势。

10.3.3 战略管理对环境的反应由被动接受转向积极影响

战略管理长期以来就有被动于环境的倾向，安索夫就曾将组织称为 ESO，即为环境服务的机构（environment service organization）。但是，随着组织规模的不断扩大，一方面，战略管理活动所能支配的资源大大丰富了；另一方面，组织成员的智慧与经验也迅速增加，而且速度远超过了环境复杂化的速度。因此，仅仅做一名“环境接受者”已满足不了组织发展的需求，战略管理活动由此开始了主动分析环境并试图影响和引导环境变化的尝试。虽然战略理论家们仍旧承认“战略处在动态变化的环境中，更易受到环境因素的作用”，但是他们同时更强调“战略在一定程度上能够控制或改变其环境状况”（Clark，1984）。比如，战略可以通过其所在组织特定结构基础上的功能行为而引起环境条件的改变，而一些组织结构的网络化倾向则进一步淡化了组织与环境之间的界限。

10.3.4 战略管理者的大众化倾向不断增强

战略管理者由少变多，并由上层往中、下层扩散的现象是公共部门战略管理的一大发展趋势。在过去，公共部门的战略管理者很自然地被当做组织的领导者，直到现在，组织的最高领导人仍被认为是最重要、最易于辨认出的战略管理者。但自20世纪90年代初开始，战略管理者群体化、大众化的倾向开始十分明显。伴随着战略管理者由少变多、由群体到组织这样一种发展脉络，战略管理者不再仅指最高管理层以及少数位于权力中心附近的工具型技术人员或参谋人员。从认知学派起，中层甚至基层管理人员的智慧与作用也受到重视。比如，认知学派中的社会建构主义者（social constructionist）指出“战略不依赖于个人眼光与信仰，而是群体动力（group dynamics）的结果”（George Bateson，1992）。学习学派甚至将战略者组织化、大众化，提出“人人都要学习，人人都是战略者”的思想。另外，新技术的诞生将促进网络型组织结构的诞生，并使决策尽可能由低层做出。①

总之，分权、决策基层化将成为使组织在竞争中保持高度灵活性并实现既定发展目标的普遍手段。未来的公共部门战略管理将不再只是少数人的事情，以往那种由高层管理者承担全部战略管理责任的情况会逐渐改变，转为激发员工努力、上下层互动与组织学习，要灌输给任何部门、任何层级的人一套日常都能使用的技术、方法和理念，使战略管理成为公共部门任何层级的任何人在任何时候的一种经常性的事务。

10.3.5 战略制定和实施日益融合②

由于专业化分工的结果，先制定、后实施的顺序在传统战略运作过程中十分常见，这就带来了许多问题，比如：组织刚性化；制定与实施之间的信息不对称，易产生“战略漂移”现象；实施过程中积累起来的知识与经验不能及时有效地反映到新一轮的战略形成过程之中；许多能形成更好战略的主意不能被广泛有效地搜集和利用起来；伴随着制定和实施分离的是两部分人员的分割，这不利于培养新的战略者，也不利于已有战略者产生新思维，对于及时、广泛和有针对性的战略微调（有学者称之为“连续脉冲式的‘战略’推进和转移”）也非常不利。

从认知学派开始，战略制定与实施的界限日益模糊，因为在认知学派那里，基于制定与实施两者之间的信息反馈十分稠密。随着战略管理者范围的扩散以及由高层向中低层人员的延伸，战略的制定者与战略的实施者呈现出交叉甚至融合的态势。比如在学习学派

① 参见［美］詹姆斯·昌佩、尼丁·诺利亚：《管理的变革》，北京，经济日报出版社，1998。

② 10.3.5、10.3.6、10.3.7内容参见张阳、邓华北、罗进：《战略管理理论的发展特征》，载《学海》，2000（2）。

中，“战略的制定只能是一个学习的过程”，而组织中的成员不但是学习的主体，而且是贯彻实施这种学习结果的成员，这必然使得“战略的制定与实施之间的界限逐渐模糊”（Peter Senge，1990），在时间上也趋向同步。战略制定与实施的融合也有组织结构上的原因。随着控制技术的不断发展和战略管理实践的变迁，组织结构逐渐向网络型过渡，这种内部组织结构与外部联系的网络化真正缩短了战略管理过程中制定与实施之间的距离，从结构上推动了制定与实施两者的同步。

10.3.6　公共部门战略管理的战略支撑点由硬到软

首先，战略管理的分析工具由粗入精、大大丰富，战略管理借鉴的学科范围日见广泛。在“前战略管理时代”，用于战略分析的工具是简单化和个人化的，大多数时候领导者的眼光和胆识代替了工具性的分析，直接得出战略的输出结果。第一个广为应用的战略分析工具是 SWOT 分析法。时至今日，人们几乎在战略分析的每一个具体领域都建立或借鉴了新的日益精密的方法，如情景计划法、波士顿四方格、经验曲线以及价值链分析等。此外，战略管理还借鉴了许多其他学科的分析方法，如：风险分析来自投资经济学；决策树法、层次分析法来自决策学；活性系统分析模型来自组织结构学；博弈论是由经济学引入战略管理领域的，等等。这些分析工具清晰地呈现出由点到面，由局部到全部，由非正式的个人经验到正式的结构化操作，由偏重于硬管理方面（外部环境、内部资源）到更多地注重软管理方面（组织文化、群体价值观和人员激励等）的趋势。近年来，正式化、严格化的分析由于受到对战略管理柔性（或弹性）方面的要求，又出现了与非正式化融合的倾向。战略者个人的直觉、经验、判断力、洞察力与专业技术人员的计算、硬数据及数字化模型一样，都被认为是战略分析工具中不可缺乏的部分。

其次，战略资源由狭窄到宽泛，由重有形到重无形，由重“物本”到重“人本”。相应地，核心战略优势的确认也逐渐由物质性因素向精神性因素转化，无形资源被认为比有形资源更能有效地成为战略优势的来源与支撑点，物本战略逐步向人本战略转化。随着战略管理理论的发展，可为战略所用的资源越来越丰富，并逐渐无形化、精神化了。比如，认知学派的直觉、判断、洞察力，学习学派的显性知识和隐性知识，权力学派的权力与控制手段，文化学派的团队精神、组织文化，环境学派中来自组织外部的控制和情境压力等都是全新的战略资源。另外，信息也成为各学派颇为重视的战略资源。战略资源由硬到软的变化不是偶然的，因为核心战略优势必须满足稀缺性、有价值、不可模仿和不可替代这四个条件。显然，那种无形的、精神的资源形式将比有形的、物质的资源形式更容易满足这些条件，它们日益成为核心优势的重要来源。战略管理也由原来的偏重硬管理转而关注管理中的软因素。

最后，战略结构系统呈现出由机械型向“前战略时代”的有机型回归的势头。由于战略管理所面对的复杂性与不确定性越来越多，需要承担更多的责任与目标，原有机械型的战略结构系统越来越不能适应人本战略管理中“激励人”的要求，处于这种结构系统下的组织也越来越难以迅速适应环境的变化无常。对机械型结构进行改造，形成对有效的战略管理具有支持性的战略结构系统，已成为必然趋势。

10.3.7 战略变革的节奏加快、范围加大，性质由表层到根本，影响因素由稀到密

变革从来就是战略管理中的一个中心话题，但早期的组织由于其内外环境的清晰与“界限内变化”（理查德·帕斯卡尔语，指可预测性强的变化、质变范围内的量变），使战略变革没有必要也没有动力变得有多快。但由于外部环境、组织内部资源和追求目标的变化，战略变革的速度加快了。对于外部环境因素，安索夫时期尚形容其为“湍流”，而到了1995年，钱皮等人（J. Champy & N. Nohria）已经在用“步入加速变化的风暴”这样的词了。这种外部环境的急速与不连续变动、内在资源配置的复杂化，为战略的变革开拓了宽广的空间。同时，现代公共部门追求的目标与承担的责任也越来越多，这使战略变革不仅速度加快、跳跃性更大，而且涉及的范围也比以前大大扩展了。这样，原来那种渐进的、局部的、界限内的变革模式越来越难以适应新情况，因而战略变革的性质不再是一种锦上添花的举动，而是要“推翻重来”。虽然并不是每一次战略变革都必须是根本性的，但社会正在步入与以前完全不同的时代中，这种跨越将迫使战略管理也相应地作出巨大的调整。

总之，公共部门战略管理既是一门科学理论，又是一门实践技术，两者之间存在一种相互促进、共同发展的关系。公共部门战略管理的这些发展特征可以看做管理理论和实践的演进趋势，而这必将使管理的有效性提高、力量增强，这种演进在未来还将继续进行下去。

本章小结

1. 公共部门战略管理是当今公共管理理论和实践中最丰富多彩、最具创新性的分支，受到各国学界、政界以及社会各阶层人士的高度关注。作为一门高速发展的新兴学科，其在理论研究、思维理念和运作模式等方面都呈现出许多发展趋向，这些都必将提高管理的有效性，增强管理的力量。

2. 公共部门战略管理在理论研究方面的演进趋势有：公共部门与私人部门战略管理理论的分化日益明显；各理论学派之间的整合力度渐趋增强；探索战略演进规律和寻求战略创新，以创造新的公共价值；注重理论的动态发展。

3. 公共部门战略管理思维及理念的转变表现在：公共部门战略管理思考问题的焦点逐渐由短期转向长期，由内部转向外部；将知识看做最重要的战略资源，更加注重组织的知识战略选择；“一次成形型”和“渐进型”两种战略管理思维模式渐趋融合；在战略管理者心中逐渐形成战略管理是一项经常性、持续性事务的观念。

4. 公共部门战略管理运作模式的发展特征有如下几个方面：信息技术在战略管理中的作用不断加强；由传统的压力驱动和目标制导向愿景驱动型战略管理发展；战略管理对环境的反应由被动接受转向积极影响；战略管理者的大众化倾向不断增强；战略制定和实施日益融合；公共部门战略管理的战略支撑点由硬到软；战略变革的节奏加快、范围变

大，性质由表层到根本，影响因素由稀疏到稠密。

关键术语

1. 战略创新：这里的战略创新并不仅是指流程再造等战术或者是在战略框架中加入各种新内容，它还包括对战略管理模式的重新发明以及创造战略形成的理论。

2. 组织的知识战略选择：是指随着信息时代的到来以及知识经济的兴起，组织的竞争优势将取决于组织对资源，尤其是知识资源的适当调配。组织的知识存量、知识结构和认知能力将成为最重要的战略资源，而且将构成组织的长期竞争优势。

3. “一次成形型”战略管理思维模式：持这种思维模式的人认为必须先有一个整体性的战略而后才能逐步分解成各个步骤并加以实施。

4. “渐进型”战略管理思维模式：与“一次成形型”刚好相反，这种思维模式强调首先应注重一个个具体的部分，在实施的过程中不断地对其修正，最后水到渠成地形成一个完整的战略。

5. 愿景驱动型管理：这种管理模式强调，保持核心价值和核心使命不变，同时又使目标、战略与行动适应变化的环境，是组织不断自我革新并取得长期优秀业绩的原因，而构建与贯彻有效的愿景则是成功的关键。它将组织的核心价值、使命、宏大远景目标等要素的不同特点和对组织长期发展的作用纳入愿景的统一概念框架中，并突出了其在组织持续发展中的重要性。

6. 战略变革：在战略管理过程中，根据内部环境和外部环境的变化判断变革的需要，调整组织战略，优化战略管理过程，变革组织结构、组织文化、管理行为、管理技术等方面，从而实现战略目标。

案　例

道路定价的经济学

——城市交通战略管理的新思路①

我们用一个观察到的简单的事实来开头——从来没有一个城市通过修建更多的道路可以使它的交通拥挤和污染问题得到解决。

世界上一些城市修建了大量的道路（如洛杉矶），而另一些城市道路很少（如上海直到最近才有了大量的汽车），但道路拥挤和污染程度与前者差别并不是很大。道路越多，只是鼓励更多的人用自己的车，从住处到工作地方很远，从而用了更多的道路空间……最近对伦敦拥挤问题的分析得出的结论是：伦敦即使把整个中心区拆掉修建道路，仍然存在道路拥挤问题。

① 参见［美］莱斯特·瑟罗：《道路定价的经济学》，见［美］曼昆：《经济学原理》（上册），240～241 页，北京，三联书店；北京大学出版社，1999。

公共部门的管理者发现，对于道路拥挤和污染问题，经济学家总有一个理论上的回答——道路定价。这种做法是要把价格确定在引起最适当的使用量的水平上，并根据人们用哪一条道路，在一天中和一年中什么时候用这些道路，以及他们使用这些道路时污染问题的程度，来对使用道路的人收费。

在新加坡政府决定试着这样做之前，还没有哪一个城市的公共部门敢用道路定价法，因为许多想法在理论上看来很好，但总有一些隐藏的、未预期到的缺点。新加坡现在有了十多年的经验，这个制度还在运行！没有什么未预见到的问题。新加坡成为地球上唯一的一个没有道路拥挤问题、没有汽车引起的污染问题的大城市。

政府在新加坡城市中心区周围设立了一系列收费站。要开车进入城市，每辆车必须根据所用的道路、在一天的什么时候开车以及当天的污染状况交费。价格的上升和下降使道路的使用量达到了最适当的水平。

此外，新加坡政府还计算了中心城市以外没有污染时可容纳的最大汽车量，并在每月拍卖新车执照权。不同类型的牌照允许不同程度的使用。那些允许在任何时候使用的车的牌照比只允许周末——拥挤不太严重的时间——使用的车的牌照贵得多，价格取决于供求。

由于采用这种制度，新加坡政府就不用把资源浪费在无助于遏制道路拥挤和污染问题的基础设施计划上，从这种制度中得到的钱还有助于政府降低其他方面的税收。

如果是这样的话，伦敦为什么在最近的道路拥挤和污染问题报告中否定了道路定价呢？因为决策者们担心，这种制度会被认为来自政府的烦琐干预太多，而且，公众也不能接受这种让富人开车比穷人多的制度。

这两种看法都忽略了一个事实：我们已经有收费道路，现在的新技术使避免这两个问题（即烦琐和公平问题）成为可能。

在用条形码和结算卡时，一个城市可以在全城不同地点安装读码机。当任何一辆车开过每一个点时，就根据天气、一天中的时间和地点从驾驶员的结算卡账户上扣除一定数额的钱。在车内，驾驶员有一个仪表，这个仪表可以告诉他收了多少费，以及他的结算卡账户上还剩多少钱……

另外，如果一个人是平等主义者，认为开车的特权应当是平等地分配的话（即不根据收入），那么，政府每年给每辆车一笔结算卡金额，那些愿意少开车的人可以把他们没用完的金额卖给那些想多开车的人。这种制度不是给城市带来额外的税收收入，而是给那些愿意住在工作地方附近和使用公共交通工具的人一种收入补贴。由于穷人开车比富人少，这种制度在解决交通拥挤和污染问题的同时，还是一种把富人收入给予穷人的平等化再分配。

思考题

1. 简述公共部门战略管理的未来呈现出哪三个方面的发展趋势。
2. 公共部门战略管理思维及理念的转变取向有哪些？
3. 未来的公共部门战略管理思考问题的焦点将发生什么样的转变？为什么？

4. 传统的战略管理思维模式可分为哪两种？目前的发展特征又是什么样的？

5. 公共部门战略管理运作模式的发展特征有哪些？

6. 公共部门的战略变革的特点表现在哪些方面？

7. 在前述案例中，管理者在面临日益复杂的公共问题时，应如何转变思路以解决实际问题？

阅读书目

1. Paul G. Nutt，Robert W. Backoff. *Strategic Management of Public and Third Sector Organizations*：*A Handbook for Leaders*. San Francisco：Jossey-Bass Publishers，1992

2. Jack Koteen. *Strategic Management in Public and Nonprofit Organizations*. Praeger Press，1997

3. Mark H. Moore. *Creating Public Value*. Cambridge：Harvard University Press，1995

4. John M. Bryson. *Strategic Planning For Public and Nonprofit Organizations-Revised Edition*. San Francisco：Jossey-Bass Publishers，1995

5. 金占明编著. 战略管理——超竞争环境下的选择. 北京：清华大学出版社，1999

6. 李际均. 论战略. 北京：解放军出版社，2002

7. 芮明杰. 管理创新. 上海：上海译文出版社，1997

8. ［澳］欧文・E・休斯. 公共管理导论. 北京：中国人民大学出版社，2001

9. ［美］保罗・C・纳特，罗伯特・W・巴可夫. 公共和第三部门组织的战略管理. 北京：中国人民大学出版社，2001

10. ［美］詹姆斯・昌佩，尼丁・诺利亚. 管理的变革. 北京：经济日报出版社，1998

人大版公共管理类教材

公共管理类专业教材——学科基础课教材

书名	作者
现代管理学原理（第三版）（“十一五”国家级规划教材）	娄成武　魏淑艳
一般管理学原理（第四版）	张康之　周　军
管理学基础（第三版）	方振邦
管理学教程	方振邦
政治学原理（第三版）	景跃进　张小劲
现代政治学原理（第四版）	石永义　刘玉萼　张　璋
政治学教程	舒　放　刘琼莲
公共管理学（第二版）	陈振明
公共管理学——一种不同于传统行政学的研究途径（第二版）	陈振明
公共管理学（第三版）（数字教材版）（“十二五”国家级规划教材）	蔡立辉　王乐夫
公共管理学（精编版）	王乐夫　蔡立辉
公共管理学（第二版）	张康之　郑家昊
公共管理概论（第二版）	朱立言　谢　明
公共管理学概论	曹现强　王佃利
公共政策导论（第五版）（数字教材版）	谢　明
公共政策概论（第二版）	谢　明
公共政策学——政策分析的理论、方法和技术（“十一五”国家级规划教材）	陈振明
公共政策学	杨宏山
政策科学——公共政策分析导论（第二版）	陈振明
公共政策案例	中国人民大学公共管理学院
公共经济学（第三版）（“十二五”国家级规划教材）	高培勇
公共经济学教程	秦立建
政府经济学（第四版）（“十一五”国家级规划教材）	郭小聪
政府经济学（第四版）	潘明星　韩丽华

公共管理类专业教材——方法课教材

书名	作者
行政学研究方法与应用案例	萧鸣政　等
管理定量分析：方法与技术（第二版）	刘兰剑　李　玲
公共管理的方法与技术（第二版）	魏　娜

公共管理类专业教材——行政管理、公共事业管理专业教材

书名	作者
行政法学导论	姜晓萍
行政法学	朱新立　唐明良　李春燕
公共部门人力资源管理（第四版）	孙柏瑛　祁凡骅
公共部门人力资源开发与管理（第五版）（“十二五”国家级规划教材）	孙柏瑛　祁凡骅
公共部门人力资源开发与管理（第三版）	孙柏瑛
公共部门人力资源管理（第三版）	滕玉成　于　萍
公共部门人力资源管理	方振邦
公共部门人力资源管理概论	方振邦
公共部门人力资源管理案例	周均旭

书名	作者
行政管理学（第五版）（数字教材版）	郭小聪
公共行政学（第五版）	彭和平
公共行政学	张康之　张乾友
行政学导论（第三版）	齐明山
行政管理学导引与案例	陈季修
管理心理学（第二版）	范逢春
公共组织行为学（第三版）（“十一五”国家级规划教材）	孙　萍　张　平
公共组织学（第三版）	李传军
行政组织学（第二版）	张　昕　李　泉
公共组织理论	陆明远　冯　楠
公共事业管理概论（第三版）	朱仁显
公共事业管理概论（“十一五”国家级规划教材）	娄成武　李　坚
公共组织财务管理（第三版）（“十一五”国家级规划教材）	王为民
国家公务员制度（第四版）（数字教材版）（“十二五”国家级规划教材）	舒　放　王克良
国家公务员制度概论（第二版）	刘碧强　郗永勤
公务员制度概论	李如海
公务员制度导论	孙德超
行政领导学（第三版）	朱立言　李国梁
领导学（第五版）	邱霈恩
领导学	王自亮
领导学：理念、行为与艺术	祁凡骅
领导学	孙　健
现代市政学（第五版）（数字教材版）	王佃利
市政管理学（第五版）（“十一五”国家级规划教材）	杨宏山
市政学导引与案例（第二版）	李燕凌
社区管理（第三版）	汪大海　魏　娜　郇建立
社区管理原理与案例	魏　娜
电子政务教程（第三版）（“十一五”国家级规划教材）	赵国俊
电子政府与电子政务（第二版）（“十一五”国家级规划教材）	张锐昕
电子政府概论（第二版）	张锐昕
行政伦理学教程（第三版）（“十二五”国家级规划教材）	张康之　李传军
公共危机管理导论（“十一五”国家级规划教材）	肖鹏军
公共危机管理概论（第二版）	王宏伟
公共危机管理	唐　钧
公共危机与应急管理：原理与案例	王宏伟
非营利组织管理	吴东民　等
非营利组织管理导引与案例	崔向华　张　婷
当代中国政府与政治	景跃进　陈明明　肖　滨
当代中国政府与行政（第三版）	魏　娜　吴爱明
当代中国政府（第二版）（“十一五”国家级规划教材）	吴爱明
地方政府学概论（第二版）	方　雷
地方政府管理（第二版）	陈瑞莲　张紧跟
管理秘书实务（第三版）	赵锁龙
行政秘书学	唐　钧
公文写作与处理	赵国俊
机关管理的原理与方法（第三版）	赵国俊　陈幽泓

书名	作者
公共部门绩效管理	方振邦
政府绩效管理	方振邦　葛蕾蕾
政府绩效评估	蔡立辉
公共关系概论（第二版）	邹正方
政府公共关系（第二版）（“十一五”国家级规划教材）	廖为建　张　宁
社会管理	汪大海
西方行政学理论概要（第二版）（“十一五”国家级规划教材）	丁　煌
公共行政学史	何艳玲
西方公共管理名著导读	汪大海
管理思想史教程	方振邦　葛蕾蕾
文化管理学（第三版）（“十二五”国家级规划教材）	孙　萍
文化创意产业导论	魏鹏举
卫生事业管理（第二版）（“十一五”国家级规划教材）	李　鲁
教育经济与管理（第二版）（“十一五”国家级规划教材）	娄成武　史万兵
现代公用事业管理	崔运武

公共管理类专业教材——劳动与社会保障专业教材

书名	作者
社会保障概论（第六版）（数字教材版）	孙光德　董克用
劳动经济学（“十一五”国家级规划教材）	董克用　刘　昕
劳动法与社会保障法	黎建飞　李　静
人力资源管理	彭剑锋
社会保险学（第三版）	孙树菡　朱丽敏
社会保障基金管理	李春根
社会保险精算原理与实务	王晓军
社会保障国际比较	仇雨临
员工福利概论（第二版）（“十一五”国家级规划教材）	仇雨临

公共管理类专业教材——土地资源管理专业教材

书名	作者
土地经济学（第八版）（“十一五”国家级规划教材）	毕宝德
土地法学（中国人民大学“十三五”规划教材）	严金明
土地法学	王守智　吴春岐
土地科学导论	叶剑平
土地资源管理学（第二版）	张正峰
国土空间规划学	张占录　张正峰
土地利用规划学	张占录　张正峰
不动产估价（第二版）（“十一五”国家级规划教材）	叶剑平　曲卫东
土地信息系统	曲卫东　韩　琼
地籍管理（第五版）（“十一五”国家级规划教材）	谭　峻　林增杰

公共管理类专业教材——城市管理专业教材

书名	作者
城市管理学（第三版）	杨宏山
城市管理法	王丛虎

书名	作者
城市总体规划原理	郐艳丽　田　莉

公共管理硕士（MPA）教材——核心课教材

书名	作者
全国公共管理硕士（MPA）核心课程教学指导纲要	全国公共管理专业学位研究生教育指导委员会
社会主义建设理论与实践（第三版）	李景治　蒲国良
公共管理英语（修订版）	顾建光
公共管理学（第三版）	张成福　党秀云
公共管理学原理（修订版）	陈振明
公共管理导论	竺乾威　朱春奎　李瑞昌
公共政策分析	陈振明
公共政策分析导论	陈振明
公共政策分析概论（修订版）	谢　明
政治学：基本理论与中国视角	任剑涛
公共部门经济学（第三版）	高培勇　崔　军
公共经济学	唐任伍
行政法学（修订版）	皮纯协　张成福
行政法学概论（第三版）	胡锦光
非营利组织管理概论（修订版）	王　名
非营利组织管理	王　名　王　超
公共管理伦理学（修订版）	张康之
社会研究方法	陈振明
定量分析方法（第三版）	谭跃进
电子政务理论与方法（第五版）	金江军
电子政务	吴爱明　何　滨
公文写作概论	高永贵
信息技术及其应用（第三版）	张维明

公共管理硕士（MPA）教材——专业方向必修课、选修课教材

书名	作者
公务员制度教程（第六版）	舒　放　王克良
比较政府与政治（修订版）	卓　越
当代中国政府与政治（第三版）	吴爱明　朱国斌　林　震
公共部门人力资源管理及案例教程（第三版）	陈天祥
领导学	祁凡骅　刘　颖
领导学教程	常　健
领导理论与实践	邱霈恩
西方公共行政管理理论精要	丁　煌
社会管理概论	唐　钧
公共部门绩效评估（修订版）	卓　越
公共危机管理（修订版）	王宏伟
公共部门危机管理（第三版）	张小明
公共部门战略管理（修订版）	陈振明
城市管理理论与实务	杨宏山
MPA学位论文写作指南	汪大海

图书在版编目（CIP）数据

公共部门战略管理/陈振明主编．—2版．—北京：中国人民大学出版社，2011.7
（公共管理硕士（MPA）系列教材）
ISBN 978-7-300-14052-0

Ⅰ.①公…　Ⅱ.①陈…　Ⅲ.①公共管理-研究生-教材　Ⅳ.①D035

中国版本图书馆CIP数据核字（2011）第146738号

公共管理硕士（MPA）系列教材
公共部门战略管理（修订版）
陈振明　主编
Gonggong Bumen Zhanlüe Guanli

出版发行	中国人民大学出版社		
社　　址	北京中关村大街31号	邮政编码	100080
电　　话	010－62511242（总编室）		010－62511770（质管部）
	010－82501766（邮购部）		010－62514148（门市部）
	010－62515195（发行公司）		010－62515275（盗版举报）
网　　址	http://www.crup.com.cn		
经　　销	新华书店		
印　　刷	北京昌联印刷有限公司	版　　次	2004年2月第1版
规　　格	185 mm×260 mm　16开本		2011年8月第2版
印　　张	19.25插页1	印　　次	2022年5月第10次印刷
字　　数	443 000	定　　价	48.00元

教学支持说明

（教学课件）

中国人民大学出版社政治与公共管理出版分社秉承“出教材学术精品，育人文社科英才”的出版宗旨，多年来，出版了大批高质量的公共管理、教育学、政治学、政治理论公共课教材和学术著作。

我们为本教材制作了相应的 PPT 教学课件，任何一位采用本书作为授课教材的教师均可免费获得该课件。为了确保该课件仅为授课教师获得，烦请您填写如下材料，并将相关信息通过 E-mail 发送给我们，我们将在收到相关信息后通过 E-mail 给您发送该课件。欢迎您加入我们的 QQ 群（全国政管教师交流群，群号为 236159213），或登录我社官方网站（www. crup. com. cn），注册并认证成为教师会员，以获得更好的服务。

我们的联系方式：

地址：（100872）北京市中关村大街甲 59 号文化大厦 1202 室
中国人民大学出版社政治与公共管理出版分社

电话：（010）82502724　62514775（传真）

E-mail：ggglcbfs@vip. 163. com

QQ 群：236159213

兹证明__________大学/学院__________院/系__________专业__________学年第__________学期开设的__________课程，采用中国人民大学出版社出版的____________________（书名、作者）作为本课程教材。授课教师为__________，授课班级共______个、学生______人。授课教师需要与本书配套的教学课件。

联 系 人：____________________

通信地址：____________________

邮　　编：____________________

电　　话：____________________

E-mail：____________________

系/院主任：__________（签字）

（系/院办公室章）

______年_____月_____日